TEUFELBÜCHER V

AUSGABEN DEUTSCHER LITERATUR
DES XV. BIS XVIII. JAHRHUNDERTS

unter Mitwirkung von Käthe Kahlenberg
herausgegeben von Hans-Gert Roloff

TEUFELBÜCHER

IN AUSWAHL

WALTER DE GRUYTER · BERLIN · NEW YORK
1980

# TEUFELBÜCHER

## IN AUSWAHL

herausgegeben von

RIA STAMBAUGH

FÜNFTER BAND

MATTHÄUS FRIEDERICH: SAUFTEUFEL
EUSTACHIUS SCHILDO: SPIELTEUFEL
CYRIACUS SPANGENBERG: JAGTEUFEL

WALTER DE GRUYTER · BERLIN · NEW YORK
1980

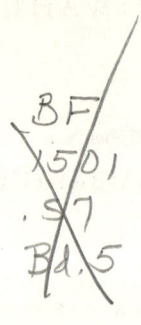

*CIP-Kurztitelaufnahme der Deutschen Bibliothek*

**Teufelbücher in Auswahl** / hrsg. von Ria Stambaugh. — Berlin, New York : de Gruyter.
NE: Stambaugh, Ria [Hrsg.]
Bd. 5. Matthäus Friederich / Saufteufel. Eustachius Schildo / Spielteufel. Cyriacus Spangenberg / Jagteufel.
(Ausgaben deutscher Literatur des XV. [fünfzehnten] bis XVIII. [achtzehnten] Jahrhunderts; 88)
ISBN 3-11-007939-9
NE: Friederich, Matthäus; Schildo, Eustachius; Spangenberg, Cyriacus

©

Copyright 1980 by Walter de Gruyter & Co., vormals G. J. Göschen'sche Verlagshandlung, J. Guttentag, Verlagsbuchhandlung — Georg Reimer — Karl J. Trübner — Veit & Comp.
Printed in Germany — Alle Rechte des Nachdrucks, einschließlich des Rechtes der Herstellung von Photokopien — auch auszugsweise — vorbehalten.
Satz und Druck: Walter de Gruyter & Co., Berlin 30
Bindearbeiten: Lüderitz & Bauer, Berlin 61

# Widder den Sauffteuffel/gebessert/vnd an vielen örtern gemehret.

## Item/ Ein Sendbrieff des Hellischen Sathans/ an die Zutrincker/ vor 45. Jaren zuuor aus gegangen.

## Item/ Ein Sendbrieff Matthæi Friderichs/ an die sollen Brüder in Deutschem Lande.

M. D. LVII.

Widder den Sauffteuf-
fel / gebessert / und an vielen
Örtern gemehret.
Item / Ein Sendbrieff des Hellischen
Sathans / an die Zutrincker / vor 45.
Jaren zuvor aus gegangen.
Item / Ein Sendbrieff Matthæi Friderichs /
an die Follen Brůder in Deutschem Lande.

M. D. LVII.

⟨Aij<sup>r</sup>⟩     Dem Edlen Gestren-
gen / und Ehrnvhesten / Erasmo von Kůn-
ritz / Ritter / auff Lobschitz / meinem großgůn-
stigen lieben Lhenherrn und
Fŏrderer.

GOttes Gnad und Fried / sampt einem glůckseligen newen Jar / durch JEsum Christum / unsern lieben HErrn / zuvor. Gestrenger und Vhester HErr Heuptman / großgůnstiger lieber Herr / Viel haltens dafůr / und befindet sich auch wol im werck / das ein jeglich Land seinen Landteuffel / ein jegliche Stadt iren Stadteuffel / ein jeglich Dorff seinen Dorffteuffel / ein jeglicher Herrnhoff / seinen Hoffteuffel / ein jeglich hauß / seinen Haußteuffel / Ja auch wol ein jeglicher Standt / ein jeglich Mensch seinen eigen Teuffel hab der sie zu Sůnden reitzet und plaget / wie mann siehet / das ein Land / eine Stadt / ein Hauß / ein Mensch mit irgend einem Laster sonderlich mehr angefochten wird / denn andere.

Also hat Deutschland vor andern Lendern sonderlich je und je den Sauffteuffel gehabt / der uns Deutschen tag und nacht zum Sauffen treibet / und uns keine ruhe lest / wir sind denn vol und toll.

Wie aber das Sauffen so eine grosse Sůnde sey / gleubet niemandt / denn nuhr die rechtschaffenen Christen / Die andern aber hat der Sauffteuffel so gar bezaubert / das sie es fůr keine Sůnde und unchristlich laster / sondern fůr eitel Tugent halten / Und / Wie der Prophet Jesaias am 3. Capit. sagt / Ir wesen hat sie kein heel / und rhůmen ire Sůnde / wie die zu Sodom / und ver-⟨Aij<sup>v</sup>⟩bergen sich nicht / Wehe irer Seelen (spricht er) denn damit bringen sie sich inn alles unglůck.

Wie thete mann aber / das dem Teuffel gestewert und geweret würde? Anderst kan man nicht thun / denn das im ein jeder Mensch vor sein Person widerstehe mit dem Schwerdt deß Geistes / mit Gottes Wort / welches da ist ein Krafft Gottes / Rom. 1. Und bete wieder inen im rechten starcken Glauben. Das sind die vornembsten waffen / vor welchen der Teuffel / so mann getrost nach dringet nicht bestehen mag. Darnach das die Prediger ernstlich dawieder schreyen und predigen / und jedermann hierinnen ein gut Exempel geben. Die Oberherrn aber getrost die Gottsverächter und Epicurische Sew / die Seuffer / straffen / und das Sauffen auch selbs meiden. Die Eltern auch ire Kinder und Gesinde davon abweisen / und sie auch selbs damit nicht ergern. Wo solchs also geschehe / ist kein zweiffel daran / der Sauffteuffel würde sich aus Deutschland trollen müssen / oder ja an seinem Regiment gehindert / und also deß Sauffens weniger werden.

Wiewol aber auch viel fromer / gelerter / Christlicher Prediger und andere / offt viel feiner warnung wieder das Sauffen gethan unnd geschrieben / sich also wieder diesen grewlichen Teuffel gelegt / auch bey etlichen nutz geschafft haben / siehet man doch gleich wol / das es der meiste theil gar nicht achtet / und (wie die Welt pfleget) alle trewe warnung inn Wind schlegt / Auch wie Gott gleichwol umb verachtung willen seines Worts / und von wegen dieses und anderer laster in Deutschland schon angefangen hat zu straffen / und fůrwar noch eine grausame straffe / wo man sich nicht bessert / zu besorgen ist.

Auff das aber doch noch etliche mehr dem Sauffteuffel abgeschlagen würden (weil Gottes Wort nimmer gar leer abgehet / wie Gott verheischt / Jesai. am 55. und Gott auch wol zu-⟨$Aiij^r$⟩weilen / durch einen geringen / einfeltigen Menschen / dem Teuffel zu grösserm verdrieß / viel nutz schaffet) Und damit ja niemandt keine entschůldigung vorwenden köndte / Hab ich zum uberfluß mich unterstanden /

meinen unterricht vom Sauffen / welchen ich aus Gottes
Wort / und teglicher erfarung gefasset / auffs einfeltigst
darzu zu thun / und also einem jedern (so er es anders vor
gut annemen will) das Schwerdt wieder den Sauffteuffel /
inn die faust zu geben / mit welchem er im wiederstehen /
in verjagen / und das Feldt behalten mŭge.

 Solchen unterricht aber hab ich unter E. G. namen außgehen lassen / Erstlich / der ursachen halben / das ich selbst
erfaren und gemerckt / wie ir als ein Christlicher Herr /
solchem laster auch sonderlich feind seid / Darnach / das mir
von E. G. sehr viel wolthat wiederfaren ist / Bitte E. G.
wolle solches inn allem guten von mir erkennen und annemen.

 Gott der Vater unsers HErrn JEsu Christi / und unser
aller / lasse im E. G. sampt E. G. Tugentsamen Haußehren /
meiner freundtlichen lieben Fraw Gevatern / und beider
lieben Kindlin befohlen sein / Der wolle E. G. sampt allen
den iren / inn reinem erkentnis und bekentnis seins heiligen
Worts und Namens / bis ans ende erhalten / umb seines
lieben Sons JEsu Christi willen / A M E N. Datum zu
Gŏrentz / Am tage deß heiligen Apostels Thomæ / Anno
1551.

   E. G.
   Williger
     Matthæus Friederich /
     Pfarrherr zu
     Gŏrentz.

⟨Aiij^v⟩ Etliche wichtige ursachen / Warumb alle Menschen sich vor dem Sauffen hůten sollen.

## Die Erste ursache.

DIe Erste ursache ist / daß das Sauffen von Gott inn seinem Wort verboten ist.

Sauffen aber heist (wie es alle vernůnfftige Menschen verstehen) wenn man mehr inn Leib geusst / denn die notturfft foddert / Es geschehe nuhn / auff waserley weise / oder umb waserley ursachen willen es geschehe / mann thue es gleich aus eignem vornemen / aus gewonheit / oder jemand zu gefallen / so heisst doch alles gesoffen. Gleich wie Fressen / heist / wenn man mehr speise in Leib stecket / denn die notturfft foddert. Denn essen und trincken ist uns von Got darumb gegeben / das wir den Hunger und Durst damit vertreiben / und den Leib damit erhalten sollen / Was nuhn darůber geschicht / das heist alles gefressen und gesoffen / und ist ein mißbrauch der Creaturn Gottes / da hilfft keine entschůldigung fůr.

Das es aber von Gott in seinem Wort verbotten sey / ist offenbar. Denn Ephes. 5. sagt Gott der heilige Geist / durch S. Paulum / auffs deutlichst / also / NOLITE INEBRIARI VINO, Sauffet euch nicht voll Weins / daraus ein unőrdenlich wesen folget. ⟨A4^r⟩

Inn Sprůchen Salomonis 23. Cap. Sey nicht unter den Seuffern und Schlemmern.

Luc. 21. spricht Christus auch / Hůtet euch / das ewer hertzen nicht beschweret werden mit Fressen und Sauffen.

Das sind ja deutliche befehl Gottes / darinnen er allen Menschen das Sauffen verbeut.

Nun solt es ja billich sein / das wir alle Gott hierinnen gehorsam leisten / weil es sein wille und Gebott ist / das wir uns fůr dem Sauffen hůten sollen / Und wenn wir gleich keine andere ursache hetten / uns dafůr zu hůten / so solt uns doch billich diß allein ursach genug sein / das es Gott verbotten hat.

Denn dencke im doch nach. Wer ist Gott? Und wer sind wir? Ist er nicht der Schöpffer aller Creaturn / der HERR Himels und der Erden / vor dem sich alles bůcken und biegen muß / vor welchem auch die Teuffel aus der Hellen zittern / und sich fůrchten / Der weit weit uber alles ist / und alles in seiner hand hat?

Wer sind wir aber? Sind wir nicht seine arme ellende Creaturn / von im geschaffen / bißher von im ernehret und erhalten / von im durch seinen einigen Son erlöset / und thewr erkaufft / die wir ohne in nicht ein augenblick odem holen und leben können?

Solte es nuhn nicht billich sein / im als unserm ⟨A4ᵛ⟩ Schöpffer / Erlöser / Herrn und Vatern gehorsam zu sein / da er gebeutt und spricht / Sauffet euch nicht voll? Das mus jhe alle vernunfft bekennen und sagen / das es billich sey.

Wir armen / elenden / sterblichen Madensecke / die wir gegen Gott nicht wol einer Fliegen / oder Eimsen zu vergleichen sein / wollen daß alles was wir sagen / von jederman geehrt / angenommen / gegleubet / gefůrcht unnd gehalten werden soll / Wir wollen schlechts / daß alles was wir unsern Unterthanen / Gesinden und Kindern sagen / das soll stracks / ohn alle einrede (wie denn billich) gehalten werden / Wo nicht / so stehet kein stecken recht / wir können auch Gottes wort / (wie es denn auch billich) dazu einfůren.

Solte nuhn nicht viel billicher / Gottes gebott / von uns armen Menschen angenommen / geehrt / gefůrcht / und gehalten werden? Solten wir armen Menschen nicht billich /

*Sauffteuffel*

wenn wir höreten / was Gott unser aller HErr von uns haben wolte / unser hütlein abthun / und bald darauff sagen / oder gedencken / Ja lieber HErr / das will ich gern thun / hilff mir nuhr durch deinen heiligen Geist dazu / Ich thue es billich / denn du bist mein Schöpffer / Ich bin dein arme Creatur / Du bist mein HErr / Ich dein unwirdiger Diener / Du bist mein Vater / Ich dein armes ⟨B︀ʳ⟩ Kind / biß mir allein genedig / umb deines lieben Sones JEsu Christi willen / Amen.

Ach / wie wollen doch nur immer mehr die Oberherrn / Eltern / Haußherrn und Haußfrawen / am Jüngsten Gerichte bestehen? Das sie (wie billich) von iren Unterthanen / Kindern und Gesinden den gehorsam stracks gefoddert haben / und sind daneben selbs Gott irem HErrn so ungehorsam gewesen / haben sein Gebott nicht geachtet / und mit füssen getretten / gleich als wer Gott ein halber Narr / deß Gebot nicht so hoch zu achten sey / als ires. Wie wollen sie doch immer mehr bestehen?

Derhalben will ich jederman hiemit auffs trewlichst gewarnet und gebeten haben / Weil Gott das Sauffen verbotten hat / das ers Gott zu ehren und zu gefallen unterlassen wölle.

### Die ander Ursache.

Die ander ursache / darumb alle Menschen das Sauffen meiden sollen ist / Das Gott drewet die Seuffer hie zeitlich und dort ewigklich zu straffen.

Denn im Jesaia am 5. Cap. drewet Gott also / und spricht / Wehe denen / die deß morgens frue auff sind / deß Sauffens sich zu fleißigen / und sitzen biß in die nacht / daß sie der wein erhitzigt / und haben Harpffen / Psalter / Paucken / Pfeiffen / und Wein in irem wolleben / etc. ⟨B︀ᵛ⟩

Folget von der Straffe.

Darumb (spricht er) wird mein Volck müssen weg geführet werden unversehens / und werden seine herrlichen hunger leiden / und sein Pöbel durst leiden. Das ist / Gott will seufferey / mit krieg / hunger und durst straffen. Solchs merck wol. Das soll die zeitliche straff sein. Folget nuhn auch die ewige. Denn so spricht er weiter / Daher hat die Helle die Seele weit auffgesperret / und den rachen auff gethan / ohn alle masse / das hinunter fahren / beide ire Herrlichen und Pöbel / beide ire reichen und frölichen. Das ist / Gott will Seufferey mit der Hellen und ewigem fewer straffen. Das mercke auch / und vergiß es nicht.

In diesem fünfften Capitel spricht er hernacher abermals / Wehe denen / so Helden sind wein zu sauffen / und Krieger inn füllerey. Dieser Spruch reimbt sich sehr wol auff unsere zeit / da ein jeglicher seine Mannheit mit Sauffen beweisen / Ritter werden / und das Feldt behalten will / da ein jeglicher für dem andern im Sauffen gelobet werden will.

Wie gefelt aber solchs unserm HErrn Gotte? Es gefelt im also / das er allhie wehe und ach uber solche schreyet. Du must aber wissen / wo Gott wehe uber die Sünden spricht / das er nicht nur ein zeitliches wehe / da einem hie zeitlich etwas wehe thun solle / meinet / sondern beides / das zeitliche und ewige wehe / das ewige / unbegreiffliche / unaußforschliche ⟨Bij<sup>r</sup>⟩ hertzeleidt. Solchs drewet Gott allhie den Seuffern / Ein solchs BENEDICITE gehört über solch sauffen / und kein anders / Da behüt uns Gott für / Amen.

Inn der Ersten Epistel zun Corinthern am 6. Capitel / saget Gott durch S. Paulum / Lasst euch nicht verfüren / weder die Hurer / noch die Abgöttischen / noch die Ehebrecher / noch die Weichlingen / noch die Knabenschender / noch die Diebe / noch die Geitzigen / noch die Trunckenbolt / noch die Lesterer / noch die Reuber / werden das Reich Gottes ererben. Das ist je deutlich geredt / das kein

Trunckenbolt / das Reich Gottes ererben / das ist / ins Himelreich / ins ewige leben / kommen werde.

Zun Galatern am 5. Capitel. Offenbar sind die werck deß fleisches / als da sind / Ehebruch / Hurerey etc. Sauffen / Fressen / und dergleichen / von welchen ich euch hab zuvor gesagt / unnd sage noch zuvor / das die solches thun / werden das reich Gottes nicht erben.

Also siehestu nun / wie Gott das Sauffen nicht allein verbeut / sondern auch daneben drewet / solchs hie zeitlich und dort ewigklich zu straffen.

Hierzu nim nuhn auch die drewwort im andern Buch Mosi / am 20. Da Gott daher donnert und spricht / Ich der HErr dein Gott / bin ein eifferiger Gott / der uber die / so mich hassen / die sůnde der Våter heimsucht an den kindern / biß ins dritte und vierde ⟨$Bij^v$⟩ Glied. Siehe da / Allhie drewet Gott das Sauffen und andere Sůnde / nicht allein an dir / sondern auch an deinen Kindern und Kindskindern / biß ins dritte und vierdte Glied zu straffen. Wilt du nuhn dich deiner selbs nicht erbarmen / so las dich doch deine arme Kinder und Kindskinder erbarmen / und las das Sauffen unterwegen. Wo nicht / so versihe dich kůnlich deß / was dir von Gott gedrewet wird / denn Gott wird deinet halben nicht zum Lůgner werden.

Also folget nuhn / das alle Menschen bey vermeidung zeitlicher und ewiger straffe / bey verlust Leibs und Seel / bey verlust ewiger seligkeit / sich vor dem Sauffen zu hůten schůldig sein.

## Die dritte Ursache.

Die dritte ursache ist / das wir keine stund noch augenblick vor dem Todt sicher sein.

Denn das ist ja gewiß / das unser keiner gewiß ist / wenn / wie / und wo er sterben soll. Unser keiner weis / ob er heute oder morgen / die stunde / oder diesen augenblick vom Tode

uberfallen möcht werden. Unser keiner kan mit warheit sagen / Ich weis es für war / das ich heute oder diese stunde uberleben werde. Der Todt schleicht uns allezeit / und an allen enden auff der ferschen nach / wie auch das gemeine
5 Sprichwort lautet / Es ist nichts gewissers / denn ⟨Büj$^r$⟩ der Todt / Aber nichts ungewissers / denn die stunde deß Todes. Darumb warnet uns auch Christus unser lieber HErr / und spricht / Seid wacker allezeit / und betet / denn ir wisset weder tag noch stunde / etc.
10 Wenn du nuhn truncken werest / und würdest vom Tode uberrasselt / kanst du wol gedencken / wie dirs gehen / und wo du hin faren würdest. Denn du hast gehört / das kein Trunckenbold (wie S. Paulus saget) werde ins Himelreich kommen. Wo werden sie denn hin kommen? Nirgend hin /
15 denn ins ewige hellische Fewer. Inn solches Badt / gehören solche Sew. Dem Teuffel haben sie gedienet / und im zu gefallen sich voll gesoffen / der wird auch inen endtlich lohnen.

Du möchst aber vielleicht gedencken / du woltest Gott in
20 der vollen weise umb vergebung bitten / und hoffen / er werde dir genedig sein. Antwort. Ja / wenn du nur auch als denn von hertzen köndtest beten / und hoffen. Wie aber wenn du dich nicht besinnen köndtest? Oder / wenn du dich gleich besünnest / wie wenn es nicht von hertzen / mit
25 ernster andacht gehen könte? Wie wenn dir der Teuffel widerstehen würde (wie ers ohn zweiffel thun / und sein bestes ersehen würde) und dir deine Sünde vor hielte / dich also engstete / das du dich gegen im mit Gottes Wort und Gebete weren soltest? Wo woltest du als denn bleiben? Was
30 woltestu machen? Ein nüchtern Mensch hat ⟨Büj$^v$⟩ allda genug zu schaffen / der bey guter vernunfft ist / geschweig denn ein Trunckener.

Ja höre / wie wenn du plötzlich umb kemest / und Gott / deß Wort und Gebott du veracht hast / dem Teuffel dem du
35 gedienet / uber dich verhienge / das er dich im schlaff erwür-

gete / dich erstickte / oder dir den halß breche / wie newlich den fůnffen inn der Schlesig / Oder schůrte zu / das du in trunckener weise plötzlich erstochen / oder erhawen würdest / oder dich etwa zu tod fielest / wie solche felle sich offte zutragen / und erfaren werden.
Darumb warnet uns Sanct Peter nicht umb sonst / in der ersten Epistel am 5. Cap. da er spricht / Seid nůchtern und wachet / denn ewer Wiedersacher der Teuffel gehet umbher / wie ein brůllender Lewe / und sucht / welchen er verschlinge.
So folget nun hieraus auch / das sich alle menschen billich solcher grossen fahr halben / inen selbs zum besten / vorm Sauffen hůten sollen / weil wir keine stund noch augenblick vorm Tode sicher sein / und wol bedůrffen / das wir immerzu nůchtern erfunden werden. Und solte ein jeglicher Mensch allezeit sein rechnung also machen / und gedencken / Wie wenn du heute diesen tag / oder heinte diese nacht / oder diese stunde sterben soltest / Würdestu auch also und also thun? Würdestu auch dich vol sauffen / und so freventlich wieder Gott handeln? ⟨*B4ʳ*⟩

### Die vierte Ursache.

Die vierte ursache / darumb alle Menschen sich vorm Sauffen hůten solten / ist / das wir alle stunde deß Jůngsten tages gewarten můssen.

Denn da Christus von den Zeichen deß Jůngsten tages redet / spricht er / Wenn ir sehet / das solchs anfehet zu geschehen / so wisset das ewer erlösung / das ist der Jůngste tag nahe ist.

Nu haben solche zeichen nicht allein angefangen zu geschehen / Sondern sind der mehrerteil schon ergangen / und sonderlich inn wenig jaren daher offte und heuffig gesehen worden.

Aus welchem erfolget / das der Jüngste tag sehr nahe / und für der thür sein mus / Das wir nun mehr nicht wissen können / ob er villeicht diß jar / diesen monat / diese woche / oder heut diesen tag komen möchte. Wir Christen wissen gewiß / das er nahe ist / unnd plötzlich / ehe sichs die Menschen versehen werden / komen wird.

Derhalben warnet Christus seine Christen auch / Luc. 21. und spricht / Hütet euch / das ewere hertzen nicht beschweret werden mit Fressen und Sauffen / und mit sorge der narung / und kome dieser tag schnelle uber euch / Denn wie ein fallstrick wird er komen / uber alle die auff Erden wonen.

Christus gibt ein Gleichnis von den Vogeln auff ⟨*B4ᵛ*⟩ eim Vogelherde / dieselben sind niemals sicherer gewesen / gehen und hupffen hin und her / stertzen die schwentz / und sind sehr frölich / haltens dafür / als haben sie bey langer weile nicht also wol gelebt / Schwip / inn einem huy / ligt das Netze uber inen / und sind arme gefangene Vogel. Also sagt Christus / wird dieser tag auch schnelle kommen / uber alle die auff Erden wonen.

So solten nuhn alle Menschen abermal billich in sorgen leben / sich vor dem Sauffen hüten / und alle stunden gedencken / Wie / wenn heute der Jüngste tag keme? Also würden sie das Sauffen und andere Laster wol unterwegen lassen / und fro werden / das sie nüchtern blieben.

## Die fünffte Ursache.

Die fünffte Ursache das Sauffen zu meiden / ist daß es einen Menschen zum unverstendigen Narren macht.

Wie S. Augustinus spricht / EBRIETAS AUFFERT MEMORIAM, DISSIPAT SENSUS, CONFUNDIT INTELLECTUM, & c. Trunckenheit nimpt hinweg das gedechtnis / zerrüt die sinnen / verwirret den verstandt. Also auch Origenes /

spricht / Ebrietas facit de homine bestiam: de robusto, infirmum: de prudente, fatuum. Trunckenheit macht aus einem Menschen / eine Bestiem / Aus einem starcken / einen schwachen / Aus einem vorsichtigen / einen Narren. ⟨C⟩
Solchs bekrefftiget auch die heilige Schrifft / Als inn Sprůchen Salomonis am 20. Cap. Der Wein macht lose Leute / und starck getrenke macht wild / Wer dazu lust hat / wird nimmer weise.
Oseæ 4. Hurerey / Wein und Most machen toll. Jesus Syrach am 32. Die Trunckenheit macht einen tollen Narren noch tôller. Item am 19. Wein und Weiber bethôren die Weisen.
Diß leret auch die tegliche erfarung / Denn mancher kompt durch sein Sauffen umb seinen feinen verstandt / welchen im Gott vor andern verlihen hat / das er gantz zum Narren wird. Mancher kompt drůber umb sein gedechtnis / das er weder im selbs noch andern nůtze sein kan. Und ich zweyffel nicht / wenn wir Deudschen das Fressen und Sauffen liessen / wir soltens mit verstande und witze vielen andern Nation zuvor thun. Wie wir sehen / das viel feiner wůnderlicher Ingenia unter uns (auch in solchem unmeßigem wesen / durch welchs alles geschwecht wird) gefunden werden.
Weil nuhn dem also / so solten billich abermals alle Menschen ursachen daraus nemen / sich hinfort fůr dem Teufflischen / schendtlichen und schedlichen laster / dem Sauffen hůten.

## Die sechste Ursache.

Die sechste ursache soll sein / das Trunckenheit ein ursache ist zu allerley Sůnden. ⟨C^v⟩
Wie Origenes spricht / Ebrietas est mater omnium vitiorum, Trunckenheit ist eine Mutter aller laster / das ist / sie gebirt alle laster.

Solchs bezeuget auch S. Paulus / zun Ephesern am 5. Capit. da er spricht / Sauffet euch nicht voll weins / daraus ein unordig wesen folget. Das solchs war sey / Siehestu auch inn teglicher erfarung / Denn wer truncken ist / der fraget / weder nach Gott / weder nach den Menschen / Da müssen alle flüche und schwür heraus / da flucht mancher auffs grewlichste / der es sonst / wenn er nüchtern ist / nicht pfleget. Da wird die Predig und Gottes wort verachtet / und spöttisch davon geredt / Spricht jemand / Ach lieber / thue diß und das nicht / denn mann höret inn der Predig / das es Sünde ist / Bald feret ein Trunckenbold heraus / Was hab ich feils am Pfaffen / er mag reden was er will / so thu ich was ich will / was hat er mir zu gebieten / ich wils thun / und will den schand Pfaffen nicht ansehen.

Da wird Vater und Mutter / Herr und Fraw / Richter und Oberherrn verachtet. Saget man / dein Vater kompt / oder der Richter kompt. Bald höret man / Was hab ich feils am Vater / dem alten / etc. Was frag ich nach dem Richter / Laß in immer kommen / Trotz / das er mich angreiff / er soll wol sehen / das ich auch feuste habe. Ja ein Trunckenbold soll wol wenn er heim kompt / Vater und Mutter schla-⟨*Cij*ʾ⟩ gen / wo sie in irgendt straffen wolten. In Summa / da ist weder ehr noch tugendt.

Item / Einem Truncken ist niemand gut gnug / da ist im einer wie der ander / Der freund eben so lieb als sein feind. Da höret man ein grewlich schmehen und lestern / einer schilt den andern ein schelm / dieser wils nicht leiden / schmehet in wieder / da hebt sich als denn ein solchs erschrecklich fluchen und wünschen / das sich die Sonne dafür entferben möchte / diesen soll diß und jehnes schenden / den andern ein anders / Biß es endtlich zum schlagen / reuffen und würgen kompt / das mancher seinen guten freund / welchen er vorhin auff den henden tragen wolte / erwürget.

Item / Da höret man wenig zůchtiger wort / viel unzůchtiger / schandbarer wort und zoten gehen allda / welche zu Hurerey und unzucht ursache geben. Da betreuget manchen der Teuffel / das er die Ehe bricht / oder ander unzucht ubet / welchen er sonst sein lebtage nicht darzu hette bereden mögen.

Item / Da stielt mancher dem andern / welchs er sonst nicht thete. Item / da geschicht viel Nachrede / ausecken / und zur banck hawen / derer / die nicht vorhanden sein / da muß jederman herhalten.

In Summa / QUID NON EBRIETAS DESIGNAT? Was darff ein Trunckenbold nicht thun? Ich wolt gerne ein laster hören / das nicht aus Trunckenheit zu folgen pflegete / ob sie schon nicht alle auff ein mal bey etlichen Seuffern folgen. ⟨Cij*ᵛ*⟩

Wie gehet aber solches zu? Das will ich dir sagen. Es ist kein laster / durch welches ein Mensch seiner sinnen und vernunfft also beraubt wird / als diß. Wenn nuhn die Vernunfft geschwecht und hin ist / so haben als denn die Teuffel gut machen / denn der Mensch kan sich irer nicht erwehren / und inen wiederstandt thun. Nuhn ist kein Teuffel allein / wo einer ist / da sind ir viel bey im / Wie im Evangelio zu sehen ist / das ein gantze Legion / das ist / bey 6000. Teuffel / ein einigen Menschen eingenomen hatten / Wie Christus auch anzeiget / das sie trewlich bey einander halten / und gut einig sind / wie wir zwar auch sehen / das es pfleget zuzugehen / wenn ein Mensch eim Lasterteuffel verhenget / das ist / in ein laster williget / das es nicht darbey bleibet / ir folgen mehr.

So ist kein Lasterteuffel / umb welchen die andern so gern sein / als der Sauffteuffel. Ursache ist die / das er die Leute fein bethören / und irer vernunfft berauben kan / so haben sie als denn gute sache.

Wenn nun der Sauffteuffel ein Menschen einnimpt / so sind die andern Lasterteuffel auch nit weit von im / Als da sind / der Hoffartsteuffel / Zornteuffel / Lesterteuffel /

Fluchteuffel / Traurteuffel / Neidtteuffel / Hassteuffel / Mordteuffel / Hohnteuffel / Schmachteuffel / Schandteuffel / Hurnteuffel / Geitzteuffel / Diebsteuffel / Wucherteuffel / Frassteuffel / Spielteuffel / Haderteuffel / Lügenteuffel / und der-⟨*Ciij*ʳ⟩ gleichen. Diese alle legen hand zu werck / bey eim truncken Menschen / biß sie in in jamer und not bringen / und gereth in offt alda die schantz / das sie das bey im ausrichten / welchs sie sonst nicht vermögen.

Deß wil ich etliche Exempel erzelen / Da der Sauffteuffel den fromen heiligen Man und Prediger der Gerechtigkeit / den Noah bethöret / und ehe er sichs versahe / zu fall brachte / Wie wird er seiner so hönlich in die faust gelacht haben / Aber da waren die andern freylich auch nicht weit / und weils inen von Gott nicht zugelassen ward / das sie alle schaffen kondten / versuchen sie doch am meisten diese drey / Nemlich / der Schandteuffel / Hohnteuffel unnd Schmachteuffel. Der Schandteuffel thete ime diese schande an / er brachte zu wegen / das er schendtlich auffgedeckt lag. Die andern zween / weil sie nicht mehr kondten / richteten sie den jüngsten Son an / den unartigen Cham / das er den Vater verhönet und schmehet. Das war dem lieben Sönlein / dem bösen Buben / uberaus wolgefellig / das es der Vater auch ein mal versehen hatte / Eia / sehet da / wenn ich solchs thete / Ich mein ja / ich würde es ein weil vom Vater hören müssen / drumb kans im nicht auch feilen?

Hernacher da der Sauffteuffel den fromen heiligen Man Loth auch durch seine töchter zu fall brachte / war bald der Hurnteuffel vorhanden / und richtet bey im aus / das er vorhin bey dem heiligen Manne nicht außrichten hett können. ⟨*Ciij*ᵛ⟩

Solche Exempel sind uns zur warnung vorgeschrieben / darumb lerne an den heiligen Mennern / und hüte dich. Ist solches an inen geschehen / was solte wol mit dir werden / wo du dem Sauffteuffel verhingest? Gehet dirs ein mal wol hinaus / Es möchte das ander mal nicht also lehr abgehen.

Der feine Mensch Kőnig Alexander Magnus / durch welchen Gott viel gewundert hat / von welchem er auch durch den Propheten Daniel grosse ding propheceyet hat / der die gantze Welt inn weniger zeit / nemlich in zwőlff Jaren / fast alle im unterthenig machte / welchen niemand / wie mechtig und gewaltig er war / wiederstehen kondte / vor dem sich alles fűrchtet und zitterte / der hatte viel feiner tugent und gaben Gottes vor andern Menschen.

Deß hőre ein Exempel.

Da er noch jung wieder den Kőnig der Persen Darium kriegete / ward der Kőnig Darius zornig / und sandte im drey geschencke / Ein Rute / ein Ballen / und ein stűck Gold. Die Rute solt bedeuten / das er noch ein Kind wer / und bedűrffte wol / das er sich noch ein weil mit der Rute steuppen liesse. Der Ball / das im besser zimete / und er besser geschickt wer / mit dem Ballen zu spielen / denn mit kriegen umbgehen. Das Gold / das er zu geringes vermőgens wer / wieder in zu streiten / und bedőrffte wol / das man im gebe. Aber Alexander nam die Geschencke gutwillig ⟨C4ʳ⟩ auff / und schreib dem Kőnig Dario wieder / Die rute neme ich an / als die du mir ubergeben hast / das ich dich straffen / und dich und dein volck mir unterthan machen soll. Den Ball / als der die runde kugel deines Kőnigreichs bedeutet / das du mir damit dein Reich ubergeben habest / welchs ich alles inn meine gewalt uberkomen soll. Das stűck Gold / als der ich ein Herr deines Reichthumbs werden soll / deß du mir schon ein teil ubergeben hast. An solchem allen hat er nicht gelogen / denn es ist alles also ergangen.

Dieser feiner Mensch Alexander Magnus / da er den Sauffteuffel bey im einließ / das er ins Sauffen und schlemmen gerieth / war es bald mit im aus / da fand sich der Hoffartsteuffel / Hurnteuffel / Zornteuffel / Neidteuffel / und viel andere Lasterteuffel / und ward gar ein Wűst aus im.

Er gab sich vor ein Gott aus / und gebot / mann solt in vor ein Gott halten und annemen / Wiewol er solches nerrischen vorgebens selbs auff eine zeit lachen und bekennen muste / das er nichts wer / da er mit eim pfeil verwundet / blut-
5 rünstig ward / fragte er seine freund / Ob auch die Götter bluteten.

Item / Er erwürgete seine beste freunde beim wein / Allein darumb / das sie im seinen Vater lobeten / denn er wolte es alles allein sein. Aber Gott straffte in auch / das er kein glück
10 mehr hatte / und ein elend ende nam. ⟨C4ᵛ⟩

Solcher Exempel findet mann viel inn den Historien / allhie ohne not zu erzelen. Vergiß auch nicht deß Exempels der fünff vollen Brüder / inn der Schlesig / newlich zu unsern zeiten geschehen. Denn Gott hats gewißlich uns allen
15 zum sonderlichen Beyspiel geschehen lassen.

Ich will noch eins erzelen. Mann lieset davon / das der Teuffel eins mals einem Menschen tag und nacht keine ruhe hat lassen wollen. Und da er in gefraget / was er doch von im begere? Soll er geantwort haben / Er wolle im keine ruge
20 lassen / Er willige denn unter dreyen Sünden eine zu begehen. Fraget er / Was es dann vor Sünden weren? Da antwort er / Er solte entweder seinem Nachbarn beim Weibe schlaffen / Oder solle ihn / den Nachbarn / erwürgen / Oder wo er der eins nicht thun wolte / soll er sich im zu gefallen /
25 ein mal voll sauffen. Da soll er keins haben willigen wollen. Als aber der Teuffel im gar keine ruge lassen will / williget er entlich / Sich ein mall voll zu sauffen / Als das es nicht so ein grosse Sünde wer (wie er meinete) als die ander zwo.

Da er sich nun voll gesoffen / und seiner vernunfft gleich
30 beraubet war / Bald sind der Hurnteuffel und Mordteuffel vorhanden / und legen hand zu werck / betriegen den armen Menschen / geben ihm ein / das ihm einfelt inn trunckener weise / und gedenckt / Siehe da / was hastu gethan? Du hast dich dem Teuffel ⟨Dʳ⟩ zu gefallen voll gesoffen / Was hastu
35 nun davon? Du hettest gleich so mehr gewilliget / bey deß

nachbarn Weibe zu schlaffen / So hettest du doch freud und lust davon gehabt / Ich habs doch schon zu viel gewaget / und dem Teuffel zu gefallen mich vol gesoffen / damit wieder Gott gesündiget / Soll ich nun von Gott gestrafft werden / so verdiene ichs eben so mehr wol.

Inn deß malet im der Hurnteuffel inn truckner weise des Nachbarn Weib für / wie sie so schön / so freundtlich sey. Darauff gehet er also truncken hin / uberredet sie / und schlefft bey ir. Inn deß kompt ir Mann / der Nachbar zu massen / und wils rechen / Aber dieser stellet sich zur wehr / und erwürget seinen Nachbar. Beging also alle drey sünden eben auff eine zeit.

Siehe da / ist nicht diß ein recht Exempel? dabey mann sihet / wie die Teuffel ein gewonnen spiel haben / wenn sich ein Mensch den Sauffteuffel narren und betriegen lest. Der Hurnteuffel und Mordteuffel kondten bey diesem Menschen nichts außrichten / Der Sauffteuffel aber bringets meisterlich zu wegen / damit / das er dem armen Menschen eingibt / Volsauffen sey nicht so grosse Sünde / als andere / Verkleinert also solch laster / wie er (leider) jetzund bey vielen thut / das es viel für kein laster noch Sünde / sondern vor eitel tugendt halten.

Was solte aber der arme Mensch / weil im der ⟨D^v⟩ Teuffel keine ruge lassen will / gethan haben / Er solte im inn einem starcken vortrawen und Glauben zu Gott / mit Gottes wort wiederstanden haben / und gesagt / Nein Teuffel / Es stehet geschrieben / Du solt nicht Ehebrechen. Item / Du solt nicht tödten. Item / Saufft euch nicht voll / und solt drauff zu Gott umb hülffe geschrieen haben / und obs noch ein weile verzogen / solte er solchs Creutze mit gedult / Gott zu gefallen / getragen / und mit Gebet fleißig angehalten haben.

Also folget nuhn hieraus abermals / weil Trunckenheit ursache gibt zu allerley sünden / lastern / und schanden / das alle Menschen sich billich solcher grossen fahr halben / vorm Sauffen hüten sollen.

## Die siebende Ursache.

Die siebende ursache / umb welcher willen alle Menschen sich vorm Sauffen hůten sollen / ist / daß das sauffen schaden bringet / an ehr / leib / und gut.

An ehr / denn dadurch kompt mann zu eim bösen namen / und bey allen ehrliebenden menschen in verachtung / das niemandt viel von im helt. Ho (spricht mann) er ist ein voller zapff / was soll er andere regieren / oder lehren / weil er sich selbs nicht regieren und lehren kan.

Daher kompts auch warhafftig / das die Pfarrherrn und Prediger also gar beim gemeinen Mann / ⟨*Dij*ʳ⟩ inn verachtung kommen sein / nicht allein ir Person / sondern auch ir Ampt und Lehr / das ir viel so ein böses leben fůren / mit sauffen / spielen / fluchen / unvorschampter und leichtfertiger rede / und andern lastern.

Und ists nicht ein grosse list deß Teuffels? Der Teuffel siehet / das er das Göttliche wort inn diesen Landen / mit aller macht nicht hindern kan / Harre / (gedenckt er) kan ichs nicht hindern / das es nicht geprediget werde / so will ichs doch hindern / das es nicht angenommen werde. Wie köndte ers aber auff eine fůglichere weise thun / denn das er die Pfarrherrn selbs uberredet / das sie anders leben / denn sie lehren. Da stöst sich jederman dran. Denn wer will gerne auß einem schlammigen gefesse trincken? wenn gleich der Wein noch eins so gut wer.

Was soll ich thun? spricht mann / Ich sehe / das es der Pfaffe selbs thut / weil er sein Lehr nicht achtet / was soll ich ir denn viel achten? Wer es im ernst / so thete er selbst darnach. Siehe doch / Wie köndte dem Teuffel die schantze besser gerathen? Denn was sie mit irem predigen bawen / das reissen sie mit irem schendtlichen leben wieder darnider / wo nicht zweymal mehr.

Wehe aber solchen Pfarrherrn und Predigern / wie werden sie so schwere rechenschafft geben müssen am Jüngsten Gericht / Nicht allein vor ire Person / sondern auch vor alle die jehnigen / welche sie ⟨Dij^v⟩ mit irem sauffen und bösem leben geergert / und inen ursache zu Sünde gegeben haben. Ach wie wollen sie doch nur ewig bestehen? Luc. 12 / spricht Christus / So der selb Knecht inn seinem hertzen sagen wird / Mein Herr verzeucht zu kommen / und fehet an zu schlagen Knechte und Megde / auch zu essen und zu trincken / und sich voll zu sauffen / So wird desselben Knechts Herr kommen an dem tage / da er sichs nicht versiehet / und zu der stunde / die er nicht weis / und wird in zuscheittern / und wird im sein lohn geben mit den ungleubigen.

Also ists auch mit den Oberherrn und Regenten / Also auch mit Haußherrn und Haußvåtern / und mit eim jeglichen Menschen / das sie (wo sie sich voll sauffen) deste weniger Autoritet bey den iren haben / und deste mehr inn verachtung sein. Das es also war ist / daß das Sauffen eim Menschen schadet an seinen ehren.

Am leibe aber bringets schaden / denn dadurch wird der gantze leib / alle gliedmas / alle adern / geschwecht / wie man inn teglicher erfarung siehet.

Ein Seuffer hat die nacht keine ruge / er ligt und kröchst / im ist nicht wol / Schlefft er ein / so hat er erschreckliche trewme. Deß morgens wenn er auffstehet (so er anderst kan) befind er sich noch beschweret / der kopff thut im wehe / der gantze leib ist matt / wie er zerschlagen wer / Er hat zu keinem dinge kein lust / ⟨Diij^r⟩ weder zur arbeit / weder zum essen noch zum trincken / er sitzt / als wer er an kopff geschlagen. Da folget auch als denn der schwindel / rote augen / böse bleiche farbe / mancherley flüsse / schnupffen / schnuder / halßgeschwer / brustgeschwer / feule an lunge und leber / böser magen / COLICA, heffmutter / STRANGURIA, tunckelheit der augen / böse gedechtnis / taubheit / låme der glieder / zittern der hende / Zipperlein / der Schlag / Fallende such / der Krampff / der Stein / Wassersucht / Geelsucht / Reude / und wer wils als erzelen? Endtlich folget verkůrtzung deß lebens / deß er ehe der zeit sterben mus. Solchs mů&#223;sen alle erfarne MEDICI bekennen.

Also lieset man auch im Plutarcho / vom vorgedachten Alexandro Magno / wie er auff ein zeit ein gůlden krantz hab auffgeworffen / dem der am meisten sůffe. Also hab in einer mit namen Promachus mit sauffen erworben / als er vier grosse kandeln mit wein außgesoffen / hab aber nicht lenger darnach gelebt / denn drey tage. Er hat sich auch / wie Plutarchus schreibt / ein und viertzig mal erbrochen / und damit den Geist auffgeben.

So geschichts auch offte / das mancher Seuffer drůber erwůrget / oder ja verwundet wird. Mancher fellet sich zu tode. Heist solchs noch nicht dem leibe geschadet / so weis ichs nicht.

Hieher gehören die sprůche der heiligen Schrifft / ⟨*Diij*$^v$⟩ Als Salomon in seinen Sprůchen am 23. Capitel / Wo ist wehe? wo ist leid? wo ist zanck? wo ist klagen? wo sind wunden ohne ursache? wo sind rote augen? nemlich / wo man beim wein ligt / und kompt außzusauffen was eingeschenckt ist / Siehe den wein nicht an / das er so roth ist / und im Glase so schön stehet / Er gehet glat ein / aber darnach beist er / wie ein Schlang / und sticht wie ein Ottern.

Jhesus Syrach am 22. Cap. Sey nicht ein weinseuffer / denn der wein bringet viel Leute umb / Der wein zur notturfft getruncken / erfrewet Leib und Seele / Aber so man sein zu viel trinckt / bringet er das hertzleid. Die trunckenheit macht ein tollen Narren noch töller / das er trotzt und pocht / biß er wol geblewt / geschlagen und verwundet wird.

Am gut bringet das Sauffen schaden / denn dadurch kompt mann umb das / was Gott bescheret. Gott bescheret manchem / das er sich / sein Weib und Kind davon ernehren / auch armen Leuten geben soll und kůndte. Er gehet aber hin / verseuffts / verschlemmets und verspilets / Dafür lest er sein armes Weib und Kind daheim hunger und noth leiden. Da wird es ein mal heissen / Gib rechenschafft von deim Hauß halten / wo hast du (wird Gott sprechen) diesen gülden / groschen / pfennig / heller hin gethan? Hab ich dirs darumb geben / das du es versauffen / verspielen / und unnütz anwerden solst? Oder / meinst du / du ha-⟨D4ʳ⟩best macht gehabt / mit dem / das ich dir ubergeben hab / zu handlen / wie du gewolt hast?

Solchs gleuben wenig Leute / das sie werden dürffen rechenschafft geben / von dem / was sie verschlemmet und verspielet / oder sonst unnütz durchbracht haben / Ob es wol Christus selbs saget / Ja / Warumb befihlt Gott / wie wir seine güter recht gebrauchen sollen / wenn er nicht davon rechenschafft foddern wolte? Wenns aber dazu komen wird / so wird sie es gerewen / aber es wird zu lang geharret sein.

Offte begibt sichs auch / das mancher Geldt bey sich hat / und inn trunckener weise verlewret. Auch geschichts offte / daß das Weib durch deß Mannes sauffen geergert / und verursacht wirdt / das sie gedenckt / kan er sauffen und schwelgen / so mus ich trawen auch sehen / wo ich bleibe. Seufft der Mann nuhn an einem orte / so seufft sie an einem andern / Treget er fornen aus / so tregt sie hinden aus / Und gehet / wie jener sagte / Wehre liebe Else wehre / das wir nicht reich werden / Brich du krüge / so breche ich töpffe.

Uber das alles / kompts auch gemeiniglich / daß wenn du gesoffen hast / und auff den morgen davon ungeschickt bist / oder auch wol zu weilen etliche tage / so bleibet dein Handwerck oder Ampt anstehen. Also gehet als denn auch an deiner narung ab. Da du nuhn hettest ein groschen verdienen können / must du also inn deinem schaden / noch zu dem / das du unnütz-⟨D4ᵛ⟩lich verzeret hast / mit ungesundem leibe / auch dasselbige emperen.

Hieher gehörn die sprüche der heiligen Schrifft / Als Salomon spricht inn seinen Sprüchen am 10. Cap. Der

Gerechte braucht seines guts zum leben / Aber der Gottlose braucht seins einkommens zur Sůnden. Item am 21. Cap. Wer gern inn wollust lebet / wird mangeln / und wer wein und öle liebet / wird nicht reich. Item am 23. Cap. Sey nicht
5 unter den Seuffern und schlemmern / denn die Seuffer und schlemmer verarmen / und ein schleffer mus zerrissen kleider tragen. Jhesus Syrach am 19. Cap. Sey nicht ein Prasser / und gewehne dich nicht zum schlemmen / Auff das du nicht zum Betler werdest / und wenn du nimmer gelt im
10 seckel hast / auff wucher nemen můssest / Ein Erbeiter / der sich gern vol seufft / der wird nicht reich.

Weil nun dem also ist / daß das sauffen eim Menschen an ehr / leib und gut / schaden bringet / Folget abermals unwiedersprechlich / das alle Menschen inen selbst zum
15 besten sich dafůr hůten sollen.

## Beschlus.

Dieweil nuhn (wie gehört) das Sauffen so ein grewlich / Teufflisch / verdamlich / ja unmenschlich / viehisch und sewisch / fehrlich und schedlich laster ist / von Gott / bey
20 vermeidung zeitlicher und ewiger ⟨$E^r$⟩ straffe / verboten / welchs dem Menschen an leib und seel / gut und ehr schaden zufůget / So will ich hiemit zum beschluß / jederman auffs trewlichst von Gottes wegen vermanet unnd gebeten haben / wer ihm will lassen rathen / das er solchs laster / als den Todt
25 und Teuffel / als eitel gifft / Got zu ehren und zu gefallen / und im selbst zum besten / fliehen und meiden wolle.

Wo es auch jemand bißher geůbet hette / der wolle im lassen rathen / und wolle solche sůnde erkennen / Gott umb vergebung bitten / und sich im Glauben / deß lieben HErrn
30 JEsu Christi trösten / Hinfůrder solchem laster von hertzen feind werden / sich darfůr hůten / und alle die seinen darvon abweisen.

Das helffe uns Gott / unser lieber Vater / durch seinen heiligen Geist / umb Jesu Christi seines lieben Sons unsers einigen Seligmachers willen / Amen.

Hab ich unrecht geredt / so beweise es / das es unrecht sey. Hab ich aber recht geredt / Warumb wolst du es nicht an nemmen.

## Beweisung / das das halb und gantz Sauffen Sůnde / und inn Gottes wort verbotten sey.

Es haltens vil dafůr / als sey das halb und gantz Sauffen nicht sůnde / weil es nicht in Gottes wort verbotten sey. Sie meinen aber / weil diese Wort / $\langle E^v \rangle$ Sauffet nicht zu halben und gantzen nicht inn der Schrifft stehen / sey es nicht darinnen verbotten.

Das aber solchs in Gottes wort verbotten sey / will ich auffs deutlichst beweisen / Also / das ein jeder vernůnfftiger Mensch wird bekennen můssen / das es war sey / das halb und gantz Sauffen sey inn Gottes wort verbotten.

Vor das erste / ist ja gewiß / daß das Sauffen in Gottes wort verbotten ist / und ist keinerley Sauffen außgenommen. Nuhn heist das halb und gantz Sauffen ja auch gesoffen / Denn Sauffen (wie wir droben auch gehort) heist alles das / da man mehr in Leib geust / denn die notturfft foddert / Es geschehe gleich auff waserley weise es geschehe / Man Sauffe zu halben oder gantzen / gemessen oder ungemessen / Bier oder Wein. So folget jhe / daß das halb und gantz Sauffen auch inn Gottes wort verbotten ist. Denn wie die Gelerten sagen / Posito genere, omnes species ponuntur. Oder / prohibito genere, omnes species prohibentur. Ob gleich eben diese wort / Saufft nicht zu halben und gantzen / inn der Schrifft nicht funden werden. Deß nim grobe Gleichnisse.

Da Sanct Paulus zun Römern am 12. Capitel spricht / Segnet die / so euch verfluchen / Segnet und fluchet nicht. Da verbeut Gott durch S. Paulum alles fluchen / und nimpt keins aus. Er spricht nicht / Fluchet nicht / außgenommen / so und so / sondern er ⟨*Eij*ʳ⟩ spricht schlecht / Fluchet nicht. Darumb wer das nerrisch geredt / so jemand spreche / Die Pestilentz fluchen ist nicht Sünde / sondern nur ein geringer (wie jehne sagten) Haußfluch / denn es sey nicht in Gottes wort verbotten / Das fluchen sey wol verbotten / aber die Pestilentz fluchen nicht / denn es stehe nirgendt inn Gottes wort / Fluchet nicht die Pestilentz.

Item / da Gott spricht / Du solt nicht Tödten / Da verbeut Gott alles tödten / und nimpt keine weise zu tödten aus. Denn er spricht nicht / Du solt nicht tödten / außgenommen / so und so / Sondern spricht schlecht / Du solt nicht Tödten. Darumb were das abermals nerrisch geredt / wenn jemandt spreche / Ein Menschen mit einer Büchsen zu todt schiessen / ist nicht Sünde / denn es ist von Got in seinem wort nicht verbotten / Tödten ist wol verbotten / aber mit einer Büchsen zu todt schiessen nicht / denn es stehet nirgent geschrieben / Du solt niemandt mit einer Büchsen zu todt schiessen.

Item / da Gott spricht / Du solt nicht stelen / Da verbeutt er alles stelen / keins außgenommen / Er spricht nicht / Du solt nicht stelen / Außgenomen diß oder jenes magstu wol stelen / sondern sagt schlecht / Du solt nicht stelen. So wer nu diß abermal nerrisch geredt / wenn jemandt spreche / Brodt stelen / oder öpffel und Birnen stelen / ist kein Sünde / denn es ist nicht inn Gottes wort verbotten. Stelen ist wol ⟨*Eij*ᵛ⟩ verbotten / aber öpffel und Birnen / oder Brot stelen nicht / Denn es stehet nirgendt geschrieben / Du solt nicht öpffel und Birnen / oder Brodt stelen.

Eben also auch / da Gott das Sauffen verbeut / und spricht / Hütet euch / das ewere hertzen nicht beschweret werden / mit Fressen und Sauffen. Item / Kein Seuffer soll das Reich Gottes erben / Galat. am 5. Da verbeut Gott alles Sauffen / keins außgenommen / denn er spricht nicht / Hůtet euch vorm Sauffen / außgenommen zu halben und gantzen mőget ir wol sauffen / sondern er spricht schlechts / Hůtet euch vorm Sauffen / Luc. am 21. So ist nun das freylich auch nerrisch geredt / wenn mann spricht / Das halb und gantz Sauffen ist nicht Sůnde / denn es ist inn Gottes wort nicht verboten / Sauffen ist wol verbotten / aber halb und gantz Sauffen nicht / Denn es stehet nirgendt geschrieben / Saufft nicht zu halben und gantzen.

Wenn Kinder also redten / so kőndte mans inen nicht vorůbel haben. Aber nun thuns auch wol offt alte erfarne Leute / und wollen eben ire grosse Kunst und klugheit damit beweisen.

Woher kompt aber solche weise / Gottes wort also zu meistern / welchs man doch keinem weltlichen Fůrsten thun dőrffte / Ja kein Mensch / wie elendt und gering er ist / wils leiden / das man sein wort meistere? Woher kompts denn? Gewißlich nirgents ⟨*Eiij*ʳ⟩ her / denn von dem groben / tőlpischen / sewischen Teuffel / dem leidigen Sauffteuffel.

So mercke nun und wisse / daß das halb und gantz Sauffen / inn der Gőtlichen Schrifft verbotten ist / nemlich an allen őrten / wo das sauffen verbotten ist.

Zum andern / Ist es ja auch gewiß / das der mißbrauch der Creaturn Gottes inn der Schrifft verbotten ist. Halb und gantz Sauffen aber / ist jhe ein grosser mißbrauch der Creaturn Gottes / so folget / das es auch verbotten ist.

Denn mißbrauch heist (wie alle vernůnfftige Menschen bekennen můssen) wenn man ein ding unnůtzlich oder anders / denn es von Gott geordnet ist / gebraucht. Gleich wie wiederumb ein ding recht gebrauchen heist / wenn mans mit dancksagung / zur notturfft / nach Gottes willen / und nicht wider Gottes willen / Got zu ehrn / und nicht zur schande / gebraucht.

Nun wird ja die edle Creatur Gottes / der Wein oder Bier / wenn man zu halben und gantzen seufft / oder gemessen

Bier trinckt / nicht nach notturfft / sondern unnützlich / anders denn es Gott geordnet hat / nicht Gott zu ehren / sondern viel mehr zur schande / nicht dem leibe zum besten / sondern zu großem schaden gebraucht / Darauff ein mal schwere Rechenschafft folgen wird. Wer will nun sagen / daß das halb und gantz Sauffen nicht Sünde / und inn Gottes wort nicht verbotten sey? ⟨*Eiij*ᵛ⟩

So mercke und wisse nuhn abermals / daß das halb und gantz Sauffen inn der heiligen Schrifft verbotten ist / Nemlich / uberal / wo der mißbrauch der Creaturn Gottes verbotten ist. Als Proverb. 10. Luc. 16. Rom. 8. und an allen örtern / wo Gott befihlt / wie man seine Creaturn recht brauchen soll.

Zum dritten / Ist es ja auch gewiß / das ergernis geben inn Gottes wort verbotten ist / Mit halb und gantz Sauffen aber gibt man ergernis / So folgt jhe daraus / daß das halb und gantz Sauffen in Gottes wort verbotten ist.

Das man aber mit gantz und halb Sauffen ergernis gebe / ist offenbar / Denn vil die dich sehen halbe und gantze Sauffen / meinen es sey also recht / und thuns auch. Ob du nu gleich mit mussen außtrincken möchtest / oder bey zeit auff hörest / das du nicht truncken würdest / oder nur aus kleinen Kendlin oder Kreußlein trinckest / und geschicht aber inn dem namen / als soltens halbe oder gantze sein / so ergerst du gleichwol deinen Nechsten. Solchs wirstu nimmermehr verantworten können. Denn wehe dem Menschen / sagt Christus / durch welchen ergernis kompt. Du möchst wol vieleicht bey zeiten auffhören / und nüchtern bleiben. Wie wiltu aber die / so du mit deim halb und gantz trincken geergert / uberreden / das sie auch bey zeiten auffhören / oder ob sie einmal auffhörten / das sie andermal auch auffhören würden? ⟨*E4*ʳ⟩

Und ob wir gleich kein ander ursache hetten / das halb und gantz trincken zu unterlassen / so solte uns doch diß allein ursache genug sein / das unser Nechster dardurch geergert wird. Denn wo wir im ein ursache sein zu sůnden / halb und gantz zu Sauffen / Oder so ers vorhin auch getrieben hette / darinnen zu verharren / weil er sehe / das wirs auch theten / so machten wir uns schuldig alles deß ubels / das er sein lebenlang darauff ubete / Da behůte Gott alle frommen Christen fůr.

So mercke und wisse nuhn abermals / daß das halb und gantz Sauffen sůnde / und in Gottes wort verbotten ist / Nemlich uberal / wo ergernis zu geben verbotten ist.

Zum vierdten / Ists ja auch gewiß / das Gott / so offte er die Sůnden verbeut / so verbeut er auch damit alle ursachen zu Sůnden / Und will / das wir alle ursachen zu Sůnden meiden sollen / nach dem gemeinen Spruche / VITARE PECCATA, EST VITARE OCCASIONES PECCATORUM. Sůnde meiden / heist die ursachen zu Sůnden meiden.

Nuhn ists ja war / daß das halb und gantze zutrincken / und bescheid thun / ein OCCASION, oder ursache ist zur Truncknheit / wie solchs kein verstendiger wird leugnen. Welchs zwar auch die erfarung gibt / das mancher Mensch wol nůchtern bliebe / wenn er kein halbs noch gantzes bescheid zu thun / anneme / ⟨$E4^v$⟩ und trůncke nur / was im geliebte. Daher klagt auch mancher / Er habs im offtmals vorgenommen / sich vor Truncknheit zu hůten / aber es sey im unmůglich zu halten. Ja freylich ists im unmůglich / so lang er das halb und gantz anzunemen nicht unterlesset.

Weil aber nun Gott die Truncknheit in seinem Worte verbeut / So folgt jhe / das er auch das halb und gantz Zutrincken / als ein ursache zur Truncknheit / verbeut. Welcher Mensch (er hette denn kein verstandt) will nun hiewider reden / und sagen / Daß das halb und gantz zutrincken und bescheid thun / nicht Sůnde / und inn Gottes wort nicht verbotten sey?

3 Teufelbücher V

## Beschlus.

Weil es nun gewiß ist / daß das halb und gantz Sauffen Sůnde / inn Gottes wort verbotten / auch unter dem Sauffen (wie gehört) begriffen wird / so soll man auch alles das vom halb und gantz Sauffen verstehen / was droben vom Sauffen gesagt ist / und eben umb der selben ursachen willen solchs fliehen und meiden.

Und will hiemit jederman auffs trewlichste von Gottes wegen gewarnet / vermanet und gebeten haben / das er das halb und gantz Sauffen / als ein Teufflisch / Unchristlich / schådlich und ergerlich Laster / Gott zu ehren / und im selbs zum besten / gantz und gar unter lassen wölle. ⟨F$^r$⟩

Wer sich nuhn wird warnen lassen / und trewem Rath folgen / wol im / Es wird in ewigklich nicht gerewen / und wird sein grosser nutz sein / wo er auch solchs Gott zu ehren und zu gefallen thun wird / so wird in Gott wieder ehren / wie er sagt / 1. Samuel. 2. Wer mich ehret / den will ich wider ehren.

Wer aber diesen trewen rath und warnung verachten / und nicht annemen wird / wehe im / Es wird in inn ewigkeit gerewen / und wird sein hie zeitlich / und dort ewigklich schaden leiden. Denn wem nicht zu rathen ist / dem ist auch nicht zu helffen. Sein blut sey auff seim kopffe. Er wird nicht sagen dörffen / das ers nicht gewust habe / es ist im deutlich genug angezeiget worden. Gott helffe uns / das wir frömmer werden / Amen.

Hab ich unrecht geredt / so beweise es / das es unrecht sey / Hab ich aber recht geredt / Warumb wolst du es nicht annemen.

## Etliche einreden der Seuffer / mit iren Verlegungen.

Wie kompts / das etliche Prediger jetzund so offt vom Sauffen predigen / und so harte drauff dringen? Antwort.

Das sie dawider predigen / da thun sie recht dran / weil es Sünd und von Gott verbotten ist. Das sie aber so offte darwider predigen / geschicht auch bil-⟨F^v⟩lich / denn es ist ein solch laster / das man jetzund vor kein laster und Sünde / sondern vor eitel Recht und tugent helt / wie man siehet / das die gelobet und gerömet werden / die nuhr wol sauffen können / Dagegen die verachtet und verspottet werden / die es nicht thun können oder wöllen. Darumb ist es von nöten / und sind es alle Prediger von Ampts wegen schuldig / wider diß und andere laster / die man sonderlich nicht viel achtet / noch vor Sünde erkennet / vor allen andern lastern offte und auffs hefftigste zu predigen / damit noch etliche davon geweiset werden / und niemand am Jüngsten tage entschüldigung vorwenden kündte / als sey er nicht gewarnet worden.

Soll man denn nicht essen und trincken?

Antwort. Essen und trincken wird nicht verboten / sondern Fressen und Sauffen.

Warumb sind denn die Creaturn von Gott geschaffen / wenn wir sie nicht gebrauchen sollen?

Antwort. Sagt doch niemand / das man sie nicht gebrauchen solle / Der rechte gebrauch wird nicht verboten / sondern der mißbrauch der Creaturn Gottes.

Mit der weise müsten wir alle Mönche werden?

Antwort. Wie so? Warumb? Meinstu darumb / das wir die Creaturn zu gebrauchen verbieten / wie sie den Mönchen verbotten sind worden? Solchs haben wir niemals gethan. ⟨Fij^r⟩

Es ist wol deß fleisches art also / das es schlechts die mittelstrasse nicht treffen / noch gehen kan / noch will / Es will entweder gar zu weit auff die rechte / oder zu weit auff die lincke seite / Als /

Verbeut man ubrigen schmuck / so verstehens etliche / man solle gar schlammig / unrein / und zurissen gehen. Verbeut man aber schlammigkeit / so verstehens etliche / man solle sich in Gold und Silber / Sammet und Seiden / schmůcken / etc. So mans doch also meinet / das man sich fein einfeltig / als den Christen gebůrt / 1. Pet. 3. und doch fein reinlich kleiden soll. Und da man sich ja schmůcken / wolte oder solte / das sich ein jeglichs nach seinem Stande / und nach seinem vermůgen oder reichthumb schmůcke / und nicht drůber fare / wie leider jetzund von vielen geschicht.

Also auch / wenn Gott saget / Sauffet euch nicht voll Weins / so verstehens etliche / als die Mônche / man soll kein Wein noch Bier trincken. Widerumb / da David saget / Der Wein sey von Gott geschaffen / das er deß Menschen hertze erfrewen soll / verstehens etliche / das man im Wein und Bier sauffen und schwelgen solle.

Gottes Wort aber / und alle trewe Prediger / haben den Wein und Bier / noch einige Creaturn Gottes niemals verbotten / Und widerumb / das Sauffen und mißbrauch der Creaturn / niemals gebillicht / Sondern lehren die mittelstrasse / Als nemlich / ⟨Fij$^v$⟩ das man Wein und Bier / und ander Creaturn / so sie Gott einem bescheret / nicht verachten soll / sondern sols zu dancke von Gott annemen / und zu Gottes ehr gebrauchen. Wo sie aber Gott einem nicht bescheret / soll er gedult haben / und im lassen genůgen / und dieweil das wenige mit dancksagung gebrauchen / was Gott bescheret hat.

Meinstu aber du můssest ein Mônch werden / darumb / das du ein eingezogen Christlich leben fůren solt. So můste draus folgen / das man nicht kôndte noch dôrffte Christlich und Gottselig leben / oder Gottes Geboten gehorsam sein / und sich vor Sůnden hůten / mann wůrde denn ein Můnch.

Da solte die Möncherey noch wol wiederumb auffkommen / und solte noch wol war werden / wie man vor zeiten (nicht inn Gottes namen) vorgab / Wer Gottselig leben wolte / der solte inn ein Kloster gehen.

Nein Bruder / hieher / du kanst dich wol vor dem Sauffen (mit Gottes hůlffe) und vor andern groben lastern hůten / bist es auch schuldig zu thun / und darffest darumb kein Můnch werden.

Ey / Ich halte es dafůr / das es nicht Sůnde sey / ob man gleich einen guten rausch trincket.

Antwort. Wie? Ein rausch (wie du es meinest) ist ja ein uberfluß / denn wer ein rausch hat / der ist jhe nicht nůchtern. Ist er nicht nůchtern / so kan er nicht Beten / so wir doch allezeit Beten sollen / weil wir al-⟨Fiij⟩lezeit inn fahr schweben / Denn Gott leret uns / wir sollen nůchtern zum Gebet sein / 1. Pet. 4. So folget / das ein rausch trincken / Sůnde sey / und derwegen zu meiden.

Ich bin nimmer andechtiger zum Gebett / denn wenn ich einen rausch habe.

Antwort. So mus Gott unrecht sein / und unnötige ding lehren und gebieten / da er spricht / Man soll nůchtern zum Gebet sein / dieweil es nicht von nöten ist / oder mann andechtiger ist / wenn mann ein rausch hat. Siehe aber du zu / das dich der Sauffteuffel auff diese weise nicht betriege / und wenn du am meisten das Gebet bedarffst / dein hertz (wie Christus spricht) beschwert sey / und verschwinde also gebet und andacht. Du hast gut Beten / weil du noch ohn anfechtung bist / und der Teuffel dich / biß er seine zeit ersiehet / zufrieden lest.

Ich mus ja ein Bette trincken / ich kan sonst nicht schlaffen / Ich hab denn ein rausch?

Antwort. Ja wol ein Bette. Lieber dencke im nach / Wer solchs treiben mus / und warumb? das du nicht schlaffen
5 kanst / du seuffest denn ein rausch. Es ist eigentlich ein anfechtung vom Teuffel. Das kanst du daraus mercken / das er dich darůber solch ding leret / das wieder Gott ist. Gott saget / Saufft euch nicht voll / so blesst er dir ein / und spricht / Sauff dich voll / das du schlaffen kanst. Solchs ist
10 gantz widereinander. So mus es ja der Teuffel thun. ⟨*Fiij*ᵛ⟩
Warumb thut ers aber? Gewißlich umb keiner andern ursachen willen / denn das er verhofft dich ein mal inn trunckener weise zu erwůrgen / oder dich inn ander unfahl / sůnd und schand zu bringen / Denn wir Christen wissen
15 (wie S. Paulus saget) was der Teuffel im sinn hat.

Warumb aber Gott solchs Creutze dir auffleget / und dem Teuffel verhenget / das er dich nicht schlaffen lest / du seuffest dich denn voll / Ist diese ursache / das er dich probiren will / und sehen / wie du dich unter solcher an-
20 fechtung halten wilt / ob du auch dich vor seinem Gebot fůrchten / oder dem Teuffel folgen wilt.

Wie solst du im denn thun? Da soltest du dem Teuffel mit Gottes Wort wiederstandt thun / und sagen / Nein Teuffel / das will ich nicht thun / denn es stehet geschrieben / Sauffet
25 euch nicht voll. Item / Seid nůchtern zum Gebet / und darauff Gott fleissig angeruffen umb hůlffe / etc. Und das Creutze mit gedult getragen / biß Gott endert.


Ich gedöchte / Wenn ich mich denn gleich truncken trůncke / allein das ich mich nicht haderte / oder Gott
30                lestert / und fluchte.

Antwort. Es ist keins nicht recht / weder Trunckenheit noch haddern / noch Gotslesterung / und ist alles von Gott verboten. Und pflegen solche und andere laster aus Trunckenheit zu folgen. Darumb soll man Trunckenheit vornemlich meiden. ⟨F4ʳ⟩

 S. Paulus spricht / Sauffet euch nicht voll Weins /
 da wird deß Biers nicht gedacht.

Antwort. Das ist war / Aber diß ist auch war / das die Schrifft / wenn sie Wein nennet / alles starck Getrenck damit meinet. Zum andern / So wird dennoch auch an etlichen enden / da vom sauffen geredt wird / auch deß starcken Getrencks außdrücklich gewenet / als Proverb. am 20. 31. etc. Zum dritten / So haben die Epheser / zu welchem S. Paulus diese wort am ersten geschrieben / nichts vom Bier gewust. Zum vierdten / So ist das sauffen und trunckenheit vor sich verboten / Es geschehe mit was getrencke es geschehe.

 Wenn ich gleich zu halben und gantzen Sauffe / wenn
 ich nur nicht truncken werde?

Antwort. Diß entschůldiget nicht / denn andere werden gleichwol dardurch geergert / etc.

 Ich sehe das jederman zu halben und gantzen
 seufft / was soll ich denn thun?

Antwort. Wenn gleich die gantze Welt unrecht thete / solst du drumb auch unrecht thun? Gott saget im andern Buch Mosi / am 23. Cap. Du solt nicht folgen der menge zum bösen.

 Wie wenn ich denn gezwungen würde / das ich ein
 halbes oder gantzes bescheid thun můste?

Antwort. Wer will dich zwingen? Und ob dich gleich jemandt zwingen wolte (wie du meinest) ⟨F4ᵛ⟩ damit / das er vorgebe / Du soltest seine hulde nicht haben / Er wolte nicht dein Freund hinfůrter sein / Oder wolte dir diß und das an thun / wo du im nicht bescheid thetest / Solst du dich darumb zwingen lassen / wieder Gott und sein Wort zu handlen / deinen Nechsten zu ergern / und dich vieler Sůnden teilhafftig zu machen? Solstu nicht / wo du ein Christ bist / ehe alles umb Gottes Gebots willen fahren lassen / und leiden / denn das du dawider handlen soltest? Weil du aber uber Gottes Gebot solch geringe ding nicht leiden wilt / was soltest du denn thun / wenn man dir umb Gottes Worts willen herter zusetzen wůrde / das es Blut kosten solte? O der zarten Merterer / die auch nicht eines geringen Menschens ungunst auff sich laden wollen / und darfůr lieber wider Gott handlen / und Gottes hulde verlieren.

Ich halte / es sey nicht so grosse Sůnde / wenn ich zu halben
und gantzen Sauffen / als wenn ich sesse und spielete /
und das mein so schentlich durch bröchte /
oder einen andern umb das sein
brechte / und in also
betrůbte.

Antwort. Es sey grösser oder kleiner Sůnd / das entschuldigt nicht. Ein Christ soll sich nur nach Gottes Wort richten / Was Gott inn seinem Wort verbeut / das kan nicht kleine Sůnde sein / so man dawider thut / obs gleich an sich selbs geringe / oder gegen andern Sůnden gehalten / viel kleiner scheint sein. ⟨$G^r$⟩

Das unsere erste Eltern / Adam und Eva / ein Apffel vom verpotnen Baum im Paradeiß gessen haben / scheint zu mal ein geringe Sůnde sein / und nicht werth / das Gott darumb also zůrnen / und das gantze menschliche Geschlecht / mit so viel jamer und ellend / und mit zeitlichem und ewigem Tode straffen solte / das wir also alle noch am selben Apffel zu kewen haben. Was ist ein Apffel? denckt die vernunfft.

Ein Apffel ist ein Apffel. Wenn man aber das bedenckt / das Gott inen davon zu essen verpotten hatte / so siehet man wie grosse Sünde es sey. Es ist nicht umb den Apffel zu thun / sondern umb den ungehorsam / und verachtung Gottes. Also ist es allhie mit dem Sauffen / und allen andern Sünden auch / wie geringe sie auch geachtet werden.

Wie aber / wenn mir mein Herr eins zutrüncke / solte ich im nicht gehorsam sein / und bescheid thun?
Antwort. Nein. Denn da heists / Man mus Gott mehr gehorsam sein / denn den Menschen / Acto. 5.

So wirds nicht recht geredt sein / das man spricht /
Deß Brot ich esse / deß Lied ich singe.
Antwort. Es ist recht geredt / wenn mans nuhr recht verstehet / Als nemlich / so mans nach dem spruche richtet / Mann mus Gott mehr gehorsam sein / denn den Menschen.
Du solt deß Brodt du issest / das ist / deines Herren Lied singen / Das ist / reden und thun / was ihm ⟨G^v⟩ wolgefelt / außgenomen wo er dir etwas fürsinget / das ist / befihlt / das du weist / das es wider Got ist / so solt du im nicht nachsingen.
Denn du must ja bekennen / das Gott auch dein HErr ist / und das du vornemlich sein Brodt issest / wie du alle tage betest / Unser teglich Brodt gib uns heute / So wil je folgen / das du vor allen dingen sein Lied singen / das ist / reden und thun solt / was im wol gefelt.

Ich sehe / das mancher wol so truncken / oder auch wol trünckener wird / von schlechten trüncken / als mancher / der zu halben und gantzen seufft.
Antwort. Das widerrede ich nicht. Es möchte ein solcher Unflat und Weinschlauch sein / der möchte so grosse Süffe

thun / das er freylich viel trunckener wůrde / denn die / so zu halben und gantzen sauffen. Daraus folget aber nicht / daß darumb das halb und gantz sauffen recht sey. Denn es heist beides gesoffen / Es geschehe gleich zu halben und gantzen / oder auff andere weise / und wird sich keiner vor Gott entschuldigen kǒnnen.

Wenn ich denn gleich bescheid thete / das ich nuhr niemand zwůnge?

Antwort. Das hilfft nicht. Denn ob jhenes wol grǒsser Sůnde ist / so einer den andern zum Sauffen zwinget / so ist doch diß gleichwol auch Sůnd / und wider Gott / wenn du halbe und gantze bescheid zu thun annimpst / ob du auch gleich niemandt zwingest. ⟨*Gij^r*⟩

Wie wenn ich denn Artzney gebrauchete / das ich nicht truncken wůrde?

Antwort. Dennoch sůndigest du. Denn nicht allein Trunckenheit ist von Got verbotten / sondern auch das Sauffen. Uber das / ergerst du auch deinen Nechsten.

Stehet doch im CIIII. Psalm / Du bringest den Wein aus der Erden / das er deß Menschen hertz erfrewe.

Antwort. Es stehet freylich allda / aber damit ist noch lange nicht beweiset / das du sauffen mǒgest / Sondern David will damit Gottes wunder und gůte uns fůrbilden / und preisen / das er den Wein geschaffen / und im solche krafft gegeben hat / das er von natur deß Menschen hertze erfrewen kan.

Denn der Wein hat von Gott die krafft und art / das er von natur (nicht wenn man in seufft / sondern von natur)

so er meßig getruncken wird / alle adern im Menschen durch
dringet / erfrischt / und frölich macht.
Auff diese meinung saget auch Jesus Syrach am 32. Cap.
Der Wein erquicket dem Menschen / das leben / so man in
meßigklich trincket. Und was ist das leben / da kein Wein
ist? Der Wein ist geschaffen / das er den Menschen frölich
soll machen. Der Wein zur notturfft getruncken / erfrewet
leib und Seele / Aber so man sein zu vil trincket / bringet er
das hertzeleidt. Siehe da / wie richtig redet Jesus Syrach von
der sachen. ⟨*Gij*ᵛ⟩

Ich hab gehört / Mann soll nichts verreden / oder verloben /
denn die Nase abzubeissen / oder den Elenbogen zu
kůssen. Darumb wird mich niemand dahin
bewegen / das ich Vollsauffen verreden werde.

Antwort. Diß Sprichwort ist recht und wol geredt / von
den dingen / die von Gott nicht verbotten sind. Als wenn ein
jung Geselle spreche / Er wolte nimmer mehr kein Weib
nemen / Oder einer der ein Weib hette / spreche / Wenn im
diß Weib stůrbe / wolte er sein lebenlang keins mehr nemen.
Oder so sich ein ander hören liesse / Er wolte sein lebenlang
kein Wein oder Bier mehr trincken. Zu solchen / were es
recht / das mann spreche / Mann soll nichts verreden / ohn
die Nase abzubeissen / oder den Ellbogen zu kůssen.

Aber inn denen dingen / die von Gott verbotten sein / hat
diß Sprichwort keine stadt / als hie im halb und gantz zutrincken / oder vol sauffen. Denn da thut mann nicht unrecht / wenn mans verlobt. Ja / was sag ich davon? Haben
wir doch solchs / und anders dergleichen / langst inn der
Tauffe verlobt und verschworen / da wir dem Teuffel und
allen seinen wercken und wesen abgesagt / und zu Gott
geschworen haben. Derhalben denn alle die / so sich vol
sauffen / gegen dem lieben Gott handeln / als trewlose und
meineidige. Welchs gar wol zu bedencken ist.

Soll man denn gar nicht zur Gesellschafft gehen? ⟨*Güjʳ*⟩

Antwort. Zur Gesellschafft zu gehen / wird nicht verbotten / sondern das ungőttliche wesen / welchs allda getrieben wird. Wenn die Christen zu sammen kommen /
⁵ sollen sie gleichwol bedencken / das sie Christen sind / und sollen allda nicht dem Teuffel / sondern Gott dienen / Nicht Fressen und Sauffen / sondern der gaben Gottes mit dancksagung / unnd mit der furcht Gottes geniessen / nicht spielen / nicht unzůchtig reden und geberde fůren / sondern
¹⁰ darfůr etwas gutes singen oder lesen / oder von Gottes wort reden / sich untereinander der Predigt erinnern / und Gottes Wunderwerck in den Creaturn bedencken / Wie der Prophet Jesaias am 5. Cap. auch leret / das man inn der Gesellschafft Gottes werck und wunder betrachten soll.

¹⁵ Von solchem zusammenkommen / und Gesellschafft halten / lehret auch S. Paulus zun Ephesern am 5. Cap. da er spricht / Sauffet euch nicht voll weins / daraus ein unőrdig wesen folget / sondern werdet vol / Das ist / Wolt ir ja vol werden / so werdet vol deß heiligen Geistes / und redet
²⁰ untereinander von Psalmen und lobsengen / und geistlichen Liedern / singet und spielet dem HErrn inn ewrem hertzen / und saget danck allezeit Gott und dem Vater / im Namen unsers HErrn JEsu Christi. Siehe / das were Christlich gesellschafft gehalten.

²⁵ Kemestu aber inn ein Gesellschafft / da es anders ⟨*Güjᵛ*⟩ zu gienge / Da dem Teuffel / und nicht Gott / gedienet wůrde / Du hettest aber hoffnung / das noch etliche unter inen / durch dein reden und Exempel / gebessert mőchten werden / so mőchst du wol bey inen bleiben / aber nicht
³⁰ solchs mit inen treiben / und dich irer sůnden teilhafftig machen / sondern also sagen / Wo sie dich bey inen dulden kőnden / woltestu gern bey inen sein. Wo aber gar keine hoffnung wer / oder sie dich zu irem ungotseligen wesen dringen wollen / so heissts / NOLI ESSE IN CONVIVIJS POTA-

TORUM, Sey nicht unter den Seuffern und schlemmern / Proverb. 23. Item / NOLI TE EFFICI PARTICIPES EORUM, Seid nicht ire mitgenossen / Ephes. 5. Als denn mache dich nur weit darvon / das dich Gott nicht etwa mit inen straffen möchte.

Ich gedechte aber auff einer Hochzeit gienge es hin / dem Ehestandt zu ehren?

Antwort. Was wider Gott ist / das kan dem Ehestandt nicht zu ehren geschehen / sondern viel mehr zur schande. So nimpt auch Gott keinen ort aus / da er das Sauffen verbeut / Sondern spricht schlechts / Sauffet euch nicht voll / und setzet nichts dazu / Es sey denn auff der Hochzeit / etc.

Haben sie doch auff der Hochzeit zu Cana in Galilæa / da Christus auch vorhanden gewesen / sich auch truncken getruncken?

Antwort. Das mag wol sein. Es folget aber nicht draus / das du es darumb thun müssest / Denn / ⟨*G4ʳ*⟩ EXEMPLA NON PROBANT. Es schleust nicht / das du wilt sagen / Die und die habens gethan / darumb mag ichs auch thun. Das schleust sich aber sehr wol / Gott hat Trunckenheit verbotten / darumb solt du dich nicht truncken trincken.

Ja sprichst du / Christus ist gleichwol auch auff der selbigen Hochzeit gewesen? Das ist war / er ist aber nicht umb der Trunckenbolden willen allda gewesen / so hat er auch nicht mit gesoffen / und sich truncken getruncken.

Er hat sie aber nicht darumb gestrafft? Antwort. Was weist dus? Ist doch nicht alles geschrieben / was er gethan hat (wie Johannes sagt am 20.) Und ob er sie gleich nicht gestrafft hette / so ist er von deß wegen nicht allda gewesen.

Er hat inen aber noch mehr Wein geschaffen? Recht. Aber nicht den Trunckenbolden zu gefallen / sondern dem Ehestandt zu ehren / und Braut und Breutigam / und allen Eheleuten zu trost.

Wenn man sich denn gleich inn der wochen ein mal / nemlich am Sontage / truncken trůncke?

Antwort. Nein. Gott sagt abermal schlecht / Sauffet euch nicht vol / und setzet nicht dazu / Es sey denn inn der
5 wochen ein mal / oder am Sontag. Darumb will er / wir sollen uns allezeit dafůr hůten.

Ey / Ein mal gehet hin.

Antwort. Es sey ein mal oder zweymal / so ist es ⟨*G4ᵛ*⟩ unrecht. Diß Sprichwort / Einmal gehet hin / wird offte
10 mißbraucht. Denn wenn mans gebrauchen will / die Sůnden damit zu entschuldigen / so ists unrecht / als hie / vom halb und gantz Sauffen / Und wenns bey dieser Sůnden recht wer / So môchte manns auch von allen Sůnden reden / Als vom Ehebruch / môchte man auch sagen / Einmal gehet
15 hin. Item / vom stelen / etc. Siehe / da wolte der Teuffel gerne hinaus / daß / wenn du es an einer Sůnden gewonest / mit den andern auch also leichtfertig handelst.

Diß Sprichwort wird aber recht gebraucht / wenn man von jemandt etwas unbillichs erdulden mus / das mann doch
20 mit gutem Gewissen erdulden kan / das mann spricht / Wolan / Einmal gehet hin / sonderlich wenn die / so unter unser gewalt seind / etwas verschulden / da mann hoffnung hat / es sey nicht aus einem mutwillen geschehen / das man sage / Wolan / Einmal gehet hin / komm zum andern mal
25 nicht wider.

Ich bin nun alt / Ich mus mein stercke (wie man spricht) in der Kandel und hinder dem Ofen suchen.

Antwort. Das Sprichwort / Alte leute / můssen ire stercke inn der Kandel und hinder dem Ofen suchen / ist recht
30 geredt / Aber es wird offtmals ubel verstanden und gedeutet. Es kan freylich alten Leuten nichts bessers widerfaren / denn

das sie nun ruhe haben / und hinder dem Ofen sitzen oder ligen / und ⟨H^r⟩ ein guts bißlein und trůncklein darbey haben. Nicht das sie solten schwelgen und Sauffen / Denn davon wůrden sie nicht gestérckt / sondern viel mehr sehrer geschwecht werden. Wie sich denn mancher alter Mann inn der Kandel stérckt / das er daumelt / und auch wol gar darnider felt / und vor der armen Jugendt sich entblöst / oder sonst ungeberdig stellet / und also die Jungen schwerlich ergert. Darumb soll man das Sprichwort recht verstehen lernen.

Alte Leute solten bedencken / das sie fort mehr auff der Gruben gehen / und solten allezeit drauff gedencken / Wie sie das ende follent gut machten. Solten immerzu vor augen haben den Spruch S. Pauli / zu Tito / am 2. Cap. da er also spricht / Lehre die Alten / das sie nůchtern sein / erbar / zůchtig / gesundt im Glauben / in der Liebe / in der Gedult.

Ey / Ich weis es nicht aller ding zu lassen.

Antwort. Wolan / so fahre hin / so bist du auch kein Christ / und hast den Christen namen verleugnet / Denn werest du ein Christ / und gleubest an JEsum Christum / so wůrdest du im auch gehorsam leisten.

Ich will hiemit vor Gott und aller Welt entschuldiget sein.

Wie thue ich im aber? Will ich meins Biers oder Weins los werden / so mus ich mit gesellschafft leisten / und meinen Gesten zu gefallen mitsauffen.

Antwort. Das heist aber dem Mammon gedie-⟨H^v⟩net / Denn wer umb deß eigen nutzs / oder zeitlichen / oder auch umb eins pfennings willen / etwas thut / das wider Gott ist / der dienet dem Mammon / und nicht Gott. Er hat den Mammon lieber / denn Got / und ist im mehr umb das zeitliche zu thun / denn umb das ewige. Thut also / wie jener

Narr / der ein Pferd vor ein Pfeiffe gab. Nun weist du wol /
wie Christus spricht / Niemand kan zweyen Herrn dienen /
Entweder / er wird einen hassen / und den andern lieben /
Oder wird einem anhangen / und den andern verachten / Ir
kõndt nicht Gott dienen / und dem Mammon.

Mann Brawe / oder mache das Bier oder den Wein / so gut
man kan / und breche inen nicht ab / und lasse sie auch in
irem werde / Mann sey aber auch dabey Gottfůrchtig / und
suche zum ersten das Reich Gottes / das ist / Man trachte
vor allen dingen / wie man mõge selig werden / und ins
Himelreich kommen / Halte sich deste fleißiger zur Predigt /
und zum Hochwirdigen Sacrament / und fůre ein Gottselig
leben / so wird das ander alles zufallen.

Ob aber dennoch Gott eim ein solch Creutze aufflegte /
das im das Bier / oder der Wein blieb ligen / so trage er solch
Creutze mit gedult / und trõste sich deß / das er ein gnedigen
Gott und Vater / umb CHRISTI willen / im Himel hat /
derselbige werde im sol-⟨*Hij^r*⟩ches wol wider wenden /
und inn ander wege wider einbringen / Er versehe sich nur /
durch Christum / alles gutes zu im / und verharre im
Glauben / im Gebete / und Gottseligem wandel / biß ans
ende.

Sehe ich doch / das die Pfarrherrn auch zu halben
und gantzen Sauffen?

Antwort. Ob es etliche Pfarrherrn thun / da erger dich
nicht an / sie werden Rechenschafft darumb geben můssen.
Dir aber ist nicht befohlen von Gott / das du thun solt / was
dein Pfarrherr thut / sondern das du hõren und thun solt /
was er dir aus Gottes wort vorsaget. So wird auch Christus
am Jůngsten Gerichte nicht fragen / Ob du gethan hast /
was dein Pfarrherr gethan hat / sondern ob du gethan hast /
was du von im in der Predigt gehõret hast.

*Sauffteuffel*

Liset man doch / das sich Noah und Loth auch truncken getruncken haben.

Antwort. Das ist war. Sihe aber was drauff gefolget ist / und hůte dich. Die Schrifft aber helt uns der lieben Heiligen sůnde und gebrechen fůr / nicht der meinung / das wir inen darinnen sollen oder mögen nachfolgen / sonst möchten wir alle die Ehe brechen / weil David die Ehe gebrochen hat / sondern es wird uns vorgehalten von Got / zur warnung und zum trost. ⟨*Hij*ᵛ⟩ Zur warnung / das wir uns deste fleißiger vor dem Teuffel hůten / und Beten / weil er auch solche grosse Heiligen zu weilen zu fall bracht hat. Zum trost / das wir nicht verzagen / wenn wir gefallen sein / weil auch solche grosse Heiligen zu weilen so gröblich gefallen sind / und hoffen / Gott der Vater aller Barmhertzigkeit / werde mit unser schwacheit auch gedult haben / wie er mit inen gedult gehabt hat / und uns umb seines lieben Sons willen / unser Sůnde vergeben.
A M E N.

1. Corinth. am 10. Cap.

Ir esset oder trincket / oder was ir thut / so thuts alles zu GOTTES ehren.

Dieser Spruch solt billich uber den Tischen geschrieben stehen / das mann in allezeit vor augen hette.

Folget ein ander Bůchlein / wider das zutrincken / vorhin vor XLV. Jaren erstmals auß gegangen. ⟨*Hiij*ʳ⟩

Vorrede.
Dem Erbarn und Ehrnvesten / Joachim
Frentzel / Burger zu Grölitz / auff Königshain
und Liebenstein / Meinem großgünstigen lieben
Lehnherrn / Wünsche ich Matthæus
Friederich /
Gnad und Fried / und ein glückseliges newes
Jar / von Gott unserm lieben Vater / durch
JESUM Christum unsern HErrn / und
einigen Seligmacher /
Amen.

ERbar / Ehrnvester / großgünstiger HErr / Es ist mir newlich ein Büchlein ohne gefehr vor die hand kommen / welchs vorhin vor XLV. Jaren erstmals auß gegangen ist. Darinnen zum ersten das Edict. Keiser Maximilians / wieder das Zutrincken / Unnd darauff ein ernstlich (aber uns Christen zu mal lecherlich) Außschreiben deß hellischen Sathans / an seine liebe Getrewen / die Zutrincker / Dargegen aber auch ein Englische Bottschafft / vom Himel / an alle Menschen / dem Sauffen zu wider / verfasset ist.

Dieweil ich aber erfahren / das mein Büchlein wieder den Sauffteuffel abermal auffs new gedrückt solt werden / Hab ichs vor gut geachtet / das solch Büchlein auch wiederumb gedrückt / und zu meinem (als das sich nicht ubel dazu reimet) verfüget werde.

Ob doch Christliche Oberherrn durch das Exempel deß fromen Christlichen Keisers Maximilians bewegt werden möchten / Solchem Teuff lischen / schendtlichen / und schedlichem Laster zu begegnen / und mit allem ernst zu wehren / als die da werden am Jüngsten Gerichte schwere

Rechenschafft / für solche ire nachleßigkeit geben müssen / und bedencken wolten / Wie die Unterthanen / am Jüngsten tage / uber ire Oberherrn / die Kin-⟨*Hiij*ᵛ⟩der uber ire Eltern / und die Pfarrkinder uber ire Pfarrherrn und Prediger klagen / und Zetter und Mordio schreyen werden / das sie inen solchs / und andere laster und Sünden nicht mit ernst gewehret / und inen durch ire nachleßigkeit ursache gegeben haben / das sie also inn Sünden fort gefaren / Gott erzürnet / und das ewige verdamnis verschuldet haben.

Item / Ob doch auch die Seuffer und Schwelger ein mal durch dieses deß Hellischen Sathans Außschreiben (so sie anders noch ein Christliche ader in irem Leibe haben) bewegt / sich auffmundtern / und erkennen wolten / das solch Laster vom Teuffel her ist / und das sie damit dem Teuffel dienen / der inen denn auch (wie er allhie / inn seinem Außschreiben / inen verheisset) lohnen wird / wo sie nicht beyzeiten / von solchem dienst abstehen werden.

Item / Ob sie doch auch / aus solchem deß Sathans Außschreiben / lernen und erkennen wolten / das nicht allein solchs Laster / Sondern auch alle ire gedancken / reden / und vornemen im Sauffen und schwelgen / aus deß Teuffels eingeben herkommen. Ob sie (sage ich) dadurch bewegt / endtlich solchs laster / auch solche gedancken / reden / und leichtfertige wort / so auch jetzunder die Seuffer füren / meiden / und dafür / als für Teufflischen und Unchristlichen gedancken / und worten / erschrecken / und ein abschew haben wolten.

Wolan / Ist noch jemands zu rathen / der lasse im rathen bey zeiten / ehe im der weg verhawen werde / Er hebe noch heute an / solchs Laster zu erkennen / und darvon abzustehen / Und bitte Gott / das er im wolte sein vorige begangene Sünden / umb seines lieben Sons JEsu Christi willen / vergeben.

Wer im aber noch nicht rathen will lassen / der fare immer hin / Wir haben das unser gethan / wir haben gnug angehal-

ten / gebeten / vermanet / geflehet / geschryen und geruffen. Wir habens ja (Gott lob) an uns nicht lassen fehlen. Es wird ein jeder / der nicht folgen will / sein Urtheil empfahen.
⟨H4ʳ⟩
Ich dancke aber auch dem lieben Gott / dem Vater unsers HErrn JEsu Christi / das mein schreiben wider das Sauffen / (welchs zwar einfeltig gestellt / aber doch hertzlich und trewlich gemeinet) dennoch nicht bey wenigen / Hohes und Nidriges Standes (wie ich teglich erfare) nutz geschafft hat / und noch nutz schaffet. Ob es wol der mehrer teil zu seinem grossen schaden verachtet. Derselbige allmechtige / ewige / gůttige Gott und Vater / helffe also ferner / umb seines geliebten Sons willen / AMEN.

Ich hab aber / Erbar großgůnstiger lieber Herr / solch Bůchlein unter E. E. Namen wiederumb außgehen lassen / Erstlich der ursachen halben / das ich ewer gunst und geneigt gemůthe gegen mir / als einem Diener deß Gőttlichen worts / vielfeltig gespůrt unnd gemerckt habe. Darnach auch / das ich vermerckt hab / wie E. E. an meinem schreiben wider das Vollsauffen / allezeit ein sondern gefallen gehabt hat.

Bitte E. E. wolle solche meine wolmeinung zum besten von mir erkennen und auff nemen. E. E. inn alle wege nach meinem vermůgen zu dienen / erkenne ich mich allezeit schuldig.

Hiemit befehle ich E. E. sampt ewer Tugentsamen Haußfrawen / und lieben Kindlin / dem lieben Gott / inn seine Gnad / schutz und schirm. Derselbige erhalte euch / inn warem und reinem erkentnis und bekentnis seines heiligen Worts und Namens / biß ans ende / durch seinen heiligen Geist / umb seines lieben Sons JESU Christi willen / AMEN.

Datum zu Schőnberg / am Mitwoch nach
Luciæ / Im M. D. LVI. Jar.

Folget nuhn das Büchlein von wort zu wort / mit seinen Vorreden / Wie es vor alters ist außgegangen. ⟨*H4ᵛ*⟩

**Edict Keiser Maximilians / vom Zutrincken.**

IM Jar / als man zalt / nach Christi unsers lieben HErrn Geburt / 1512. Hat der Aller durchleuchtigste / Großmechtigste Fůrst und Herr / HErr Maximilian / Rŏmischer Keiser / zu allen zeiten mehrer deß Reichs / zu Hungern / Dalmatien / Croatien / etc. Kŏnig. Ertzhertzog zu Osterreich und Burgundt / etc. Unser aller gnedigster HErr / mit seinen Churfůrsten / Fůrsten und Stenden / einen Reichstag zu Trier angefangen / und zu Cŏllen geendet. Und ist da selbs / durch dieselbe Keiserliche Majestat und Stende / neben andern mercklichen obligenden deß Heiligen Rŏmischen Reichs / sonderlich hoch bewogen und betrachtet / der unaussprechliche grosse nachteil und schaden / so im heiligen Reich aus dem Zutrincken offt und viel erwachsen ist / und kůnfftigklich entstehen mŏchte / Und darumb inn der Ordnung und satzunge / auff gemeltem Reichs tage beschlossen / deß Zutrinckens halben / ein sonderlicher Artickel gesatzt / Als von Worten zu Worten hernach folget / Und lautet also.

WIewol das Zutrincken auff vorgehaltenen Reichs tagen / mehr dann ein mal hŏchlich verbotten / So ist es doch bißher wenig gehalten / volzogen / oder gehandhabt worden. Darumb / und sonderlich / dieweil aus dem Zutrincken / Trunckenheit / und aus Trunckenheit viel Gottslesterung / Todtschlege / und sonst viel Laster entstehen / Also / das sich die Zutrincker in gefahr irer Ehren / Seele / Vernunft / Leibs und Guts begeben / ⟨*I'*⟩ So soll inn allen Landen / ein jede Obrigkeit / Hohe oder Nidrige / Geistliche oder Weltliche / bey ir selbs und iren Unterthanen solches abstellen / Und das bey mercklichen hohen Peenen verbieten.

Und ob die vom Adel solchs nicht meiden wolten / das denn Keiserliche Majestat / Churfürsten / und Fürsten / Geistlich und Weltliche / und alle andere Oberkeit / dieselben schewen / und an iren Höfen oder diensten nicht halten. Und wo irgent einer deßhalben geurlaubt würde / so soll in kein ander Fürst / oder Oberkeit in dienst annemen / oder halten.

Die aber so geringers Standes weren / sollen sie an iren Leiben hertigklich darümb straffen.

Und ob irgendt ein Oberkeit / inn handhabung und volzihung solchs Gebots gegen iren Unterthanen seumig oder nachleßig sein würden / So soll der Keiserliche Fiscal solche Unterthanen / so uberfaren hetten / am Keiserlichen Cammergerichte zu gebürlichen straffen fürnemmen. Und an örten / da das Zutrincken von alters her geübt / und uberhand genommen hat / Sollen die Oberkeiten allen müglichen fleiß ankeren / solches abzustellen.

Ende des Keiserlichen Edicts / deß Zutrinckens halben. Folget weiter was sich darauff zugetragen hat.

Als aber solche obgemelte ehrliche und nützliche satzung und Ordnung / als bald bewilligt und auffgeschrieben gewest / an unser und aller Menschen el-⟨I$^v$⟩teste / neidische / falsche / betriegliche und gröste Hellische Feinde / die Teuffel gelanget ist / und sie bedacht haben / wo solche Verbott von den unterthanen deß heiligen reichs solte gehandhabt und gehalten werden / was unzelicher seelen dadurch von inen gewendet / und auff den weg zur ewigen seligkeit (davon sie verstossen / und uns nicht gönnen) gezogen würden.

Darumb gleich am abschied und ende obgemelts Reichstages zu Cöln / Ist ein Hellisch Postbott / deß Büchßlein vornen auff den rock gehefftet ein Weinflasch / aber seine kleider und Pferd gantz schwartz gewest / daselbs hin / an einem Abend spat eylend geritten komen / und ein grosse zal sendbrieff / mit beygeschlossener Instruction, dazu gehörig / von den Hellischen stenden / an ire förderste Rethe und diener / die fleißigen Zutrincker außgehende / bey im gehabt. Auch dieselbigen / hohen und nidern / geistlichen und weltlichen stenden / allda / in etlichen bancketen und gelachen uberantwortet / darinnen die stende der hellen solchen iren geheimen rethen und dienern ernstlichen befehl thun / weß sie bey andern / wider obgemelt verbot / zu erhaltung und mehrung deß Zutrinckens / fördern / reden / rathen / und handeln sollen. Und ist derselbige Bot / zum fordlichsten weiter geritten. Welche befehlbrieff etliche mit grosser ehrbitung empfangen haben / und wol zu besorgen / das dieselben darinnen mit fleis handlen. Und / wider den rath aller weisen / iren feinden zu vil gleuben / getrauen / folgen / und in ewige pein werden verfürt werden. ⟨Iij^r⟩

### Der Sendbrieff des Hellischen Sathans / und der Stende seins Reichs / an die Zutrincker.

WIR Oberster Fürst / Regirer / und Stende / deß Hellischen Reichs / Entbieten allen und jedern unsern und unsers Reichs liebsten Getrewen (die noch leiblich auff Erden leben / und sich in unsern mercklichsten gescheften / und Befehl / deß Zutrinckens / uben / Der aller Tittel wir hierinnen / nicht aus unwissenheit / oder verachtung / sondern aus guten ehrlichen ursachen / zu setzen unterlassen) Unser Freundtschafft / Gnad / und alles gute / Damit wir unsere fleißigste Diener begaben zuvor.

Und zweiffeln nicht / euch sey gut wissen / Wiewol wir ein grossen teil Lender und Gegend Deudscher Nation uber lang verschinnen zeit / und lenger / denn Menschen gedechtnis erreichen oder erforschen mag / durch den brauch deß Zutrinckens / inn unsern dienst und herrschung gehabt / auch also in růglichen gewalt / und gewehre besessen / unnd herbracht haben / Und derhalben wenig abfals bey inen besorgen / auch der weniger teil billich dem mehrern nachfolget.

So sein uns doch daneben / etliche Deudsche Gegendt / als sonderlich Schwaben / Francken / Beyrn / und die Obern Rheinlender (im selben stůcke) lange zeit fast widerwertig gewest / haben inn iren Gesellschafften und Thurniren etliche Bůndtnis / pflicht ⟨*Iij*ᵛ⟩ und Straffe dawider gemacht / Also / das wir derselbigen / inn viel verschinner zeit und weil / auch uber grosse mühe / arbeit / und fleiß inn solchen unsern Gehorsam nicht haben bringen kőnnen / oder mügen.

Und so sonsten inn andern dingen / vil aus inen / sich inn unser dienstbarkeit begeben / So haben uns doch CHRISTI unsers wider teils Diener gar manchen von den selbigen / die on solch zutrincken gelebt / wider abgespennet / das mit dem gebrauch deß Zutrinckens wol vorkommen gewest wer.

Aber ohn gefehrlich innerhalb Dreißig Jaren / haben wir / durch etliche Gesellische und ansehenliche unsere Diener / bey den Jungen / (die nicht irer Eltern straffe gehabt) so vil erlangt / das neun mal inn gemelten widersetzigen Lendern / der mehrer teil Kriegsvolcks / von Fußknechten und Reisigen / auch welche der bedůrffen / oder gute Gesellen mit inen sein wollen / sich inn angezeigte unsere dienstbarkeit begeben.

Davon wir / als einem trefflichen Sieg / und mehr denn Hannibal von dem streit bey Canne / da er in einer grossen Schlacht die Rőmer uberwand / und bey vier und viertzig tausent erwůrget / Triumphiren / und grosse freud und trost empfangen haben. Soll auch sonderlich solchen Anfengern / Stifftern / und handhabern / bey uns inn ewigkeit unvergessen bleiben. Denn derselben nicht wenig / aus Ritterli- ⟨*Iiij*ʳ⟩chem gemůthe unsers Adels / ir leben gewagt / auffgegeben / und gekŭrtzet haben / Auch sich nicht abwenden lassen / ob wol unsere Widersacher vorgegeben / als solte inen solchs ewige Pein bringen / und an seel / ehre / leib und gut / fast schedlich sein. Umb solche wolthat sie als andere Ritter unsers Hoffs sollen gekrŏnet werden.

Nun werden wir aber / von etlichen / die aus euch newlicht zu uns herab gefaren / getrewer warnungs weise statlich bericht / Wie der Rŏmische Keiser / Maximilian / als ŏberster weltlicher Beschŭtzer / unsers Widertheils / solches Zutrinckens mercklich mißfallen trage / Auch deßhalben auff ettlichen vorigen seinen Reichs tagen / mit rath seiner Stende / gebot und Ordnung dawider außgehen lassen / das doch die unsern biß anher nicht abtrŭnnig gemacht hat.

Werden aber dabey deß mehr bericht / wie jetzund auff einem Reichs tage / der zu Trier angefangen / und zu Cŏln geendet ist / derselbige Rŏmische Keiser / sampt seinen Churfŭrsten / Fŭrsten und Stenden / weitere ernstliche Gebot und satzung / wider solch Zutrincken gemacht habe.

Nun versehen wir uns / aus guten beweglichen ursachen gentzlichen / das ettlicher (und nicht der geringsten) gemŭthe nicht sey / das gemelt verbott deß Zutrinckens soll gehandhabt werden. Und verhoffen / es soll / wie ehe zu zeiten vormals geschehen ist / ⟨Iiij$^v$⟩ ein gespŏtte daraus folgen / und uns solch Verbott gantz ohn schaden sein.

Dieweil uns aber daneben anlanget / das solchem Zutrincken / etliche Fŭrsten und andere / heimlich widerwertig sein / Und wir besorgen / wo dieselben unsern Getrewen Adel / ires gefallens / von uns zu wenden nicht getrawen / das sie doch deß gemeinen Volcks halben / so wir auch nicht gern verlassen / peenliche Ordnung und Gebott vornemen / und uns damit irrung und nachteil zufŭgen mŏchten. Darumb werden wir verursacht / solchs nicht gantz zu verachten.

Was aber sonsten etliche Prediger wider das Zutrincken / auff den Cantzeln und in der Beicht / je zu zeiten fast schreyen und fechten / das lassen wir uns wenig bekůmmern. So wir allein die grossen Heupter deßhalben nicht wider uns haben. Solten sich aber dieselbigen darinnen auch wider uns und solche die unsern mit behartem ernst setzen / keme uns nicht zu kleinem abbruch / sondern zu grossem nachteil unnd schaden / als ir selbs wol abnemen můgt.

Darumb wir in solchem / geschickliche fůrsehung zu thun / als wir uns und unserm Reich schuldig / verursacht sein / nach dem uns mercklich und groß an dieser sachen gelegen. Denn welcher in dieser unser dienstbarkeit beharret und behertet / deß mŭgen wir uns / zu allen unsern dienstbarkeiten / wolgeschickt / bestendig / und unŭmbfellig / vor allen andern getrŏsten / ⟨14ʳ⟩ wie denn offtmals / mit schicklicher fleißiger unterrichtung / gar viel Leute inn unsern dienst bewegt / und da behalten worden sein / unnd nicht weniger fort hin auch geschehen mag.

Darumb auff sondern guten hohen vertrawen / den ir bißanher bey uns wol bewisen und verdient habt / So befehlen wir euch semptlich und sonderlich mit allem ernst / ir wolt zu erhaltung und erweiterung unser herschung und dienstbarkeit / als ewers zukŭnfftigen ewigen Vaterlands / nach laut und inhalt unser eingelegten Instruction, angezeigtem widerstandt entgegen handeln / und darinnen keinen fleis sparen / in ermessung / das uns mehr / denn wir euch so kurtz erzelen kŏnnen / daran gelegen ist / Ir auch uns nichts gefelligers und nŭtzlichers auff Erden thun mŏgt.

Das wollen wir euch / mit vil ergetzlicher Gesellschafft auff Erdtreich vergleichen / und so ir schier in unsern Hoff kommet / mit ewiger gebŭrender belonung unzweiffelich vergelten / Auch uns deß gentzlich also zu euch getrŏsten und verlassen. Datum inn versamletem Rath / unter unserm auffgedruckten grossen Flaschen Siegill / Am ersten tage deß
Weinmonats / nach werung unsers
Reichs / Im Jare /
5472.

Folget die Instruction, der Teuffel aus der
Hellen / an die Zutrincker. ⟨*14ᵛ*⟩

**Instruction / Wess die geůbten Zutrin-
cker / von den Stenden der Hellen / zu handlen in befehl haben / Und erstlich.
Wie sie die Leute mit sůssen falschen worten / zu dem Zutrincken bewegen sollen.**

ERstlich / Wo ir zu guten Gesellen kompt / solt ir euch
gegen inen freundtlich und gůtig erzeigen / damit euch deste
ehe nachgefolget werde / Und solcher kundschafft / freundschafft und Gesellschafft / solt ir nach altem gebrauch / mit
Zutrincken ein anfang machen. Auch damit keiner feyer
oder fasten Christi unsers Widersachers verschonen. Denn
uns solchs zu denselben zeiten / viel deste gefelliger und
nůtzer ist.

Und ob jemand die widerwertigen Gebott deß Keisers
und der Fůrsten meldet / so macht ein gelechter draus.
Trinckt / und sprecht als bald / Zutrincken sey verbotten.
Und die da bescheidt thun / sollen darauff sagen / Sie
wollens halten. Wie denn die unsern vormals / inn dergleichen fellen / offt gethan / und aus solchen Verbotten ein
gespött und verachtung gemacht haben / und ohne zweiffel
noch also geschehen wird.

Ir mügt auch (wo es sich fůget) dabey wol melden / Wo
es der Adel dahin kommen lasse / das inen der Keiser und
die Fůrsten das Zutrincken wehren / so werden andere
Gebot auch draus folgen / die inen ⟨*Kʳ*⟩ noch mehr beschwerlich sein werden. Wo man aber jhe das Zutrincken
abstellen wolte / so soll es der gemeine Adel unter inen selbs
einig werden. Und so es jederman verredet / oder ver-
meide / so wolt irs fast gerne auch thun.

Auff diese weise kŏnt ir euch nichts verreden. Denn der Adel / mit unsern getrewen lieben Dienern / dermassen unterspickt ist / das solche vergleichung unter ihnen nicht funden werden mag / Unnd ihr werdet deß von vielen zufall unnd lob haben / und wird darfůr gehalten / das ir deß Adels Freyheit und notturfft gar weißlich darinnen bedencket / Und werden wůnschen / das solcher Leut viel unter dem Adel weren / die also ire Freyheit hŏher / denn der Oberhand Gebott achten.

Wůrde sich denn jemand deß Zutrinckens darüber noch weiter beschweren / So solt ir in erstlich / gar mit guten / sůssen / freundtlichen worten bitten / euch solchs nicht zu versagen / mit erbietung vil diensts unnd freundtschafft / Und last euch deßhalben kein groß / hoch / unvermůglich zusagen (das ir auch zu thun kein willen gehabt) beschweren. Denn die volstreckung wird gar selten von nŏten / so dŏrfft ir gute wort nicht keuffen. Darumb stellet euch gegen den guten Gesellen / die euch und uns also zu willen werden / mit worten und geberden nicht stoltziglich / sondern auff das allerfreundtlichste. Denn wer Vogel ⟨$K^v$⟩ wil fahen / muß nicht mit Brůgeln unter sie werffen / sondern mit sůssen Pfeiffen / sie locken und reitzen. Wolten aber solche freundtliche wort und geberde allein nicht genug sein / So beklaget euch der unverdienten verachtung / vor den andern guten Gesellen sehr / und bittet sie zu unterweisen / euch nicht also zu verschmehen / und doch einen trunck nicht versagen.

Und so irs erlangt / das ein solcher einem eins bescheid thut / so soll ihn / als denn / ein ander auch bitten / das er in nicht geringer halt / als denen / dem er zuvor eins bescheidt gethan hat. Als denn kans der selbige weniger / denn vorhin versagen. So denn dermassen etliche trůncke geschehen / davon einer ein wenig frŏlich wird / lest er als denn selbst nicht nach / und will nicht der geringste bey den Gesellen sein.

Von den jehnen / die wider das Zutrincken reden.

Item / Welche ir zu dem Zutrincken durch vorgemelte Stůcke nicht bewegen kȯndt / die murmeln auch gemeiniglich darwider. Leidt euch denn nicht groß an inen / so seidt inen undienstlich / und nicht geselligklich / Stellt euch auch mit worten / geberden / und wercken der gleichen. Und wo es stadt hat / so haltet Feinde / und beschediger / und diener uber sie / Saget / sie sein Tropffen / euch zu stoltz und zu weise / thun niemandt liebs / verachten gute Gesellen / bedůrffen der Leute nicht / das můsse mann geschehen ⟨*Kij<sup>r</sup>*⟩ lassen / unnd ihnen soll billich auch niemandt liebs thun.

Mȯcht auch darbey melden / Ir viel trůncken billich einander zu / damit sie mit ehren Weinig oder Bierlich wůrden / Denn sie sonsten von schlechten trůncken unehrlich voll werden. Es haben auch ir ettliche inn der Jugent selbs nicht wenig Zugetruncken / und wollens jetzund verdammen / und andern Leuten wehren / treiben viel unnützer rede / machen in die guten Gesellen / ohne alle noth / abgůnstig / deß euch verwundere / was sie doch noth angehe. Der mehrer teil Deudscher Land / und darunter gar viel hoher Leut / Geistlich unnd Weltlich trincken zu / Wer ein sonders wȯlle machen / den laß mann seins dings warten. Und die selben meinen / es sey niemandt Weise / denn sie / Solches gůnnet ihr ihnen nicht / wolt viel lieber / ihnen zu gut / das sie es nicht theten.

Und redet solchs nicht allein wider sie / sondern auch gegen andere / die es inen nicht verschweigen / und stellet euch gegen iren Gefreundten und wolbekandten / als sagt ir inen solchs am besten. Zeigt auch an / Man finde viel vernůnfftiger hoher trefflicher Leute / die guten Gesellen damit zu willen werden / und sich nicht wenig damit verdient machen / Wie ir denn der gleichen und andere schickliche reden und werck / nach gelegenheit einer jeden Person / und ⟨Kij^v⟩ Land art / wol selbst bedencken / reimen / bessern und gebrauchen kůndt. Denn solchs nicht alles verzeichnet werden kan. Hilfft es nicht gegen allen / so wird es doch gegen vielen sehr fůrtreglich sein / Und die nicht viel Zutrincken / werden dennoch zu zeiten Zutrincken / davon andere deß ursache und Exempel nemen. Und welcher darumb selbs gar nicht Zutrincken will / der wird doch dester mehr vermeiden solches zu tadeln / und andern zu wehren / oder so heimlich dawider sein / das es euch und uns wenig schadens bringt.

Das alles solt ir gar eben mercken. Es ist uns fast fůrtreglich / haben deß in viel fellen offt genossen / und Pilatum den strengen Richter / aus forchte uns ewigklichen anhengig gemacht.

### Von Frawen und Junckfrawtrůncken.

Item / Wo Frawen und Junckfrawen darbey sein / und sich jemand so fast widert / mögt ir zulassen / das die Frawen und Junckfrawen den Gesellen helffen / damit ir sie beiderseits inn solche unsere dienstbarkeit bringet. Last euch nicht irren / das sie sich erstlich gehebe bedůncken / und mit geringen Trůncken anfahen / denn es kompt wol weiter. Das haben wir wol durch viel erfarung befunden.

### Von Gesellschafft wider das Zutrincken.

Item / Gegen den Gesellschafften und Geboten / ⟨Kiij^r⟩ die zu abbruch deß Zutrinckens auffgerichtet und gemacht werden / solt ir andere widerwertige Gesellschafft auffrichten / so werdet ir sehen / daß unser Hauffe gar viel grösser sein wird. Als wir offt probirt haben.

Item / Die jhenen / so aus euch Audientz oder gehör / zu Hoff haben / sollen den Fůrsten und Gewaltigen sagen / Wo sie wider das Zutrincken sein werden / so werden sie inen

damit den Adel / und viel guter Gesellen abfellig machen /
Sie kőnnen nicht alle sachen mit Weißheit außrichten /
Sollen sich solcher heßigen handlung / die Tropffen / so
guter Gesellschafft nicht achten / mit nichten uberreden
lassen / sie mőgen der Leute nicht gerathen. Und so sie gute
Gesellen sein / diene man in lieber umb sonst / denn andern
umb geldt. Und wo ir auch andere grosse Heupter / weise /
und gewaltige wist / und sonderlich die Geistlichen / die
sich nach uns richten / die zeiget solchen widerwertigen /
umb mehrer bewegnis willen / alleweg auch an / Sprecht /
Wo es so bőse wer / theten es die Geistlichen nicht / als die
der Schrifft gelert und erfaren sein. Und so man euch als
denn mit so grossem Anhang merckt / werdet ir fürwar
damit nicht allein den mehrern teil auff ewern teil bringen /
Sondern werden auch der jehnen / die euch widerstandt
thun / so wenig sein / das irer gegen ewrem hauffen nichts
geachtet wird / und sich vor euch schmiegen und schemen
müssen. ⟨Küj$^v$⟩

Von verbott und verloben deß Zutrinckens.

Item / Gegen denen / so das Zutrincken verlobt haben /
oder denen es verboten ist / und euch gern anhengig sein
wolten / gebt solchem Trincken ander namen / Wie denn
deßhalben ir und andere der unsern / derselben frembden
namen vorhin viel wisset / und noch gar vil mehr / denn
dazu noth sein wird / erdencken kündt / der sich die jehnen /
die uns sonst gern damit dienen / wol gnügen lassen. Wolte
jemand der obgemelten Glose keine annemen / dieselben
unterrichtet / so in ein halbes oder gantzes bracht werde /
das sie all wegen melden / wie inen Zutrincken nit gezime /
wollen aber sonst ein guten trunck thun / und das sie in
solchem irem trincken / jedes mal gar ein wenig minder
trincken denn in gebracht ist. Damit halten sie solche Verbott
oder pflicht / und trincken dennoch nicht vil weniger.

5 Teufelbücher V

Doch welcher Zutrincken verloben wil / und ir besorget /
er mȯcht es halten / dem saget ehe solchs geschicht / solch
verreden sey fast schwer / denn einer der bey den Leuten
sey / kom gar an vil ȯrter / da in das Zutrincken hoch
fȯrder / Es kȯnne doch einer das zutrincken sonst lassen /
so es im nicht eben sey. Wer es aber ja verreden wolte / der
sol im vorbehalten / wenn er an ȯrten / da das Zutrincken
gewonheit ist / sein werde / oder wenn er Geste hab / das im
als denn Zutrincken erlaubt sey. Sonst gedȯcht man / er
liesse es aus unfreundtschafft / eigensinnigkeit / oder karck-
heit / und wȯrde im grossen unwillen und nachteil bringen.
⟨K4ʳ⟩
Durch solchs vorbehalten / bleibt das Zutrincken unverhindert / denn unser gute Gesellen mȯgen daraus allwegen
gnugsamlich ursach schȯpffen / und sprechen / Es sey am
selben ende gewonheit / oder kȯnnen sich ettliche als seine
Geste anzeigen / auch wo es von nȯten / dieselb zeit im ein
frembd hauß zueignen. So ist auch niemandt geneigt / der
solch Pflicht als verbrochen anzeucht.

Aber uber das alles ist das beste / das einer das Zutrincken
seinem vater / bruder / oder einem andern nahe gesipten
freund verlobt / und nicht halte. Denn derselbige so berȯrte
pflicht nimpt / in ansehung solcher sipschafft / sich selbs
schemen wird / gemelte verbrochene pflicht zu offenbaren /
nach dem ein jeder lieber ehrliche denn unehrliche kinder /
brȯder / oder ander Gesiptfreund hat / und wird doch der-
selbig verbrecher durch Christum unsern wider teil / der alle
ding weiß / nichts deste weniger / als ein trewloser Thore
gehasset / das uns ein sonderlicher gefal / nutz / und vorteil
ist / etc.

Das alles sind warlich gar gute stȯcke vor uns. Haben
auch hievor durch die unsern etliche Pflichtung / die statlich
wider das Zutrincken vorgenomen / damit gantz zerrȯttet.
Wȯrdet auch mit dem allen vil Leute bewegen / denen sonst
das Zutrincken wider ist / das sie solcher guten schwenck

lachen / und sprechen / Es sey doch nit zu wehren / man
sol es lassen hin gehen. Und wer solchs zu verloben beredt
werde / den mache man trewloß / denn sie kőnnens nit
halten. ⟨K4ᵛ⟩

    Von bewegung der Hohen und Geistlichen
                  zum Zutrincken.

Item / Bey den grossen Heuptern / Gewaltigen / und
Weisen / und sonderlich den Geistlichen / habt grossen
fleis / sie mit Zutrincken inn unsern dienst zu bringen. Denn
uns an den selbigen gar viel und groß gelegen ist / und so ir
der einen bewegen kůndt / so lobt in offte / das es an in
gelange / der meinung / Wie der so ein guter Fůrst / oder
Geselle sey / dem jederman dienen solte. Und ob ir sie
erstlich nicht zu harten trůncken bringen kůndt / das last
euch nicht irren. Denn erstlich ists genug / das sie mit wenig
Zutrincken solches bestegen. Daraus andere gedencken /
So die Hohen / Mechtigen / Gewaltigen / Weisen / Geistliche
und Weltliche Zutrincken / das es jehnen / die es vorkomen
wollen / deste weniger můglich sey / solchs zu
wehren.
    Wir wollen auch darumb dieselbigen so vil mehr / denn
den gemeinen Mann belohnen / als viel sie zum Zutrincken
andern mehr ursache / bewegnis und bestettigung geben /
ob sie auch gleich viel weniger denn ander Zutrincken. Deß
sollen sie ungezweiffelt sein / und ir mőgt sie deß gewißlich
vertrősten.

    Von seltzamen und schedlichen Zuessen und Zutrincken
        / Auch andern freyen Wercken und
                  Schweren.

Item / Nach dem wir ettliche Diener haben / die ⟨Lʳ⟩ vom
Zutrincken / vor andern / fast mennlich /verwegen / und

kůne werden / und inen zur selben zeit nichts / umb unsert willen / zu thun / zu vil ist / dieselben wollen wir hiemit sonderlich vermanet haben / das sie bedencken / Was wůnderlicher / sorglicher / tůrstiger werck / hievor dergleichen / unsere Diener / offt im Zutrincken geůbt / und wie dieselben schedliche / unlůstige / und unmenschliche ding einander Zugetruncken / und Zugeessen haben. Wie auch dabey mancher wilder anschlag / Gottes schwur / entleibung / Todtschlege / verwundung unnd beschedigung geschehen ist. Und das solchs und mehrers hinfort / uns zu ehren / auch nicht unterlassen / sondern bey den selben Personen / die dergleichen sinn haben / so das Zutrincken uberhand genomen hat / mit fleiß angerichtet werden. Und ir solt euch deß mit nichten schemen / sondern als ein Ritterliche verwegenheit rhůmen / So wird mann euch viel dester ubler fůrchten / und den freidigen freysamen Lewen gleich achten / und jederman schew haben euch zu beleidigen.

So denn (als offt geschicht) jemand von solchem essen und trincken kranck wird / oder uber kurtz oder lang gantz stirbt / Auch groß Rumor, aufflauff / Todschleg / verwundung / oder ander entleibung von solchem trincken kommen / kůndt ir nicht gleuben / wie solchs ewer furcht bey andern so hoch mehret / und wird jederman grosse verwunderung von ewrer ⟨$L^v$⟩ kůnheit und verwegenheit sagen / Und wer sonsten nicht wůste / das ir lebet / dem werdet ir damit zu ohren kommen.

Ir seid auch in solcher Truncken heit aller furchte / und beschwerlichen betrachtung frey / so die Weisen allwegen inn sorgen stehen / Und welche mann vor Weise achtet / das sie allen nachteil inn iren wercken bedencken / das sie nichts thôrlichs wagen / oder thun dôrffen / die fůrchtet mann gar wenig / Můssen vil dester mehr ubersehen / und will jederman an inen geritten sein. Und solchs bedarff keiner andern bewerunge / denn durch die tegliche öffentliche erfarung.

Und ob denselben ewer wesen nicht gefelt / das ist ein geringes / Denn so ir ewer sachen auff solche keckliche trützliche Thaten setzet / sein euch die Weisen wenig nütze oder schedlich. Und werden fürwar durch ewer verwegenheit / so sie die vermercken / den mehrern teil irr und zu Narren gemacht. Man wird auch ewer That selten hart straffen / so ir doch derhalben auff den Wein und die trunckenheit gar gute entschuldigung habt / die euch all unser Diener gern vor gnugsam zulassen.

## Von Jungen Gesellen.

Item / Die Jungen Gesellen / die erst daher zu der Welt faren / und von iren Eltern oder Obersten unterweist und gelert sein / sich vor dem Zutrincken ⟨Lij$^r$⟩ zu hüten / mit erzelung / was arges daraus entstehe / und inen nicht fügen will / gegen den selben / das Zutrincken mit harten worten / als gegen iren Gesellen zu verfechten / Die unterweiset / solchen iren Eltern und Obersten gütlich zu antworten / der meinung / Sie wolten vil an Leib oder Gut darumb thun / das solch Trincken nicht were / können wol achten / das es nachteilig sey / an Seel / ehr / leib / und gut / Seind aber nicht aus der schar der Achbarn und Weisen / und müssen sich zu ires gleichen / den guten Jungen Gesellen / halten / (bey den das Zutrincken gemein sey) und also irer ubung vergleichen / wollen sie anderst bey den Leuten sein / bekant und verdient werden / damit sie die HErrn und Freund höher achten. Denn die Weisen einander wenig dienen / sonderlich mit irem schaden / Ein jeder sucht seinen vorteil / wie sie selbs wissen. Und so sie / die Jungen / einen anhang haben / wollen sie iren Eltern und Freunden auch nütze sein / und in irem Alter haben sie mehr ursache / sich von solcher Gesellschafft zu entziehen / wie ir der Alten etliche auch gethan haben.

Damit werden solche Junge den mehrer teil derselben Straffe bewegen / das sie zum wenigsten mit keinem ernst darwider sein / und die Eltern gedencken / so die Jungen also verdient werden / so wollen sie deß auch geniessen / das mann dester mehr auffsehens gegen inen habe / auch sie dester ubler fůrchte / ⟨*Lij*ᵛ⟩ von derselben iren jungen sǒne oder freunde wegen.

Und ob sich denn etliche Eltern gegen den Jungen stellen / als sehen sie es nicht gerne / deß sollen sich die Jungen nicht irren lassen / Sondern so sie zu guten Gesellen kommen / so sollen sie deß lachen und spotten / das sich die Alten so weise bedůncken / und sie / die Jungen / gern inen gleich / von guten Gesellen ziehen wolten. Solchs wird inen bey iren guten Gesellen lǒblich und fǒrderlich sein / das sie ire Gesellschafft hǒher / denn irer Eltern / Obersten / straffe achten / und sagen / Es werden recht dienstliche Leute aus inen / sie haben leibs und guts macht / Wem die Welt nicht gefalle / der soll inn ein Kloster gehen.

Es werden auch viel aus den Obersten und Eltern sprechen / Man kǒnne aus jungen Gesellen nicht Mǒnche machen / man můsse der Jugent etwas zulassen / inn irem Alter werden sie selbs davon abstehen / etc. Kommen sie denn also jung recht hinder das Zutrincken / so kǒnnen sie im Alter gar schwerlich davon lassen / Werden auch durch solche gewonheit zu aller ander unser dienstbarkeit dester geneigter und geschickter sein / und Christum unsern wider teil / und die seinen gar vil dester weniger fůrchten / hǒren / mercken / und leiden mǒgen.

### Entschůldigung der betagten Zutrincker.

Item / So denn die betagten von trefflichen Leuten / wider die sie / uns zu gut / nicht wol streiten ⟨*Liij*ʳ⟩ dǒrffen deß Zutrinckens halben gestraffet werden / als solt es schedlich sein / So můgen sie inen auch wol antworten / Sie sehens

nicht gern / wolten viel darumb thun / das es nicht were /
kőnnen es allein nicht wenden / man richtet sich nach inen
nicht / Sein aber deß lange mit guten Gesellen herkommen /
das ihn nicht wol műglich sey / sie zu verlassen / und inen
solche Gesellschafft nicht zu leisten / haben sich damit weit
bekant und verdient gemacht / und deß offt genossen /
wolten deßhalb / wo es ihnen noth thete / viel Leute ver-
műgen / die in dienten / kőnnen dester ehe bey der billigkeit
bleiben / auch inn iren Emptern und Befelchen / dester bas
gehorsam und volge haben / Sie thun im dennoch nicht zu
viel / das sie unvernunfftig davon werden. Aus dem / und
ewer verbesserung / habt ir Jungen und Alten gute entschuldigung / gegen ewern Eltern und Obersten / dabey ir
gar wol bleibt.

So Frawen und Junckfrawen wider das Zutrincken reden.

Item / So frawen und Junckfrawen das Zutrincken
straffen / soll man den Erbarn aus inen / der gleichen
meinung / wie oben gegen den Eltern und Obersten berűrt
ist / antworten. Aber den guten Gesellen solt ir sagen / die
grosse freyheit und frőligkeit / so in daraus folget. Und
műget deß viel solcher gewonheit aus den Geschichten
etlicher Lande / die ir ⟨Liij$^v$⟩ wol wist zu erzelen / davon
Trinckens wegen / kein eiffern / umb Weiber / Tőchter /
Schwester / Mumen / oder Basen stat hat / sonder freye gute
Gesellschafft / freundlich kűssen / Glauben schlaffen / und
vil anderer fleischlicher wollűst / bey tag und nacht / mit
Frawen Junckfrawen / ohn alle nachrede / und bőse ver-
dechtligkeit / inn steter ubung ist. Und wer daselbs wider
solchen Glauben redet / der mus viel mehr verdrieß gewarten / denn so etwas wider Christi unsers Widersachers
Glauben und Gesetz gethan würde.

Solchs wird den guten Gespielen gar süsse inn iren ohren
klingen / und viel unser Dienerin finden / die es dester bas

leiden mügen / Und könt ir dieselben auch darein bringen /
das sie guten Gesellen helffen / oder aber deß selbs warten /
das ist zu mal gut / Denn sie werden euch und uns / inn allen
dingen dester williger / und darinnen dester bestendiger
sein. Und wiewol solch Trincken der Weibsbilder halben /
in vorgemelten Landen / da das noch nicht veraltet / etwas
seltzam ist / So wird es doch mit der zeit irenthalben auch
unbeschwerlich werden.

Von widerlegung der Ungesundheit / und schedligkeit deß
Zutrinckens an der Vernunfft und dem Leibe.

Item / würden etliche das Zutrincken tadeln wollen / als
wer es dem leibe ungesund / der vernunfft und guten sitten
schedlich / und sonderlich so man starcken ⟨L4ʳ⟩ Wein zu-
trincket etc. Den habt ir zu begegnen / das man in den lang-
wirigen Trincklanden / Alte / gesunde / auch geschickte /
fromme / getrewe / redliche / und standthaffte Leute findet.

Widerlegung / daß das Zutrincken der Seele schaden solle.

Item / würden etliche sprechen / als sol das Zutrincken /
nach der sage der Geistlichen und iren schrifften / der seelen
schedlich sein / Den habt ir gut Antwort zu geben / wie die
Geistlichen / so von der seelen sagen / irer Lehre selbs
widerwertig leben. Und erzelet den gebrauch etlicher Geistlichen / als ir wol wist / oder erdencken künt. So mügt ir /
für uns / gar vil guter Exempel bey etlichen Geistlichs
standes finden / Und wie man von Weltlichen nichts öffent-
lichs arges weis / Sagt sie sein Gleißner / darumb sey ir sagen
ein getichte / und gelte allein uberredens. Wer etwas daran /
die Geistlichen lebten selbs anders / Es sey nichts bessers
auff Erdreich / denn gute Gesellschafft / man müg auch mit
dem letzten seufftzen / und durch das verdienst etlicher
fromer Heiligen / wol selig werden / der Himel sey den

Thieren nicht gemacht / und Christus / unser widersacher spreche selbs / das die gleubigen und Getaufften selig werden / und was zum mund eingehe / verunreinige den menschen nit. Etliche Geistliche machen den Himel / umb ires geitzes willen also enge / und wo wir Teuffel / und die Wolff im walde nicht weren / kŏnten sich die Pfaffen / und die Hirten nicht erneren. ⟨L4ᵛ⟩ Solche ursachen / sein allen unsern verwandten gar gleublich / einfellich und beschließlich sein werden.

### Vom Beichten deß Zutrinckens halben.

Item / So ir Beichtet / mŏcht ir dem Beichtvater zusagen / Euch / so viel ir kŏndt / vor Zutrincken zu hŭten. Doch setzt euch mit nichten entlich fŭr / solches zu lassen / oder das ir solche Gesellschafft und uns fliehen wolt / so bleibt ir mit versagung der Absolution unbeschemet / und bleibt dennoch nichts dester weniger in unserm dienst und ewigen verpflichtung.

### Verantwortung K̊eiserlicher Majestat Verbott.

Item / Wŭrde euch jemand deß Rŏmischen Keisers Gebott von Zutrinckens wegen geschehen / fŭrwerffen / So sagt irer Majestet sey es nicht ernst gewest / und deß also uberredt worden / als sichs denn daraus erfinde / das seine Gewaltigsten am Hoff Zutrincken. Aber so alle andere seine Gebot und Ordnung volstreckt werde / als denn sey zeit genug / diß auch zu halten.

### Entschuldigung deß Zutrinckens / verderbung der Land und Ungehorsam halben.

Item / Wŭrden ettliche sagen / daß das Zutrincken were ein verderbung der Land / man kŭndt auch inn Kriegßleufften / oder sonsten mit truncken Leuten kein notturfft / gehorsam und ordnung erhalten / den mögt ir antworten / Das mann grosse mechtige ⟨M^r⟩ Fürstenthum / Herrschafften / Commun / und Sted / in den alten Trincklanden finde / dieselben Leut pflegen weniger untrew und boßheit / denn in den Landen / da die Einwohner all ir sachen auff meßigkeit / subtile weißheit / und grossen uberflüßigen reichtum setzen. Denn bey denselbigen Leuten findet man die grösten / schedlichsten Laster / als unkeuscheit wider die Natur / meuterey / mit Gifft vergeben / verrehterey / zagheit / leichtlich abfallen von iren natürlichen und verpflichten Herrschafften und Oberkeiten / als deß viel gleichnis (wo die nicht zu heßig) angezeigt werden möchten. Aber inn den Trincklanden / finde man gewönlich frome / warhafftige / küne / getrewe / bestendige / harte / mannliche / streitbare Leute / wie denn solchs alles offenbar sey / und am tag lige / welches billich grossen Reichthümern / und scharpffen listigkeiten vorgesetzt werde. Und sey darumb wol zu achten / daß das Zutrincken solche obgemelte grobe unmenschliche Laster fürkomme und wende / und darumb mehr zu loben denn zu schelten sey. Und diese vorgemelte ursachen werden euch von den jhenen die nicht höhers verstandes sein / derer doch der merer teil ist / nicht abgeleint werden mögen / sondern vor gnugsam zugelassen.

Item / Ob euch begegen würde / das nicht in dieser unser Instruction begriffen wer / darein werdet ir euch wol selbs wissen zu schicken. Denn / (als man ⟨M^v⟩ spricht) so ist es nicht noth / den weisen viel zu befehlen / Und last euch deßhalben keine mühe und arbeit verdriesen / es ist nicht umb lang zu thun / das die Alten absterben / und die Jungen inn dem angefangen Zutrincken erwachsen / so werden als denn alle Menschen gemelter vier Lender / Edel und Unedel / das Zutrincken nicht weniger mit gewalt und ernst handhaben helffen / denn wie ir inn den alten Trincklendern sehet. Darumb sich daselbst niemand mehr unterstehen darff / das

*Wider das zutrincken*

zu widerfechten / Auch der Römische Keiser selbs / und seine Stende / inn gemelten iren vermeinten Ordnungen / das Zutrincken betreffent / der alten Trincklender vor den andern verschonen müssen / wie ir in solchen Gesetzen deßhalben klerlich unterscheidt findet / dergleichen wir inn kurtzen Jaren obgemelter vier Lender / durch ewer getrewe hülffe / auch geruhige gewalt und gewehre zu erlangen gentzlich verhoffen.

Vom leiden / sterben / und verterben / umb deß Hellischen Vaterlands willen.

Wir können aber auch bey uns selbs wol bedencken / das neben allen vorgemelten ursachen / ewer etliche bedencken mögen / schaden und nachteil / so an Seel / ehre / leib / und gut / aus dem Zutrincken folget / Dieselben vermanen wir zu bedencken / das Christo, und Uns / als zweyen widerwertigen Herrschafften niemandt dienen mag / Und das gar viel Diener ⟨*Mij^r*⟩ Christi, unsers widersachers / entlich umb seiner Lieb willen / ir ehr / leib / und gut / gantz willigklich verlassen / verachtet / und dargestreckt haben / Auch darumb bey ihnen sonderlichen hohen Namen / Belohnung / Wirde / und Stend erlangt haben.

Dergleichen wir auch begeren / und nach unsers Reichs eigenschafft und gebrauch / dieselben Diener ewigklich halten und belohnen wollen. Und ob ja zu zeiten etliche Zutrinckens wegen / durch genants unsers Widersachers anhenger / für Thoren gehalten würden / oder deßhalben umb iren Gesundt / leib / leben / gut / oder inn andere grosse angst und noth kommen / Sollen die jehnen / welche umb unsert willen also / als Thoren geschmecht / für unsere Confessores, oder Bekenner / Aber die darumb ir Gut verschwenden / für unsere willig Armen / Und welche an Leib und leben deßhalben leiden / als unsere Ritter und Merterer / gehalten / gekrönt / und belohnet werden.

Und so Uns doch Christus unser Widersacher selbs Fůrsten dieser Welt nennet / So dienet ir / die ir darinnen begert zu leben / niemandt billicher / denn eben Uns / als ewrem rechten Landß Fůrsten. Und ist bey uns gar hoch an euch zu rhůmen / so ir den Gemeinen nutz unsers Reichs / als ewers Vaterlandes / hőher denn ewer Seel / Ehr / Leben / und Gut / weget.

Ir wisset auch / wie uns das Evangelium zeug-⟨*Mij$^v$*⟩nis gibt / das der weg gen Himel eng und schmal ist / und wenig dadurch wandern / Aber die strassen zu uns / weit / und wol gebauet / und durch viel gewandert werde. Wer wolte denn nicht lieber weite ebene strassen / mit guten Gesellen / denn unfertige wege / mit geringer anzal ziehen?

Ir solt auch nicht zweiffeln / wir wollen mit unsern Geistlichen Rethen / stetigs bey euch sein.

Von den Hellischen Wunderwercken / im Zutrincken.

Item / Damit ir / und andere die unsern / dester standthaffter seidt / so wollen wir euch krafft unnd macht verleyhen / viel grosser unmenschlicher Wunderwerck zu thun. Denn Christi unsers widersachers Diener / etwan durch etliche Wunderzeichen / auch viel Volcks an sich gezogen haben. Darumb wollen wir uns der auch gebrauchen.

Und wiewol dieselben Wunderwerck / so wir uns bißher bey den Zutrinckern gebraucht haben / und noch gebrauchen wollen / gar mancherley weise geschehen / und alle zu benennen / vil zeit haben wolte / So wollen wir euch doch der etliche nicht von den geringsten / anzeigen / damit so ir die geschehen sehet / das ir unsere sondere wunderbarliche wirckung darinnen vermercket.

Als nemlich / und zum ersten / So solt ir ja zu zeiten die trunckenen on schaden sehen fehrlicher weise ⟨*Miij$^r$*⟩ rennen / lauffen / und fallen / welchs keinem nůchtern angieng. Zum andern / Das etliche sonsten keinen wein denn allein am Zutrincken mögen. Zum dritten / Das etliche Zutrincker / ire schöne liebe Eheweiber / Töchter / Schwestern / Mumen / und Basen / andern allein auff glauben zulegen. Ferner / So macht die trunckenheit die geraden lam / und die lamen springen und tantzen / die wolhörenden taub / die redenden stumm / und die ubel redenden wol reden / die sehenden blind / die entpfindtlichen unentpfindlich / die gesunden kranck / und die lebendigen tödten sich selbs / ware feindtschafft gewint gestalt grosser freundtschafft. Der feind wird gelobt / und der freund gescholten / Gifft wird begert / und die Artzney verschmecht / die Alten werden zu Kindern / die bescheidenen ungeberdig / die züchtigen unverschampt / die stillen schreyent / die friedsamen rumorisch / die gütigen grimmig / die Gottfürchtigen vermessen / die betenden Gotslesterer / die demütigen stolz / die Subtilen grob / die Keuschen unkeusch / die schamhafften entblöst / die eifferer kuppeler / die tapffern leichtfertig / und die wolgedechtigen vergessen / die heimligkeit wird offenbar / die warhafftigen sagen unrecht / dem unwissenden wird gegleubet / die Gerechtigkeit bleibt unbekant / schand wird ehre / und ehre wird schand / die sorgfeltigen werden verwegen / die gehorsamen widerspenstig / die aufrichtigen ⟨*Miij*$^v$⟩ hinleßig / die fürsichtigen geudisch / die arbeitsamen faul / die sparenden verthünlich / die reichen arm / deß schadens wird gelacht / nachteils wird begert / die nacht wird gebraucht für den tag / und widerumb der tag für die nacht / die stillstehenden Bret und heuser lauffen umb / und eins wird geacht für zwey / der wein wandelt sich inn wasser / und der Bruntzscherb inn das Bette / Unlust und gestanck wird nicht gescheucht / deß Menschen mund verweiset den arsch / und der Kopff die füsse / Geistliche werden fleischlich / die Weiber Menner / die Menschen thier / die Schaf zu Wolffen / die Füchs zu Eseln / die Helfant zu Mucken / Und in summa / die Engel zu Teuffeln.

Item / Das letzt Wunderwerck (hierin gemelt) ist das / Wiewol der mehrer teil unter den Zutrinckern / so sie nůchtern sein / deß Zutrinckens halben gar viel beschwerdt / ohn allen nutz / bekennen und selbs erzelen kŏnnen / Auch sprechen und gedencken / das sie gerne wolten / auch viel darumb theten / das solch Zutrincken nicht were / So kŏnnen sie doch das allein / umb unser heimlichen Geistlichen bewegung willen nicht lassen.

Solchs alles wird billich vor grosse merckliche wunderwerck / und als solche ding / der vil unmenschlich / und wider die Natur sein / gehalten / Dabey ein jeder wol mercken kan / was grossen ernst und fleiß / wir mit solchen Wunderwercken gebrauchen / damit ⟨M4ʳ⟩ wir das Zutrincken / als unser aller nůtzlichsten dienstbarkeit eine / einbringen / erhalten / und mehren.

Und erŏffnen euch inn sonderlicher vertrewlicher geheim / das uns vil weniger beschwerlich wer / ob in gemelter Land einem / das Rauben (daran uns doch / sonderlich zu Francken / nicht wenig gelegen ist) abgestellt wůrde / denn das wir in solchem Lande deß Zutrinckens entperen solten / Angesehen / das aus dem Zutrincken nicht allein Rauben / sondern auch viel andere unzeliche abweichung von Christo, unserm Widersacher / auch verachtung aller verheissung / Rethe / und Gebott folge.

Wir bedůrffen auch bey dem Zutrincken gar viel dester weniger můhe und sorge haben / das dieselben durch CHRISTUM unsern Widersacher / seine Lehrer / oder derselben Bůcher und Schrifften / von uns umbfellig gemacht werden / Als uns sonsten in andern unsern dienstbarkeiten (dabey das Zutrincken nicht ist) offt begegnet ist. Darumb solch Zutrincken billich / als ein rechte strasse / Pforte und Bandt / aller unserer dienstbarkeiten geachtet und gehalten wird.

Solchs melden wir gegen euch / als unsern geheimsten Getrewen / bestendigen / und wol bewerten Rethen und

Dienern / das ir daraus dester bas vermercken könt / wie gar
groß und vil / uns und unserm Hellischen Reich / vor andern
unsern dienstbarkeiten / an ⟨*M4ᵛ*⟩ fleißiger ubung deß Zutrinckens ligt / Doch das ir euch deß gegen andern / da es
uns nachteil bringen möchte / nicht mercken lasset /
Sondern gemelts Zutrinckens halben / den grösten ernst und
fleiß / der euch müglich ist / ankeren / Wie denn diß anhero /
ir und etliche ewer Vorfarn getrewlich gethan / und euch
deßhalben gar recht und wol bey uns und unserm Reich
gehalten habt.

Darumb ein jeder aus euch / nach der höhe seines Stands /
und grösse seines fleisses / auch der mennig und achtbarkeit
seiner Nachfolger / alle vorgemelte unser hülffe / trost /
belonung gewißlich finden wird. Und sollen die beharten vil
ehe / denn sie gedencken / inn unser Glori augenblicklich
absteigen / und fürter immer und ewigklich von uns nicht
gescheiden werden / welchs sie gar in kurtzer zeit auff Erden
verdienen mügen.

Darmit wollen wir diesen unsern Befelch auff dißmal inn
eyle beschlossen haben / und weß uns fort hin weiters deßhalben nutz und gut düncken wird / wollen wir euch alles
vertrewlicher geheimer weise auch eingeben und anzeigen.

CHIROGRAPHUM EX CANCELLARIA
INFERNALI.

Ende deß Hellischen Ausschreibens an die Zutrincker.

⟨*Nʳ*⟩

**Folget die Englische Bottschafft /
und erstlich die Alte Vorrede
auff die selbigen.**

ALs nu dieser Hellischer Sendbrieff / sampt seiner Instruction / (wie gehört) auff dem Reichs tage zu Cöln / am

Abent / durch den Hellischen Postboten / inn ettlichen Bancketen uberantwortet / und von vielen mit sonderlicher lust und freude verlesen ist worden / Also ist auff den Morgen frůe darnach / ein ander fast schnelle Englische Bottschafft / gantz weiß gekleidet / inn allen Kirchen zu Cŏln erschinnen / und ein grosse zal Brieffe / mit Figuren / Versen / und Sprůchen bey im gehabt / und derselben / wer im fůrkommen ist / uberantwortet / und fůrter geritten.

Aber es sind gar vil Leute / von Mans und Weibs bilden / Geistlich und Weltlich / deß Abents davor / so lange inn Bancketen und Gelachen gesessen / und so wol bezecht gewesen / das sie diesen Englischen Botten morgens verschlaffen haben. So sagt man auch / das mancher diese Englische Brieffe / nach dem sie die gelesen / mit ungedult und verdrieß zerrissen / und weg geworffen habe. Dabey zu besorgen / das solcher Englischer Bote wenig außgericht habe.

Damit aber ettlichen guten Brůdern / die mehr gemelten Himlischen Boten zu Cŏllen und sonst verseumet haben / seine getrewe nützliche vermanung und warnung / neben und bey dem vorberůrten Hellischen Befehl / nicht verborgen bleib. Und wo von den selben Hellischen Dienern / dergleichen an sie gelanget / (als ohne zweiffel offt geschehen wird) solche ergste Gifft / unter falschem schein der süssen wort / dester baß erkennen / und sich dafür hůten und bewaren mögen / so hat ein gut Gesell / dem obgemelte beyder Brieffe selbs zu handen kommen seind / von solchen Geschichten diß Bůchlein machen lasen. ⟨$N^v$⟩

INN den Brieffen aber / welche der Englische Postbot außteilet / war diese figur gantz hübsch gemalet. Erstlich / stund ein Todenbar auff der Erden / und ein Sarck darauff mit eim tuch bedeckt / darauff lag ein auffgethan Buch / und auff dem Buch stund ein Kind oder knabe / gantz bloß und nacket / Das hatte zwey hörner auff dem Heupte / und in

der Rechten hand ein Scepter auff der achsel / ein wenig uber
růcke geneigt / daran ein Krone hing / als wolte sie bald
davon fallen. In der Lincken hand aber hatte es ein blutigen
Stoß degen. Es hatte auch ein Gůrtel umb den blossen Leib /
daran hieng ein durchlöcherter Beutel / aus welchem das
Geldt fiel / und ward verstrewet. Es ließ auch sein wasser
unter sich auff das Buch lauffen. Dabey aber war der Teuffel
greulicher gestalt gemalet / der hatte das Kind mit einer
Keten / an seinen Beinen gefasset / in seiner hand und gewalt.

Uber diesem Gemeld stunden diese Reymen geschrieben.

    Groß Lůgen von Hell kompt jetzt auff Erd /
    Damit uns das Sauffen gefördert werd /
    Darumb von heiliger Engel Chör /
    Ein jeder diese warnung hör.

    Unter dem Gemelde aber diese Reymen.

    Diß Kind ohn scham / und sein Figur /
    Vergleicht sich voller Leut Natur / ⟨Nij$^r$⟩
    Denn Kindheit / viel Thorheit bedeut /
    Dazu die Hörner / Viehisch Leut /
    Die Ehr hangt sörglich bey der Kron /
    Das loch im Beutel / zeigt viel verthon /
    Der blutig Degen / Mord und Zanck /
    Die Todtenbar ein leben kranck /
    Auff kein Gesetz der Truncken wigt /
    Darumb hie das Buch vertretten ligt /
    Und heltet durch die Keten fest /
    Der Teuffel starck die vollen Gest /
    Verterbt ir Seel / Ehr / Leib / und Gut /
    Biß er sie bringt zur Hellen Glut /
    Wer ubels fůrcht / sucht ewig Ehr /
    Folgt Gott / und nicht deß Teuffels Lehr.

Das sey euch kurtz gezeiget an /
Wol dem / der im wird rathen lan.
Es wird im nutzen / hie und dort /
Wie solchs anzeiget Gottes wort.

Ende der Englischen Bottschafft.
Mattheus Friederich.

Zu Ende deß gantzen Buchs waren diese Reym gedrůckt.

All ding der Welt nemen ein End /
Ein jeder sehe zu / das er lend /
Bey Gott in ewig Seligkeit /
Deß Teuffels Rath der wird dir leidt. ⟨*Nij^v*⟩
Item.
Wer Baden will ein Raben weiß /
Und darauff leget seinen fleiß /
Und Schnee will an der Sonnen dőrren /
Und Wind inn eine Kisten sperren /
Und Unglůck will tragen feil /
Und Wasser binden an ein Seil /
Und einen Kalen will bescheren /
Der arbeit unnůtze ding geren.

Diese letzten Verß stimmen mit diesen nachfolgenden
Sprůchen der heiligen Schrifft uberein.
Syrach / am 22. Cap.
Wer einen Narren (das ist / ein rohlosen verechter Gőttlichs worts) lehret / der flicket scherben zusammen / Und thut eben / als wenn man einen aus eim tieffen schlaff wecket. Wer mit einem Narren redet / der redet mit einem schlaffenden / Wenns aus ist / so spricht er was ists?
In den Sprůchen Salomonis / am 1. Cap.
Die Ruchlosen verachten Weißheit und Zucht.

Salom. am 18. Cap. Ein Narr hat nicht lust am verstandt /
Sondern was inn seinem hertzen steckt.
Item am 27. Cap. Wenn du einen Narren im Mörser zu-
stiesest mit den stempffel wie Grütze / So liesse doch seine
Narrheit nicht von im.
Psalm. 14. Die Thoren sprechen inn irem hertzen / Es ist
kein Gott / Sie tügen nichts / und sind ein Grewel mit irem
wesen / Da ist keiner der gutes thue.
Solcher Narren oder Thoren / das ist / Solcher verechter
Gottes und seines Worts / sind (leider) allzu viel. Was es
aber für ein ende mit inen nemen wird / das werden sie allzu
bald erfaren. Gott helfe uns / AMEN. ⟨Niij'⟩

**Allen meinen lieben Brüdern in Deud-
schem Lande / die noch lust zum Sauffen
haben / Wünsche ich Mattheus
Friderich /**

ERkentnis Gottes / und irer selbs / und darauff Gnad
und Fried / von Gott unserm lieben Vater / und seinem
lieben Son JESU CHRISTO unserm HErrn / Amen. Lieben
Brüder / ich habe vor wenig Jaren ein Büchlein im Druck
lassen auß gehen / deß Titel ist / Wider den Sauffteuffel /
Darinnen ich etliche wichtige Ursachen angezeiget /
Warumb sich alle Menschen / vor Sauffen und Trunckenheit
hüten sollen / Und ein jeden mit allem fleis / gewarnet / er-
manet / und auffs trewlichst gebeten / von hertzen Busse zu
thun / und solch Laster zu meiden.

Solchs aber hab ich nicht anders / denn aus hertzlicher /
Christlicher wolmeinung gethan / als der ichs gerne mit allen
Menschen / sonderlich aber mit den lieben Deudschen / als
meinen lieben Landsleuten / gut sehe / und wolte / das sie
alle mit mir durch Christum selig würden.

Denn ich den Sauffteuffel zu guter massen kenne / und zimlich weis / was er im Schilde fůret / Als der ich vorzeiten auch im gedienet / unnd unter seinem Fenlein (aber als ich hoffe / zu seinem grossen schaden) gelegen bin. ⟨Niij^v⟩
5 Derhalben ich gerne einen jeden hab warnen wollen / das man im nicht vertrawe / und sich vor im hůte / sich auch je ehe je besser / aus seinem Feldlager hinweg stele / unnd sich wiederumb unter das Fenlein JESU CHRISTI, unsers lieben HErrn / und besten Freundes / zu welchem wir inn der
10 Tauffe alle geschworen haben / begebe / Und wisse / daß der Teuffel ist / und bleibet / das er ist / nemlich / ein Lůgner und Mörder / der auch seiner eigen Diener und lieben getrewen (wie man teglich erferet) nicht verschonet / Sondern inen entlich / nach dem Sprichwort / Wie der
15 Hencker seinem Knechte / lohnet.

Nun sehe ich aber / und erfare teglich / wie solche meine / und viel anderer / die auch dawider geschrieben / hertzliche trewe wolmeinung / und Gottes ernster wille / von vielen so gar verachtet / und nicht angenommen wird. Ich sehe auch /
20 wie das Sauffen bey uns Deudschen so gar uberhand genommen hat / Also / das es gantz schwerlich / ja gleich unmůglich scheinet / das solch Laster solte bey uns gantz außgereutet können werden. Denn es wird jetzundt von wenigen fůr ein Laster / ja viel mehr fůr eitel Tugent geachtet /
25 und werden die gelobet / und lieb und werd gehalten / welche wol Sauffen können. Widerumb / werden die verachtet / und gehasset / die nicht zu gleich Sauffen wöllen oder können. ⟨N4^r⟩

Es uben auch solch Laster jetzundt nicht allein die Manns
30 Personen / sondern auch die Weiber / Nicht allein die Alten / sondern auch die jungen Kinder / die können allbereit einander ein halbes zutrincken. Die Eltern lerens auch wol ire Kinder. Nun laß sehen (spricht der Vater zum Sönlein) was du kanst / Bringe im ein halbes oder gantzes.

So braucht man auch nicht mehr gebürliche und gewönliche Trinckgefes / Sondern aus Schüsseln / Töpffen / Saltzirichen / Kesenepffen / Becken / Handbecken / Handfessern / Fischpfannen / Kacheln. Item / aus Hüten / Schuchen / und so noch was ergers ist / Seufft man jetzund einander zu. Unnd ich achte / so es noch lenger stehen soll / So werden sie einander aus Sewtrögen (so es anders nicht geschehen ist) Zusauffen.

Auch wird solchs nicht allein am tage getrieben / sondern die Nacht mus auch den meisten teil damit zugebracht werden. Wenn man aber Gott zu ehren unnd zu gefallen / so lange wachen / unnd sich deß Schlaffs berauben solte / würde mans nicht / oder ja mit einem unwillen / thun.

Man erfindet auch imer ein newe weise uber die ander. Etliche spielen den Wein oder Bier einander zu. Die andern singens einander zu. Andere tantzens ⟨N4ᵛ⟩ einander zu / Etliche fluchens einander zu / Etliche andere liegens einander zu / Etliche füllens einander mit Füllhelßlin oder Trechtern ein / Und wer wil alles Nerrische wesen (da man immer ein newes uber das ander erdenckt) erzelen?

Also hat man auch den Willkom erfunden / damit man die Leute empfahen / und den lieben Gast / (dem man kein andere ehre kan thun / man mache in denn / als eine Saw / voll) will frölich machen / den darff keiner nidersetzen / er sauffe in denn aus. Wie denn auch etliche Willkom gemacht sein / das man sie nicht nider setzen kan. O das ist ein grosse ehre / wer ehe Feierabent macht / der ist ein gut Gesell / ein Weltmensch / seines leibes ein Held / er darff doch im stich sitzen / und von einem guten Gesellen / und Wein oder Bierhelden / eins gewarten / biß das in der Bacchus / (der noch stercker ist / denn er / und nicht gern zu grob mit im schertzen lest) unter die Banck wirffet / das er anfehet die truncken Metten / mit den langen Noten / zu singen / das Hunde und Sew zulauffen / und sich deß Gesangs und der Metten frewen.

Also mus man mancherley anfahen / biß man den Wein oder Bier inn die Leute bringet. Wie wolte man sonst solcher edlen Gaben Gottes loß werden? In deß sind viel arme / krancke / schwache Menschen / die darbey vermatten und verschmachten / Welche man mit dem selbigen ubrigen laben / erquicken / er-⟨O^r⟩frewen / und sie offtmals beim leben erhalten kőndte. So man nuhn einem solchen krancken Menschen / ein kanne Weins oder Biers zu zeiten schencken solte / acht mans alles zu vil / und főr einen grossen schaden. Meinen gleich / es kőndte nicht geschehen / ohne grossen abbruch irer Gűter. Dencken also nicht an den reichen Mann / welcher auch ein guter Schlemmer und Weinschlauch war / wie er hernach dester grősser marter an seiner zungen leid / und nur ein trőpflein Wassers vom Lazaro (welchen er vorhin verachtet) begerte / und kondte im dennoch auch nicht werden / Welcher on zweiffel hernacher gewűnscht wird haben / und noch wűnschen wird / das er dem armen Lazaro nur viel guts gethan / und alle tage eine kanne Weins geschickt hette / Es ist aber nuhn zu lange geharret.

Ja / was soll ich mehr sagen? Es ist auch an etlichen őrtern ein sonderlicher newer Orden angericht / Der wird der Saufforden genandt / Mőchte wol der Saworden heissen. Inn welchen niemand genommen wird / der nicht wol Sauffen / ubel essen / ubel ligen / die gantze nacht sitzen / frost und kelte leiden / das ist / deß Teuffels Merterer sein kan / Oder (das ichs deutlicher sage) Wer nicht mutwillig zum Teuffel faren / und verdampt werden will.

Wer aber will from und Gottfűrchtig sein / von Gott und seim heiligen Wort / von CHRISTO / ⟨O^v⟩ von Sűnden / vom Tode / vom Jűngsten tage / vom ewigen Leben / von einem Gottseligen Wesen und Wandel reden will / der taug in solchen Orden nicht / Ein solchen leiden sie auch nicht bey sich. Seind also gute Epicurische Sew / welcher Hirte der Sauffteuffel ist / Der sie mit der zeit (Wo sie sich nicht

## Wider das zutrincken

bekeren) gar redlich zur Schwemme fůren wird / in das hellische Fewer mein ich. Denn inn solche Schwemme gehőren solche Sew / Wie Gott solchs in seinem Worte genugsam bezeuget. Gott behůte uns dafůr / AMEN.

Und das sie ja Gott gnugsam erzůrnen / und in bewegen / nicht allein sie hie zeitlich und dort ewigklich zu straffen / Sondern auch ein gantze Stadt / oder Land (wie offt geschehen) mit ernster Straffe umb irent willen heimzusuchen / So erfare ich / das solche Ordens leute das Bůchlein wider den Sauffteuffel / an einem Ortt / Erstlich zur staupe gehawen / Darnach zerhackt / und zu letzt ins Fewer geworffen und verbrandt haben. Damit sie die őffentliche Warheit / und Gottes wort / welchs darinnen angezogen wird / verdampt unnd verworffen haben. Welchs sey Gott befohlen. Der helffe inen / das sie sich erkennen / und bessern / auff das sie nicht verdampt werden. Das wůndsche ich inen von hertzen / Amen.

Uber das alles / hat mann solches Lasters deß Sauffens und Trunckenheit kein heel / Sondern ⟨*Oij*$^r$⟩ mann kutzelt sich darmit / als hette mann gar wol gehandelt / Ja rhůmens auch herrlich / und saget einer zu dem andern / Lieber / ich wolte das du nechten bey uns gewesen werest / Wir waren recht frőlich / da liessen wird das Redlin herůmbher gehen / Es dorffte keiner nůchtern darvon kommen / Ich suffe sie entlich all darnider / Der oder der fiel auff die Banck / jener fiel gar hinunter / und bliebe ligen / Es werete nicht lange / so fiel dieser auch darnider. Es kondte sich keiner versinnen etc. Da soltest du wunder gesehen haben. Der ander spricht / Nun rewet michs / das ich nicht bin darbey gewesen / Ich wolt dir ein trewen gehůlfften gegeben haben. Ein ander spricht / Ich sage / das der oder der wol Sauffen kan / er thut einem jeden bescheid / er versagts keinem / Es wundert mich / wo ers alles hin Seufft / Ich wolte / das ich auch so Sauffen kůndte. Der ander antwort / Ich lob in drumb. Lieber / es muß gesoffen sein. Ist doch der Wein darzu geschaffen / und das Bier wird darumb gebrawen / Was sols sonst? Aber ein ander spricht / Ich wolte geren einen sehen / der mich solte hinsauffen / Es sey im Bier oder Wein / so will ich einem jeden Mans genug sein.

Also wird auch jetzt der Spruch des Propheten Esaia erfüllet / da er am 3. Capitel also spricht / Ir wesen hat sie kein heel / Und rhůmen ire Sůnd / wie die zu Sodom / und verbergen sie nicht / Wehe ⟨*Oij^v*⟩ iren Seelen (spricht er) denn damit bringen sie sich inn alles Unglůck.

Und also siehet man / Wie die Welt so gar verkeret und verderbet ist / und das es die letzte zeit ist / von welcher die Propheten / der HERR CHRISTUS / und die Apostln gesagt haben / das es ein sehr böse ergerliche zeit sein werde / da alle Sůnden / schand und Laster / im schwange gehen werden / Wie es denn leider jetzund also gehet? Ists nicht war? Ist nicht die verachtung Gottes / seines Worts und Sacramenten / Item die Hoffart / das fluchen / Gotslesterung / leichtfertig schweren / Zauberey / Ungehorsam / Mutwill / Zorn / Haß / Neid / Ehebrecherey / Hurerey / Fressen / Sauffen / Geitz / Wucher / Finantz / Liegen / und Triegen / und alle andere Sůnde und Laster / so hoch kommen / das sie nicht wol höher kommen köndten? Also / das auch viel zweiffeln / obs vor der Sindflut so arg gewesen ist. Und möchten die Wort im 1. Buch Mose / am 6. Cap. wol auch von dieser unser jetzigen zeit gesagt werden / Der HERR sprach / Die Menschen wöllen sich meinen Geist nicht mehr straffen lassen. Item / Da der Herr sahe / das der Menschen boßheit groß war auff Erden / Und alles tichten und trachten ires hertzens / nur böse war immerdar / da rewet es ihn / das er die Menschen gemacht hatte / und es beküm̃ert in inn seinem hertzen / und sprach / Ich will die Menschen / ⟨*Oiij^r*⟩ die ich geschaffen habe / vertilgen von der Erden. Item / Die Erde war verderbet / vor Gottes augen / voll frevels / Da sahe Gott auff die Erden / und siehe / sie war verderbet / und alles fleisch hatte seinen weg verderbet auff Erden.

Wo man nun sich nicht von hertzen zu Gott bekeren wird / und die Prediger und Oberherrn sich ires Ampts nicht trewlich annemen / und die Laster mit ernst nicht straffen werden / So wird Gott gewißlich selbs straffen / und drein schmeissen müssen. Sonst solt er wol seiner Ehren und Göttlichen namens beraubet werden / als der ein gerechter Gott ist / der Gerechtigkeit lieb hat.

Es ist fürwar noch eine grosse straffe dahinden / und wird kommen / wenn man sichs am wenigsten vorsehen wird. Will mans doch nicht anders haben. Deß reitzens / damit man Gott zu zorn reitzet / ist zuviel. Es sind ohn allen zweiffel noch etliche fromme Gotfürchtige glaubige hertzen vorhanden / die durch ir Gebet solche Straffe auffhalten. Wenn dieselbigen von Gott aus dem Land geschickt / oder durch gnediges Sterben vor dem Unglück werden weggerafft werden / das sie (wie Esaias spricht) inn iren Kammern ruhen / So wirds nicht lange aussen bleiben. Deß versehe man sich künlich.

Wolan / lieben Brüder / weil ich denn sehe / daß das Vollsauffen / welches eins der Hauptlaster ist / ⟨*Oiij*ᵛ⟩ darauff bey nahe alle Laster zu folgen pflegen / also fortan geübt / und so hoch kommen ist / und darbey Gottes zorn und künfftige Straffe uber solche und andere Sünde / bedencke / Hab ichs nicht können unterlassen / das ich euch nicht noch ein mal / aus Christlicher liebe vermanen solte / und versuchen / ob ich ewer noch etliche auff den rechten wege weisen / und vom Teuffel zum HErrn CHRISTO / das ist / zur ewigen Seligkeit und frewde bringen köndte. Dazu wolle Gott seine Gnade durch CHRISTUM verleihen / AMEN.

Also will ich euch nuhn / lieben Brüder / die ich gantz hertzlich meine / auffs freundtlichste und Brüderlichste gebeten und vermanet haben / das ir wollet Gott zu ehren / und euch selbst zum besten / noch bedencken.

Erstlich / das es Gottes / unsers lieben Schöpffers und Vaters / ernster will und Befehl ist / das alle Menschen sich für dem Sauffen und Trunckenheit hůten sollen. Wie ich denn dasselbige / im Bůchlein wider den Sauffteuffel / gnugsam beweiset habe / Das ichs unnötig achte / allhie zu widerholen.

Denn weil es Gott verbotten hat / So muß es ja nicht war sein / das etliche sagen dürffen / Daß das Sauffen unnd Trunckenheit keine Sůnde sey. O (sagen sie) was soll das für ein Sůnde sein / das sich einer ein mal Voll seufft? Ich halte nichts darvon / ⟨O4ʳ⟩ Was solte Gott darnach fragen? Wenn ich keine andere Sůnde thete / denn diese / so wolte ich für Gott wol bestehen.

Antwort. Wie? Solte das nicht Sůnde sein? Solte Gott nach dem nicht fragen / welchs er selbs inn seinem Wort verbotten hat? Warumb solte ers denn verboten haben? Kan doch solchs ein jeder vernůnfftiger Mensch / ja auch wol ein Kind von sieben Jaren / das ein wenig verstandt hat / schliessen / Das alles das Sůnde sey / was Got verbeut. Und weil er denn das Sauffen und trunckenheit verbotten hat / so muß es freylich Sůnde sein. Noch sollen viel Alte / erwachsene / erfarne Menschen / vom Sauffteuffel / so gar bezaubert und verblendet sein / das sie solches nicht sehen / noch schliessen können.

Also folget ferner. Weil das Sauffen und trunckenheit von Gott verbotten / und Sůnde ist / So ist mans ja schuldig zu unterlassen / und soll billich keine einrede oder entschuldigung dargegen auffbracht werden. Wie sich denn etliche entschuldigen / und sagen / Es sey in unmůglich zu lassen / Wenn sie bey den Wolffen sein / můssen sie mit heulen. Ein anderer spricht / Es sey also die gewonheit / vor sein Person wolte ers gerne lassen / Aber wenn er bey den Leuten ist / můsse er die gewonheit mit halten. Item / Weil es alle Welt thue / wie er im könne ein sonderlichs machen? Etliche gebens der Jugent schuld / Junge leute ⟨O4ᵛ⟩ könnens nicht lassen / sie můssen frölich sein. Gleich als könte man sonst nicht frölich sein. Andere gebens dem Wein oder Bier schuld. Gott gebe dem Wein dieses und jenes (sagen sie) er ist zu starck / Hette er gethan / ich wer nicht truncken worden. Diese thun gleich wie jener Narr / der sich bůcket / und sahe / das sein schatten krumb / und nicht so fein gerad war / wie der andern Leute / ward er zornig auff den Schatten / schalt / und schlug nach im / So es doch nicht deß Schatten / sondern sein eigen schuld war.

Also bringet ein jeder etwas herfůr / seinen ungehorsam gegen Gott damit zu entschůldigen / So es doch billich nicht sein solte. Gleich wie ein Kind thun oder lassen soll / was der Vater befihlet / oder verbeut / und soll keine entschůldigung vorwenden / seinen ungehorsam darmit zu entschůldigen. Solchs mus ja alle Vernunfft bekennen.

Weiter / weil Gott das Sauffen und Trunckenheit verbotten hat / So folget daraus / das der recht / und ein gut Werck / und Gott einen gefallen daran thut / der es unterlest / Und kan deßhalben ein gut Gewissen fůr Gott haben. Widerumb folget auch draus / das der unrecht thut / und ein ungehorsamer und verechter Gottes ist / der sich voll seufft. Und so er inn solchem ungehorsam stirbet / so stirbet er / als ein ungehorsamer Gottes / und als ein Gottes verechter / in Gottes zorn und ungnade. Da wird keine entschůldigung vor helffen. ⟨$P^r$⟩

Darumb thut S. Paulus / als ein Apostel JEsu Christi / alle Trunckenbold in Bann / und spricht / 1. Corinth. 5. also / Ir solt nichts mit inen zu schaffen haben / Nemlich / So jemandt ist / der sich lest einen Bruder nennen (das ist / der sich fůr einen Christen auß gibt) und ist ein Hurer / oder ein Geitziger / oder ein Abgőttischer / oder ein Lesterer / oder ein Trunckenbold / oder ein Reuber / Mit demselben solt ir auch nicht essen.

Das sind sehr ernste / erschreckliche Wort / ja eitel Donnerschlege / Wie S. Hieronymus von den Episteln S. Pauli spricht / Das in důncke / als hőre er inn denselbigen nicht worte / sondern eitel Donnerschlege. Unnd solte dieser Spruch allein / einen Christen von solchem Laster abschrecken.

Zum andern / Wollet auch ferner fleißigklich noch bedencken / das Gott das Sauffen und Trunckenheit nicht allein verbotten / Sondern auch erschrecklich drewung dabey gegeben hat / das es allen Seuffern hie zeitlich / und dort ewigklich / nicht soll wolgehen. Wie ich dasselbige im Bůchlein / Wider den Sauffteuffel / auch gnugsam beweiset habe.

Sonderlich betrachtet und behertziget / den spruch S. Pauli wol / welcher freylich auch ein grausamer Donnerschlag ist / uber alle Seuffer / und andere Gotlose / unbußfertige Menschen / Da er 1. Corinth 6. also spricht / Lieben Brůder / Last euch nicht verfů-⟨$P^v$⟩ren / Weder die Hurer / noch die Abgǒtischen / noch die Ehebrecher / noch die Weichlinge / noch die Knabenschender / noch die Diebe / noch die Geitzigen / noch die Trunckenbold / noch die Lesterer / noch die Reuber / werden das Reich Gottes ererben.

Das heist meine ich / gedonnert / und das Himelreich / und ewiges Leben rein abgeschnitten. Im vorigen spruch hat er die Trunckenbold / mit dem rechten Gǒttlichen Bann / von der heiligen Christlichen Kirchen abgesondert und außgeschlossen. Allhie aber gibt er sie dem Teuffel / und verdampt sie zum ewigen hellischen Fewer. Welchen nu dieses nicht bewegen will / So weiß ich nicht was in bewegen solte.

Daraus folget / Das ein Mensch schuldig ist / bey vermeidung Gottes zorns und ungnad / unnd bey verlust seiner Seelen heil und seligkeit / das Sauffen und Trunckenheit zu meiden.

Zum dritten / Wolt auch bedencken / wie Got zu zeiten / umb eines / oder weniger Menschen willen / ein gantz Hauß / Dorff / Stadt / oder Land zu straffen pfleget / auch die Kinder / umb der Eltern willen. Wie S. Paulus spricht / Umb solcher willen kompt der zorn Gottes uber die Unglaubigen. Und Gott drewet / Er wolle die sůnde der Veter heimsuchen / an den Kindern / biß ins dritte und vierdte Glied.

Solchs thut er aber darumb / das wir seinen grossen zorn wider die Sůnde dardurch erkennen / und ⟨*Pij^r*⟩ in fůrchten sollen / da wirs sonst nicht erkennen wollen. Denn wir gedencken stets / Gott werde nicht so zornig sein / Er frage nach unsern Sůnden nicht vil. Wenn er aber kompt / und so hefftig zuschmeist / das er einen mit dem andern so grewlich hinnimpt / So sehen wir als denn / das Gott / wo man sich nicht bessert / so zornig sein kan (wie Syrach spricht) als er gnedig ist / Ja so zornig / das kein Mensch gleuben kan.

Wer hette es glauben kŏnnen / das Gott so zornig sein solte / als er in der Sindflut war / Da er nicht allein die erwachsenen und Alten / sondern auch die jungen Kinder / auch die Kinder inn der Wiegen / in seinem Zorn erseuffte? Was mochtens die armen Kindlein / das die Alten so grewlich gesůndiget hatten? Da halff nichts fůr.

Also giengs auch zu / zu Sodom und Gomorra. Item / inn Egypten / da Gott / umb der verstockung willen deß Kŏnigs Pharaonis / das gantze Landt / mit so mancherley plagen straffte. Item / Da er den Korach / Dathan / unnd Abiram / die Erden verschlingen ließ / mit iren Weibern / Sŏnen und Tŏchtern / und allen den iren. Item / Da er Achan / im Buche Josua / am 7. Cap. umb seines Diebstals willen / mit seinen Sŏnen und Tŏchtern / Ochssen / Eseln / und Schaffen / und allem was er hatte / verbrennen ließ / Und umb seinet willen zuvor / im Heerlager ⟨*Pij^v*⟩ Israel bey sechs und dreißig Mann / durch die Feinde / erwůrgen / unnd das gantze Heer inn die flucht schlagen ließ. Item (das ichs kurtz mache) da er in der zerstŏrung Hierusalem / alles Volck inn der Stadt / jung und alt / mit Krieg / Pestilentz / und Hunger / also grewlich straffte / Das es ein Stein (so es můglich wer) hette erbarmen mŏgen.

Doch thut er niemand unrecht. Sondern es gehet also zu. Wenn Gott mit den Leuten / in eim Hause / Dorffe / Stadt oder Lande / die in nicht fůrchten / lange gedult gehabt hat / Und irgend einer oder etliche es zu gar grob machen / und in so hefftig erzůrnen / So nimpt er von inen ursache / und rechnet eins zum andern / Da můssen auch offte die kleinen Kindlein mit herhalten.

Wiewol auch solchs nur inn diesem leben gehet / Das die Kindlein / und die so sich in solcher not noch zu im bekeren / und sich Christi trősten / deß ewigen lebens dadurch nicht beraubet werden.

Es ist aber gleichwol erschrecklich und erbarmlich / dardurch wir billich zur Busse bewegt solten werden / wo wir anders solchs nicht auch gewarten wollen. Und wenn gemeine Straffen / als Hunger / Krieg / Pestilentz / oder dergleichen giengen / Solten sich solche unbußfertige Menschen / als Seuffer / Hurer / Ehebrecher / Gotslesterer etc. erinnern / das sie deß ein ursache sein. Aber besser were es / man ke-⟨*Piij*ʳ⟩me zuvor / das man als denn solch bőse Gewissen nicht haben důrffte.

Zum vierdten / Wollet auch das bedencken / Das der Wein und Bier / und ander starck getrencke / Gottes gaben sind / und freylich gar edle Gottes gaben / Welcher wir armen Sůnder / gleich wie aller anderer gaben Gottes / nicht werd sein. Das sie aber Got uns gibt / das geschicht nicht darumb / das wirs wirdig sein / und umb in verdienet haben / Sondern geschicht aus lauter gnade und gůte / darfůr wir im billich dancken solten. Denn wir hettens langst umb in verdienet / und werens wol werdt / das er uns gantz und gar nichts gebe / und uns alle hungers und dursts sterben liesse. Das můssen wir bekennen / und kőnnen nicht fůrůber.

So hat er sie auch geschaffen / und gibt sie uns armen / unwirdigen Sůndern zu gebrauchen / nicht darzu / das wir sie solten unnützlich umb bringen / verschwenden / und ohn alle noth durch die Blasen jagen / oder heuffig hinein giessen /

und (mit urlaub) wider geben / Wie (es leider) jetzund dieser edlen gaben / gemeinster brauch ist / im Deudschem Lande. Sondern dazu / das unser Leibe dardurch erhalten / erquickt / gelabet / und erfrewet werden.

Wie David im 104. Psalm spricht / HErr / Du bringest den Wein aus der Erden / das er deß Menschen hertz erfrewe. ⟨Piij^v⟩ Und in Sprůchen Salomonis / am 31. Cap. stehet also geschrieben. Gebt starck Getrencke / denen so umbkommen sollen / und den Wein den betrůbten Seelen / das sie trincken / und ires elends vergessen / und ires unglůcks nicht mehr gedencken.

Also spricht auch Syrach / am 32. Capitel. Der Wein erquickt dem Menschen das leben / SO MAN IN MESSIGLICH TRINCKT. Und was ist das Leben / da kein Wein ist? Der Wein ist geschaffen / das er Menschen frölich soll machen. Der Wein zur NOTDURFT getruncken / erfrewet Leib und Seel. Aber so man sein zu viel trinckt / bringt er das Hertzleidt.

Weil nun dem also ist / kan man leichtlich gedencken / wie grosse Sünde es sein mus / so wir unwirdige Sünder / die wir auch der geringsten Gaben Gottes nicht werd sein / solcher edlen / thewren Gaben / nur ein tröpflein mißbrauchen.

Es würde uns doch selbs hertzlich verdriessen / Wenn wir jemand / der es gantz ubel umb uns verdienet hette / ein Gabe geben / und er mißbrauchte ir / und legets ubel an / So doch das / was wir geben / auch nicht unser / sondern Gottes eigen sind.

Wie solt es denn GOTT nicht verdriessen? Wie solt er solchen mutwillen nicht straffen? Wer es doch kein wunder / das Gott nuhr umb solcher Sünde willen / das Garaus mit dem Deudschen ⟨P4^r⟩ Lande machte. Ich weis nicht / wie andern zu mut ist. Ich zwar vor mein Person (wiewol ich auch noch ein armer Sünder bin) muß es bekennen / das mir das hertze im leibe grißlet / wenn ich daran gedencke / Das solche herrliche Gaben Gottes / von uns unwirdigen Sůndern / so ubel mißbraucht werden.

Zum fůnfften / Erinnert euch deß auch / Lieben Brůder / das ir vor hin Sůnde gnug auff euch habt / Derhalben wollets darbey lassen bleiben / und derselben nicht mehr machen. Es ist zeit auffhörens. Wenn der Schimpff am besten ist / soll man auffhören. Alles dings ein masse.

Darzu vermanet euch Syrach / am 21. Cap. Da er also spricht / Mein Kind / hast du gesündiget / so höre auff / Und bitte / das dir die vorigen auch vergeben werden.

Und S. Paulus / zun Römern am 13. Cap. Weil wir solchs wissen / nemlich die zeit / das die stunde da ist / auffzustehen vom schlaff / Sintemal unser Heil neher ist / denn da wirs gleubten. Die Nacht ist vergangen / der Tag aber herbey komen. So last uns ablegen die Werck der Finsternis / und anlegen die Wafen deß Liechts. Last uns erbarlich wandeln / als am tage / Nicht inn Fressen und Sauffen / nicht in Kammern und Unzucht / Sondern ziehet an den HErrn JESUM CHRISTUM, Und wartet deß Leibs / doch das er nicht geil werden. ⟨P4ᵛ⟩

Also spricht auch S. Petrus / inn seiner 1. Epistel / am 4. Cap. Es ist gnug / das wir die vergangen zeit / unsers lebens zubracht haben / nach Heidnischem willen / da wir wandelten in Unzucht / Lůsten / Trunckenheit / Fresserey / Seufferey / und grewlichen Abgötereyen. So seid nuhn meßig und nůchtern zum Gebet etc.

Zum sechsten bedenckt doch auch / Das solch Laster / wider alle vernunfft und Natur ist. Denn die vernunfft und Natur leret uns / das Sůnde und unrecht sey. Das siehet man an den Heiden / welche Gottes wort nicht gehabt / und sich allein mit irer Vernunfft / und von Gott eingepflantzten / wiewol nun mals sehr verderbten Natur / haben behelffen můssen. Und dennoch aus solcher irer Vernunfft / und menschlicher verderbten Natur / haben schliessen können / Das das Sauffen und truncken heit ein mißbrauch / und der-

halben unrecht sey / Und das dagegen nůchternheit und
meßigkeit / in essen und trincken / ein Tugent sey. Habens
auch wol fůr augen gesehen / was auß trunckenheit und
Sauffen zu folgen pfleget.

Xenophon schreibet / Das die Perser ire Kinder / bald von
der Wiegen / zur meßigkeit / inn essen und trincken / gewehnet / und inen der Vorfarn Exempel vorgebildet haben.

Die Lacedemonier haben iren kindern die knech-⟨$Q^r$⟩te /
so sie voll geseufft / gezeiget / Auff das / so sie sehen / wie
grewlich es inen anstůnde / und wie sie irer Sinnen gleich
beraubet weren / sich vor Trunckenheit hůten lerneten.

Als ein Lacedemonier auff ein zeit hôrete / das an etlichen
ôrtern / die Leute zum Trincken gezwungen wurden /
sprach er / Wie? Zwingen sie sie auch zum essen? Damit er
anzeigen wolte / das es wol so nerrisch ist / Wenn einer / der
keinen durst hat / zum trincken gezwungen wird / Als wenn
einer / der satt ist / zum essen gezwungen wůrde.

Und im zehenden Buch Athenei / findet mann diese Verß.

ATQUE ETIAM SPARTÆ MOS EST LAUDABILIS ISTE,
UT BIBAT ARBITRIO POCULA QUISQUE SUO.

Das ist /
Bey den Spartanern findt mann auch /
Diesen lôblichen Gebrauch /
Das ein jeder trincket so sehr /
Als im geliebet / und nicht mehr.

Als auch ein Spartaner gefragt ward / warumb sie sich so
meßig hielten / mit trincken? Antwortet er / Darumb / auff
das nicht andere vor uns / sondern wir vor andere Rath
geben kônnen.

Plato ein weiser Man / da er sahe / wie die Agrigentiner
herrliche schône Heuser / mit grossem unko-⟨$Q^v$⟩sten
baweten / und mit essen und trincken keine masse hielten /
sprach er / Die Agrigentiner bawen / als solten sie ewig
leben / und essen und trincken / als solten sie bald sterben.

7 Teufelbücher V

Er vermanete die Trunckenen / das sie sich im spiegel besehen solten / Ob sie dadurch bewegt mŏchten werden / von solchem Laster abzustehen. Cicero ein hochgelerter verstendiger Mann bey den
5 Rŏmern / darff frey sagen / das die Schlemmer und Seuffer / mit dem Namen / aber nicht mit der That / Menschen sein. Seneca deß Keisers Neronis Præceptor, ein sehr gelerter / weiser Mann / spricht auch / Ebrietas voluntaria insania est: Trunckenheit ist ein mutwillige Unsinnigkeit.
10 Pittacus von Mitylenen / einer von den sieben Weisen / stellete ein Gesetz / das der / so inn Trunckenheit etwas verschuldet hette / zwifach gestrafft wŭrde / Weil ir vil waren / die sich mit Trunckenheit entschŭldigen wolten. Wir Deudschen haben hievon auch ein Sprichwort / das wir
15 sagen / Trunckenheit entschŭldigt nicht. Und ist wol geredt.

Diogenes / wenn er einen sahe / der sich unmessig hielt inn essen und trincken / sprach er zu im / Lieber Son du wirst nicht lange leben.

Socrates / ein sehr feiner verstendiger Heide / ⟨*Qij<sup>r</sup>*⟩ und
20 Philosophus / pflegte zu sagen / Es sind ir viel / die da meinen / sie leben darumb / auff das sie essen und trincken. Ich aber esse und trincke / auff das ich lebe. Dieses ist ein sehr weise / verstendige rede von einem Heiden.

Aristippus / auch ein Philosophus, Da einer sich
25 rhŭmete / wie er sehr Sauffen. kŏndte / und dennoch nicht truncken wŭrde / Sprach er zu im / Was rhŭmest du dich deß / das auch ein Maulesel thun kan?

Von Romulo / der die Stadt Rom erstlich gebawet hat / von dem sie denn auch den namen hat / lieset mann / Das er
30 sich sehr meßig gehalten hat / mit Wein trincken. Da er auff ein zeit zu einem Abendtmal geladen / zu mal wenig tranck / darumb das er auff den morgen etwas sonderlichs außzurichten hatte / sagten seine bekandten zu im / Wenn alle Menschen trŭncken / wie er / so wŭrde der Wein wolfeil
35 werden. Darauff antwortet er / und sprach / Nein / Er

*Wider das zutrincken* 99

würde viel tewrer werden / wenn ein jeder trüncke / was er wolte / Denn ich trincke was ich will.

Timotheus / ein Fürst zu Athen / Da er auff ein zeit / vom Platone dem PHILOSOPHO (welcher ein geringen und schlechten Tisch / aber doch mit Gesange / und anderer gebürlicher freude / pflegte zu halten) zum Abendtmal gebeten ward / Ließ er seinen Fürstlichen und herrlichen Tisch / und kam zu im zu gast. ⟨*Qij*ᵛ⟩ Da er nun wider zu den seinen kam / sprach er / Wer mit Platone das Abendtmal isset / der isset auch auff den morgenden tage wol. Und lobete hernach allezeit / solche schlechte / und doch fröliche Abendtmal / gegen den köstlichen grossen Malzeiten / welche einen Menschen auff den morgenden tag / gantz traurig und ungeschickt machen. Und da er auff den morgen zum Platone kommen war / soll er gesagt haben / O Plato / Wer mit euch zu nacht isset / der isset den andern tag besser / denn den vorigen.

Herodotus schreibet / Das ein Wasserfluß / mit namen Coaspis / vor Susan / der Heuptstadt in Persen hinfliesse / den soll im der feine König in Persen / Cyrus genant / sonderlich / für allem andern Tranck erwelet / und getruncken haben. Auch desselbigen wassers gesotten / inn silbern Gefessen / mit sich / wohin er gezogen / umbgeführet haben / damit er das Volck / mit seinem Exempel / zur Meßigkeit bewegte.

Inn diesen / und vielen andern dergleichen Historien oder Geschichten / siehet man ja / Daß das Sauffen ein Laster wider die Vernunfft und Natur ist / Weil die Heiden solchs / ohn Gottes wort / allein aus der Vernunfft und Natur / vor unrecht erkennen / und meiden. Darumb handlen alle Seuffer wider die Natur / ja thun der Natur gewalt / Denn die Natur foddert nicht mehr / denn sie bedarff.

Solt es aber nicht uns Christen ein grosse schan-⟨*Qiij*ʳ⟩de sein / das wir sehen / wie auch etliche viel Heiden / sich so fein meßig gehalten / und eingezogen gelebt haben /

7*

allein darumb / das sie solchs von Natur / für unrecht erkandt haben. Wir Christen aber haben Gottes wort / daraus wir wissen / das es nicht allein für sich selbs unrecht / sondern auch wider Gott ist / Und das es Gott nicht allein verbotten / sondern auch daneben gedrewet hat / solchs hie zeitlich / und dort ewigklich zu straffen / Dazu hören und lesen wir solchs teglich / Ja uber das alles / sehen wir teglich für augen / wie es den Seuffern gehet / und wie sie auff mancherley weise / von Gott gestraffet werden. Noch hilfft es nichts bey uns. Wir leben wie das thumme Viehe / ja noch viel erger. Denn es ist kein Viehe / Vogel noch gewürm / das mehr trinckt / denn sein Natur fordert oder bedarff / Ehe liesse sichs erschlagen. Darumb werden diese Heiden am Jüngsten Gerichte aufftretten / wider dieses Geschlecht der Seuffer / und sie verdammen.

Zum siebenden / Bedencket auch / das der namen Gottes / umb solches schendtlichen wesens willen / unter den Feinden deß Göttlichen worts gelestert wird. Wie der liebe S. Paulus zun Römern / am 2. Cap. spricht / Ewret halben wird Gottes Name gelestert / unter den Heiden / wie geschrieben stehet. Denn also stehet zuvor geschrieben / im Propheten Esaia / am 52. Cap. Mein Name wird immer teglich ⟨Qiij$^v$⟩ gelestert. Und im Ezechiel / am 36. Cap. Sie hielten sich / wie die Heiden / und entheiligten meinen Namen / das man von inen. sagte / Ist das deß HERren Volck?

Also gehets (leider) heutigs tages auch / Das mann den Feinden Gottes / und seines Worts / mit solchem Gottlosen / Heidnischen / Sewischen leben und wandel / ursache gibt zu lestern. Also / das sie sagen / Siehe da / Sind das die Christen? Sind das die Evangelischen? Sind das die früchte deß Evangelions / das sie rhümen? Schön Evangelion. Der Teuffel neme solch Evangelium an. Were es das rechte Evangelium / so würden ja andere früchte / denn diese / draus folgen.

Sehet da / lieben Brůder / also mus es unser lieber HErr Christus / und sein heiliges Evangelium uber sich nemen. Das Evangelium Christi mus deß alles ein ursache sein / und derhalben / als Ketzerey und Teuffels lehre verdampt werden. So es doch solche / unnd alle andere Laster / mit allem ernst verbeut.

Ists nun nicht erschrecklich / Das wir ein ursach solcher Lesterung sein solten? Das wir den Namen Gottes (wie er im Propheten klagt) also entheiligen solten?

Zum achten / Wolt doch auch bedencken / daß das Sauffen ein unnůtze und unnôtig ding ist. Denn wo-⟨$Q4^r$⟩zu dienets doch / und was ists von nôten / das man also seufft? Es dienet weder dem Leibe / noch der Sele / weder zum Gut / noch zun Ehren.

Wiewol ich etliche weis / die damit das Fieber / oder Kalte wehe haben vertreiben wollen. Aber auch dargegen weis ich / das ir zumal wenig dadurch sind gesundt worden / Aber viel sich darmit gar redlich zu tode geertzneiet haben. Were es aber nicht besser / so mann kein billiche / oder ôrdentliche Artzney haben kônte / mann trůge solch Creutz unter einem guten Gewissen / mit gedult / denn das mann solch fehrlich / sůndlich ding / mit bôsem Gewissen / wider Gott fůrnemen solte?

Also sind auch etliche / die diesen Nutz fůrwenden / das man dadurch kůne werde. Aber behůte mich Gott fůr solcher Kůnheit. Was pfleget aus solcher Kůnheit zu folgen? Freylich nichts guts. Ich weis auch wol etliche Prediger / die da meinen / sie sind nimmer geschickter zu predigen / denn wenn sie einen guten Rausch (wie sie es nennen) gesoffen haben / Man weis aber auch wol / das sie inn solcher Trunckenheit / etliche wort geredt haben / die besser weren geschwigen.

Etliche wenden auch das fůr / Als habe das Sauffen den Nutz / das mann wol darvon schlaffe. Wie sie denn sprechen / Ich mus mir ein Bette trincken / ich kan sonst nicht schlaffen /

ich habe denn ein ⟨*Q4ᵛ*⟩ Rausch / welchs eigentlich ein anfechtung vom Teuffel ist / damit er nuhr die Menschen anreitze / wider Gott zu sůndigen / und darnach versuche / ob er sie im schlaff / weil sie irer verunfft etlicher massen beraubt sein / erwůrgen / oder sonst inn Sůnde und Schande fůren kônde / wie man solchs offtmals erferet.

Es sprechen auch etliche / daß das Sauffen einen zu ehren bringe / man erlange gunst und ehre davon. Bey wem? Bey guten Leuten. Ja bey Gottlosen Schlemmern und Seuffern / Aber bey Gottfůrchtigen ehrliebenden Menschen gewißlich nicht. Sondern bey inen erlangt man viel mehr dadurch schand und ungunst.

In Summa / Wenn mans recht will ansehen / so ist das Sauffen doch ja ein unnůtz unnôtig ding. Derhalben billich zu unterlassen.

Zum neundten / Ist es nicht allein unnůtz und unnôtig / sondern auch dem Menschen schedlich / an Leib und Seel / Gut und Ehr. Welchs ich im Bůchlein / wider den Sauffteuffel / reichlich gnugsam beweiset habe / und wůrde zu lange / das ich hie alles widerholen solte. Ich wil allein allhie etliche Sprůche einfůren / welche ich dort nicht angezogen habe / in welchen angezeiget wird / was das Sauffen und Trunckenheit fůr schaden bringt.

Salomon sagt inn Sprůchen / am 23. Cap. also / Siehe den Wein nicht an das er Rot ist / und im ⟨*Rʳ*⟩ Glase so schône stehet / er gehet glat ein / aber darnach beist er wie ein Schlange / und sticht wie ein Ottern. So werden deine augen nach andern Weibern stehen / und dein hertze wird verkerte ding reden / und wirst sein / wie einer der mitten im Meer schlefft / und wie einer schlefft oben auff dem Mastbaum. Sie schlahen mich / aber es thut mir nicht wehe / sie klopffen mich / aber ich fůle es nicht. Wenn will ich auffwachen / das ichs mehr treibe? Das ist / Wer ins Sauffen gereth / der kans hernacher schwerlich lassen / und wird gantz ein Gottloser Mensch aus im.

S. Chrysostomus in der ersten Predigt / vom Lazaro und dem Reichen Manne / spricht also. QUISQUIS IN TEMULENTIA TOTOS DIES AGIT, QUISQUIS IN DELICIJS & INGURGITATIONE, SUB DIABOLI. TYRANNIDEM REDACTUS EST. Wer gantze tage / mit Sauffen / wolleben / und schwelgen zubringt / den hat der Teuffel schon unter seine Tyranney gebracht.
Und uber das 9. Cap. deß ersten Buchs Mose / spricht er / Trunckenheit (lieben freunde) ist ein grausam ding / Sie kan die sinnen blenden / den verstandt erseuffen / den Menschen / welcher ein vernůnfftige Creatur ist / der die Herrschafft uber alles entpfangen hat / mit unaufflößlichen Banden also verstricken / das er allda ligt / als ein Todter und krafftloser / ja viel erger / denn ein Todter. Ein Todter kan weder gutes noch bőses thun / Ein Trunckener aber / ⟨$R^v$⟩ kan wol nichts gutes thun / aber bőses thun kan er dennoch / und ligt allda allen zum spot / dem Weibe / den Kindern / und dem Gesinde. Seine freunde auch wenn sie ire schande an im bedencken / verbergen sie sich / und schemen sich. Die Feinde aber / haben iren lust daran / lachen seiner / und reden nichts guts davon / etc.
Also spricht auch S. Ambrosius / an einem ort / Ein Trunckenbold / ist Gott ein Grewel / den Engeln ein abschew / den Menschen ein gelechter / den Teuffeln ein spot.
S. Augustinus / EBRIETAS EST BLANDUS DÆMON, DULCE VENENUM, SUAVE PECCATUM. Trunckenheit ist ein freundtlicher Teuffel / ein sůsse Gifft / ein liebliche Sůnde.
S. Hieronymus / NIHIL ADEO OBRUIT INTELLIGENTIAM, SICUT COMMESSATIO ET EBRIETAS. Es ist nichts / das den Verstandt also dempffet / als fressen und sauffen.
Propertius ein Heidnischer Poet / schreibt in seinem andern Buch /
VINO FORMA PERIT, VINO CORRUMPITUR ÆTAS.
Der Wein nimpt hin die schőn gestalt /
Und macht den Menschen ehe der zeit alt.

Hieher gehören auch etliche Deudsche Sprichwörter / Als da man spricht.
Voll macht toll. Voll / toll.
Voller kropff / Toller kopff.
Wo Wein eingehet / da gehet witze aus. ⟨*Rij*ʳ⟩
Wo Wein eingehet / da gehet scham auß.
Wein behelt nichts rein.
Was einer nüchtern darff dencken /das darff er voll reden oder thun.
Je mehr einer trinckt / je mehr in dürst /
Je mehr er gesoffen haben mus.
Liessen wir die Güß / So liessen uns die Flüß.
Gut leben und gesunde tag / Stehen nimmer in einem Hag.
Mehr ertrincken im Becher / Kandel / oder Weinglaß / denn im Meer.
Und was dergleichen Sprichwörter / die denn aus langer erfarung auffkommen sind / und selten felen / mehr sein.
Zuletzt / lieben Brüder / bedenckt das ende / Bedenckt / das wir alle sterblich sein / und unser keiner weis / wenn in Gott foddern möchte. Wir haben hie (wie der Apostel saget) kein bleibende stat. Wenn der Todt kompt / so müssen wir fort. Da wird nicht anders aus. Wir müssen alle an Todtentantz / und einen Reigen mit im tantzen / wir können oder können nicht / wir wollen oder wollen nicht. Da ist niemand außgenomen / weder Keiser noch König / weder Fürst noch Graff / weder Oberherr noch unterthan / weder Edel noch Unedel / weder reich noch arm / weder Bürger noch Pauer / weder Man noch weib / weder jung noch alt / wir müssen alle sterben. ⟨*Rij*ᵛ⟩
Und weis doch keiner / wie / wo / oder wenn er sterben soll. Es weis unser keiner / ob er eins rechten Todes / oder deß gehen Todes sterben werde / ob er erstochen / oder erhawen werd werden / ob er sich zu Tode fallen werde / oder wie er sonst umb kommen werde. Es weis auch keiner / ob er auff dem Bette / im Hause / auff dem Felde / im Holtze / im Fewer / im Wasser / oder wo er sterben werde.

Also weis auch keiner / wenn er sterben werde / ob er nicht villeicht diß Jar / diesen Monden / diese Woche / diesen Tag / ja diese Stunde sterben werde / Es kan keiner mit warheit sagen / Ich weis / das ich diese Stunde uberleben werde. Es ist nicht war / er weis es nicht / Wie das Sprichwort lautet / Es ist nichts gewissers / denn der Todt / und nichts ungewissers / denn die Stunde deß Todes.

Sehet da / Ist das nicht ein elende erbermliche sache? Noch wollen wir sicher sein / Nicht anderst / denn als hetten wir ein Bundt mit dem Tode gemacht / nicht anders / denn als wůsten wirs gewiß / das wir diesen tag / oder diese stunde uberleben werden / Ja als wůsten wirs / das wir noch lange zeit leben solten.

Wolan / lieben Brůder / So bitte ich euch nuhn / und ermane euch durch die barmhertzigkeit Gottes / und durch die gnade unsers lieben HErrn JESU CHRISTI / Das ir diese allhie erzelte Stůck nicht ⟨Riij$^r$⟩ verachten / sondern zu hertzen nemet / und (euch selbs zum besten) gantz wol betrachten wolt. Und weil wir (wie jetzt gehört) wissen / das wir alle sterblich sein / und nicht wissen / wenn uns der liebe Gott von hinnen foddern möchte / so wolt nicht verziehen / sondern bey zeiten Busse thun / das ist / Ir wolt das Sauffen und Trunckenheit (gleich wie alles ander / was Gott verbotten hat) vor Sůnde und unrecht erkennen / und euch mit ernst zu gemůte fůren / das ir Gott von Himel bißher so offte und vil dadurch erzůrnet / und damit allerley zeitliche und ewige straffe / die Helle und ewigs verdamnis vielfeltig verdienet habt. Und last euch derhalben solchs hertzlich leidt sein.

Doch verzagt nicht an der Gnad und barmhertzigkeit Gottes / sondern tröstet euch widerumb deß HErrn JESU CHRISTI / deß Sons Gottes / der umb der Sůnder willen auff Erden kommen ist / dieselbigen selig zu machen / der fůr euch gestorben ist / und sein Blut fůr euch vergossen hat / und euch darmit erworben vergebung der Sůnde / auff welchen ir auch getaufft seid / und der euch im Sacrament sein Leib zu essen / und sein Blut zu trincken gibet / damit anzuzeigen / das ir eben auch die seid / vor welche er sein Leib inn Todt gegeben / und sein Blut vergossen hat / zu vergebung ewer Sůnden. Habt also ein gut vertrawen zu Got durch CHRISTUM / ⟨Riij^v⟩ und gleubt bestendigklich / das er euch werd gnedig und barmhertzig sein / und euch (so irs begeret) alle ewre Sůnden / umb seins lieben Sons willen / vergeben.

Und inn solchem Glauben bittet in umb Gnad und vergebung / das er euch ewere Sůnden vergeben wolte / umb CHRISTI willen. So wirds gewißlich / nach seiner verheissung / ja sein.

Auff das aber solcher Glaube inn euch gestercktt und bekrefftiget werde / So haltet euch fleißig zur Predigt deß Göttlichen worts. Und gehet offtmals zur Beicht / da ir denn sonderlich hören und empfahen kőnt / die heilige Absolution / den trost von vergebung der sůnden / und drauff zum Hochwirdigen Sacrament / deß Leibs und Bluts Christi. So werdet ir befinden / wie ewer Glaube zunemen und sich mehren wird.

Entlich / So beweiset euch auch danckbar gegen Gott / vor solche und alle andere seine vilfeltige gnade und wolthat / mit besserung ewres lebens / Faret nicht in Sůnden fort / sondern hůtet euch mit allem fleis fůr sůnden / das ist / fůr alle dem / was Gott in seinem wort verboten hat. Und widerumb / was ir wisset / das Gott von euch haben wil / das thut mit allem fleis / so vil euch mŭglich. Und seid also von hertzen / nicht allein mit dem mund / sonder auch mit der that / Christen.

Sehet aber auch zu / lieben Brůder / Das ir euch ⟨R4^r⟩ nicht widerumb von Christo zum Gotlosen wesen wendet / Und wie die Saw nach der schwemme (als S. Petrus spricht) euch widerumb inn den Kot der Laster leget / und euch also widerumb besudelt / Oder (wie er weiter spricht) als die Hunde / das gespeite / widerumb fresset / Das ist / die Sůnde und Laster / welche ir von euch gethan / wider annemet. Ach nein / lieben Brůder / Sondern stehet feste / last euch den Teuffel / noch ewer eigen fleisch nicht betriegen / noch die Gottlose Welt / widerumb dahin bereden.

Ob ir aber ja ( so ir euch also mit fleiß hůtet) dennoch etwa widerumb fallen / das ist / sůndigen wůrdet / so verzagt noch nicht / Sondern richtet euch alle zeit widerumb auff / durch den Glauben an CHRISTUM. Denn solchs schreibe ich euch wol (wie S. Johannes spricht) das ir nicht sůndiget / Ob ir aber ja sůndiget / so habt ir einen Fůrsprechen bey Gott / nemlich / JESUM CHRISTUM, der gerecht ist / Der ist die Versônung fůr unsere Sůnde / In der 1. Epistel Johan. am 2. Cap.

Ob ir nun (sag ich) zu zeiten gedechtet / redet oder thettet / das wider Gott ist / verziehet nicht / Sondern erkennets balde / und bittet Gott / er wolt es euch vergeben umb Christi willen. Und hůtet euch wiederumb mit vleis.

Das ist der Christen Ritterschafft / das wir also unser gantzes lebenlang / unter dem Fenlein unsers ⟨R4ᵛ⟩ HErrn und Heuptmans JESU CHRISTI / inn der Schlachtordnung stehen unnd fechten müssen / wider die Sůnde / den Teuffel / die Welt / und unser eigen Fleisch.

Dieses hab ich euch / lieben Brůder / also zum uberfluß / aus hertzlicher wolmeinung geschrieben / der hoffnung / es werde etwas nutz bey euch schaffen.

Werdet ir nun diesem meinem getrewen Rath folgen / wol euch / es wird euch inn ewigkeit nimmermehr gerewen / Sondern werdet sein hie zeitlich / und dort ewigklich nutz haben. Und werdet mirs on zweiffel danck wissen / sonderlich inn jenem Leben / wenn wir wider zu sammen kommen werden / in der ewigen freud unnd herrligkeit / Als denn werdet ir auch Gott inn ewigkeit / darfůr loben unnd preisen. Das helffe Gott / AMEN.

Wird aber jemand noch sein / der diesen getrewen Rath verachten / und mit Sauffen und Schwelgen fortfaren wird /

der wird nicht mich / sondern Gott / deß Diener und werckzeug ich bin / verachten / und wird also ein schwer Urteil auff sich laden. O wehe ihm / Denn er wird sein hie und dort / ewigklich schaden leiden / Und wird in gerewen / wenns zu lange geharret sein wird. Er wird sich ja nicht entschuldigen können. Er wird nicht sagen dürffen / Wenn doch irgend ein from Mensch gewesen were / das mich gewarnet hette. Nein / Er ist gewarnet genugsam. ⟨S$^r$⟩ Sein Blut sey auff seinem Kopffe. Mann spricht / Wem nicht zu rathen ist / dem ist nicht zu helffen. Es wird denen zu Sodom und Gomorra treglicher ergehen / denn im.

Gott der Vater aller Barmhertzigkeit / stewer und wehre dem Sauffteuffel / unnd allen andern Teuffeln / und gebe zu dieser Schrifft seinen heiligen Geist und krafft / das sie bey vielen nutz schaffe / zu lob und ehr seinem heiligen Namen / umb seines lieben Sons / JESU CHRISTI, unsers einigen Heilands und Seligmachers willen / Amen.

Datum Schönberg / Dinstags nach
S. Johannis deß Teuffers /
ANNO,
M. D. LV.

Mattheus Friderich / Pfarrherr zu Schönberg. ⟨S$^v$⟩


### D. Mart. Luther / uber den
### CI. Psalm.

SAnct. Paulus spricht / Das aus dem Schwelgen werden wüste / wilde / rohe / unachtsame / unleidliche Leute / die sich denn inn keine sachen können recht schicken / Sondern mit dem kopffe und pochen wollen sie hindurch gehen /

gerade / als were Regiment ein solch leichte ding / wie die schwelgerey ist / Und solten wol gute sachen böse machen / und böse sachen vil ehe erger machen / denn bessern.

Und hab wol offt meinen jamer gesehen / wie gar feine / wolgeschaffene von Leib und Sele / unter dem jungen Adel ist / wie die schönen jungen Beumlin / und weil kein Gertner da war / der sie zohe und verwaret / sind sie von Sewen zuwület / und inn irem safft verlassen und verdorret. Sie sagen selbs / Hoffleben / Sewleben. Es ist aber immer schade / das unter solchen Sewen / solche feine Menschen sollen zutreten werden. Es schadet gleichwol dem gantzen Regiment / beide Landen und Leuten / wo die jugent verterbet wird. Es mus aber ein jeglich Land seinen eigen Teuffel haben / Welschland seinen / Franckreich seinen / Unser Deudscher Teuffel / wird ein guter Weinschlauch sein / und muß Sauff heissen / das er so durstig und hellig ist / der mit so grossem Sauffen / Weins und Biers / nicht kan gekület werden. Und wird solcher ewiger durst / und Deudsches Landes plage bleiben (hab ich sorge) biß an Jüngsten tage. ⟨*Sij^r*⟩

Es haben gewehret Prediger mit Gottes wort / Herrschafften mit verbot / Der Adel etliche selbs untereinander mit verpflichten. Es haben gewehret / und wehren noch teglich / grosse grewliche schaden / schande / mord / und alles unglück / so an leib und seele geschehen vor augen / die uns billich solten abschrecken. Aber der Sauff bleibt ein allmechtiger Abgott bey uns Deudschen / und thut wie das Meer / und die Wassersucht. Das Meer wird nicht voll / von so vil wassern / die drein fliessen / Die Wassersucht wird von trincken dürstiger und erger.

Syrach spricht / Der Wein sey geschaffen (wie auch der 104. Psalm sagt) das der Mensch frölich davon werde / und das leben stercke. So macht der Sauff uns toll und töricht damit / schenckt uns den Todt / und allerley Seuche und Sünde damit ein.

Nuhn / es ist hie nicht zeit / noch raum / von dem Sewischen Abgot Sauff zu reden. Er bezalet zwar seine trewe Diener zur letzt auch gar redlich / das sie es fůlen. Christus unser lieber HErr / der inn die Welt komen ist / deß Teuffels werck zu zerstören / Der zerstöre diß sein werck auch / Und helffe / das wir Deudschen von diesem und allen andern Lastern abstehen / und uns von hertzen zu Gott bekeren / und endtlich durch Christum selig werden. Wer das von hertzen begert / der spreche / AMEN. ⟨Sij$^v$⟩

Ein Lied / Wider das Vollsauffen und
Trunckenheit / Getichtet durch einen vom Adel /
Im Thon / Nun freudt euch lieben Christen gemein / Oder / Hilff Gott / wie geht das
immer zu? Das alles Volck
so grimmet.

WEnn es die Leut nicht wolt beschwern / Ein Lied wolt ich in singen / Doch muß ich mich daran nicht kern / Gott helff das mir gelinge / Weil ichs damit nicht böse mein / so ich aus einem hertzen rein / den schaden thu besinnen.

Welchen da bringt die Trunckenheit / so inn vil Reich und Landen / Der hochbegnadten Christenheit / hat genomen uberhande / das es auch niemandt wehren kan / ein jeder hat groß lust daran / in hoch und niderm Stande.

Inn diesem Laster uben sich / die es selbs solten wehren / Dawider inn ernst legen sich / mit straffen unnd mit lehren / weil sie aber selbs strefflich sind / bleibt ungestrafft die schwere Sůnd / die Trunckenen thun sich mehren.

Denn der gröst teil der Oberkeit / auch viel deß Priesters Orden / Brauchen hierinn kein meßigkeit / seind Bacchi diener worden / ir lust stet nur inn füllerey / dencken nicht das es Sůnde sey / als Ehebruch / Diebstal / Morden. ⟨Siij$^r$⟩

Denen nachfolgt / der gemeine hauff / vom Adel / Bůrger /
Pauren / Meinen es sey der beste brauch / zu vertreiben das
trawren / unnd geben dem groß preiß und lob / welcher im
Sauffen liget ob / lest sich daran nichts tauren.

Die Weibesbild auch heben an / einander Zuzutrincken /
Volle und halbe wie die Mann / mein hertz will mir ent-
sincken / wenn ich bedenck die Sůnde schwer / und allen
schaden so folget her / auß uberfluß deß Trinckens.

Mich jammert auch der Jugendt zart / die sich schwerlich
verletzet / mit dem Vollsauffen also hart / fallen ins Teuffels
Netze / welchs sie fort inn mehr Sůnde treibt / dazu die
Trucknen sind geneigt / und er sie fein anhetzet.

Aus Vollsauffen kompt allzeit her / ein unordenlichs
wesen / Wie Paulus schreibt zun Ephesern / da mags ein
jeder lesen / am fünfften Capitel es steht / welcher der
trewen Lehr nachgeht / ist vieler Seuch genesen.

Ubers Vollsauffen schreyet wehe / Esaias der Prophete /
Drewet den sehr / wie ichs verstehe / die sich drinn üben
theten / schimpfflich er sie Weinhelden nent / und die im
Sauffen Krieger sind / frůe sich darzu bereiten.

Und sonst an vielen örten mehr / der Schrifft mann klerlich findet / Das Trunckenheit die Men-⟨*Siij*ᵛ⟩schen sehr /
am guten stets verhindert / bringt in groß schaden an dem
leib / auch ehr und gut zu mancher zeit / wird dardurch fast
gemindert.

Das aber noch schrecklicher ist / wird das leidige Sauffen /
Wie man zun Galatern list / gezelt unter den hauffen / der
Sünden / so Paulus da nent / welches von Gottes Reich
abwent / die so sich deß gebrauchen.

Das solten billich allezeit / die Christen wol betrachten /
Und solche straff allda gedrewt / bey inen nicht verachten /
denn es kein schertz ist / gleub vorwar / was Paulus da
anzeiget klar / er redt von grossen sachen.

Da er deß Geists und fleisches Werck / fein von einander
scheidet / Darumb ir Christen solchs wol merckt / mit fleiß

das Sauffen meidet / das ir nicht kompt inn ewig leidt / und dort hernach in jener zeit / mit den Teuffeln pein leidet.

CHRISTUS der HErr auch warnet fein / Uns all aus lauter gůte / Das wir uns sollen inn gemein / vor Fressen und Sauffen hůten / noch kert sich gar schier niemandts dran / ein jeder lebt nach seinem wahn / und fůrt es nicht zu gmůte.

Da bitt ich alle Christen gar / wolts nicht halten vor schertze / Sondern doch gleuben das fůr war / und nemen wol zu hertzen / Das Sauffen sey ein solche sůnd / wie uns die heilig Schrifft verkůndt / die leib und seel bringt schmertzen. ⟨S4ʳ⟩

Und euch hůten mit fleiß dafůr / zur nůchterkeit wolt keren / Denn es ist gewiß jetzt vor der thůr / die letzt zukunfft deß HErrn / darauff sich jeder růsten mag / das in nicht uberfall der tag / dem Sauffen wolt doch wehren.

So werdet ir zu allem Werck / Gottes geschicker werden / Dazu behalten deß Leibes sterck / zur arbeit hie auff Erden / den Uberfluß inn speiß unnd tranck / macht viel gesunden schwach unnd kranck / bringt auch der Seelen gefehrde.

Der dieses Lied von newes gemacht / hat Leibs und Seelen schaden / So aus Vollsauffen kompt betracht / Gott helff im mit genaden / dasselb zu meiden allezeit / wer es dem Teuffel noch so leidt / und wolts gern anders haben.
AMEN.

Gedrůckt zu Franckfurt an der Oder /
durch Johan. Eichorn /
Anno /
M. D. LVII.

*B, C, und D enthalten noch folgende Beigaben, die ab E ausgelassen sind:*

### Vermanung an die Deudtschen.

Du Edle Deudtsche Nation /
Die du werst aller Land ein Kron /
So du von deinem Sauffen liesst /
Deins lobs ein end kein Mensch nicht wůst /
Las ab / thu buss / dir wird durch Gott
Mit glůck geholffn aus aller not.
Du sihst fur augen Gottes zorn /
Das du gedrengt wirst hyntn und forn /
Von deinen Feinden manigfalt /
So auff dich setzen ungezalt /
Dich zu berauben Gottes Worts /
Darfůr zu lern ein unerhorts /
So durch den Teuffel zu nochteil
Erdocht ist worden deinem heil.
Dir auch zu nehmn die Freiheit dein /
Mit der du bist geziert allein /
Fur andern Vőlckern dieser welt /
Derhalbn mit rhum behelst das felt /
Zubringn in ewig servitut /
Darob du billich lest dein blut.
Dem allem / sag ich / du entgehst /
So du von deinem Sauffen lest /
Welchs ist ein Mutter aller sůnd /
Draus sich ein noch der andern find.

Corporis atque animi subvertunt pocula dotes,
Et faciunt ambo sub Phlegethonte mori.

## Ad Germaniam.

Du edle Deudsche Nation /
Die du werst aller Land ein Kron /
So du von deinem sauffen liest /
Deins lobs ein end kein Mensch nicht wůst /
Las ab / thu buss / dir wird durch Gott
Mit glůck geholffn aus aller not.
Durch Wein und Bier /
Thut mancher leib und seel verliern /
Durch Bier und Wein /
Mus mancher ewig des Teuffels sein /

# Spilteufel.
## Ein gemein Ausschreiben von der Spiler Brüderschafft vnd Orden/sampt jren Stifftern/ guten wercken vnd Ablas/

### Mit einer kurtzen angehengter erklerung/ nützlich vnd lüstig zu lesen.

## Gedruckt zu Franckfurt an der Oder/durch Johann Eichorn/ Anno/
### M.D.LVII.

SPILTEUFEL.
EIN GEMEIN AUSSCHREI-
BEN VON DER SPILER BRÜDERSCHAFFT
UND ORDEN / SAMPT IREN STIFFTERN /
GUTEN WERCKEN UND
ABLAS /
MIT EINER KURTZEN ANGEHENGTER
ERKLERUNG / NÜTZLICH UND
LÜSTIG ZU LESEN.

GEDRUCKT ZU FRANCK-
FURT AN DER ODER / DURCH JOHANN
EICHORN / ANNO /
M.D.LVII.

⟨Aij^r⟩ **Den Ersamen und Wolweisen Burgermeistern und Radtmannen der Stadt Kirchain / wůndschet Eustachius Schildo / Gnad und Fried durch Christum unsern HERRN.**

ERsame Wolweise Großgůnstige liebe Herrn und freunde / es stehet in der Offenbarung Johannis 12. cap. geschrieben / Wehe denen die auff Erden wonen / und auff dem Meer / denn der Teuffel kompt zu euch hinab / und hat einen grossen zorn / und weis / das er wenig zeit hat. Diese wort seind ein trefliche warnung an alle menschen beide Christen und Unchristen / das sie nicht sicher sein / und mutwilliglich wieder Gottes gebot leben / oder was inen Gelůstet und einfelt / thun sollen / als were kein Gott / oder kein Teuffel / der uns straffen und verterben kőndt / Sondern das ein jder gedencke / Er sey ein sterblicher mensch / das ist / in Gottes oder des Teuffels gewalt. Denn der Mensch ist nicht von im selbst / sondern von Got geschaffen / nicht nach des Teuffels / sondern nach Gottes ebenbild / das ist / Er sol haben in der Seelen / das schőne licht des rechten erkentnis Gőttlichs wesens und willens / im hertzen / rechte lieb zu Gott / und hertzliche frewd an Gott / im verstand / rechte weißheit / Gott und die ordnung aller Creaturen recht anzuschawen / Und im willen ein solchen gehorsam / wie Gottes Gesetz erfordert.

Sihe / also ist der Mensch anfenglich geschaffen / und mit den aller besten gaben gezieret worden / Und so lang er in solchem bild bestanden / ist er ein lebendiger heiliger Tem-⟨Aij^v⟩pel Gottes gewesen / Gott in ime / und er in Gotte blieben. Zur selbigen zeit hatte es mit dem Menschen noch keine noth / kein wehe unnd unglůck lag im auff dem halse / Sondern da war eitel Gerechtigkeit / Herrligkeit / Paradies und Seligkeit / Alles was der Mensch selbst war / und was er allenthalben in der gantzen welt sahe / sihe das war sehr guth.

Aber bald hernach verfůret in der Sathan mit list und betrug / wendet in vom Göttlichen gehorsam ab / wird seiner mechtig / und wirfft in inn die Sůnde. Ah / hie hebt sich jamer und noth / denn der Mensch weichet von Gott / und Gott vom Menschen. Hie ist er von Jerusalem hinab gen Jericho gangen / und unter die Mörder gefallen / die in dann dermassen verwundet und zerhacket haben / das nicht allein im Menschen das vorige bilde jemmerlich verderbt und zerstöret worden ist / Sondern der Sathan hat im auch dafůr angeschmiret / sein unfletigs Teuffelischs bild / als in der Seelen greuliche blindheit / im hertzen feindschafft und unlust wider Gott / im verstandt zweiffel an Gott / und unverstand in allen dingen / im willen frevel und ungehorsam gegen Gottes gebott.

Es ist aber solcher schad den ersten Eltern nicht allein widderfahren / noch bey inen allein geblieben und auffgehöret / Sondern ist auch auffs gantze Menschliche geschlecht geerbet und eingewurtzelt / wie sich solcher schade bald eugete und sehen lies im Cain / welcher wedder fůr Gott / noch seinen Eldern und Bruder etwas guths thun wolte / ⟨Aiij$^r$⟩ sondern erzeigte sich gegen sie mit worten und wercken / allerding nach deß Teuffels bild / willen und wolgefallen / bis in die gruben. Je weitter aber sich hernach das menschliche Geschlecht ausgebreitet und gemehret hat / je tieffer ist inn inen das Teuffelische bild eingerissen / drumb sind die Menschen imerdar erger worden / also / daß es Gott auch rewet / das er den Menschen geschaffen hatt / Ist auch durch die unermeßliche boßheit der Menschen entlich verursacht worden / die gantze Welt mit der Sindfluth zu erseuffen / ausgenomen acht Seelen / die inn der Arca erhalten wurden.

Wiewol nu die Menschen hernach an solcher erschrecklicher straff der Sindfluth ursach genug gehabt hetten / teglichen solchen grossen schaden so der Teuffel dem Menschlichen geschlecht gethan / und sie all dadurch inn so erschrecklichen zorn und straff Gottes gebracht hatte / zu erkennen / und daran die Sůnde vermeiden lernen / Jdoch sind sie vom Teuffel dermassen widder verblendet worden / das sie solches alles in vergeß und verachtung gestelt haben / sind viel erger worden als ire vorfahren / haben sich mit gewalt widder Gott auffgelehnet / die Propheten / Christum Gottes Son / seine heilige Aposteln / getödtet / alles dem Teuffel zu gehorsam / sein bild damit an den tag zu geben / wie es Christus den Juden klerlich unter die augen sagt: Ir seid vom Vater dem Teuffel / und nach ewers Vaters lust wolt ir thun / etc. Johan. viij. Darumb sie von Gott auch widerumb dermassen sind gestrafft worden / das sie nicht allein leib und guth / Land und Leuth / sonder ⟨Aiij^v⟩ auch die ewige Seligkeit verlorn haben / wie Christus sagt / Das Reich Gottes wird von euch genomen / und den Heiden gegeben werden / die seine früchte bringen / und am andern ort sagt er / Warlich ich sage euch / das diese nimmermehr mein Abendmal schmecken werden. Also ist das wehe / davon der Geist Gottes in Apocalipsi redet / imer je lenger je heuffiger uber die Menschen ausgeschůtt worden / darumb das der Teuffel zu inen kommen / und sie im nach seinem wunsch und beger bis inn die verdamnis gefolget haben.

Es sagt aber vorgemelter spruch / das der Teuffel zum aller ergsten wůten / toben / und die Menschen zu allerley lastern und sůnden treiben / und also uber sie das Wehe mit hauffen bringen werde / im letzten teil der Welt / dieweil er weis / das er wenig raum und weil hat / die Menschen inn die ewige verdamnis zu verfůren. Nu ist kein zweiffel / das diß die letzte zeit der Welt sey / wie es alle Gottfůrchtige hertzen bekennen / und wir uberflůßige zeichen haben / die da beweisen das der tag deß Herrn fůr der thůr sey / unnd solchs erkent der Teuffel vil besser als wir.

Daher kompts / das allenthalben die ungerechtigkeit jtzt uberhand nimbt / die Menschen in allerley sůnden versoffen sind / das inen nichts mehr schmeckt und wolgefelt / denn laster und schand / und wird noch darzu immer erger / das einem Christen schier grawet zu leben / und wir warlich selbst klagen / es kŏnne nicht erger werden / es ging dann als zu bodem. Solche fehrliche zeit hat der Geist Gottes gedeuttet mit diesen worten / Wehe denen / die auff Erden sindt / denn der Teuffel kompt zu euch hinab / etc. Es sind ⟨A4ʳ⟩ warlich jtzt alle Teuffel los / und zum hŏchsten unrůwig / denn er fůrcht sich vor dem ende / drumb wil er sein unkraut heuffig aussehen / weil der weitzen noch wechset und stehet / ob er noch etwas ersticken kŏndt / nach der erndten zeit / weis er / das im nichts davon werden kan.

Drumb dŏrffen wir Christen keine besserung der Welt hoffen und erwarten / denn es hie klerlich stehet: Je neher es mit der Welt zum ende kommen werde / je grewlicher werde der Sathanas seinen zorn wie eine Sindflut uber die Welt ausgiessen / wie es dann augenscheinlich genug allenthalben zu sehen ist / wer nur die augen auffthun wolt.

Es ist aber uns in dieser fehrlichsten zeit sehr nůtzlich und trŏstlich / wenn wir mit bußfertigem hertzen betrachten / Das dennoch Gott anfenglich den Menschen nicht in des Teuffels bild und ewigen tod hat stecken und umbkomen lassen wollen / Sondern hat in widerumb zu seinem Gŏttlichen ebenbild vernewet / durch sein wort und verheissung / so er dem Adam selbst gethan und gesprochen hat: Des Weibes Samen sol der Schlangen den kopff zutreten / Solches wort verachtet Adam warlich nicht / sondern nimbts mit gantzem ernst zu hertzen / und gleubt / das er umb des verheissenen Samens willen / Gott widerumb angenem sey / vergebung der sůnden und ewiges leben hab / ob er gleich sihet / das er jtzt nach dem fahl ein grewlichers bild ist / denn er zuvor war.

Also ist Adam sampt seinen nachkommen / die an solche verheissung Gottes mit gleubigem hertzen sich gehalten haben / wider Gottes Kirche worden / welche er umb des verheissenen Samens willen fůr des Teuffels zorn behůtet / ⟨*A4ᵛ*⟩ und sie hernach fůr und fůr durch seine verheissung / dem Abraham / Jacob und David gegeben / wider erbawet / erhalten und zur ewigen seligkeit gebracht hatt / Darneben aber ist der gröste hauff im unglauben bliben / und haben mit dem Teuffel zur verdamnis geeilet.

Wie nu Gott anfenglich und sonst zu allen zeitten sein Kirch und Wort erhalten hat / etc. Also sehen wir / das er in diesen letzten zeitten uns auch gethan / sein Evangelion wider angezůndet und offenbaret hat / welchs den Teuffel mit gewalt angreifft / mahlet in ab mit allen seinen farben / listen / und tůcken / warnet uns auch dafůr / tröstet und stercket uns im glauben / lehret uns auch / wie wir im widerstand thun / und im glauben uberwinden sollen. Solchs erkennet aber allein das kleine heuflein der Kirchen Christi / nimpts mit iancksagung an / und erhelt mit dem vleissigen Gebet / das Gott dem Teuffel und seinem anhang nicht nachlest / das Evangelion auszurotten wie er gern wolt.

Gleichwol lest der Sathan nicht ab / die Kirche Christi grimmiglichen anzufechten / und weil er uns das Evangelion mus gönnen / kans nicht dempffen noch hindern / so hindert er doch inn vilen Menschen desselben krafft und effect / das sie es allein bey dem gehör lassen bleiben / und mit der tad oder newem Christlichen gehorsam nicht hernach wollen. Reisset also manchen Menschen vom Evangelio ab / und bringt in / mit dem andern ungleubigen gottlosen hauffen in sein reich. Hie ist aber die schuld nicht des Evangelij oder Gottes / sondern des Teuffels / und ires eigenen unglaubens / sicherheit und boßheit / darinnen sie ⟨*Bʳ*⟩ dem Teuffel gewaltiglich folgen / und inen nicht verbieten lassen durch Gottes wort / welchs sie reichlich dafůr warnet. Denn Christus spricht klar / wenn der guthe same Götlichs worts ausgeseet werde / so sey der Sathan in der Menschen hertz / und reisse es hinweg / das sie nicht gleuben noch selig werden / Solche warnung / sag ich / kőnnen sie all inn wind schlagen / werden sichere Epicurische Sew / die weder nach Gott und seinem Reich etwas fragen / ja sie gleuben der keines / drumb nemen sie der Welt war / und geniessen derselben auffs best sie immer kőnnen / mit fressen sauffen und anderer uppigkeit / wie ir reim anzeiget: EDE, BIBE, LUDE, POST MORTEM NULLA VOLUPTAS. Das gehet jtzt mit gewalt im schwang / unnd ob wol das Evangelion hefftig straffet und zum bußfertigen leben vermanet / so hat doch niemand ohren / gehen alle den irrweg für uns hin / sind erger zu lencken und umbzukeren / als die esel und pferde / das Gott wol uber uns klagen mőcht / wie Er im Propheten David uber sein Volck klaget: DIXIT SEMPER: HI ERRANT CORDE. IPSI VERO NON COGNOVERUNT VIAS MEAS, QUIBUS IURAVI IN IRA MEA, NON INTROIBUNT IN REQUIEM MEAM.

Ja also wolts auch der Epicurische Teufel / sampt seinen gesellen dem Freßteufel / Saufteufel und Spilteufel gehabt haben / Es ist im umb das einige REQUIEM zu thun / wenn er uns das kan nemen / so lest er uns hie ein zeitlang haben und behalten / was wir nur wűndschen und begeren / aber zuletzt reisset er alles hinweg / und lest uns auch nicht eines trőpflein wassers geniessen / das ist das ende eines Epicurischen lebens.

Weil aber ersame wolweise liebe Herrn / der Spielteufel auch ein gifftig stűck vom Epicurischen Teuffel ist / und nicht den geringsten schaden in der Christenheit thut / und ⟨$B^v$⟩ doch jederman in für keinen schedlichen Teufel helt / hab ich frommen hertzen zum guten unterricht / der spieler brűderschafft und orden / sampt iren stifftern / guthen wercken und Ablas / mit kurtzem beweis / das spielen und doppeln (wie die Welt jtzt ubet und braucht) sűnde sey / auff etlicher leut bit und beger / in den druck verfassen / und denselben E. E. W. dediciren wollen umb dreierley ursach willen. Erstlich / das mir / do ich zur zeit ein Kirchainischer Cantor war / von E. E. W. und vielen fromen einwonern uberflůßige wolthaten sind erzeigt worden / dofůr ich mich noch zur zeit nicht genugsam danckbar hab erzeigen kőnnen / jtzt aber hiemit anfahen / und soviel hernachmals mir můglich / gegen E. E. W. mit danckbarkeit fortfahren wil. Zum andern / das der wirdig Herr Leonhardus E. E. W. Diaconus dises ausschreibens ein ursach und anfenger gewest / unnd fast auff diese weise sambt dem Ehrwirdigen Hern Martino / E. E. W. Pfarher auff der Cantzel das Epicurische spiel / so bey iren zuhőrern und Pfarkindern uberhand genomen hett / gestrafft haben. Zum driten / das E. E. W. solchs behertziget / und mit ernst das spiel verbotten und abgeschafft haben / damit andern Oberkeiten ein guth exempel gegeben / gleicher weis das spiel zu dempfen / und nicht wieder zur stetigen ubung kommen lassen / darzu ich verhoff / dieser druck auch fůrderlich sein werde. Ist derhalben mein bitt / E. E. W. wolten solchen meinen guthen willen im besten vermercken und annemen / auch solchen ernst / wie E. E. W. wieder das spiel zu gebrauchen angefangen / fůr und fůr zu volziehen nicht můd werden noch auffhőren / Darzu verleie E. E. W. Gott der Vater unsers Herrn Jesu Christi / durch den heiligen Geist / seine gnad / langes leben / guthen rath / und glůckselige regirung umb seines Sons willen / Amen. Datum in der Kőnniglichen Stadt Lucka / am tag Martini des 57. jars. ⟨*Bij$^r$*⟩

WIr Spitzbuben / Dopler / und alle Spielbrůder / sampt unseren trewen gehůlffen / den Kartenmahlern / Wůrffelschnitzern / unnd den Kůnstreichen meistern des Schachts / Bretspiels und anderer Instrument / darauff man spielet / auch sampt allen zukůnfftigen Meistern und erfindern newer / listiger spiel / und der verborgenen kůnsten und meisterstůcken auff dem spiel. Thun in dem namen unsers Abgotts deß Spielteufels (Welcher mit allem seinem heer und růstung / auff uns zu sehen / uns zu schützen und zu fůrdern / vom gewaltigsten Fůrsten dieser Welt ausgesandt / verordenet und bestetiget ist) jedermenniglich / so inn unsern Orden sich zu begeben willens und geneiget ist / kundt und offenbar / das wir nicht umb gewins willen / sondern umb kůrtzweil willen spielen / auff das wir uns des sauffens enthalten.

Aber gleichwol / wenn wir etwas gewinnen / es sey durch glůck / oder mit list und betrug / so nemen wirs hertzlich gerne ahn / lassens uns gefallen / und sind guter ding drůber / Schencken ⟨*Bij$^v$*⟩ auch wol etwas ins gelag / die andern damit frölich zu machen / oder auff den folgenden tag ein new Fest / unserm Abgott zu stifften / damit im allenthalben der wegk bereittet / und wir Spielbrůder in seinem trewen dinst beysamen bleiben / und die Brůderschafft durch kein Ketzerey / so unsern Orden anficht / möge zurissen werden. So wir aber verspielen / sehen wir sawr / geben niemand kein guth wort / sind grimmig / beissen fůr zorn die zeen zusammen / fluchen Gottsmarter / Wunden / Leiden / Pestilentz und Frantzosen / auch andere greuliche unerhörte wort / dafůr Himel und Erden erzittern möchten.

Wenn wir aber das gelt / so wir bey uns gehabt / verspilt haben / leihen wir bey andern meher / welche uns offtmals zum spiel eher unnd meher vorstrecken / denn zu andern ehrlichen und nůtzlichen gewerben. Haben wir aber das gelihene geld auch verdisteliret / gehen wir als bald heim / holen mehr / oder senden heim / das uns die weiber mehr schicken sollen / wollen sie es nicht thun / und sehen sawr drumb / das wir das gelt also liederlich verpielen / kŏnnen wir diesem allem zuvor kommen / mit schelten unnd fluchen / gehen heim inn diesem und jenem namen / und ⟨Biij$^r$⟩ wollen dem weib das gelt aus der haut dreschen / So sie uns aber entlaufft / hawen wir die kasten auff / dieweil das weib etwa mit den schlůsseln entsprungen / oder so wir dieselben inn der boßheit nicht finden kŏnnen.

Finden wir geld im kasten / so mus es heraus / ehe es verschimmlet / ist aber keins verhanden / so mŭssen unser und unserer weiber rŏcke / mentel / Silberne gŭrtel und ander geschmeide / welches wir selbst nicht erworben / sondern etwa von unsern voreldtern unnd guthen freunden / uns zum zier und schmuck bescheiden und angeerbet sind / herhalten / Gehen wieder hin zu unsern Spielbrŭdern / fahen auffs newe ahn zu doppeln / der hoffnung / das wir das vorige widder gewinnen wollen / setzen flux auff / und dupliren alle mal den satz / auff das / so uns die schantze etzlich mahl geredt / und wir das Spiel gewinnen / wir desto ehr das unsere wieder bekomen / und noch wol mehr darzu gewinnen / wenn das glŭck guth ist.

Verspielen wir aber das geldt gar / behalten keinen heller im beutel / und keinen rock am hals / so gehen wir dann mit lerem beuttel wieder heim / dŭrffen nicht sorg tragen / das uns das gelt do-⟨Biij$^v$⟩raus gestolen werde / oder die motten inn die kleider komen. Sind auch uber das anderer grossen arbeit uberhoben / das wir / nemlich / nicht so bald mehr auffsetzen und spielen dŭrffen / sondern halten nu dargegen feiertag und sehen zu / wie sawr es andere ankombt / ehe sie das gelt / wie wir gethan / verspielen / Aber solch barmhertzig zusehen ist nicht so lŭstig / als selbst mit spielen /

werden derhalben bald verdrossen drüber / unnd stelen uns entlichen heimlich weg wie wir können.

Kommen wir aber heim / so bringen wir die schwere kranckheit der Armuth am halse getragen / dieselbe macht uns abermals so ungedültig / das wir nicht allein für grăm schier weinen / sondern heben auch an im hause dermassen zu rumoren / das alles für uns lauffen mus / jagen Weib und kind aus / auff das wir allein Herr im haus bleiben / So uns aber noch etwas im wege leitt / oder stehet / mus es auch zuschlagen und zubrochen sein / es sey schüssel / teller / töpff / krüg / kannen / ofen und fenster / achtens nicht das es schade sey / viel oder wenig gestehe / und uns eine böse nachrede bringt / Wiewol sich aber hernachmals bald der rewel findet / so haben wir doch den trost / ⟨B4ʳ⟩ wenn wir nicht viel behalten / das uns nicht viel verbrent wenn fewer auskompt / das wir uns auch nicht hengen dürffen / denn reiche leuth hengen sich gerne / und / groß reichthumb besitzt der Teuffel.

Wer nu nicht also gesinnet ist / der taug zu keinem spieler / ist auch nicht wirdig / das er eine alte Karte solt anrüren / schweige denn / eine newe in die faust nemen / und gehören solche leut nirgend besser hin / denn nur zu kleinen kindern / die umb kothen und nußschalen spielen / bald auffhören / dazu keinen gewin davon bringen. Zu unser brüderschafft gehören sie nicht / denn wir setzen flux gelt auff / heben zu pfennigen ahn / bessern es zu groschen / bis man mit voller hand / und zu gantzen Thalern zusetzt / Und ob wir uns gleich offtmals untereinander eben hart straffen / und viel gelt abgewinnen / das einem wol grawen möcht / wieder zu uns zu kommen / und bey uns zu sein / jedoch können wir nicht von einander bleiben / sondern müssen stets auff eim hauffen liegen / auch hat einer den andern viel lieber denn sein eigen haus / weib und kind / dorumb wir uns bald auff dem morgen bey dem Branten wein / oder bey tag im Stadtkeller / oder anderm guthen ort

9 Teufelbücher V

⟨*B4ᵛ*⟩ do es uns gelegen ist / zusamen locken. Halten also in summa diesen orden / das wir selten daheim bleiben / stets sein müssen do man spielet / tag und nacht mit höchstem fleis inn der newen Karten studieret / wenn die alte weggeworffen ist / auch mit allem ernst die augen uber den Würffeln aussihet / Denn auff sehen ist im spiel die beste schantz / und wer nicht wil die augen auff thuen / der thue den beuttel auff.

Unserer guthen werck sind auch viel / als spielen / fluchen / liegen / betriegen / schlahen / rauffen / morden / zerbrechen unnd dergleichen / welche nicht schlechte geringe kinder und leuthe thun und ausrichten können / auch nicht blöde forchtsame hertzen darzu gehören / sondern rechte küne Helden und dapffere leut / König / Fürsten / Herren / Eddelleut / Kauffleut / reiche Bürger / Bauern und andere wagehels mehr / Welche nicht allein allerley schanden verwinnen / sondern auch / allen schaden so sie andern zufügen / ja den Menschen selbst bezalen können / wenn sie in beschediget oder gar ermordet haben.

Unser Ablas ist / hie ein zeitlang Cains sicherheit / zu letzt sein rewel und Buß / dort aber / ewiglich heulen / weinen / zeenklappen. Mit wel-⟨*Cʳ*⟩chem ablas der stiffter dieses Ordens nicht karg oder neidisch ist / sondern teilets gerne und miltiglichen aus / allen / die das spiel fürdern / unnd nicht hindern noch verbieten. Dorumb mag ein jeder unserm Abgott dancken / und nach solchem ablas seufftzen / der da hat lernen die Karte kennen / die augen auff den Würffeln zelen / und allerley list und lüstige künste auff dem spiel uben / denn es mus nicht aussen bleiben / sondern uns widderfaren und zutheile werden / wenns gleich an keinem andern orth geschicht / als im Himel / do die Engel mit Keulen lauffen.

Unser Abgott / Herr und anreitzer ist / wie anfenglich gehort / der Spielteufel / welcher uns spielen heist / auch fein lüstig zum spiel macht / das uns das hertz im leib lacht /

*Spilteufel*

wenn wir von karten und würffeln hören / oder dieselben sehen. Ja leret uns auch unrecht spielen / die bletter inn die Karten schichten / vermengen / zwicken und zeichnen / auff das wir sie kennen / unnd wissen mögen / was andere in der faust haben. Wie könten wir auch so meisterlich die würffel knipffen / dieselben segenen und beschweren / das sie uns auff messerspitzen oder schneiden müssen ⟨$C^v$⟩ bestehen bleiben / darzu alzeit tragen was uns nützlich ist / und wie viel augen wir haben wolten / wenn uns unser Abgott nicht so gnediglich solche kunst und gewalt mitteilete / unnd auch durch seine diener in andern stücken feine anleittung weiset.

Denn da find sich als bald zu uns sein Oberster / der unrhugeteufel / welcher uns nicht doheim bleiben lest / sonder mus uns unter die leute füren / sonderlich zu den spielbrüdern / Macht uns derhalben doheim angst und bang / das wir selbst sprechen / Mir ist zeit und weil lang / ich wil in den Stadtkeller / Zschackenthal / oder ander Bierhaus gehen / das ich die lange weil vertreib / und fehlet gar selten das sich nicht gleich solt zu gleichem finden.

Zum andern / bleibt nicht von uns der Profiantmeister / nemlich der Freßteufel und Sauffteufel / welche vollauff zuführen / und die küchen wolbestellen / das wir uns untereinander zu gast laden / oder auff den abend bey dem Wirtte ein gute malzeit zu gewarten haben. Solchs kan ich warlich nicht außschlahen / oder mit willen verseumen / sonder freß und sauff mich daselbst lieber sat / dann das ich doheim solt hunger leiden / ⟨$Cij^r$⟩ so schmeckts uber das bey der Büberey alzeit besser / denn doheim bey dem fromen weib und kind.

Zum dritten / bleibt nicht aussen der Possenreisser und Lachenteufel / welcher uns bey dem spiel frölich und guther ding macht / das wir schreien und jauchtzen / als weren wir im Himel / und wer die besten zoten treiben / und lecherey anrichten kan / ist der beste Stockfisch / Aber / wenn die ungeschickten tölpel / ja die sich auch auff dem spiel meister důncken / hefftig guth spiel in der faust haben / und kartens so unvorsichtiglichen / das sie sichs mit geringem spiel abgewinnen lassen / denn / denn / gehets ans rechte lachen und spotten / dann wer den schaden hat / darff fůr den spot nicht sorgen.

Zum vierdten / schleicht auch heimlich mit ein der Sawerteuffel / wenn wir verpilen / das wir die nasen růmpffen / und das gantze angesicht verstellen / wenn uns der bittere rauch des hohns unnd spots / so wir zum schaden haben mussen / inn die augen beist / die trenen heraus treibet / muth und hertz betrůbt / hie ist warlich das lachen zu verbeissen / Es sind die spieler so unbarmhertzig / wenn sie etwas gewonnen haben / das man es kleglich und jemmerlich genug machen mus / wil man etwas von inen wieder erlangen. ⟨Cij$^v$⟩

Zum fůnfften / mus sich auch allzeit mit unter mengen der unnůtz posse / der Lesterteuffel oder Hadderteuffel / das wir uns uber dem spiel offtmals schmehen / und auffs greulichst verfluchen / auch umb eines hellers unnd pfenniges willen zancken / rauffen / und maulschellen austeilen.

Zum Sechsten / will auch mit uns geselschafft haben / der Schwerenteuffel / welcher uns reitzt / das wir uns offt verschweren / so man uns etwa zeihet / das wir nicht recht gespielt / oder nicht zugesetzt haben. Ob wirs nu gleich gethan haben / sprechen wir dennoch / das mich dieser und jener schend / fůr mich der Teufel weg / Gott las mich sein angesicht nicht beschawen / wo ich diß unnd das gethan habe / etc. Derhalben mussen mirs die andern zu gefallen gleuben / und behalte also gar manchen pfennigk / den ich sonst schůldig were zuzusetzen.

Zum siebenden / stehet uns auch trewlich bey / der Nachtteufel / welcher uns nicht zu rechter zeit lest heimgehen / sonder uns imer anreitzet / noch lenger zu sitzen / denn es sey noch zeit genug / macht uns auch die nacht bey dem spiel kurtz / das darnach mancher seinen schlaftrunck thut / wenn der helle morgen anbricht / und der kůhirt das vihe treibt. ⟨Ciij$^r$⟩

Zum achten / sitzt uns auff der zungen der lůgenteufel / das wir nicht die warheit sagen / was wir verspielet oder gewonnen haben / auch nicht leiden kőnnen / wenn man uns die warheit sagt / wie wirs bey dem spiel begund haben / sonder allenthalben leugnen / und andere so es offenbaren und nachsagen / fůr lůgener und verrheter schelten.

Zum letzten / kompt offtmals zu uns der grobe unflat / der das spiel zerstőret / und die Brůder alle irr macht / nemlich der Mordeteufel / welcher gar ins fewer bleset / und nicht bey dem lachen / sauersehen / schmehen und lestern bleiben lest / sonder entrůstet uns gar / das wir von leder ziehen / oder leuchter / kannen / ja die rungen aus dem wagen erwischen / und nicht ehr auff hőren zu hawen und zu schlahen / bis einer hie der ander dort todt bleibt / und offtmals die andern als theter / folgendes tages umb ires mords willen / auch umbgebracht werden. Diese teufel all / sind der spieler brůderschafft bestetiger und fůrderer / und gefallen inn diese unsere werck sehr wol / darzu sie uns selbst helffen / sind uns auch darum hold / gůnstig und wolgeneiget.

Aber den onmechtigen losen Pfaffen / unsern ⟨Ciij$^v$⟩ klugen Weibern / und Christlicher Obrigkeit (welche fůr heiligkeit bersten wollen) gefallen sie nicht / sind uns feind drumb / predigen und schreiben wieder uns / die weiber wollens uns wehren / und die Obrigkeit wils uns verbieten / aber was fragen wir darnach? Will man uns das spielen doheim verbieten / so spielen wir deste sehrer / wenn wir anderswo zu marckte ziehen / oder kriechen irgend in einen heimlichen winckel / auff das uns der Richter nicht finde noch straffe / Inn summa / wir lassen das spielen nicht / denn wir haltens fůr keine sůnde / So sind wirs auch also gewohnet / und von unserm Abgott dermassen darinnen gegründet und befestiget / das uns kein geringer wind so bald davon abschrecken soll.

    Zum beschluß / sol ein jeder / so sich in unsern Orden zu begeben / geneigt ist / sich nicht ergern lassen / das anfenglich in der Welt dieser unser Orden / nicht viel brůder gehabt / Denn die alten sind narren gewest / haben nicht gewust / worzu das spiel ist guth gewest / haben auch nicht die bletter zelen / oder die augen nennen unnd kennen kônnen. Wir aber sind viel klůger und scharpffsinniger / dorumb lernen wirs bald / auch kônnen sich auff einen tag viel hundert Seelen ⟨C4ʳ⟩ inn den gehorsam unsers Ordens begeben. Dorumb schadets nicht / das der anfang gering gewest ist / uns genüget daß das ende ist guth worden / Denn es / unserm Abgott sey lob / dohin komen ist / das wenig leuth auff erden leben / die nicht unsers Ordens sind / oder noch werden môchten / und ob schon etliche meineidig werden / und davon wieder abweichen / so bleibt dennoch der meiste hauff bestendig bis in die gruben.

    Diß ist unser / der Spielbrůder / Spitzbuben und Dopler Orden / sampt den stifftern / guthen wercken / und Ablas / wer derselben will teilhaftig werden / der lasse sich bey leib nicht das spiel verleiden / sondern hebe von jugend an zu spielen / bis an das ende seines lebens / und erwarte des Ablaß mit gedult / in gewisser zuvorsicht / es werde nicht aussenbleiben / sonder uns gewiß widerfahren und zu theil werden / welche solchs begeren / die sprechen von hertzen / Amen.

        Datum / im letzten teil der Welt /
        Do man das Spiel inn ehren helt /
        Denn wo uns ein guth glück zufelt /
        So haben wir im hui viel geldt /
        Wer sich nur so zur sachen steldt /
        Als diß unser schreiben vermeldt. ⟨C4ᵛ⟩

    Da hastu lieber leser / der spieler Brůderschafft ursprung / natur / guthe wergk / lob / und ende / welches alles du mit bußfertigem hertzen woltest betrachten / und den Spielteufel kennen lernen / der sich anfenglich from macht / und nicht ein Teufel / sonder ein grosser Heilig sein will / spricht klar heraus / Er begere gewins halben nicht zu spielen. Das reden im seine Kinder nach / auch gleubens die spieler einer dem andern zu guth / damit sie das geldt aus dem beuttel locken / und andere albere schaffe mit auff die bahne bringen / das sie zusetzen. Alhie hůte dich / das du dir solche wort nicht gefallen lassest / denn es ist eitel betrug / Gleich als wenn der Teufel spreche / Diene mir / bete mich an / ich begere deines Leibs oder Seelen nirgend zu / das glaube der kugkugk / ich nicht / Odder wenn einer mit geladener bůchsen fůr dir stůnde und sprech / halt still / ich will dich treffen / und nicht verwunden / sonder nur also mit dir schertzen und kůrtzweil treiben / Du wůrdest sagen / nein / schertze mit dem Teufel also / ich gestehe dir deines fůrnehmens gantz und gar nicht. Eben so ubel / betrieglich und schedlich ists geredt / wir wollen umb keins gewins willen spielen / ja hin⟨*ter sich scherren die Hůner.*⟩ ⟨*D^r*⟩

Wiltu solchs nicht glauben / im anfang des spiels / so wirstu es am ende wol erfahren / wenn ein ander das gelt einstecken / und dir den ledigen beuttel lassen wird / So du darnach das deine wieder foddern / und sagen wirst / gebt mir mein teil wieder / habt ir doch nicht umb gewins willen gespielet / werden sie antworten / Nein / Lucas schreibt nicht also / ich weis worzu geldt guth ist / ich mus gen taschwerts fahren / etc. Darfůr warnet dich zwar der Spielteufel selbst in disem ausschreiben / do er spricht: Aber wenn wir gleich wol etwas gewinnen so nemen wirs mit ahn / Es heist / Nemen / und nicht / Widdergeben / wenn du anderst recht deutsch verstehest. Derhalben mustu bekennen / das diese wort: Wir wollen umb keines gewins willen spielen / eittel betrug und lůgen sein.

Jedoch kőnnen sie der warheit ehnlich sein auff zweyerley weis. Erstlich / wenn sie geredt werden von denen / so verspielet haben / diese kőnnen mit warheit sagen / wir haben umb keins gewins willen gespielet. Die andern mussen solchs rhums wol schweigen / wie sie dann hernach thun / und offtmals mit im spiel sich unlustig machen / das geldt heimlich einstecken / unnd weg ⟨D$^v$⟩ gehen / lassen die weil andere warten / und auff lerem beutel bruten / biß sie jung und frisch geldt uberkomen / Solchs beweist die erfahrung / und kompt manchem der schade inn die faust / noch mus mans nicht gleuben noch fur schaden achten / alles dem Spielteufel zu guth / der solche harte kinder hat / welche kein geringer rauch bald beist. So ist nu von vorerzelten worten die summa: Ich hab nichts gewonnen sonder verspielt / und die gaben Gottes dem Teuffel und seinen kindern zu marckte gebracht / denen ichs wolfeil genug / ja umb sonst gegeben habe / das sie mich nur die schőnen heiligen inn der karten haben sehen lassen. Ja warlich ein feiner rhum ist das / weistu dein gelt nicht besser anzulegen / denn also? Oder ist die karte so groß heiligthumb worden / das / wer dieselb recht ansehen will / bald mus gelt geben? Oder ist das ungluck so benőtigt / das mans mit gelt kauffen mus? O lieben kinder / wie schwere rechenschafft werdet ir ewerm Herrn geben mussen / das ir so schentlich habt seine guther umbracht. Bekere sich wer zu bekeren ist / oder es wird ein bős ende folgen.

Zum andern / mag es auch war sein / Christlichem verstand nach / nemlich / das gewunnen ⟨Dij$^r$⟩ guth / Nichts gewinnen / das ist / kein nutz schaffen noch gedeien sol / wie es dann geschicht / und das ausschreiben der spieler vermeldet / das offtmals ein teil ins gelag gegeben wird / offtmals einer fur den andern bezalet / das ander teil aber folgendes tags bald wieder verschlemmet / verspielet / oder noch wol mehr darzu setzt. Denn es heist / wie es her kompt / so gehets wieder hin / derhalben die erfahrung diß sprichwort herfůr bracht hat: Wer ist mit spielen reich worden. Item / Ich hab mein lebenlang keinen reichen spieler gesehen. Ja las es gleich sein / das einer mit spielen sey reich worden / lieber sag mir / wer hat im sein reichthumb zugeschantzt? Die blinden wůrffel / und die schőnen Heiligen in der karten / das ist / der Teufel mit seinen gesellen / das ist gewißlich war.

So heist nu / vom spiel reich sein / ins Teuffels namen reich sein / welcher reichthumb nicht lang bestehen oder fort erben / sondern zeitlich und ewig armuth darauff folgen wird. Soll derwegen hiemit zugleich verworffen sein aller spieler einrede / das sie sagen: Ich verspiele nicht immerdar / sondern gewinne auch bißweilen: Item / ich gewinne nicht immerdar / sondern ver-⟨$Dij^v$⟩spiele auch offtmals: Beides ist war / und durch die zal der augen in der karten bedeutet / Denn auff dem ersten blat stehen zwey augen und heist das taus / dorauff folgen drei / etc. Domit angezeiget wird / wo das glůck zwier guth gewest ist im spiel / folget bald dargegen dreyerlei unglůck / Und wenn du viermahl gewinnest / soltu wol hernach fůnffmahl vorspielen.

Es verspielen albere spieler auch nicht allezeit / sonder gewinnen offtmals / Das Taus sticht manchmal den Kőnig / Es tregt bißweilen der Edelman die gůlden und taler im hute heim / und lest dem Fůrsten den leren beuttel. Also auch ein Pawer gewind manchmal den Bůrgern die zech ab. Was ist aber solchs alles? warlich nichts anderst / denn lauter betrug auff beiden seitten / welchs der Teufel / wie die kartenbletter / also wůnderlich durcheinander menget / Domit die / so klein glůck haben / dennoch / so sie etzlichmahl gewinnen / des spiels nicht uberdrůssig werden / sonder nu aller erst recht munter und frőlich werden / zum spiel lust gewinnen / und dasselb besser zu lernen gedencken / Die andern aber so offtmals gewinnen / deste weniger vom spiel ablassen / dieweils wol geldt bringet. Auff diese weise behelt ⟨$Düj^r$⟩ denn der Sathan die spielbrůder in seinem gehorsam und dienst unvorhindert.

In summa / verspielestu etwas / so thustu es nicht gerne / und musts doch thun / widder deinen willen / alles dem Teuffel zu gehorsam / machest auch davon kein groß geschrey noch klage / do du sonst / wenn dir ein ander soviel als du offt auff ein mal verspielest / heimlich oder offentlich stele / soltest zeter und mordio schreien / den dieb verklagen / und an den lichten Galgen hengen lassen. Gewinnestu aber ettwas / so geschichts widder ander leut willen / welche es doch müssen geschehen lassen / alles dem Spielteuffel zu gefallen / Halten dich auch nicht für einen Spitzbuben und heimlichen Dieb / sonder für einen rechten Han auffs spiel / für einen glückseligen menschen / der ein guthen Stern und Planeten zum spiel hat / Also mus ein Esel den andern krönen.

Zum andern / soll das spielen ein kůrtzweil heissen / Solchs gleuben abermals die spieler einer dem andern zu guth / und wollen auch andere uberreden / unangesehen / das es kein kůrtzweil ist / Darumb lieber leser / schaw den handel mit rechten augen an / so wirstu es viel anders befin-⟨*Diij*ᵛ⟩den / und hie abermals den Spielteuffel kennen lernen. Denn wie kan das kůrtzweil sein / die gantzen nacht sitzen und spielen? Es möcht wol ein lang weil heissen / wenn man das kind beim rechten namen nennen wolt. Item / ist das kůrtzweil / einen taler oder etlich viel gelt verspielen / und dorgegen daheimen hunger unnd kummer leiden? Ist das kůrtzweil / sich uber dem spiel von eines hellers oder pfennigs wegen erzůrnen / zancken / rauffen / schlahen / und ermorden? Ist das kůrtzweil / bey dem spiel die greulichste schmechwort und erschrecklichsten flůch von sich geben und hören lassen? Item wenn man verspielt hat / dornach in seinem haus so greulich rumoren / als were man toll und unsinnig worden? Ist das kůrtzweil / die kasten auffhawen / schůssel / teller / kannen und der gleichen zubrechen / das Weib scheldten / zum haus ausjagen / sie wollen erstechen / oder den hals entzwey schlahen? Ich halte nicht das fromme hertzen nach solcher kůrtzweil verlangen haben.

Derhalben / sols ein kůrtzweil heissen / so laß ichs geschehen / wenns die jenigen sagen / so ehrliche auffrichtige hertzen sind / die one arge list und bős begirde / zeit und weil zu vertreiben / im ⟨D4ʳ⟩ brett / auff der karten oder im schacht spielen / setzen ein heller oder pfennig auff / und lassen es kůrtzweil sein und bleiben / das ist / sie hőren one zanck in der zeit auff / und geben das gewunnen gelt etwa zum bier / und sind frőlich darbei. Aber so es die rechten spieler sagen / die alles gelt und guth in die schantz setzen / und darůber noch viel schnarcken und unnůtz sein / denen laß ichs kein kůrtzweil sein / sondern ein bőse weil / dorinnen der bőse geist unledig ist / und seine unterthanen / die bősen und gottlosen / dem bősen / das ist / der sůnden und dem Teufel dienen / nach unglůck ringen / und dasselb auch uberkommen und anrichten / in bierbencken und doheim im haus / das es auff den morgen der Balbierer / Richter / und alle welt wol erfahren / wie wir also gekůrtzweilet haben / das wir ein lange zeit an uns zu flicken haben / Und wir den schaden in langer weil nicht verwinnen kőnnen / welchen wir bey der kůrtzweil uberkommen haben.

Dorumb ist diese rede / wir wollen umb kůrtzweil willen spielen / abermals betrieglich / und verfůret manchen menschen / dofůr sich fromme Christen hůten / und andere bessere kůrtzweil uben sollen / als mit singen / mit erzelung alter ge-⟨D4ᵛ⟩schicht unnd historien / mit allerley ehrlichem schimpff und schertz / und dergleichen / dodurch dem menschen kein schade noch gefahr zugefůget wird / sonder sein leib und leben / guth und ehr / unverletzt behelt / wie vor. Vorzeitten hat die lőbliche Musica in collatien und bey andern frőligkeiten / preis und den vortrit gehabt / die lange weil zu vertreiben / jtzt aber wird sie veracht und unter die banck gestossen / das man nu viel lieber einen lausigen sackpfeiffer und fidler hőret / denn die lieblichen geseng der Musiken.

Zum dritten / setzt diß ausschreiben ursach / worumb die spieler nicht gewins halben / sonder umb kůrtzweil willen spielen / nemlich / auff das sie sich des sauffens enthalten: Hilff lieber Gott / wie sind die spieler so andechtig und heilig worden / Ich hab lang gehört / sagt jener Mûnch / das kein bub so bôs ist / der nicht auch ein guth werck thet. Nu wollan / diese rede der spieler ist eins teils an ir selbs war / denn wer ein rechter vorsichtiger und glůckhafftiger spieler sein will / der mus nicht immerdar die kannen fůr der nasen haben / sonder selten trincken / domit im das gedechtnis nicht zu kurtz / und die fenster uber der nasen ⟨$E^r$⟩ nicht zu dunckel werden / das er etwa ein quatuor fůr ein ses / und ein siebene fůr ein neune / oder ein Oberman fůr den Kônig ansehe.

Widderumb / ists ein ertichter schein / denn es haben doch die spieler das Bier und den Wein lieb / hören lieber mit kannen klappern / denn mit Bůchsen schiessen / sitzen auch inn gleicher zechen / und bezalen zu gleich mit / neben den andern / derhalben / was sie zuvor uber dem spiel verseumet haben / dasselb erholen sie nach dem spiel / sperren die Bierkehle auff / und trincken zu gantzen kannen aus / Darumb ist solch oberzelte ursach nur ein deckel des spielteufels / das man in nicht so gar kennen / und so fůr arg und schedlich achten můge / Seine diener aber / als Spitzbuben / Dopler und alle spieler / helffen mit henden und fůssen solche deck putzen und ausbreiten / schreien mit gantzer gewalt / es sei besser spielen / denn volsauffen / und alle so inn der spieler orden sind / glaubens mit gantzer Seelen und allen krefften.

Aber bedencks recht / und halt beides gegeneinander / Frag die spieler also: Welchs ist besser / ein groschen oder gleich mehr mit guthen freunden und bekanten vertrincken / Oder zween / ⟨$E^v$⟩ fůnff / zehen gulden und thaler im hui verspielen / dorauff man wol ein halb jar und lenger zechen kônnte? Welchs ist besser / mit guthen nachbarn bis umb acht oder neune zechen / von Got seinem Wort oder predigt reden / Christum und seine Engel bey sich haben / Auch / das der heilig Geist dadurch ursach gewinne / dich inn Gottes wort verstendig zu machen / und in aller warheit zu leitten? Oder die gantze nacht mit dem verfluchten spiel zubringen / allerley unnütz geschwetz und grobe posserey treiben / ja sich uber dem spiel zancken / rauffen / schlahen / ermorden und alle Teuffel umb sich haben? Welchs ist besser / mit guthen freunden zechen / und zu rechter zeit heimgehen / mit dem weib / kindern und gesind guther ding sein / und friedlich leben? Oder lang spielen / sauffen / und zu unrechter zeit heimgehen / etwa umb mitternacht ein zetergeschrey anrichten / mit dem weib sich schlahen / das sie braun und blau wird / darzu umb sonst und nichts / irgend ein ursach und schuld vom zaune brechest / und sagest / Sie hab diß und das nicht gethan / sie darzu hurest / seckest / und auffs aller schendlichst schmehest / nit allein das weib / sondern auch wol all die iren / als sey nie nichts guts an inen allen gewesen / do du ⟨Eij`ʳ`⟩ es offt umbkeren / und dich selbst bey der nasen ziehen möchst / auch dein weib sampt ihrer freuntschafft mehr ehren werd ist / als du inen dein lebenlang nicht erzeigen kanst / lieber sage mir nu / welches ist doch besser?

Wenn die spieler alhie frey zu bekennen wolten / müsten sie das spielen nicht so guth machen und achten / als sie leider thun / und das volsauffen auch in seinen wirden bleiben lassen / aber diß latein gefelt inen nicht / und weil auff diese frag bös zu antworten ist / werden sie stumme hund / Dorumb mus ich inen hievon die summa selbst sagen / Sauffen macht den leib voll / Spielen macht den menschen toll. Sauffen macht das heupt schwer / Spielen macht den beutel leer / So heist es nu / Ich wil spielen / auff das ich nicht voll sonder toll werde / den beutel und kasten leer mache / auff das weib und kind nacket gehen / und leere magen haben müssen / sonst möchten sie zu stoltz und zu fett werden. O ir elenden menschen / gehet nu hin mit blossem leib und hungrigem magen / und rhůmet getrost es sei besser spielen denn volsauffen / Niemand wird doran zweiffeln dann Gott und alle heiligen im Himel und auff Erden / verflucht sey ein jederman / der euch solchs gleubt.

⟨Eij^v⟩
Es ist beides nicht guth / das volsauffen und das spielen / denn sie dienen nirgend zu / denn zur armuth / verhindern die narung / bringen schand und laster / vorderben den leib / verdammen die Seel / Darumb gedencke alhie ein jeder zu růck an die erste ordnung Gottes / welche er auch bis ans ende der Welt will gehalten haben / Nemlich das der man sein brod erwerben und essen soll / im schweis seines angesichts / das ist / mit seiner sauren arbeit / wie es eines jedern beruff unnd ampt erfordert und mitbringt / Genesis am 3. Er spricht nicht / du solt es im Stadtkeller oder anderm Bierhaus auff dem spiel gewinnen / oder was du mit deiner arbeit erworben hast / auff der karten oder wůrffel wieder verspielen. Arbeiten soltu / erwirbestu etwas / so iß davon / das ist / gebrauchs zu deines leibs notturfft und narung / lege es wol an / das du bey dem selben mehr erwerben mögest / damit du und die deinen das tegliche brodt haben kŏnnet.

Derhalben warte du deiner arbeit / Gibt Gott seinen segen darzu / das dirs allenthalben wol fort gehet / danck es Gott / und gebrauch seine gaben wol und recht / fleuch das spiel / meid die schlemmerei / mŭssiggang und andere mittel / ⟨Eiij^r⟩ dodurch der Sathan solche gaben gedenckt aus deinen henden zu reissen / oder ja dahin zu bringen / das du sie ubel anlegest.

Darnach betrachte auch fleißig / das dich Got zum heupt und Herrn uber dein Weib gesetzt hat / und nicht zum Tyrannen / darumb las sie ungeschendet / viel mehr ungeschlagen / wenn sie als ein getrewe hůlfferin das deine zu rath helt / dir zum spiel kein geldt geben wil / und sawer

darob sihet. Ja lerne dißfals am sawer sehen deines weibs
oder auch anderer leuth / Gottes sinn und gemůth erkennen /
denn solcher ernst und sawer sehen in menschlicher natur
uber das bőse / ist ein gewisse anzeigung das Got warhafftig-
lich uber das bőse und alle sůnde zůrne. Derhalben du es
warlich dafůr halten solt / so dein weib sawr sicht und
zůrnet / wenn du das deine so jemerlich umbringst und
verspielest / das Gott vielmehr darůber sawer sehe und
zůrne.
  Auch solstu alhie betrachten den spruch des heiligen
Pauli / 1. Corinth. 7. Der Man ist seines leibs nicht mechtig
sonder das Weib / desselbigen gleichen ist das Weib ires leibs
nicht mechtig sondern der Man: Was solche wort an in selbst
bedeuten / las ich itzt bleiben / und schließ allein diß ⟨$Eiij^v$⟩
draus / das der mann seiner gůther / seines geldes und alles
was er haben mag / nicht allein mechtig sey / sonder auch
das weib. Derhalben thut sie nicht unrecht oder sůnde /
wenn sie dir kein geldt zum spiel geben und schicken will /
sondern sie gebraucht aldo gantz Christlich ir recht und
gewalt / darob du nicht sawer sehen / oder bald schlege austeilen solt / sondern vielmehr dir lassen wolgefallen / sie
darumb lieben und loben / und gehet domit deiner autoritet
nichts ab / wie sich die unverstendigen und eigensinnigen
kőpff důncken lassen / sonder du beheltest sie vielmehr
dadurch / dieweil du ein jedes theil sein recht und gewalt
behalten lest / wie es Gott und die natur fordert. Deßgleichen ist das weib irer gůther / ires gelds und alles was sie
haben mag / auch nicht alleine mechtig / sonder der man:
Darumb so das weib spielen und flux auff setzen wolt / (Wie
man zu unsern zeiten erfehret / das viel Fůrstin und Frawen
vom Adel / viel reicher weiber der Kauffleuth und bůrger /
das spiel hefftig uben und treiben / etzlich hundert thaler
und gulden verspielen dőrffen) Sol der man hierinnen sich
gewaltig wieder sein weib aufflenen / sawer sehen und ir
mit nichte das spielen gestatten / viel weniger ⟨$E4^r$⟩ geldt

darzu geben. Und ob gleich das weib iren man / wie offt
geschicht / hette reich gemacht / und sie derhalben sagen
wolte / du bettler / ich spiele umb das meine / es ist mir und
nicht dir sawer worden / dorumb will ich spielen und dich
nicht ansehen / Auff solche wort gehöret zum besten un-
gebrante asche / und ein eichen putterweck / das er dem
weib auffm rücken zerschmültz: Doch mag er auch hierauff
mit diesen und dergleichen worten antworten / Liebes weib /
du bist deines guds und gelds nicht allein mechtig / sonder
auch dein man / darumb folge mir und laß ab vom spiel / etc.
Ist ein Christliche ader in ir / so wird sie wol gehorsam sein /
und den mann seines rechts gebrauchen lassen / dieweils ohn
das schand ist / und sehr ubel stehet / so die weiber spielen.

 Siehe / wenn beide part auff diese weis sich wolten
lencken lassen / würde viel zanck und unglück außbleiben /
do sonst / wo ein jedes seinem kopff nach wil / nichts denn
allerley zwitracht daraus folgen kan / denn wird es bald
gehen müssen / wie jener sagt:

  Wehre / wehre Else wehre /
  Das wir nicht zu reich werden.
  Zerbrich du Krüge / ich die töpff /
  So schlahen wir uns umb die köpff.
  Verspiel du den mantel / ich den rock
  So gerathen wir an den Bettelstock. ⟨E4ᵛ⟩

Wer aber solches unfals wil uberhoben sein / der mus sich
warlich des spiels eussern / sein kleider und geld zu rathe
halten: Thustu nu solchs / und erlangst ettwas in vorrath /
so gedenck das es nicht zuviel ist / bedarffestu es heut nicht /
villeicht bedarffestu es morgen / wo ja nicht für dich /
jedoch etwa für deine kinder / welchen du warlich also solt
fürstehen / das sie nicht armuth und nodt leiden dürffen /
denn armuth hinderth viel guets / und verursacht viel böses.

 Zum Vierdten / setzt das ausschreiben klar / das die
spieler des spiels also gewonet sind / das sie es nicht lassen

können / denn sie achtens für keine sünde. Inn solchem wahn sind auch fast alle andere menschen / die des spiels für ire person nit achten / lassens gleichwol in iren heusern gescheen / und so bald sich die geste nider gesetzt haben / flux die karten auff den tisch geworffen / das mancher dadurch zum spiel gereitzt und angebracht wird / der es zuvor nie in sin genomen hett das er spielen wolt. Also macht die böse gewonheit / das verfluchte spiel from und guth / und mus aller ding nach des Teuffels willen gehen / Das / wer nicht selber spielet / doch das spiel mus helffen fürdern / gestatten / für ein lüstige gewonheit achten / licht / bier und stuben darzu geben. ⟨$F^r$⟩

Darumb ists hie abermals von nöthen / das man den Spielteuffel kennen lerne / und einen doren strauch nicht fur einen Feigenbaum anseh. Die Heiden haben nichts vom Spiel gehalten / sondern das selb zu vermeiden vermanet / wie Cato sagt / ALEAM FUGE. Fleuch das bret spiel / und wir Christen wollen das bretspiel / Karten und wurffelspiel herfür zihen. O wehe uns / wie wollen wir am Jüngsten tag bestehen: Denn es werden die Heiden aufftretten für dem Gericht / mit den leuthen dieses geschlechts / und sie verdammen / Luce am 11. cap.

Im Bapstumb hat man das spiel nicht so heftig getrieben / ja es ist auch von inen für bös / unehrlich und sünde angesehen worden / wie es bezeugen die alten gemelde / so man noch hin und wieder in den Kirchen findet / do sie bey den spielern / auch grewliche Teufel gemahlet haben / wie sie denn warhafftig darbey sind / damit sie die jugend haben vom spiel abschrecken / und inen also für die augen bilden wollen / das bey dem spiel nichts guts sey / ja das die dopler und spieler zum Teufel gehören / Ich hab auch warhafftig gehört / das im Bapstumb ein Münch lange zeit auff das spiel so hart gepredigt hat / bis ers ent-⟨$F^v$⟩lich dahin bracht hette / das ein Rath befohlen / man solt alle Bretspiel zusammen bringen / und dieselben verbrennen. Solches sey nu

10 Teufelbücher V

also oder nicht geschehen / so sag ich doch / wenn wir nicht so blöd und verzagt wehren / könten wir gleicher weis die böse gewonheit des spiels abbringen / an die kartenbletter den hindern wüschen / die würffel und bretspiel ins fewer werffen / oder wieder zum Land aus jagen do sie her kommen sind / Aber wir müssen so from nicht sein / sonder uns selbst zum schaden / das böse unkraut des spiels groswachsen und fortpflantzen lassen. Es ist die sicherheit und blindtheit jetziger Welt hierinnen so gros / das sie schier durch kein liecht und vermanung Göttliches Worts zu dempfen ist / doch müssen wir mit warnen und straffen anhalten und vorsuchen / ob etzliche zu bekeren sind.

Derhalben wil ich bußfertigen hertzen zu gute (denn die andern achtens für ein spoth) etzliche gewisse anzeigung und beweisung erzelen / doraus ein jeder sehen und probiren kan / das spilen sünd sey / und das nichts guths aus dem spiel entspringen kan. Erstlich bezeugens die vier farben inn der karten / welche nach den vier Elementen gestellt sein / als. ⟨*Fij$^r$*⟩

Rot oder blutfarb / ist wasseriger art / und zeiget erstlich an / das offtmals einer bey dem spil also geschlagen wird / das im die rothe würtze uber die backen laufft / Etzlicher auch uber dem spiel erstochen wird / schentlich sein bluth vergissen und den Geist auffgeben mus. Zum andern / weil solche rote farb mit einem hertzen bezeichnet ist / wird dadurch angezeiget / das die spieler ir hertz inn der karten haben / und nicht bei Got / ja daß das spiel ir Gott ist / bey dem sie sind / nach dem spruch Christi / Wo dein schatz ist / do ist auch dein hertz. Matth. 6.

Grüen / ist windiger art / und waltfarb / zeiget erstlich an / das die spieler ein geringer wind zum spiel / und auch zum zorn beweget / wie die bletter auff dem baum vom geringen wind bewegt werden. Zum andern / das sie nicht vest stehen / sonder sich offt von haus und hoff uber die heiden schwingen müssen / wenn sie alles verspielt / oder

etwa hader und mord angerichtet haben. Darumb wie die
bletter nicht immerdar grunen / sondern entlich verwelcken /
und abfallen / also müssen die spieler / wie lang sie auch
grunen / entlich verwelcken / das ist / verarmen und sonst in
ander unglück gerathen / und ein böß end nemen. ⟨*Fij*ᵛ⟩
Schellenfarb ist gehl / und fewriger art / Zeiget erstlich
an / das die spieler hefftigen / hitzigen / gehlichen zorn
haben / welcher sich wie fewer / bald ausbreitet / und nicht
one schaden abgehet: Zum andern / das sie hitzig / emsig /
und auffs spiel so gar verstürtzt sind / das sie weder mit lieb
noch leid davon zu bringen sind: Zum dritten / das sie
narren sind / die ir geldt und guth nicht besser wissen anzulegen
/ als ans spiel / so sie es doch teglich sehen und erfahren
/ wenn sie anderst nicht so nerrisch und öcksisch
weren / das es dem vierden ja dreissigsten Mann nicht angehet
/ was sie mit dem spiel / nemlich guth glück / suchen.

Eicheln sind erdiger art / und Seunüß oder schweins obs /
Zeiget erstlich an / das sie von irem bösen fürnemen schwerlich
zu bringen sind / wie ein Sau von Eckern / Zum andern /
das sie auff die letz kaum die eckern und treber mit den
sewen zu fressen haben / wie der verlorne Son / Luce 15.

Nu last uns auch den hörnischten Moisen für uns nemen /
und besehen wie er das spiel mit seinem Gesetz umbstösset
und zur Sünde macht / werden wirs recht betrachten / wird
sichs fein ⟨*Fiij*ʳ⟩ selbst finden / das spielen sünde sey / und
sünd verursache wieder alle Gebott Gottes / Der heilige
Paulus rechnet das spiel unter die werck der Abgötterey / do
er spricht / Werdet nicht Abgöttisch / gleich wie jener etzliche
wurden als geschriben stehet: Das volck satzte sich
nieder zu essen und zu trincken / und stund auff zu spielen.
Wiewol nu dieser spruch / S. Pauli meinung nach / von der
eusserlichen Abgötterey gesagt ist / das die Gottlosen in
irem Gottesdienst kein geld / fleis / mühe und arbeit sparen /
sonder sie wagen alles dran / und lachet in ir hertz im leib /
wenn sie denselben uben sollen / do ist solch springen und

lauffen / solch singen und schreien / solch leuten und teutten / das sies schier nicht besser und frölicher machen können / wie zu jener zeit die kinder Israel theten / und es auch noch im Abgöttischen Bapstumb also prechtig und frölich zugehet / und alles vollauff ist / Jedoch mögen wir solchen spruch wol auff das spielen jetziger zeit deuten / welchs warlich nichts anders ist / denn ein greuliche Abgötterey. Denn da verlest der mensch Gottes bevelch / suchet seine narung / geld / glück und gewin im spiel / so es doch Gott in der arbeit und schweis des angesichts zu suchen und zu er-⟨*Fiij*ᵛ⟩langen bevohlen hat / Wiederumb / was er erworben hat / und von Gottes henden erlangt / das setzt er auff das spiel / versuchet Gott / unnd kompt offtmals muthwilliglich umb alles was er hat. Ja was wöllen wir hierzu sagen / das etzliche bei lebendigem leibe sich dem Teufel zu eigen ubergeben / das er inen hie zeitlich genugsam geld und glück zum spiel / und auch wozu sies sonst haben wollen / gibt und mitteilet? Ist das nicht greuliche Abgötterei und verdamliche sünde? ja freilich / alzu greuliche sünde / und fast vernünfftigen menschen ungleublich / wenn es die erfahrung nicht bezeugete.

So wird auch bey dem spiel Gottes name manchfeltiger weis mißbraucht / mit zauberey und Teufelischer segnerey / der würffel und karten / mit greulichem fluchen / erschrecklicher gotslesterung / und unnötigem schweren / welches dann greuliche sünde sind / wieder das ander gebot / uber welche Gott selbst drewet seinen zorn und straff auszuschütten / hats auch schon mit der that beweiset / des ich hie ein sonderlich exempel setzen mus von dreien spielern / so bey der stadt Willisaw in Schweitz des Sontags auff der ⟨*F4*ʳ⟩ scheiben gespielet haben / unter welchen einer Ulrich schröter genandt / desselben tags viel geldt verspielt / und ubel darumb geflucht hat: Do im aber ein gut spiel kommen / hat ers für unmüglich geachtet / das ers verspielen solt / Hat derhalben trotzig gesagt / wo er solch guth spiel vorlieren

würde / wolt er Gott im Himel erstechen. Aber was er sich
gefőrchtet hat / das ist im wiederfahren / und hat das spiel
verloren: Darob er dermassen entrůstet worden / das er
seinen Dolch bey der spitzen erwůscht / in die hőhe geworffen / und gesprochen hat / er wolt denselben / so er
kőndte / Gott in den leib werffen. Was ist aber hierauff
gefolget? Der Dolch ist verschwunden / und sind bald fůnff
blutstropffen herunder auff die scheiben gefallen: Der Teufel
aber ist mit grosser ungestůmb kommen / und hat den / so
mit dem Dolch geworffen / sichtiglich hinweg gefůret: Die
andern zween haben das bluth von der scheiben abwaschen
wollen / und doch nicht gekőndt / denn je mehr sie ge-
waschen / je lenger das bluth geschienen und rőter worden
ist. Weil aber solch geschrey in die Stadt kompt / laufft
jederman hinnaus / finden die zween am wasser / welche
nach bekendtnus der thad / bald sind gefengklich ⟨*F4*ᵛ⟩ angenomen: Es ist aber der eine bald so schwach worden / das
er im thor umbgefallen ist / dem sind plőtzlich am gantzen
leib grosse leus gewachsen / die im grosse lőcher gebissen /
das er davon jemmerlich und schmertzlich hat sterben
můssen. Der dritte ist in der Stadt von der Obrigkeit / mit
dem Schwert gestrafft worden.

O welch ein erschrecklich exempel / domit der Spielteufel
durch Gottes verhengnis sich selbst verrathen / und als ein
grimmiger Lew / der die Spitzbuben und Gotslesterer verschlinge / sich mit der thad hat mussen sehen lassen / der
doch sonst im schein mus Bruder kůrtzweil heissen / aber er
kůrtzweilt wie die katz mit der maus / und der Fuchs mit der
gans / wie es jtzt erzelte Historia genugsam beweiset.
Darumb mőgen sich alhie wol schemen lernen / die jenigen /
so solchem grewlichen anblick einen guthen schein machen
wőllen / sprechen also / Ey man flucht und lestert nicht allzeit ob dem spiel / sondern gedenckt auch Gottes und seines
Namens dabey / als da man spricht: Das walt Gott / die
schantz hab ich gewonnen / Hilff lieber Gott / das ich doch

auch ein mahl gewinnen möcht. Denn solche wort nicht den rechten lebendigen Gott betreffen / ⟨G^r⟩ sondern es ist allein ein schentlicher mißbrauch Göttliches Namens / Gleich / als wenn ein dieb / so etwas zu stelen angriffe / sprechen wolte / Das walt Gott: Solte nu darumb sein diebstal guth sein / und Got wolgefallen / dieweil er inn seinem Namen gescheen ist? Nein / lang nicht. Es sagen die spieler selbst / Hui sey der Spieler Gott / wen ruffen sie denn an? wer wirdt sie denn erhören? Ah man möcht solchen mißbrauch Göttlichs namens wol nachlassen / denn es wird schwere straff darauff folgen / wie das ander Gebott Gottes drewet / und Gott spricht / Samuelis 2. Wer mich unehret / den will ich auch zu schanden machen.

Jedermenniglich mus auch bekennen / das diß laster des Spiels mit allen seinen anhengenden sünden / zum meisten im schwang gehet / geübet und gebraucht wirdt des Sontags / oder auff andern Feiertagen / welche wir doch mit Gottes Wort / und rechtem Gottesdienst / mit Gottes lob / preis und dancksagung für allerley wolthaten / so wir von im entpfangen / zubrengen solten / Aber es geschicht auch nicht / sondern so bald der Sontag herbey kommen / unnd die mittag malzeit geschehen ist / finden sich die junge ⟨G^v⟩ gesellen auff dem Spielplatz / was sie die gantze wochen erworben / oder zusammen gestoppelt haben / das mus alles zum spiel gedeien. Die andern samlen sich in Bierbencken / und wo ir drey zusamen komen sind / do ists zeit / das man die karten auffwirfft / under deß find sich der vierde man auch hinzu / welche denn semptlich und sonderlich die schönen Heiligen in der Karten tausentmal lieber ansehen / und inen hertzlicher wolgefallen lassen / denn den Hohen Altar / oder das Crucifix in der Kirchen / Und mus aller ding der liebe Sontag mit dem verfluchten Spiel und Sauffen zugebracht werden / welchs denn grewliche sünde sind / widder das dritte Gebott. Derhalben / wie Christus sagt / Trachtet am ersten nach dem Reich Gottes / und nach seiner gerechtigkeit / so wird euch alles zufallen / Müssen wir / dieweil das Spiel den vortrit hat / das gegen spiel nemlich / allerley unglück / mangel und noth haben / Denn / wie jener sagt / wer nicht ein reicher Heilig sein wil / der mag ein armer Teufel bleiben sein lebenlangk.

Es begibt sich auch manchmals / wenn die Jungen Gesellen nicht geldt zum Spiel haben / das sie es heimlich iren Eltern / Herrn und frauen ⟨Gij^r⟩ abstelen / wollen nicht arbeiten / gehen der Luderei nach / wollen kein guets thuen / betrüben ire Eltern / Lassen sichs auch von der Oberkeit nicht verbieten / halten sich an solche örter / da Spielen kein gefahr noch buße tregt.

Ja das noch wol erger ist / gewehnen offt die Eldern selbst ire Kinder zum Spiel / so bald sie nur eine Karte tragen können / müssen sie dieselben stets in den henden haben / geben inen auch geld dazu / das sie auffsetzen und spielen können / Sonderlichen thun es die barmhertzigen Mütterlein / die es nicht uber das hertz bringen können / das der Sohn stille sitze und traurig sey / Sondern das er mit andern leuten Spiele und guther ding sey / stecken inen derhalben heimlich und offentlich geld zu / wo sie können.

Aber sie entpfangen entlich ein bös tranckgeldt dafür / Denn / weil die Kinder des gebens von jugend auff gewohnen / wollen sie es immer also haben: Wenn aber der beuttel inn die lenge leer worden / und nicht mehr zu geben ist / werden sie von iren eigenen Kindern geschlagen und geschendet / wie ichs selbst gesehen und erfaren hab / Das ein wolgehabter Bawer einen einigen Sohn hett / welcher inn der jugend blöd und ⟨Gij^v⟩ forchtsam war / sich für ander leuten hefftig schewete / wolt sie nicht ansehen noch mit inen reden / Domit nu der Vater seinen Son etwas küne machen / und ehr der leut gewohnen möcht / nam er in / so offt die Gemeyne zum bier waren / mit sich / füret in unter die leut / must in auch offtmals mit pfennigen bewegen / ja mit ruthen steupen / das er in fort brachte: Do aber der Sohn erwachsen war / must er immer bey nassen brůdern sein / war des biers und spiels also gewohnet / das er darnach mit keinen schlegen / noch durch andere mittel davon zu bringen war / verzeret den Eltern ir geld und guth / und gab inen unnůtze wort und schlege dran. Deßgleichen und noch wol ergere exempel sind an andern ortten auch viel / doran wir lernen sollen / das die Eltern / so den Kindern das Spielen gestatten / und darzu helffen / eben damit eine ruthe uber iren eigenen hals binden / und mus also sůnde mit sůnden gestrafft werden.

Es ist auch offenbar / das viel Fůrsten und Herrn das Spiel in iren Landen nicht verbietten / sondern allenthalben gestatten / ja selbst gerne spielen / und also den unterthanen zum spiel bŏs anreitzung und ergernis geben / Denn / wie ⟨Giij$^r$⟩ das sprichwort lautet / so der Abt wůrffel aufflegt / mŏgen die andern Brůder kůnlich mit spielen. So sind auch viel Predicanten / sonderlich in Dŏrffern / die das spiel auff der Cantzel nicht straffen / noch selbst fůr sůnd achten / sondern lassens gehen wies kan / spielen selbst mit / kŏnnen nicht so bald ein scheffel korn oder gersten in die scheune bringen / mus er verkaufft und verspielt sein.

Auch sind gleicher weis viel Eltern auff das spiel dermassen verstůrtzt / das sies nicht lassen kŏnnen / wollen nicht arbeiten / und suchen das glůck in der karten / so sie aber das unglůck finden / můssen sies auch fůr guth annehmen / und mit den iren noth leiden / Wie ichs noch diß jar gesehen hab / das einer sechtzehen groschen zu sich genomen hett / wolt ein schŏffel korn / welchs er geborget / domit bezalen / Aber unter wegen gerieth er ans spiel / und ward des gelds im huy los. Diß alles sind greuliche laster widder das vierde Gebott / und machen sich auff diese weis viel selbst veracht und unwerdt / welche doch Gott hoch zu ehren befohlen hat.

Ferner / ist das Spiel greuliche sůnde / widder das fůnffte Gebott / denn es verursacht greu-⟨Giij$^v$⟩lichen zorn /

zanck / schlahen / rauffen und auch morden / wies die tegliche erfahrung bezeuget / und ichs offtmahl gehöret hab / das auff dem spiel etliche umb einer nuß willen sind erstochen worden. So hab ichs selbst gesehen / das zur Dhame ein Meurer uber dem spiel einen Zimmerman ermordet / und der tether bald nach wenig tagen / widderumb den kopff verlieren muste. Deßgleichen geschach zu Wittenberg / do ein fleischer gesell uber dem Spiel einen andern erstach / und er deß dritten tags auch umbracht / und zugleich in ein grab gelegt wurden.

Das sich aber solch erschrecklich wesen nicht allzeit bey dem Spiel zutregt / sondern man ist auch guter ding dabey / und helt unnütze wort und schlege innen / Solchs geschicht und bleibt nach / entweder aus forcht der straff und schande / so auff solche tathen folgen / wie sie selbs sagen / Ah schonete ich nicht mehr als deiner / so wolt ich dich bald ein stück sehen lassen / etc. Oder der Satan lest solchs geschehen / im selbst zum vorteil / das er die spieler nicht abschreckt / sondern zum spiel noch sterckt / dieweil man guther ding dabey ist / Auff das also beide part / die so unnütz sind / fluchen und morden / etc. Auch die / so ver- ⟨G4ʳ⟩nünfftig / still / und frölich uber dem spiel sind / in seinem gehorsam bleiben mügen: Denn fluchen sie / so fluchen sie dem Teufel / lachen sie aber / so lachen sie dem Teufel / es ist eines so guth als das ander.

Wir können auch nicht leugnen / das des spiels halben viel uneinigkeit unter Eheleuten entstehet / dodurch der eheliche glaub und liebe offtmals zerrissen wirdt / und ein jede person den hurenwegk gehet / der Man achtet des weibes nicht / verzeret und verspielet ir alles geld und kleider / Das weib gibt dem man kein guet wort / schlemmet auch frey zu / und verdienet geld / wie und wo sie kan. Ich bin warhafftig bericht worden / das ein weib / welche alles verspielet hett / solte bey einem andern / auff ire scham / zum spiel geld gelihen haben / Ist das nicht ein grewlich laster? So gehets bey dem spiel nicht so rein ab / es lauffen unzüchtige gedancken wort und werk mit unter / Dazu denn die unverschampten karttenmahler auch gewaltiglichen helffen / inn dem / das sie nackete menschen figuren / mit seltzamen geberden und wercken auff die karten klicken / welche / so sie der jugend und andern ins gesicht kommen / bald schalckhafftige gedancken wort ⟨G4ᵛ⟩ und wergk erwecken. Solchs ist anfenglich nit gewest / weis auch nicht / was sie jtzt darzu verursacht / Es were viel besser / sie mahleten lebendige Teufel dafür / die doch ohne das auff der Karten sitzen: Aber es möchten die spieler dafür erschrecken / und würden die karten nicht so wol verkaufft werden: Darumb wollen sie geld kauffen / so müssen sie etwas schönes unnd nackete weibsbilder mahlen / Dieselb farb ist guth / sagt jener Abt / do er ein schöne fraw ansahe. Solchs alles aber sind greuliche sünd wieder das sechste Gebot / Und wehe denen die mit solchen befleckt sind / oder dorzu ursach geben.

Das auch spielen sünde sey wieder das sibende Gebott / kan leichtlich bewisen werden mit dem / das auff dem spiel eitel list und betrug ist / wer alhie den andern ubertölpeln / und das spiel mit vorteil und unrecht gewinnen kan / der thut es gantz gerne / nimpt sich darzu kein gewissen drüber. Solches ist aller spieler art / das sie sich offt selbst rümen / und sagen: Wenn sie nicht ehr gewinnen solten / sie spielten denn recht / würden sie gar wenig gelt behalten / wolten auch lieber kein karten und würffel anrüren. Hieher gehört das oberzelte laster / das viel kinder heimlich den ⟨Hʳ⟩ Eltern geld oder geldtes werdt abstelen / damit sie zum spiel anlage haben: Ja die Eltern so alles auffs spiel wenden / stelen inen selbst / irem weib und kindern das brod aus dem maule / die kleider vom halse / lassen sie frost / hunger und kummer leiden / ich wil geschweigen / das zu letzt aus Eltern und kindern eitel galgen schwengel werden / Denn arbeiten wollen sie nicht / so lest sich das geldt auch nicht auff der gassen finden / wie scherben oder stein / Drumb

*Spilteufel*

müssen sie entweder den leuten das geldt ableihen und liegen / oder müssens nehmen / do sies nicht hingelegt haben.

So tregt sichs auch offt zu / das die / so zum spiel bey andern geldt geborget haben / gar selten wieder bezalen / offtmals verleugnen / und speywort dran geben / Solches ist warlich auch ein diebischer handel / Wiewol solchen leuten eben recht geschicht / und nicht zu beklagen sind / so zum spiel mildiglichen leihen / und dargegen arm sind und keinen heller haben / wenn sie etwa irem nechsten in der noth so viel leihen solten / Ich halt auch inen geschehe nicht unrecht / so man sie mit unter die Diebe zelete / Denn sie stercken die spieler / und stecken denen das geldt zu / welchen sies billich entziehen solten / und entziehens nodtürff-⟨$H^v$⟩tigen armen / denen sies mitteilen solten.

So ist auch bey denen / so das spiel inn iren heusern gestatten / solch schinderey / das sie nicht allein halb maß und bier aufftragen / sonder auch offt / vier / fünff / sechs pfennig / oder noch mehr für ein licht nemen / welchs sonst kaum ein heller werth ist. Solcher wucher wird gleicher weis getrieben auff der Rastelbanck / do man etwa umb zihnen gefes oder anders mit blinden würffeln spielet / und alles noch eins so tewer auffsetzt als inen gestehet / Wenn sies sonsten so thewer bieten oder vorkeuffen solten / würde man sie für Juden achten / oder mit steinen werffen / Aber weils dem spiel zu ehren / und dem Vogelschiessen zu nutz und förderung geschicht / ist alles recht / und mus ein dieb dem andern stelen.

Es ist auch nicht seltzam / sondern gantz gebreuchlich / das die spieler einander umb gering ursach willen vorunglimpffen und vorleumbden / Da mus dieser ein schelm der ander ein böswicht heissen / zeihen einander solche stück und ubelthaten / die sie nimmermehr beweisen können / müssen sich offt selbst zu lügnern machen / und auffs maul schlahen / wies die erfarung bezeuget. Uber diß sind die spieler hierinn wunder ⟨*Hij*ʳ⟩ geschickt / das sie die karten gerne falsch geben / schier zuviel / schier zuwenig haben / lassen die bletter unter den tisch fallen / schielen einander ins handspiel / so ir zwen uberein spielen / weisen sie die karten / wincken / und tretten einander auff die fůß / stecken auch einander die karten heimlich zu / domit sie ja das spiel gewinnen / welchs inen offt fehlen solt / wenn sie nicht so felschlich spieleten. Wie offt sagen sie auch nicht die warheit / was und wieviel sie haben / Mancher klagt er hab wenig / und hat doch genug / offt auch alzuviel genomen. Ein anderer aber rhůmet / er hab viel / und hat doch zu wenig / und wer kan alle falscheit erzelen? Wie der Teufel ein lůgner und tausent kůnstiger ist / also sind auch seine spieler / lůgenhafftig und betrieglich / Doher dann die sprichwőrter komen sind / Auff sehen ist die beste schantz. Wer nicht will die augen auffthuen / der thue den beuttel auff / etc.

   Entlich / ist das spiel ein sůnd wieder das Neunt und zehend Gebot / Denn die spieler begeren ander leut geld und guth / haben auch von hertzen lust und liebe zum spiel. Nun ists offenbar / das alle menschen von natur / nur zum bősen lust haben / wie die schrifft sagt: Des menschen hertz ist ⟨*Hij*ᵛ⟩ bős von jugend auff / aber wenn der Satan hinzu kompt / und solche lust zum bősen scherffet / wird sie noch grősser / und hőret nicht auff / biß sie die sůnd gebiret. Also gehets warlich mit dem spiel auch zu / klein und gros / jung und alt / hat jetzt schier lust darzu / befleißigt sich auch mit allem ernst / dasselb zu lernen / Was nu der Satan hierzu helffen / und die hertzen immer anreitzen kan / lest ers an im nicht mangeln / Derhalben kommet sies nicht sawer an / sondern habens im hui gelernet / werden behend und verschmitzt drauff / kans einer wol / der ander viel besser.

   Solche lust und geschickligkeit kőnnen wir nicht haben zu Gőttlichen dingen und wercken / sondern sind von natur unlůstig und ungeschickt darzu / kőnnens nicht lernen / und wollens nicht lernen / ob man uns gleich mit schlegen darzu treibet / und es nur gar leicht zu lernen were. So hilfft der Sathan dißfals mit henden und fůssen wehren / das es uns ja schwer und uberschwer důncket / so es doch an im selbst leicht ist / das beweiset die erfarung.

Das a b c so die knaben in der Schul lernen můssen / ist nicht so schwer / wie manchen důnckt / denn es sind nur dreyundzweintzig buchstaben: ⟨Hiij^r⟩ Aber weil es ein Gőttlich wergk ist / zu des menschen nutz und Gottes ehr verordnet / darzu dem Teufel nicht geringen schaden zufůget / so es recht gebraucht wird / kumpts jederman sawer an / vielen aber důnckts unmůglich sein zu lernen / lassen derhalb von in selbst ab zu lernen.

Wiederumb sind die spiel an im selbst / darnach die kůnste auff dem spiel mancherley / mancherlei sind auch die steine / augen / bletter / bilder und farben / darzu hat ein jedes seinen sonderlichen namen / das es derhalben viel mehr auffsehens / merckens / und vorstands darzu bedarffe / denn zum a b c / noch ists niemand zuviel oder zu schwer / habens im hui gelernet / ist unser freud und kůrtzweil / lassen uns nicht lang nőtigen oder mit schlegen darzu treiben / ja man kan uns mit schlegen nicht darvon treiben / sondern fahren fort in dieser teuffelischen kunst / es verdriesse gleich Gott / die Eltern / Oberkeit / oder wen es wolle.

Diß einige stůck ist ein gewisse anzeigung und unverwerfflich argument / das spielen sůnde sey / nicht von Gott / sondern vom Teufel gestifftet: Denn were es von Gott / wůrden wir uns wol so hefftig darwieder sperren / kein lust / lieb / noch geschicklikeit darzu haben / als wir inn andern ⟨Hiij^v⟩ Gőttlichen dingen gethan haben / thuen / unnd noch thuen werden. Weil aber das spiel vom Teufel / und sůnde ist / doraus viel ander sůnde / wie bißher genugsam erkleret ist / entspringen / und aber unser natur zu sůnden geneigt ist / So haben wir hefftige lust darzu / und der Sathan sterckt sie dermassen / ob schon Gott / Obrigkeit / die

Eltern und ander leut / uns hierinnen hindern wollen / so springen wir doch uber alles hin / und folgen dem spiel mit freuden / biß so lang zeitliche und ewige traurigkeit darauff folget.

Weil denn hiemit klerlich genug bewiesen / daß das spiel sůnde sey wieder alle gebot Gottes / sol es niemandt ergern / auch nicht fůr ein schertz gehalten werden / das oben im Ausschreiben so ein scheußlich register der Teufel / die mit und bey den spielern und spitzbuben sind / gemacht ist / und uns zum schrecken nacheinander erzelet werden. Sondern sollens dafůr halten / das sie mit grösserm hauffen und gantzen legionen dabey sind / und viel greulichers wesens und schadens bey dem spiel anzurichten willens sind / als jetzt erzelet ist. Das es aber nicht geschicht / sol niemandt zugeschrieben werden / als der grossen und un-⟨*H4ʳ*⟩ aussprechlichen gedult und langmůtigkeit Gottes / welcher deß Teufels werck und fůrhaben hindert und zustöret / Auch seinen ungehorsamen kindern ein zeitlang zusicht / imerdar besserung begeret und wartet / wie er spricht / Ezechie. 33. Ich hab nicht lust am todt des Sůnders / sonder viel mehr das er sich bekere und lebe. Und Paulus spricht: Weistu nicht / das dich die langmůtigkeit Gottes zur busse leitet?

O wie selig weren wir / so wir diesen radt und willen Gottes mit danck annehmen / und folgen kónten. Ich hab selbst zuvor den Spielteufel nicht gekant / und im doch gedienet / mich mit guten worten zum spiel reitzen und uberreden lassen / hat mich auch manchen pfennig gekostet / Aber Got sey ewig danck und ehre dafůr / das ich jetzt andere augen und verstandt ob dem spiel habe / Wil hinfurt mit im das VALETE getruncken haben / und nicht mehr dem bruder kůrtzweil also opffern / wie zuvor geschehen. Was mich aber darzu vorursacht / kan ein jeder aus vorgehenden worten vorstehen.

Und wolt Gott / das andere also kŏnten gesinnet sein / wolten wir dem Spielteufel bald sein urlaub und abschied geben / in zum schelmen ⟨H4ᵛ⟩ und ergesten dieb und mŏrder machen / welchen wir doch bißher fŭr unsern lieben freund und nŭtzlichsten Bruder gehalten haben. Denn es ist doch das best am spiel eitel ungŏttlich wesen / dorinnen sich niemandt mag fŭr sŭnden hŭten / er fang es gleich so guter meinung an / als er kan und mag.

Es ist nicht lang / das ich hievon mit einem frommen und gelerten Man unterredung hielt / welcher hefftig affirmiret / er kŏnt und wolt das spiel (so er die zeit mit andern ehrlichen leuten angefangen) wol one sŭnd und laster volbringen / deß ich denn eine zeitlang zusehen / und an solcher antwort mich must genŭgen lassen: Aber man pflegt zu sagen / IN FINE VIDEBITUR CUIUS TONI. so gings hie auch zu / Es wehret nicht lang / do er das geld verspielet / und gar kein glŭck het / ward er inn im selbst hefftig zornig / warff das bŏse handspiel im grim von sich / Welches do ichs fŭr sŭnde anzog und straffet / antwort er / Ich zŭrne mit keinem andern / sondern mit mir selber / und mit der lausigen karten / das sich so gar kein glŭck drauff hab. Ob aber solchs an im selbst keine sŭnde sey / laß ich ander leut urteilen und richten. ⟨Iʳ⟩

Derhalben sag ich noch / das am spiel nichts guts sey / Guther meinung wirds angefangen / aber das ende stimmet gar selten mit dem anfang uberein. Ists aber nicht schand / solch ungŏttlich bŏs wesen fŭr ehrlich und guth achten und halten? Ja freilich ists schand und sŭnde / darzu fehrlich und schedlich an leib und seel. Wehe denen / sagt der Prophet / die gutes bŏs / und bŏses guth heissen / Und Christus spricht / wer nicht mit mir ist / der ist wieder mich / und wer nicht mit mir samlet / der zustrewet. Daher kompts / das auff dem spiel alles muß wetterwendisch zugehen / haben wirs jtzt gut / bald haben wirs wieder bŏs / haben wir jtzt gewonnen / bald verspielen wir alles / Seind wir jtzt gute

freund / bald werden wir uneins und feinde / Seind wir jtzt frisch und lebendig / bald seind wir verwundet / kranck und todt: Solt uns doch solchs zum spiel unlustig machen / wenn wir anderst klug weren / und nicht zu unserm eigen ver-
⁵ terben lust hetten.

Darumb sind hoch zu loben und ehren / alle Fůrsten / Herrn / und andere Oberkeit / die irem Ampt nach / solch ungöttlich wergk des Spiels hassen / meiden / und den unterthanen in keinerlei ⟨$I^v$⟩ weis zu ůben gestatten / sondern
¹⁰ vorhindern / vorbieten / und mit ernster straff die ubertretter zum gehorsam zwingen. Hie / hie sind sie Götter / das ist / sie richten Gottes ampt und wergk aus / welcher wie David sagt / ein solcher Herr ist / NON VOLENS INIQUITATEM, Solchs will er von seiner Obrigkeit auch gethan haben. Sie
¹⁵ sollen auff seiner seitten stehen / mit und neben im / aller ungerechtigkeit und sůnde wiederstreben / oder soviel můglich / hindern unnd dempffen helffen / Gibt inen darumb seinen eigenen namen / heisset sie Götter / damit sie ja ires ampts erinnert / und one schew auszurichten / an-
²⁰ gereitzt wůrden.

Weil denn das Spiel nicht die geringste sůnd und ungerechtigkeit ist / dadurch der Teufel den Menschen mancherley schaden zufůget / handelt warlich all Oberkeit / so hierinnen dem Teufel und seinem anhang wehret / wie und
²⁵ wo sie kan / billich / recht / und gantz Christlich / Wird inen auch ewig ehrlich und rhůmlich sein / fůr Gott und allen creaturen.

Darumb sollen sie fortfahren / und zu solchem wergk sich auch reitzen lassen / der Unterthanen und ir eigen nutz / so
³⁰ auff beidem part folgen mus. ⟨$Iij^r$⟩ Denn da wird mancher sein geld und guth behalten / seinem weib und kindern besser fůrstehen / und seiner narung pflegen / auch der Obrigkeit / Schoß / Zins und Tribut geben kőnnen. Deßgleichen wird offtmals hader / reuffen / schlahen und
³⁵ mordt verbleiben / Die Obrigkeit mit richten und straffen

nicht soviel zu thun haben. Und das noch mehr ist / wird Gott selbst / allen und jeden / so im hierinnen gehorsam sein / segen und heil wiederfahren lassen. Denn die Gottseligkeit ist gut und nutz zu allen dingen / und hat die verheissung dieses und des zukůnfftigen lebens.

So bedarffs auch nicht grosser můhe und arbeit / das spiel zu hindern oder abzuschaffen / sondern kan gar bald und leichtlich geschehen / wo man dasselb mit ernst verbieten und straffen wůrde. Denn was ehrlichs gemůths ist / wird ungezwungen das spiel meiden / und hertzlich gerne abschaffen helffen. Was aber in die bubenschul gerathen ist / nicht folgen noch vom spiel abstehen wil / kan mit gebůrlicher straff zum gehorsam gebracht werden. Was sich aber heimlich und an frembden orten zum spiel halten / und verbergen wird / das soll doch Gottes urteil / ⟨*Iij$^v$*⟩ fůr welchem alle ding offenbar sindt / nicht entlauffen.

Es tregt auch kein gefahr / das spiel verdammen / verbieten / fliehen und meiden / Denn Gott / der die sůnd hasset / wil / das die Christen gleicher weis die sůnd hassen sollen / Wer nu solchs thut / der ist mit Gott / und Gott mit im / wird derhalben in fůrm Teufel und seinem anhang wol zu behuten wissen. Es werden doch die spieler sampt iren gehůlffen und fůrderern nimmermer so kůne sein / deßhalben etwas bőses wieder ire Oberkeit fůrzunehmen / geschweig denn / zu volbringen.

Ist derhalben wunder uber wunder / das der meiste teil der Obrigkeit hierynnen so faul / nachlessig / ja auch verzagt ist / das sie dem Spielteufel und seinen Kindern nicht ein krum wort sagen dőrffen / geschweig denn / solche buben straffen / und sich mit ernst wieder sie aufflehnen. Ah wie vorgessen sie so gar ires Ampts / sie sind wechsel kinder worden / folgen dem Teufel und lassen im seinen willen / die doch Gőtter / Gottes diener und kinder sein solten: Oder kan man zweyen Herrn zugleich dienen? ja unterstehen mag man sichs wol / aber volenden nicht. Die ⟨*Iiij$^r$*⟩ kinder des lichts sollen nicht kinder der finsternis sein / Denn was hat die finsternis für gemeinschafft mit dem licht / etc.

Darumb solten alle Predicanten / und sonderlich die Hofeprediger / bey irer Oberkeit mit allem fleis anhalten / und vermanen / das dem Spielteufel hinfurt mit ernst möcht gewehret werden / Denn er ist ein listiger unnd heimlich schleichender Teufel / der durchs Menschliche geschlecht sich flichtet wie eine schlang durch den zaun / und hie ein stück dort das ander stück von seiner gifftigen haut und art abstreuffet und hinder sich lest / Derwegen ichs gentzlich dafür halt / das viel Oberkeit dem spiel darumb nicht gewehret haben / das inen des spielteufels tück und boßheit nicht bekandt und offenbar gewesen ist.

Bitt derwegen / lieben Herrn und brüder in Christo / helfft dem Wolff das Schaffskleid abziehen / offenbaret des Spielteufels tück / frücht und belonung / wie ir imer könt und wisset / auff das er nicht rhümen und jubilieren möge / er sey unangeschrien durch den Schaffstal Christi gekommen: Will denn die Oberkeit / so warlich hierinnen das beste thun kan / helffen den Wolff ⟨*Iiij*ᵛ⟩ mit hunden hetzen / und wieder inn sein holtz jagen / do er her komen ist / wird sie deß / wie zuvor vermeldt / ewig rhum und ehre haben. Ist sie aber nachleßig / so sind wir entschüldigt. Die schand / sünd / und schwere Mülstein der ergernis / sampt allem schaden und gefahr / so daraus entstehet / bleib auff irem hals ewiglich. VOLENTI NON FIT INIURIA, Wollen sies denn also haben / so mögen sies behalten.

Zum beschluß / sollen auch hiemit alle Eltern Herrn und Frawen vermanet sein / das sie für ire eigne person das spiel auch meiden und nachlassen / und darnach iren kindern und gesind dermassen verbieten und verleiden wolten / das sies als ir eigen unglück / und den Teufel selbst fliehen möchten. Das sie auch die ungehorsamen straffen / inen essen und trincken versagen / oder entlich gar das küloch weisen wolten / damit aller ding eine hand der andern hülffe thue.

*Spilteufel*

Denn Weltliche Oberkeit sampt den Predicanten kŏnnen nicht in allen winckeln stecken / noch alle bŭberey wissen und erfahren. Darumb sollen die Eltern und Hausherrn / als die auch ein stŭck von weltlicher Oberkeit sind / nicht durch die ⟨*14ʳ*⟩ finger sehen. Ein jeder weis zum besten was inn seinem haus geschicht / dorinnen er also regieren sol / das er nicht den Spielteufel zum hausgenossen uberkomme / wie denn allen denen geschicht / die das spiel in iren heusern gestatten / karten / licht und bier darzu geben. Do / wo der Spielteufel hin kompt und einnistet / bringet er viel und erger Teufel mit sich denn er ist / die dem wirtte inn die herberig scheissen / und Hellisch fewer zu tranckgelt geben.

Darumb straff wer da straffen kan / oder Gott wird straffen / und bekere sich / wer zu bekeren ist / wer aber nicht wil der fahre hin / er ist genugsam gewarnet / Gott gebe das wir uns bessern / auch ein jeglicher seines Ampts trewlich warnemen unnd ausrichten mŏgen / AMEN.

So fah' im Alter aus des Spangenbergs Geſichte,
Von ſeinem Erb-Sünd-Streit gibt Zeugniſs die Geſchichte,
Die Subſtanz war ihm Ja, das Accidens ihm Nein,
Drüm muſt' er bis in Todt ein Exulante ſeyn.

# Der Jagteuffel/

Bestendiger vnd Wolgegründter bericht/wie fern die Jagten rechtmessig/vnd zugelassen. Vnd widerumb worinnen sie jtziger zeit des mehrertheils Gottlos/ gewaltsam/ vnrecht/ vnd verdamlich sein/ Vnd derhalben billich vnterlassen/oder doch geendert werden solten.

Durch

M. Cyria. Spangenberg.

ANNO
1. 5. 60.

## Der Jagteuffel /

Bestendiger und Wolgegründ-
ter bericht / wie fern die Jagten rechtmes-
sig / und zugelassen. Und widerümb worin
nen sie jtziger zeit des mehrertheils
Gottlos / gewaltsam / unrecht /
und verdamlich sein / Und
derhalben billich unter-
lassen /oder doch
geendert wer-
den sol-
ten.

Durch
M. Cyria. Spangenberg.
Auffs newe ubersehen und
gebessert.
Anno
1.5.60.

⟨Aij$^r$⟩ **Folgen die Namen derer gelerten Leut / aus welcher Schrifften dieses Buch zusammen gezogen.**

### A
Aelius Spartianus.
Aeneas Sylvius.
Aesopus.
Agapetus Diacon.
Albertus Argentinensis Magister.
Ambrosius.
Anaximenes.
Angelus de Clavasio.
Antonius de Butrio.
Antonius Panormitanus.
Antonius Pius, Keiser.
Apuleius.
Aristarchus.
Assaph Psalmista.
Astensis.
Athenæus.
Augustinus.

### B
Baptista Mantuanus.
Bartholomeus de Cassaneo.
Basilius Ioannes Herold.

### C
Cæsar Iulius.
Caius Iurisperitus.
Cassiodorus.

Cicero.
Chronicken der Thüringer.
Chronicken der Sachsen. ⟨Aij^v⟩
Claudianus.
Cleobolus Lindius.
Codex.
Conradus Celtes.
Conradus à Lichtenau. Ab: Ursperg:
Conradus Lycostenes.
Cornelius Agrippa.
Cornelius Tacitus.


D
Daniel Propheta.
Digesta.
Dion Cassius Nicæus.


E
Eberhard Weidensee, Doctor.
Ecke von Repkow.
Erasmus Roterodamus.
Ernst Brottauff.
Esaias Propheta.
Euripides.
Eusebius.


F
Flavius Vopiscus.
Flavius Blondus.
Franciscus Irenicus.
Franciscus Petrarcha.
Franciscus Zabarellus. Cardinalis.
Franciscus Zoannettus.
Fulgentius.

## G
Gedichte der Alten.
Georgius Lauterbeck.
Georgius Nigrinus.
Georgius Sabinus.
Georgius Vicelius. ⟨Aiij^r⟩
Gerhardus Lorichius.
Gottfridus Viterbiensis.
Gratius Poëta.

## H
Hans Sachs.
Herr Hans zu Schwartzenburgk.
Herodianus.
Herodotus.
Hesekiel Propheta.
Hieronymus Cardanus.
Hieronymus Schurff D.
Horatius.

## I
Iacobus Micyllus.
Iacobus Wimphelingus.
Iacobinus de S. Georgi.
Iason de Mayno.
Ioannes Aventinus.
Ioannes Balæus.
Ioannes Bocatius.
Ioannes Bugenhagen Pommer, D.
Ioannes Chrysostomus.
Ioannes Cuspinianus.
Ioannes de Turre cremata.
Ioannes Evangelista.
Ioannes Herold.
Ioannes Iustinianus Cretensis.
Ioannes Maior Scotus.

Ioannes Peregrinus Petroselanus.
Ioannes Pinitianus.
Ioannes Ravisius.
Ioannes Stobæus.
Ioannes Stumpff.
Ioannes Xiphilinus. ⟨$Aiij^v$⟩
Ioannes Zonaras.          Iosephus.
Iulius Capitolinus.       Ius Canonicum.

### L
Laonicus Chalcondyla.
Leges Germanorum.
Lieder der alten Deutschen.
Lilius Gyraldus.
Lucas Evangelista.
Ludvicus Celius Rhodiginus.

### M
Marcus Antonius Sabellicus.
Margarita Philosophica.
Martinus Lutherus.
Martialis.
Michæas Propheta.
Mattheus Evangelista.
Moses Propheta.

### N
Nauclerus Historicus.
Nicetas.
Nicephorus.

### O
Olaus Magnus Gotthus.
Onuphrius Panvinius.
Orus Apollo Niliacus.
Ovidius.

## P

Paulus Apostolus.
Paulus Iureconsultus.
Petrus de Natalibus.
Philippus Melanthon.
Philippus Decius.
Plato.
Platina. ⟨A4ʳ⟩
Plinius.
Plutarchus.
Poggius.
Psellus.

## R

Raphaël Volaterranus.
Rippuariæ Leges.

## S

Salomon.
Salicæ Leges.
Silius Italicus
Statius.

Sachsenspiegel.
Sebastianus Brandt.
Sozomenus.
Suetonius.

## T

Thracesius.
Theodorus Lector.
Titus Livius.
Trebellius Pollio.
Tewerdanck.

## V

Valerius Maximus.
Virgilius.
Ulpianus.

W
Wilhelmus Benedicti.
Wilhelmus Budæus.
Wilhelmus Paradinus.
Wolffgangus Lazius.

X
Xenophon. ⟨A4ᵛ⟩

## ⟨B^r⟩ Jagteufel.

ANfenglich hat der Ewige und Allmechtige Gott den Menschen geschaffen und gesetzt / zum Herrn uber alle Thiere / auff Erden / und im uber dieselbigen võllige gewald gegeben. Also: das in gemein alle Menschen / uber alles Viehe herschen und regieren solten. Wie geschrieben stehet Genes. I. Und Gott sprach / Lasset uns Menschen machen / ein Bild das uns gleich sey / die da herschen / uber die fische im Meer / und uber die Vogel unter dem Himel / und uber das Viehe / und uber die gantze Erde / und uber alles Gewůrme / das auff Erden kreucht. Und Gott schuff den Menschen im zum Bilde / Zum bilde Gottes schuff er in / Und er schuff sie ein Menlein und Frewlein / und Gott segnet sie und sprach zu inen / Seid fruchtbar und mehret euch / und fůllet die Erden / und machet sie euch unterthan / und herschet uber Fisch im Meer / und uber Vogel unter dem Himel / und uber alles Thier das auff Erden kreucht.

<small>Herrschafft des Menschen uber alle Thiere.</small>

    Hie hõren wirs beides / das Gott den Menschen zum Herrn uber alles Viehe ⟨B^v⟩ schaffet / Und darnach auch solche Herschafft dem Menschen befihlet und heimstellet.

    Dieweil aber dazumal dem Menschen nicht war vergůnnet noch nachgelassen / fleisch zu essen / So war solche Herschafft dazumal freundlich / und liebreich / und erstreckete sich nicht auffs wůrgen / jagen / hetzen und tõdten. Darůmb sich auch die Thiere solcher grausamkeit von den Menschen nicht zu befaren gehabt / Und widerůmb ob wol etliche Thiere gros und starck (wie noch) gewesen / hat sich der Mensch doch nicht dafur entsetzen / noch besorgen důrffen / wie man an Adam sihet / Als GOTT der HERR allerley Thiere zu im brachte / das er inen namen gebe / hat er

<small>Freundliche Herrschafft.</small>

|Sicherheit fur den wilden Thieren.| sich fur derselben keinen gefürchtet. Und eben also dürfften wir uns noch heutiges tages fur keinem Thier fürchten / wenn wir noch in der unschuld und one Sünde weren. Wie Augustinus aus Chrysostomo beweiset / im ersten Buch wider den Pelagianer Julianum am 2. Capittel.

Aber nach dem der Mensch durch den ungehorsam und ubertrettung Göttlicher Gebot von Gott abgewichen / und in die Sünde gefallen ist / hat er auch solche herrligkeit und Herschafft uber die Thiere verloren / Und ist nu leider dahin komen / weil der Mensch dem geringsten und kleinesten ⟨Bij$^r$⟩ Thierlin / der Schlangen / mehr gehorchet und gefolget hat / denn dem grossen und allein weisen Gotte / Das er sich nu auch nicht allein fur grossen Lewen / Beren / Wolffen ⁊c. Sondern auch fur den aller geringsten thieren / als Meusen / Spinnen / Aidechs / Scorpionen und dergleichen mus fürchten / und entsetzen / und ist die macht und gewald / so der Mensch anfenglich / uber alles was auff Erden kreucht / gehabt / also gar hinweg / das er nu leiden mus / und nicht wehren kan / das beide fliegen / Mucken / Flöhe / Leuse und ander Gewürm in unruhig machen / und uberlestig sein / allent halben hindern und beschweren / und kömmet darzu offt / das die bösen wilden thiere die Leute beschedigen / und wol gar umbbringen / Und die andern zamen thiere auch bisweilen sich wider die Menschen aufflenen / sie schlagen / stossen / beissen / und sich nicht zwingen lassen wollen / Welches alles anzeigung und beweis gnug ist / der verlorenen Herschafft / von wegen der Sünde und ubertrettung.

Furcht fur den Thieren.

Beschwerung und schaden von Thieren.

Drewung Gottes.

Und eben daher schicket bisweilen Gott noch heutiges tages / wilde und schedliche Thiere unter die Leute / Weil sie sein Wort fahren lassen / und mutwilliglich wider in sündigen. Wie er denn gedrewet hat / Deut: 32. Ich wil der Thiere zeene unter sie schicken / Und Ezechielis 5. Böse wilde thiere ⟨Bij$^v$⟩ wil ich unter euch schicken / die sollen euch one Kinder machen.

*Jagteuffel*

Wie sicher aber man fur solchen schedlichen Thieren sein möchte / wenn man one Sünde were / hat Gott in etlichen Exempeln dargethan / Das auch böse schedliche Thiere / gleubigen und Gottseligen Leuten nicht haben schaden müssen. Also musten die Lewen den Daniel in der Gruben unverletzt lassen / Danielis 6. Und also durffte die Otter den heiligen Paulum nicht beschedigen / Acto. 28. Augustinus DE GENESI AD LITTERAM. LIB. 3. CAP. 15.

Aber nu ists also gelegen / das die Thiere nicht viel geben / auff des Menschen gebot und Herschafft. Und das Noah allerley thier in den Kasten zusammen gebracht hat / ist ein besonder Wunderwerck Gottes. Denn ob wol Noah befohlen wird / das er allerley Thiere in den Kasten thun solle / so stehet doch darbey / Genes. 6. Von den allen sol je ein par zu dir hinnein gehen / Und Genes. 7. Sie giengen zu im in den Kasten bey paren ⁊c. Welchs Noah nicht hette mit seinen krefften zu wegen bringen können / oder weren doch mehr oder weniger zu im komen / wo nicht Gott wunderlicher weise / durch seine Allmechtigkeit und gewald solchs hette verschaffet. Und das jtziger zeit bisweilen die thiere thun müssen / was die Menschen wollen / geschicht mehr aus ⟨*Biij*ʳ⟩ gewonheit / denn aus gehorsam / Das man nemlich mit grosser mühe vleis und arbeit / die Thiere darzu gewehnet und also zemet / gleich wie man mit list und behendigkeit die Fisch und Vogel fenget / die wir sonst mit gebot und befehel an irem flug und wegen wol würden ungehindert lassen.

Also haben wol die menschen etwas gewalts und herschafft uber die Thiere / aber es ist der gewald nicht gleich / die Adam und Eva uber sie gehabt / denen sie auff ein wörtlein oder wincken gehorsam geleistet / und das williglichen / mit freundlicher zuthuung.

Da aber Gott dem Menschen vergebung seines fals und der Sünden durch den verheischenen Weibessamen zugesagt / und hernach auch die sündhafftige welt durch die

*Wunderwercke.*

*Daniel.*

*Paulus.*

*Allerley Thiere im Kasten Noah.*

*Gehorsam der Thiere aus gewonheit.*

*Verlorene gewald.*

*Widerzugestellet gewald.*

12 Teufelbücher V

Sůndflut gestrafft und getilget / und allein Noah selb achte erhalten hette / hat er demselben und allen Menschen seinen nachkomen / die gewalt uber die Thiere geben / und bestettigt / das sich dieselbigen fur den Menschen fůrchten můssen. Wie geschrieben stehet / Genes. 9. Ewer furcht und schrecken / sey uber alle Thiere auf Erden / uber alle Vogel unter dem Himmel / und uber alles was auff dem Erdboden kreucht / und alle Fische im Meer sind in ewre hende gegeben / Und ist nach der Sůndflut dem Menschen auch erleubt / solcher lebendiger ⟨*Biij*ᵛ⟩ Creaturen zur speise zu gebrauchen. Alles was sich reget (sagt Gott) und lebet / das sey ewre speise / wie das grůne kraut / hab ichs euch alles geben. Von der zeit an haben die Thiere / sonderlich die wilden ein schewen fur den menschen / als fur einem Tyrannen / und lassen sich auch zwar die zamen Thiere nicht gerne greiffen und fahen / denn sie merckens gleich von Natur / das inen die Menschen nach dem leben trachten / und macht haben inen dasselbige zu nemen / Und von wegen solcher gewald durch Gottes Wort (Gen. 9.) den Menschen gegeben / faren sie nu zu / und ziehen und mesten nicht allein daheim zame Thiere / derer sie zur speise gebrauchen mögen / Sondern jagen / fahen / schiessen und fellen auch die wilden Thiere / Hirschen / Hasen / Schweine / Rehe und dergleichen. Solchs ist nicht one gefehr auffkomen / sondern von Gott also nachgelassen und verordnet / sonst kônd man one Sůnde auch das geringste Thierlein nicht tôdten / wo es Gott nicht erleubet hette. Und ist warlich ein grosse freiheit / das die Menschen macht haben allerley Thiere zu ihrer notdurfft und narung bequem / zu wůrgen und zu tôdten. Und dieses ist in gemein allen Menschen / einem so wol als dem andern / erleubt und vergůnnet gewesen.

Da aber nu die Menschen sich gemehret / und der Leute bey einander viel worden / ⟨B4ʳ⟩ haben sie solcher gewalt und Herschafft nicht alle zeit zur notdurfft / sondern zur wollust / oder einer dem andern zu verdris / oder auch wol

sonst mutwilliglich misbraucht / Darůber sich dan viel haders / gewirre / zanck / Krieg / unwill und unruhe entspunnen / und wer am meisten vermocht / hat den andern unterdrucket / das auch ein Sprichwort draus worden / das  *Sprichwort.*
5 man die grausamen Tyrannen und wůtterich / starcke Jeger genennet hat.

Zu verhůtten solche zweitracht und unrath / hat mans fur gut angesehen / ja die hohe not hat es erfordert / umb friedes willen / einem jeden das seine ordentlich zu erbe /  *Teilung der*
10 eigen / oder lehen zuzutheilen / Und da sind auch die Ge-  *Landgůtter.* hůltze und Welde geteilet worden und verordnet / auch nach gelegenheit genugsam verwaret / wer / wenn / wo / und wie weit und fern ein jglicher zu jagen / und das Wild zu hetzen oder zu fellen befůget sein / und macht haben solte.

15 Und hierbey solt es auch billich bleiben / das keiner dem andern in das seine grieffe / Denn solchs gewald und unrecht ist / wie die Juristen beweisen Ex L. INIURIARUM, § FIN: FF. DE INIURIJS. UND L. DIVUS FF: DE SERVIT. RUST: PRÆD: verboten. Da Keiser Pius an die Weidleute klar also schreibt / Es  *Pius Keiser.*
20 ist der vernunfft und Erbarkeit gar nicht gemes / das ir wider des Herrn willen auff anderen grůn-⟨B4ᵛ⟩den und Eckern Vogel stellet / und setzet die Glossa / das solchs gleicher gestalt auch vom Jagen soll verstanden werden. Daher setzt auch Caius LIB. 41. FF. TIT. 1. So jemand auff eines andern
25 grund und boden sich unterstůnde zu jagen / oder weide-  *Ordentliche* werck zu treiben / das mag ihm mit allem rechten / der  *Rechte.* Herr desselben grunds / so ers vermerckt / weren. L. QUOD ENIM. §. PLANE. FF. DE ACQUI: RER. DOM.

Es haben aber in solcher austheilung / wie jtzt gemelt /
30 die hohen Oberkeiten inen etwas fur andern furbehalten /  *Vorzug der* oder durch andere wege hernach an sich gebracht / sonder-  *Oberkeiten.* lich die hohen Gehůltze / Wildbanen / und jagten / welchs denn an im selbst nicht unbillich ist / dieweil sie in irem aufferlegtem Ampt viel sorg und můhe haben můssen (wenn
35 sie demselbigen rechtschaffen furstehen wollen) das sie auch dagegen ir lust / kurtzweil / ubung und ergetzung haben.

12*

*Jagt der Obern in der geringern gůttern.*

Darnach hat sichs zugetragen / das die mechtigsten Herrn / in derer geringern / so inen unterworffen / Desgleichen die vom Adel in der Bawren und die Oberkeiten in der gemeinen Gehůltze gejagt / welchs erstlich so hoch nicht ist geachtet / Und darnach aus solcher gewonheit ein verjerung / und schier ein gerechtigkeit ist worden / Also das nicht allein der mechtige auff des geringern grund und boden jagt / Sondern dem-⟨$C^r$⟩selben auch verbeut / und wehret auff seinem eignem nicht zu jagen / So sind die gemeinen Leute mehrer teils anfenglich hiemit wol zu frieden gewesen / sintemal sie des jagens und solcher herrligkeit nicht gros geachtet noch begeret / Auch inen hiemit an andern nutzungen / kein hinderung / noch schaden geschehen / haben sie also mit solcher bewilligung ir recht ubergeben.

Nu ists wol war / das einem in denen sachen derer er IURE GENTIUM, nach allen natůrlichen rechten / seins gefallens / frey gebrauchen mag / nichts kan benommen werden / wie erscheinet und zu beweisen ist / in C. L. POSS. C. DE PROBAT. IN PRIN: 16. Q. 1. EST NOTA B: GLOSS: ULT: IN LEGE SOLENT. FF. DE OFFIC: PROCONS: welchs auch Franciscus Zoannet. gewaltig darthut in REPET: L. 2. C. DE PACT: INTER EMPT: & VENDIT: das der gestalt jagen / fischen ꝛc. durch das Natůrlich Recht niemand verboten ist. L. 1. §. DE ACQUI:

*Wie einer sein Recht vergibt.*

RER: DO: so vergibt doch einer sein recht / wenn er auff eines andern verbot und eintrag stilschweigt / demselben folgt / und sich seins freien natůrlichen rechtens / nicht wie er wol macht het / gebraucht / wie Ulpia sagt / L. SI QUIS DIUTURNO IN PRIN: FF. SI SER: VEND: welchs auch Jason bezeugt in REPE: L. QUO MINUS, Und die Juristen weitleufftiger zu beweisen wissen. Und unter andern Iacobinus de S. Georg. IN SUO TRACT. FEUDALI IN §. ET CUM VENA. also setzet / Es ist fur die Herrn wenn sie den un-⟨$C^v$⟩terthanen das jagen verbieten / sind die unterthanen mit solchem verbot zufrieden / bringen nichts dawider auff / sondern folgen hierinnen dem Herrn / So reumen sie hiermit der Herschafft solchs zu verbieten ein / als hetten sie es fug / und verlieren also ir recht zu jagen / zu ewigen gezeiten.

 Also sind die jagten der Obern auff der Unterthanen grunden / und das verbot / das sie auff irem eigenen nicht jagen dürffen / eingerissen / entweder durch solch prescription / und gutwillig nachgeben derselben / oder sind von höhern heubtern und Potentaten mit solchen Jagtrechten belehnet / Wiewol auch viel mit gewald und zwang / Tyrannischer weise / oder zum wenigsten mit bedrewung solchs an sich bracht haben / das es die unterthanen aus furcht wol haben müssen geschehen lassen. Und wo es nu viel jar lang uber Menschen gedencken / geweret / wird man mit Rechte nicht wol wider zu voriger freiheit komen können. So wil es sich auch nicht gebüren mit gewald dawider zu legen / Denn solchs würde ein vergeblich furnemen sein / und nur ubel erger machen. Wie man im Bawrenlermen An. 1525. erfaren / So ists auch nu mehr also umb die lehen der Deutschen gelegen / das inen erleubt wird zu jagen auff der gemeinen Leute gründen / da es vor gewonheit gewesen ist / ob sie solchs gleich nicht gerne ⟨*Cij*ʳ⟩ sehen / und noch darzu inen alle Jagten (es weren dan etwan Hasen und Füchs ausgenommen) zu verbieten / aus Keiserlicher bewilligung / auff vorgedachte lange zeit her geduldet Prescription. Wiewol viel auch unter den Juristen weder von solcher Prescription / noch von der obgedachten belehnung / viel weniger von der Obrigkeit jagt verbotten halten. So ists doch nu also weit kommen / das sie es in irer gewald haben / es sey nu mit Recht oder unrecht. Und wer wil sichs unterstehen / oder one sünde unterstehen dürffen / solchs inen mit gewald abzudringen / so werden sie ire herrligkeitten hierinnen auch nicht willig ubergeben / und were ihn zwar solche Herrligkeit und furzug nicht zu vergünnen / so sie nur nach ausweisung ires aufferlegten Amptes / und schüldiger Veterlicher liebe gegen ire Unterthanen desselben recht gebraucheten.

Verbot des Jagens.

Nota.

Warnung.

Lehenrecht der Deutschen.

Grewlicher Mißbrauch des Jagens.

Armer Leute zehren.

Worůmb dis buch geschrieben worden.

Einrede.

Prediger sollen das unbillige Jagen straffen.

Gottes Gesetz.

Aber der mehrer teil Oberkeiten haben bisher solcher irer Privilegien und herrligkeiten / darbey sie ire Unterthanen solten lieben und schützen / zum verderb und endlicher unterdruckunge derselbigen / zum aller greulichsten misbrauchet / Welchs denn gantz Gottlos / bőse / und unrecht gethan ist / darůber viel heisser zeren vergossen werden / von armen Leuten / die solche gewald beweinen und klagen / welcher geschrey gen Himmel kőmpt / und unser Gott zuletzt be-⟨Cij$^v$⟩wegt werden wird / schrecklicher solche unterdruckung zu straffen / denn viel grosser Potentaten jtzt dencken mőgen.

Dieweil denn wir Prediger auch fur die Oberherren sorgen / und sie fur irer verdamnis warnen sollen / Hat mich mein Ampt / Darnach Gottes befehel / darzu ire grosse gefahr / darein sie sich wissentlich begeben / Zu letzt auch die hohe not armer leute / und die grosse unbilligkeit bewegt / dieses Bůchlein in Druck zu geben / zur warnung / denen so sich wollen eines bessern unterweisen lassen / Und zur gewissen prophecey und weissagung kůnfftiges unglůcks / und verdamnis / derer / so diese und andere ernste und trewe warnung verachten.

Es werden etliche wol sagen / Was gehet das Jagen die Theologen an? Prediger sollen ires Ampts warten / und darauff sehen / das sie iren Leutlin das Evangelium recht und rein predigen / sollen sich nicht in solche Weltliche hendel und gescheffte einlassen ꝛc. Denen antwort ich / das den Predigern von Gott befohlen / alle Sůnde und laster und misbreuche zu straffen. Weil dann die grossen Herrn und Junckern sich vielfaltig mit iren Jagten gegen Gott und arme Leute / auch inen selbst zu ewigem schaden versůndigen. So wil Gott ernstlich / das man inen solches furhalte / sie zur busse vermane / und fur leibes und Seel verderb ⟨Ciij$^r$⟩trewlich warne. Darůmb er auch bey dem Issraelitischen Volck ein eigen Gesetz geben / Levit 17. Wie sie es mit den Thieren und Vőgeln / so auff der Jagt gefangen wůrden / halten solten. Daraus zu sehen / das es nicht wider der Theologen und Prediger beruff ist / von rechtem gebrauch des Jagens zu leren / und den Misbrauch desselben zu straffen / wil jemand inen folgen / wol und gut demselben / wil aber jemands freventlich alle warnung verachten / und mutwilliglichen zum Teufel fahren / mag es auch thun / und den schaden fur sich haben / so sind doch unsere Seelen nach dem Spruche Ezechielis 3. errettet. Und kônnen solche nicht sagen / das sie es nicht gewust haben / oder nicht sein gewarnet worden.

Es ist aber gar nicht unser meinung (wie es die verleumbder und falschen zungen deuten werden) den Oberkeitten die Jagten / und herrligkeiten abzustricken / und die den Unterthanen / ihres gefallens darinnen zu handeln / gemein zu machen / Denn solchs weder recht / noch gut sein kôndte / sondern ich wil alleine die gewaltigen hierinnen leren und unterrichten (wollen sie es fur gut von mir auffnemen) Wie fern das Jagen recht und one Sûnde kônne gebraucht werden / damit sie ire kurtzweil und herrligkeiten mit gutem gewissen halten und uben môgen. Und wil darnach dagegen auch anzei-⟨*Ciij*ᵛ⟩gen / worinnen und womit sie leider jtziger zeit inen die Jagten selbst verdamlich machen / damit sie / was unrecht ist / meiden und bessern / und also ewiges verderben ihrer eigen leibs und Seelen verhůten môgen.

Inhalt dieses Buchs.

## Wie mancherley das Jagen sey.

Alle ubung und kůnste sind entweder Liberales oder Mechanicę. Die erste nennet man freye Kůnste / Die ander Handwerge oder Gewerb. Unter die ersten kan das Jagen nicht gerechnet werden / denn es auch nur eine leibliche ubung ist / und nie unter die freyen Kůnste gezelet worden.

Zweierley Kůnste.

Es ist aber das Jagen von anfang her / und bey den Alten dreierley gewesen. Erstlich das Tyrannisch Jagen. OPPRESSIVA HOMINUM genent / da man die armen Leute unschüldiger weise jaget / treibet / und dringet von einem ort zum andern / sie unterdruckt und dempffet. Solchs Jagen hat anfenglich der Nimroth geübet / welcher beyneben andern ein grosser Tyrann und wütterich wider arme leute gewesen. Daher auch von im geschrieben stehet / Gen. 10. Nimrod fing an ein gewaltiger Herr zu sein auff erden / und war ein gewaltiger Jeger fur dem HErrn / Solchs Jagen ist je und allwege stracks verbotten gewesen. Davon findet man auch im Geistlichen Recht. DISTINCT. 6. C. NON EST. ⟨C4ʳ⟩

Darnach ist gewesen das Kampff Jagen / ARENARIA VENATIO. Das Spectackel jagen / da man die verurteilten zum tode / auff darzu gemachtem schawplatz mit den wilden Thieren sich hat Jagen lassen / dem Volcke zum Schawspiel / Da musten die armen Leute gewapnet und gerüstet / mit den Lewen / Beren / Wolffen / Panterthieren und dergleichen kempffen / ob sie denselben mit stercke / manheit oder behendigkeit / obligen / ansigen / und nach dem sie die thiere erlegt / davon komen möchten / Aber solches geschach gar selten / denn wann einer gleich ein wildes Thier allgemacht hette / so war ihm von stund an ein anders oder mehr am halse / bis so lange das blutdürstige Hertz der zuseher und umbstehenden gesetiget / oder zu Barmhertzigkeit bewegt ward. Und wie wol dieses Jagen grewlich und unmenschlich gewesen / so hat man dennoch allezeit Leute funden / die sich darzu gebrauchen lassen / und grosse unkost darauff gewendet / und entweder Knechte darzu gekaufft und gemestet / oder sonst die des todes schüldig gewesen ein zeitlang darauff gehalten / genehret und abgerichtet / das sie zu bestimpter zeit dem Volcke zur wollust / mit den Thieren zu kempffen / und sich umbzujagen / geschickt und bereitet weren. Wie Wilhelmus Budeus in ANNOTATIONIBUS PANDECTARUM ÆDITIONE ALTERA bezeu-

get. Biswei-⟨*C4ᵛ*⟩len worden auch wol unschůldige leute mit den Thieren zu kempffen gezwungen / oder mit geschencken und verehrungen darzu bewegt / sich in solche gefahr zu begeben. Wie der Keiser Nero bey 600. Ritter- *Nero.*
5 messige Römer zu solchem kampffjagen verordnet hat / welchs Suetonius von im schreibet. Etliche haben die thiere zu solchem greulichen Spectackel ernehret und aufferzogen / gehetzt und böse gemacht. Es worden aber zu solchem kampff gemeinlich junge und starcke Leute / so sie es ver-
10 wircket / verurteilet / Wie aus den worten Ulpiani abzunemen / lib. 48. DIGESTORUM TIT: 19. IN L. UT DAMNUM §. QUICUNQUE. FF. DE PŒNIS.

Solche kampffjagten sind bey den Römern sehr breuchlich gewesen / wie TITUS LIVIUS LIB. 9. DECADIS. 4. vom Marco
15 Fulvio schreibet / und sonst hin und wider dergleichen gedenckt. So schreibet Suetonius / das die alten Keiser *Römische* Augustus / und fur dem selben Julius / und hernach Cali- *Keiser.* gula / Claudius / Nero / und Domitianus / solch Jagten dem Volck offt zu gefallen gehalten. Caligula hat auch arme *Caligula.*
20 und schwache alte Leute mit den thieren zu kempffen gezwungen. Und Domitianus hat zum ersten auch Weiber zu *Domitianus.* solchem kampff verordnet (Wolffgangus Lazius lib. 10. COMMENTARIORUM REIPUBLICÆ ROMANÆ CAP. 13.) Keiser Titus hat viel gefangener Juden / ⟨*Dʳ*⟩ nach eröberung der *Titus.*
25 Stad Hierusalem hin und wider in die Lender zu solchen Schawspielen verschickt (IOSEPHUS LIB. 7. DE BELLO IUDAICO CAP. 16.) Traianus hat bey hundert und zwentzig tage an *Traianus.* einander Schawspiel zu Rom gehalten / da bisweilen tausend / bisweilen zehen tausend wilder Thiere auff der Bane
30 gewesen (IOANNES XIPHILINUS EX DIONE CASSIO) Desgleichen haben solche Spectackel gehalten Keiser Hadrianus / Als *Hadrianus.* er das streitbare Weib Zenobiam uberwunden hette (Schreibet Flavius Vopiscus) und Galienus nach dem Macrianus *Galienus.* erwůrget worden (Zeuget Trebellius Pollio.) Der Keiser
35 Antoninus Caracalla aber hat zu solchen Spectackeln gewei- *Caracalla.*

net / und das angesicht davon hinweg gewendet / wie Aelius Spartianus von im meldet.

*Gordianus.* Des Gordiani statliche und prechtige Kampffjagt beschreibet Julius Capitolinus / wie die in des Pompei Hause abgemalet gewesen. So gedenckt er auch des Keysers *Philippus.* Philippi / der zu solchem Spiel 32. Elephanten / 10. Elend / 10. Tigerthier / 60. Lewen / 30. Leoparden / 40. wilde Pferde etc. und viel andere Thiere gegeben hat. Und vom *Probus.* Keiser Probo schreibet Vopiscus / das er ein sonderlichen Wald kůnstlicher weise zu solchen Kampffjagten zurichten lassen / darinnen er 1000. Hirschen / 1000. wilde Schweine ⁊c. 100. grosser Lewen und ⟨D$^v$⟩ andere wilde Thiere / dem Volck dargestellet / darůber viel sind umb ir leben kommen / die sich mit denselben zu kempffen eingelassen / Und eben *Arcadius.* eine solche prechtige kampffjagt / der beider Keiser Arcadij *Honorius.* und Honorij / beschreibet mit lustigen Versen der Poet Claudianus.

Es erzelet Apuleius in seinem 4. Buch / vom gůlden Esel / *Demochares.* eine artliche Historia / vom Demochare einem trefflichen reichen Manne / der auch offt solche Jagten dem gemeinen Volck zur lust hat zurichten lassen / Wie demselben einer / *Thrasilianus in* Thrasilianus genennt / in ein Berenhaut vernehet / als ein be*der berenhaut.* sonder bőse Thier (wie er sich denn artlich stellen kőnnen) sey geschenckt worden / welcher zu nacht seine Gesellen ins Haus gelassen / die dem Demochare seinen Schatz gestolen und hinweg getragen / Wiewol es dem Thrasiliano auch ubel gerathen / denn er fur einen Beren gehetzt und erwůrget / und darnach erst ein Mensch befunden worden.

CICERO LIB. 2. OFFICIORUM sagt: Es sind lauter vergeuder *Unerbarlich* und verschwenderer / die ihr gelt auff solche Spiel und *kampff Jagten.* Kampffjagten wenden / Und ist auch in den alten Rechten bey den Christen eine ernste straffe auff die gesetzet / so sich solcher Blutjagten beflissen haben / oder dazu gebrauchen lassen / Und werden zwar solche Leute in Weltlichen Rechten nicht fur erbar geachtet. ⟨Dij$^r$⟩

S. Augustinus schreibet in Psalmum 102. Lieber sag mir / die solchen Jegern verehrung und geschenck thun / Worůmb thun sie solchs? Ists nicht also / sie lieben das an inen / und lassens inen gefallen / darinnen sie am aller ergesten sind / Sie schencken nicht einem Menschen / sondern der aller ergesten kunst. Denn were ein solcher nur ein schlechter Mensch / und nicht ein Jeger / du gebest im fur war nichts / ehrest also an im nicht seine natur / sonder seine laster. Wie dieser Text auch im Geistlichen Recht mit eingeleibt. 68: Distinct: Qui Venatoribus.

Ich achte es gentzlich dafur / das der heilige Apostel S. Paulus auch der gestalt mit den thieren habe kempffen můssen / wie er denn selbst schreibt / I. Corinth. 15. habe ich Menschlicher meinung zu Epheso mit den wilden Thieren gefochten ɾc. Und ist one not / das man diese wort auff die Ketzer und falsche Lerer deute / Sondern sie einfaltiglich von vorgedachtem Schawspiel des Kampffjagens verstehe. Wie ich hievon weitern bericht gegeben / in meiner auslegung der ersten Epistel an die Corinthier / in der 52. Predigte. S. Paulus.

Dieses sey nu zum bericht / von der andern art des Jagens auff dismal gnug angezeigt. Keiser Anastasius (welcher umb das Jhar Christi 500. regieret) hat solche Kampffjagten gentzlich verboten und auff-⟨Dij$^v$⟩ gehoben. Theodorus Lector lib. 2. Collect. Anastasius Keiser.

Die dritte art des Jagens / ist das man das Wild zu holtz und felde jaget / hetzet / fellet und fehet / Davon wir in diesem folgendem schreiben sonderlich handeln wollen. Denn viel grosser Herrn desselben sich mit solcher grausamkeit gegen arme Leute / und beschwerlicher unterdruckung der Unterthanen / also gebrauchen / das es auch wol möchte ein Tyrannisch Jagen gennenet werden / Und derhalben not ist / davon etwas gründlichs zu handeln und anzuzeigen / was daran tadlich und unrecht / und wie die Jagten anzustellen / das dennoch die Oberherrn ir kurtzweil / ubung und herrligkeiten behalten / Und darneben Gott unerzörnet / und der Nehist unbeleidigt bleiben möchten. III. Wildjagten.

Mißbrauch der Jagten.

*Teilunge dieses Buches.*

Demnach wil ich unterschiedlich sagen / Erstlich von dem Jagen / welchs recht und von Gott erleubt / auch von Natur und aller billigkeit nachgelassen ist. Darnach von dem Gottlosen Unchristlichen Jagen / so leider jtziger zeit allenthalben im brauch ist / wider Gott und die Natur / wider die liebe und gewissen / worůmb dasselbige abzustellen und zu bessern. Gebe der liebe Gott seine Gnade und Geist / das es wol gerathe / und frucht schaffe / Denn ich jhe dieses schreiben keiner andern meinung / denn Gotte zu ehren / und menniglich zum besten furgenomen. ⟨*Diij*ʳ⟩

## Von Rechtmessigen Jagten /
### welche von Gott / der Natur und allen Rechten zugelassen werden / und wie es umb dieselbigen gelegen.

*Rechtmessige Jagten.*

Rechtmessige und von Gott zugelassen Jagten sind / da die Obrigkeiten / oder wer es sonst macht / fug und recht hat / in und auff dem irem / oder auff eines andern grunde und boden / mit bewilligung desselben / die wilden / schedlichen / oder sonst unzame Thiere jagen / hetzen / fahen / fellen und würgen / one Gotteslesterung / one verseumnis und hinderung des Gottesdiensts / one schaden / und beleidigung des Nehisten / oder der Unterthanen / one nachteil des Ackerbawes / Entweder sich nach vielgehabter mühe zu erlüstigen / oder andere wollusten zu meiden / anderer Leute schaden zu verhütten / und fur sich und andere / etwas in die Küche zu verschaffen ꝛc. Solchs Jagen kan Gott wol dulden / ist auch von der Natur und allen rechten nachgelassen.

Nu wollen wir die Eigenschafften des Rechtmessigen Jagens nach einander ordentlich betrachten / und von einer jeden in sonderheit bericht thun / und sind ihr furnemlich zwelffe. ⟨*Diij*ᵛ⟩

## I.
## Jagen sol in der Gottesfurcht ·geschehen.

Dieses důncket unser Jeger gantz seltzam / das man auff der jagt an GOTT den Herrn soll gedencken / sagen solchs gehőre in die Kirchen / Aber wie aus dem Xenophonte zu sehen / so sind die jagten bey den alten fur heilig gehalten worden / und sind nicht allein die Menner / sondern auch die Weiber / so sich des jagens geflissen / From und Gottfůrchtig gewesen / Sie Jagten (spricht er) ohne anderer Leute schaden / Und fingen es an mit dem Gebet / und anruffung der Gőtter / der Jeger machte sich mit seinen hunden auff die spůr nach holtze zu / und rieff zuvoren an den Apollinem / und die Jegergőttin Dianam / erbot sich auch etwas von dem gefangnen wildprat ihnen zum opffer zu geben / und wurden die jagten mit aller gedult und sanfftmut beschlossen / ꝛc. Haben nu solchs die Heiden gethan / die doch den rechten Gott nicht erkent haben / Wie viel mehr geziemet es denen Jegern / die da Christen sein wollen / das sie ir jagen mit Gottes furcht anfahen / und den waren Gott anruffen / der im funfftzigsten Psalm durch den Senger Assaph also sagt / Alle ⟨D4ʳ⟩ Thiere im Walde sind mein / Und das Vihe auff den bergen / da sie bey den tausenten gehen. Warlich dieser Gott sihet und hőret alles / was man in Jagten bey seinem Wilde thut und redet / Darůmb es wol not ist / fur im Gottfůrchtig zu sein.

Aber jtziger zeit braucht man gemeiniglich solche Leut zu jagten / die da gantz Gotloss und Epicurisch sind / die nicht gleuben das ein Gott oder Teufel sey / lestern Gott / und betrüben die Leute / fragen nach keiner Erbarkeit / und ist inen kein schand noch laster zu viel. Wie gar einen andern Jeger beschreibt uns Xenophon / da er sagt / Ein rechter Jeger soll der Griechischen sprach erfahren / und bey

*Heilige jagten.*

*Nota.*

*Ein rechter Jeder.*

zwentzig jaren seins alters sein / von leibe hortig und starck / und am gemůth gedůltig / das er nach uberwundener arbeit frőlich sein mőge etc.

## II.
### Jagen sol one Gotteslesterung geschehen. ⟨D4ᵛ⟩

Das ist je billich / und folget aus dem ersten / das man unsern lieben Herrn Gott / wie in allem furhaben / auch als den sonderlich nicht lestere / noch bey seinem Namen fluche / schwere oder bőses wůndsche / wenn man seine Creaturen / nach seiner gnedigen verleubnis / zur notdurfft und narung / Jagen und fahen wil / Denn es je unbillich / das man den lieben Vater lestern / und bey seinem Namen so grewlich fluchen sol / der uns zum besten allerley Thiere erschaffen hat und geniessen lesset. Wie bősslich aber in diesem stůck gehandelt / und wie grewlich Gott und sein Son sampt desselben heiligen marter / leiden / wunden / und Sacrament in (jtziger zeit) Jagten gelestert wird / wil ich hernach in der andern ursach / worůmb die Gottlosen Jagten abzuschaffen / weitleufftiger anzeigen.

## III
### Jagen sol one verseumung des Gottesdienst und des Regiments geschehen.

Dieweil man aus der Predigt des Gőttlichen Worts die ware Gottesfurcht lernet / solt man darauff vleissig achtung geben / das man dasselbige umb Jagens willen ja nicht verseumete / viel weniger verhinderte / Denn es ist nicht der geringsten sünde ⟨E^r⟩ eine / das viel grosser Herrn sich selbst und andere umb jagens willen von der Predigt / vom brauch der Sacrament / und von dem gemeinen Gebet abziehen / dadurch der Regel Christi gantz zuwider gehandelt wird / welche also lautet / Matth. am 6. Trachtet zum ersten nach dem Reich Gottes / und seiner Gerechtigkeit / so wird euch das ander alles zufallen. Und ist gar unrecht auff die Sontage oder sonst / da man Gottes wort handelt / die Jagten anstellen und uben. Es were dann sach / das man aus dringender not / etwan einem schedlichen Thier folgen müste / da es keinen lengern auffzug nicht leiden wolte / one armer Leute grossen schaden und verderb / Da were solchs notwendiges jagen und fellen / solcher schedlichen Bestien / auch auff einen Feiertag wol entschuldigt.  *Nota.*

*Notwendigs jagen.*

Dieweil aber der Obrigkeit Ampt und Regierung (wo sie demselben trewlich furstehen / armer Leute sachen hören und richten / die bösen straffen und die fromen schützen) auch ein guter und angenemer Gottesdienst ist / So sollen die Obrigkeiten solch ir Ampt und Regierung durch vielfaltiges und unzeitiges jagen nicht verseumen / auffziehen oder anstehen lassen / Sondern dem Exempel des hochberümpten Königs Cyri folgen / von welchem Xenophon schreibet / das er nicht ehe mit den seinen auff die ⟨E^v⟩ Jagt gezogen sey / denn wenn sonst nichts nötigers zu schaffen gewesen / und er anderer gescheffte halben nicht hat daheim bleiben müssen.  *Cyrus.*

Alphonsus der from und löbliche König zu Neapolis / hette zu keiner kurtzweil mehr lust dann zum Jagen / Aber wenn etwas nötigers furfiel / und andere sachen zu handeln waren / so lies er im kein jagen oder kurtzweil so lieb sein / das er von seinen gescheften gelassen hette / sie weren dan zuvoren seines gefallens ausgericht / ANTONIUS PANORMITANUS LIB. 3. APOPHTEGMATUM ALPHONSI.  *Alphonsus.*

Und daher setzt herr Hans von Schwartzenburg diesen Reim.

>Wen gute arbeit schwechen thut
>Mag wol mit Jagen suchen muth
>Doch unverhindert besser sach
>Denn solches nicht gros schaden mach.

Nota.   Merck aber wol das wörtlein (wen gute arbeit schwechen thut) unsere grosse Herrn einstheils lassen ire regierung anstehen / und sauffen sich mit ihren Junckern kranck und schwach / Und das bisweilen am allermeisten auff die Sonnabende / darnach wollen sie mit verseumnis Göttlicher dienste / auff den Sontag im Jagen sich wider erquicken / Das ist zumal ein Gottlos wesen. ⟨*Eij<sup>r</sup>*⟩

## IIII.

## Jagen sol one anderer Leute schaden geschehen.

Regel der Liebe.   Es sol im Jagen so wol als in allen anderen hendeln / die Regel der liebe allzeit bedacht werden / die also lautet / Was ir wollet / das euch die Menschen thun sollen / das thut inen auch. Man soll je also Jagen und Hetzen / das der Nehiste unbeschedigt und unverletzt bleibe / Wie solchs JOANNES DE TURRE CREMATA leret / in c. QUI VENATORIBUS. 86. DISTINCT. und es auch anzeiget / BARTHOLOMEUS DE CHASSANEO IN PROLIXO CATALOGO GLORIÆ MUNDI PARTE. II. CONSI. 50. und Xenophon im Buch vom Jagen / lobet die

Nützliche Jeger.   Jeger / die ihrem Vaterland am nützlichsten sind / Die beide ir eigen / und auch anderer Leute Gütter zugleich helffen erhalten / Durch welche auch allerley nutz und frommen den Menschen geschafft / und zu wegen bracht wird / von denen niemands kein leid noch schaden geschicht. Wolan das sind gar seltzame Jeger / jtziger zeit in der Welt.

Und bald darnach / da er die Jeger den Schwatzhafftigen Sophisten weit furzeucht / spricht er / Die Jeger strecken ire leibe und wolgewunnen gůtter frey dahin / fur ⟨*Eij^v*⟩ ire Mitbůrger / und legen sich wider die wilden Thiere. Die Sophisten aber wider ire eigene freunde / und darůber haben sie schande / jene aber erlangen lob bey allen Menschen / Denn wenn sie das Wild uberwinden / so tilgen sie also die schedlichen thiere / wo aber nicht / so werden sie doch erstlich darůmb gelobet / das sie einer gantzen Gemein feinde haben angreiffen důrffen. Darnach das sie mit keines menschen schaden / auch one begirde einiges gewinsts / sich an die Thier gemacht haben. Letzlich werden sie aus solchem furhaben zu vielen sachen geschickter und verstendiger. Und abermal sagt Xenophon / schande und gewinst kőnnen ehrliche Jeger verachten / die Sophisten aber kőnnens nicht / Die Jeger reden das lieblich und holdselig ist / jene aber was nur schendlich ist. — *Sophisten.*

Und im beschlus schreibt er / Wenn junge Leut mercken und thun werden / was ich hie vermanet habe / werden sie rechte und Gottfůrchtige Diener Gottes sein / Denn wenn sie es dafur achten / das Gott auff solches alles ein auffsehen hat / werden sie sich recht halten / gegen ire Eltern / gegen ir Vaterland / gegen ihre Freunde / ja gegen alle Mitbůrger.

Aus diesen des Xenophontis worten / und zwar aus eines jedern eigen Gewissens uberzeugen / ist hell und klar / das ander leu-⟨*Eiij^r*⟩te / sonderlich die armen Unterthanen / mit den jagten nicht sollen unterdruckt / viel weniger umb ire narung / und was inen etwan jerlich zuwechst / so jemmerlich gebracht / und in schaden gefůhret werden. Denn Kőnige und Fůrsten / Graffen und andere Herren sollen Veter / und nicht Verwůster (PATRÈS und nicht VASTATORES) des Vaterlands sein / Sie sollen bedencken das sie Gott zu solchen hohen wirden und ehren gesetzt und erhoben hat / nicht ire wollust mit anderer /(sonderlich armer leut) schaden zu treiben / sondern iren Unterthanen mit befőrderung und schutz / nůtzlich und behůlfflich zu sein. — *Veter des Vaterlandes.* — *Ampt der Oberkeit.*

13 Teufelbücher V

Und weil die Unterthanen / jerlich iren Oberkeiten von wegen schuldiges schutzs / ir aufferlegte Tribut / Zinse / Schos / Zehenden / und anders mehr / auch bisweilen mit grosser beschwerung / und uber ihr vermögen schatzung geben müssen / were es je billich und Göttlich / da inen durch hetzen und jagen / in Weinbergen / Gerten / und eckern / das ire zertremmet und zunichte gemachet / Oder von der Jagthunden ihre Hüner / Gense / Schafe / und ander Viehe zerrissen / beschedigt und ertödtet würde / das solchen schaden die Oberkeiten den armen Leuten erstatten liessen / oder an dem / was sie zu geben verpflicht / abrechneten / wie solches ANGELUS DE CLAVASIO aus ASTENSI in seiner Summa beweiset / und alle natürliche rechte mit sich bringen. ⟨*Eiij*ᵛ⟩

Daher schreibt auch FRANCISCUS ZOANNETUS in REPETIT. L. 2. C. DE PACT. INTER EMPT. & VENDIT: zu ende. Die Fürsten und Junckern köndten sich ires Jagrechtens wol also gebrauchen / das sie nicht fur Tyrannen und Wütterich / sondern fur solche Leute angesehen würden / die auch bedencken / das sie Menschen sind / und Christlicher liebe sich befleissigen / Welchs alsdann geschehen wird / so sie denen / welchen die gehöltze zustehen / mit dem Jagen nicht zu viel schaden thun / und die armen Bawersleute uber recht und billigkeit auff iren gründen nicht beschweren werden / Wie auch der alte Jurist Paulus zu verstehen gibt / L. CUIUS ÆDIFICIUM FF. DE SERVIT: URBAN. PRÆD: Und der Herr Philippus Melanchton solches auch trewlich rathet / in verlegung des vierden Articels der Bawerschafft / Anno 1525. wider die Obrigkeit auffbracht / da er also spricht / Es sollen die Fürsten mit dem Wild niemand schaden thun / wie man das ordnen möchte oder zugeben / das einer auff dem seinen fellen möchte ⁊c.

*Der Oberkeit zu bedencken.*

Denn es ist nicht allein Ungöttlich und Unchristlich / sondern auch Unmenschlich und Unnatürlich / das man den armen Leuten / Erstlich mit dem Jagen grossen schaden thut / und darnach auch mit schrecklicher Tyrannischer

*Unmenschligkeit.*

bedrewung zwinget / zu leiden und zu dulden / das inen das Wild in ⟨E4ʳ⟩ Gerten / Wiesen und Eckern alles verderbe und zu nicht mache / Von welcher grosser Ungerechtigkeit ich hernach mehr sagen werde. Ach Gott wo dencken die grossen Herrn hin.

König Ludwig zu Franckreich des Namens der eilffte / wird daher gelobt / das er in jagten bisweilen zu den armen Bawren eingekeret / mit inen malzeit gehalten / und nur auffs freundlichste sich gegen dieselbigen erzeigt / Auch was sie ime nach gelegenheit irer armut furgetragen / reichlich vergulten hat / Wie des IOANNES PEREGRINUS PETROSELANUS ein Exempel setzt / LIBRO CONVIVALIUM QUESTIONUM. Daraus wol abzunemen / das dieser König mit seinen Jagten den armen Leuten nicht so beschwerlichen / viel weniger so schedlich gewesen / als viel Potentaten jtziger zeit.

*Ludwig König zu Franckreich.*

## V.
## Jagen sol one Nachteil des Ackerbawes geschehen.

Umb jagens willen sollen die bawren und Ackerleut nicht am ackerbaw gehindert / oder davon abgezogen werden / sonderlich zu der ⟨E4ᵛ⟩ zeit / wenn es die gelegenheit des Gewitters / des jars / und sonst andere umbstende erfordern / den acker mit pflügen / sehen / wenden und ander notwendiger arbeit zu bestellen / denn solchs one grossen schaden nicht kan unterlassen werden / wie Wilhelmus Benedicti zeuget in REPET. C. RAINUTIUS. NON ENIM TURBARI DEBET NEC INTERRUMPI AGRICULTURA. L. I. IN PRINCIPIO. FF. DE TIGNO INIUNCTO.

Ist es nu unbillich umb jagens willen die armen leute vom ackerbaw verhindern / so ists viel unbillicher / inen das jenige so sie mit sauer arbeit erbawet / durch das Wild oder mit den Pferden und hunden zu verderben / Darůmb sagt Xenophon recht / unter dem jagen sol sich ein Jeger der früchte enthalten / Desgleichen fur bechen und flüssen hinweg ziehen / denn es ist schendlich und unzimlich dieselben zu berůren. Und da sich ein Wild hinein verlieffe / sollen die so es sehen / die ganze Jagt beschliessen / und nicht weiter fortfaren / sie wolten dann wider Gesetz und Ordnung handeln.

Also stehet auch im Sachssenspiegel / lib. 2. Landrecht / Act. 61. Niemand sol die Saat tretten durch Jagens oder Hetzens willen / so das Korn geschossen und glied gewunnen hat / das ist / wie die Glosse sagt / wenn die Saat das ander blat hat.

Wenn also die unterthanen erstlich am Ackerbaw gehindert / darnach auch vom ⟨F$^r$⟩ Wild und Jeger beschedigt werden / können sie kein gut hertz zu iren Oberherrn tragen / da felt denn das gemein Gebet / und gehet nichts wie es gehen soll / Dafur warnet Agepetus / ein Diacon zu Constantinopel / gantz trewlich / den Keiser Justinianum / und spricht / Wenn du von allen wilt hoch geachtet werden / so erzeige dich auch gegen alle sanffmůtig und wolthetig / Denn kein ding machet einem Fůrsten bey seinen Leuten so guten willen / als wenn er den armen gut thut. Was man aber aus furcht und zwang thun mus / ist nur getichte / eusserliche schmeicheley und falsche ehrerbietung / Welche Herrn sich drauff verlassen / werden betrogen. Die Herschafft ist aber billich zu loben / welche nicht allein den Feinden / von wegen des gewalts und Ernstes / forchtsam ist / Sondern die auch mit lindigkeit und gutthun iren Unterthanen freundlich ist.

*Regel fur die grossen Herrn.*

*Löbliche Herschafft.*

*Keiser Alexander.*

Vom Keiser Alexandro / welcher Anno 230. regiert hat / schreiben viel Historici einmůttiglich / und meldet es auch Georgius Lauterbeck im Regentenbuch lib. 3. Cap. 7. Wenn er erfaren / das seine Kriegsleute / welche er besoldet / in frembden eckern / wiesen / gerten ꝛc. schaden theten / und

iren mutwillen trieben / das er sie mit knütteln schlagen /
und mit rutten streichen / bisweilen auch / da sie es zu grob
gemacht / gar hinweg richten ⟨F^v⟩ lassen und gesagt /
Woltestu auch gern das man dir auff deinem Acker ein
solches thun solte / was du einem andern gethan? Was du
nicht wilt / das man dir thun sol / soltestu einen andern auch
verheben. O ihr Herrn / bedenckt dis löbliche Exempel /
und Jaget also / das es dem lieben Ackerbaw / und den
früchten ewer armen Unterthanen und anderer / one nachteil und schaden sey.

## VI.
## Jagen sol nicht ursach zu Krieg geben.

Fur allen dingen sollen weise und verstendige Herrn verhütten / das sie umb Jagten und der Wildban willen mit
ihren Nachbarn sich nicht in zanck und zweytracht / Krieg
und uneinigkeit einlassen / Wie leider offt geschicht / und  Uneinigkeit
der Teufel gern solche herrligkeiten und kurtzweil der gros- uber dem
sen Herren / sonderlich wo one Gottes furcht und one liebe jagen.
des Nehisten / dieselben furgenommen werden / dahin
richtet / das nicht allein Nachtbarn und freunde / sondern
auch wol Brüder und Vettern umb eines Hasen willen zu
unfrieden werden / und in unvergeslichen widerwillen gegen
einander gerathen / Also lieb soll im niemands das beste
Wild sein lassen / das er umb desselben willen auch wolte
zum Wilde werden / in eines andern ⟨Fij^r⟩ Gerichte one
recht zu greiffen / oder umb einer solchen vergreiffung
willen / wider einen andern tödlichen hass zu schepffen /
Krieg und unlust umb solcher vergenglichen dinge willen
furzunemen / und sich also sampt andern in schad und
verderb zu führen.

## VII.

## Jagen soll hortige unverdrossene Leute machen / tůchtig zu unvermeidlichen kriegen.

Rechtmessige Kriege.

Es achtens die alten dafůr / das rechtschaffenes Jagen der Kriegesůbung nicht unenlich sey. Nu pflegt man rechtmessige Kriege nicht wider die Unterthanen / noch denen zu verderb / Sondern wider die Feinde den Unterthanen zu schutz furzunemen. Demnach sollen die Jagten auch nicht zu unterdruckung der Unterthanen / sondern wider die wilden Thier gehalten und geůbet werden / zu beschůtzen der armen Leute gůtter / frůchte und gewechs.

Solchs Jagen mit gutem gewissen geůbet / machet feine behertzte Leute / gleichsfals heute oder morgen / zu rettung der Armen / auch den Feind keck und freudig anzugreiffen / Daher sagt Xenophon im Buch von der Jagt. Ich wil hiemit die jungen Gesellen vermanet haben / das sie die kunst des Jagens / so wenig als irgend eine an-⟨*Fij*ᵛ⟩dere verachten / Denn dadurch werden sie feine tapffere Leute / zum Kriege und andern sachen geschicket / das sie hernach guts reden und thun můssen. Und bald hernach / Die sich des Jagens vleissen / haben grossen nutz davon / ihre leibe werden dadurch fein starck und frisch / sehen und hőren besser / und werden desser langsamer alt / das Jagen gibt inen guten unterricht zum kriege / wenn sie in der růstung bőse und ungewőnliche wege ziehen sollen / werden sie nicht leichtlich můde / denn sie sind derselben arbeit zuvor in ausspehung des Wildes gewohnet / sie kőnnen auff blosser erden ruhen / und zu allem befehel des Feldherrns bereit sein / den Feind angreiffen / und gleich wol / was ir befehel mitbringet verrichten / denn sie sind solchs im Jagen gewohnet / Stellet man sie an die spitz / so fliehen sie nicht / sondern sind zum angriff bereitet / gibt der Feind die

Geschickligkeit der Kriegesleute.

flucht / so wissen sie aus gewonheit / und weil inen alle winckel bekand / freudig nachzujagen / Gered es mit der Schlacht ubel / so können sie sich in den wildnissen und gebirgen verschlagen / und sich sampt andern retten. Item er sagt weiter / unsere Vorfaren haben solche ubung fur die Jugend verordnet / und sie darzu gehalten / Denn sie wol gesehen / das solche kurtzweil inen zu viel gutem nutz war denn sie / dadurch fein züchtig / eingezogen und ⟨Fiij^r⟩ gerecht zu werden / von allem betrug / und falsch abgewehnet / und glücklich Krieg zu führen unterweiset worden. Und bald darnach sagt er / Daher komen gute Kriegsleute / gut Heubtleut / derer gemüt und leibe durch die arbeit von schande und schmach entledigt / nu lust zu tugend und erbarkeit haben / das sind die besten Leute / die nicht zugeben / das irem Vaterland gewald und unrecht geschehe / oder sonst etwas beschwerlichs zugefugt werde.

*Ubung der Jugend.*

Ach Gott wenn befleissen sich unsere zarten Jeger solcher tugenden / das sie in Jagten lerneten hortig werden und etwas dulden / etwan umb der armen Unterthanen willen / desser tüchtiger und geschickter zum Kriege zu sein. Sie leben nicht allein in allen wollüsten auff den Jagten / offt besser / dann daheim zu hause / Sondern achtens auch rhümlich / wenn sie mit iren jagen die armen Leute also beschweret haben / das es genung were / wenn Feinde alda durchgezogen / und geplündert hetten.

*Zarte Junckern.*

*Nota.*

Cyrus der Perser König / führete seine Diener auff die Jagt / nicht den Unterthanen damit uberlastig zu sein / sondern das sie zu Kriegsübungen / gleich als in einer schule / auff den jagten angeleittet würden / denn er hielt solch ubung darzu nicht unbequem / sonderlich aber fur die Reisigen / Darümb gewehnet er sie auch auff den jagten zu dul-⟨Fiij^v⟩den / arbeit / frost / hitze / hunger und durst / Wie Xenophon von im schreibt / LIB. 8. DE PÆDIA CYRI. Sie Jagten (sagt Zonaras Tomo I.) gemeiniglich darümb / das solche ubung dem Kriege nicht unehnlich were. Es gewenet

*Cyrus.*

sie Cyrus / des morgens fur tage auff zu sein / kelt und hitz zu tragen / ubęte sie mit lauffen und rennen / und leret sie das wild mit pfeilen und scheffelin schiessen / und auch die wildesten thier bestehen / Denn es feilet nicht / es erwarmet einem das hertz / Wenn ein wildes Thier auff einen stősset / da mus einer auffsehen / das es nicht etwan in anfalle / und mus auch achtung geben wie ers treffe. Ist also nicht viel im Kriege / das man nicht auff Jagten auch versuchen műsse / saget Xenophon LIB. I. DE PÆDIA CYRI. Daselbst beschreibt er auch die rűstung / derer so mit dem Kőnig Cyro auff die jagt gezogen / und setzt darzu / Und umb solcher ursachen befleissen sie sich in gemein des Jagens / und ist der Kőnig / gleich wie auch im Kriege ir Oberster / und jaget selbst / helt auch die andern vleissig zu sein an / Und halten es dafur / das solchs ein warhafftige betrachtung / oder furbild sey eines Krieges.

*Appius Claudius.*

Und daher nimpt auch Appius Claudius sein vermanung / als die Rőmer die Veios belegert hatten / und gegen den Winter abziehen wolten / Das er sagte / Lieber sehet ⟨F4ʳ⟩ doch / die lust und vleis des Jagens / treibet die Leute durch Schnee und Reiffen / uber berg und thal / durch das gehőltze / wolten wir dann in jtzigen nőtigen Kriegsleufften uns beschweren / dergleichen gedult zu tragen / Darzu doch andere nur umb kurtzweil und lusts halben sich bewegen lassen 2c. LIVIUS LIB. 5. DECADIS 1. ANNO AB URBE 352.

*Ut instar cum turris se ad bellica facta pararunt oppositique manu iaculantur missile telum.*

ATHENÆUS LIB. 1. DIPNOSOPHISTARUM CAP. 20. schreibt / Die jungen Leute uben sich in jagten / das sie lernen in Kriegsleufften allerley gefahr zu verkomen / und vleissigen sich empsiges nachspűrens / das sie desser frischer / und hortiger werden / Und gleich als ein fester Thurm in Kriegshendeln sich bereiten / und hinwider ihre Schefflin schiessen etc.

Desgleichen schreibt Olaus Magnus von den Jagten / in den Mitnachtigen Lendern / lib. 18. cap. 41. und sagt / Daraus werden hortige Kriegsleute und erfarne Heubtleute /

zu allerley kampff abgerůstet. Ja es werden auch daher glůcklichen und wolerzogen furneme Leute / die man zur gemeinen regierung in der Oberkeit kan brauchen / Wie das viel Historien ausweisen / denn solche Jagten sind den grossen Herren je und allweg angenem gewesen / und anfenglich / ehe man sich des můssiggangs gefleissigt / Und da man der Herrn Kinder etwas herter / und nicht so zartlich (wie ⟨F4ᵛ⟩ jtzt) hat erzogen / ist Jagen ire grôste lust gewesen / als eine besondere Herrn ubung / und nicht unbillich / denn es nicht ein klein ansehen hat / einer tapffern freudigkeit / und vergleicht sich sehr mit der Kriegsůbung / denn man im Jagen auch einen Obersten haben mus / nach dem sich die andern alle zurichten / Welcher denen so da hetzen / ihren feind herfůr locket / die andern vleissig auffzumercken / auff die wart stellet / etlich in hinderhalt verstecket / bald den angriff thut / denn wo er seinen weg hinaus nemen wil / vleissig auffsihet ꝛc.

Daher haben die Rômischen Heubtleute / und hernach auch die Keiser die gewonheit / und den gebrauch gehalten / das sie zuvor nach ihrer weise Kampffjagten / und solche Schawspiel mit den wilden thieren zu fechten / gehalten / ehe sie ir Kriegsvolck wider die Feinde ausgefůhret / als eine vorůbung des / darzu sie solten in kůrtz gebraucht werden. Wolffgangus Lazius LIB. 10. REIPUB. ROM. CAP. 5.

*Gewonheit der Rômer.*

Hieraus folget nu / das sich in diesem allem die Jeger nichts wenigers / Sondern eben so wol als die Kriegsleute der Gerechtigkeit und Erbarkeit befleissen solten / das sie das ihre also ausrichten / damit gleichwol anderer Leute wolfart nicht gehindert sondern befordert werde. Dazu Joannes Stobeus in der 29. Sermon mit des Xeno-⟨Gʳ⟩ phontis worten vermanet / und also saget / Wenn sich die Jeger des befleissigen / und sich also anlassen / wie sie môchten irem Vaterland nur sehr nůtzlich sein / die werden darůber an iren eigen gůttern nicht schaden nemen / Denn eines jglichen eigenes wird mit dem gemeinen entweder erhalten oder verloren. Darůmb solche ehrliche Leute zu gleich das ire und der andern helffen erhalten und bewaren.

<small>Der alten Deutschen Jagten.</small>

Und dahin sind auch der alten Deutschen / unser Vorfaren / Jagten gerichtet gewesen / das sie da lerneten / wie sie ir leib und leben fur den gemeinen nutz / inen und andern zum besten / dahin wagen / und in gefahr setzen solten. Ihr gantz leben und wesen war in Jagten und Kriegsůbungen / saget Cæsar (lib. 6.) von Deutschen / und Conradus Celtes saget.

> COMMUNE HIS STUDIUM, VENARI, EQUITARE, VAGARI
> ATQUE SUUM VARIAS VICTUM QUÆSISSE PER ARTES. Das ist.
> Der Deutschen vleis war in gemein
>     Jagen / Reitten / nicht viel still sein
> Lauffen / Rennen / und auff solch weis
>     Zu suchen narung / und die speis.
> Und Mantuanus.         AD SUETA PER ALPES.
> FRIGORA AGENS CERTARE URSIS NIVE CANDIDA SEMPER
> PER IUGA VELOCES CURSU PRÆVERTERE CERVOS. Das ist.
> Der Deutsche wol gewont der kelt
>     Auff dem Gebirg ligt / bis er felt ⟨$G^v$⟩
> Die grossen Beren / in dem schnee
>     Und tracht das im kein Hirsch entgehe.

<small>Persen.</small>

<small>Artaxerxes.</small>

Solchs zeucht auch Franciscus Irenicus an / LIB. 2. CAP. 22. das solchs unser alten Deutschen gewonheit gewesen / Da jtzt dagegen schier jederman in wollůsten ligt und lebet / und gehet / Wie Xenophon LIB. 8. DE PÆDIA CYRI von den Persern schreibt und saget. Die Persen zogen fur der zeit also offt auff die Jagt / als fur sie und ire Pferde zur ubung genung / und von nőten war. Als aber der König Artaxerxes / sampt denen / so am nehesten umb ihn waren / sich auffs Weinsauffen gaben / Da fragten sie fur ire Person nicht mehr nach solcher ubung / liessens unterwegen / und hielten andere auch nicht darzu / ja da gleich jemands sich solcher ubung des rechtmessigen Jagens befleissigt / wurden sie demselben offentlich feind / und verdrus sie / das jemand hortiger war / denn sie selbst 2c. Als Keyser Albrecht gesehen / das viel grosser Fürsten und Herrn sich nur der wollüsten beflissen / sich wol vieler tapfferkeit berhůmet / und doch wie die Sardanapali in Frawen Zimmern gelegen / und alda gespielet / getantzt und gezecht / hat er offtmals gesagt / Jagen sey der Menner / Tantzen aber ein Weiber ubung. CONRADUS LYCOSTHENES IN APOPHTEGMATIBUS EX AENEA SYLVIO. ⟨Gij^r⟩

Keiser Albrecht ist gestorben / An. 1439.

## VIII.
### Jagen soll dienen zu erquickung des gemůts.

Dieweil grosse Herrn / wenn sie ihres Amptes nach Gottes befehel / und nach der Unterthanen notdurfft recht und trewlich warten wollen / viel und mancherley sorge / mühe und arbeit haben müssen / dadurch sie denn mat / unlustig / und müde gemacht werden. Also das sie offt kein lust / weder zu essen noch zu trincken / noch zu schlaffen haben / mögen sie sich wol des rechtmessigen Jagens gebrauchen / ir hertz / so etwan mit sorge / trawrigkeit / oder anderer bewegungen gekrencket / widerůmb durch solche kurtzweil zu erfrischen und zu erquicken. Daher schreibet Nicephorus im 12. Buch seiner Kirchen Historia am 41. Capittel / das Keiser Gratianus und andere grosse Herrn gemeiniglich sich der ursach halben mit jagen erlůstiget haben.

Gratianus Keiser.

CICERO LIB. 5. TUSCULANARUM QUESTIONUM, schreibet von dem Sicilischen Tyrannen Dionysio / das er auff ein zeit zu Sparta von einem schwartzen gemüse / oder lungmus hette gessen / Welchs man im fur das erste gerichte hette

Dionysius der Tyrann.

furgetragen (Denn die Lacedemonier nicht gros zertlicher speise / und prechtiger essen achten) hab er gesagt / ⟨*Gij*ᵛ⟩ es schmeck im nicht. Darauff der Koch geantwortet / das solchs kein wunder sey / denn es mangel an der besten Wůrtze / Da er gefragt / welchs die sey? Hat der Koch gesaget / Es feile ime daran / das er nicht zuvor sich geůbet / etwan in der Jagt geerbeittet / geschwitzt / gelauffen / und also ein lust zu essen gemachet ꝛc.

Nota.

Ich weis aber nicht / ob unsere Potentaten diese ursachen ihres Jagens furwenden kõnnen / Denn sie des mehrertheils sich wenig umb ire Unterthanen annemen / sorgen nicht viel fur das Regiment / haben wenig můhe in verhõrung armer Leute / lassen solche sachen auff andere / und feilet ihnen zwar nicht an der lust zu essen oder schlaffen / Denn sie gemeiniglich bis nach mitternacht pancketiren / ehe sie sath werden kõnnen / Und darnach selten fur hohem mittage aus dem Bette komen / die wird Gott zu seiner zeit gar hart / wie sie irem ampt furgestanden sind / fragen und ansprechen. Welche aber ir Ampt in acht haben / und in verhõrung armer leute desselben treulich warten / die sind nicht zu verdencken / ob sie mit Jagen / Thurnieren / und andern Ritterspielen und frõligkeiten bisweilen ergetzung suchen / Davon dann mein freundlicher lieber Gevatter Georg Lauterbeck auch meldung thut / in seinem Regentenbuch / lib. 2. cap. 11.

Doch soll solche kurtzweil / und erge-⟨*Giij*ʳ⟩tzung auch seine masse haben / das man nicht ein schedliche wollust daraus mache / und gar in die Jachtsucht gerathe. Dafur Agapetus den Keiser Justinianum trewlich warnet und sagt / Denn wirstu mit warheit ein rechter Fůrst genant / Wenn du deiner begirden mechtig bist / und deine lůste zemen / und uber dieselben herschen kanst / und bist mit der krone der Messigkeit gezieret / und mit dem Scharlach der Gerechtigkeit angezogen. Denn alle andere gewald / wie gros die gleich ist / wird durch den tod hinweg genommen / Die Herschafft aber uber die begirde und lůste weret ewig.

## IX.

## Jagten sollen dienen zu vermeiden Geilheit / Unkeuscheit / und andere fleischlich wollůste.

Wenn der meinung one ander leute schaden jagten geůbet werden / ist es untadlich. Es haben auch daher die Heiden getichtet / wie die Diana stets zu Walde lige und jage / anzuzeigen / das die so keusch und zůchtig leben wollen / allerley můssiggang meiden und fliehen můssen. Also lisset man auch vom Melantone / das er keuscheit zu halten / sich gantz drauff begeben / sein lebenlang die wilden Thier zu jagen und zu durchech-⟨Giij$^v$⟩ten. Dergleichen sagt man vom Hippolyto des Thesei Son / das er seine Jungfrawschafft zu erhalten / und můssiggang zu meiden / sich mit stettigem Jagen und fellen der wilden Thiere geůbet habe.

<small>Diana.</small>

<small>Melanton.</small>

<small>Hippolytus.</small>

Aber daneben ist das auch war / das solcher Leute viel bey den Poëten funden werden / die unter einem solchen schein und furwendung der Keuscheit / den heiligen Ehestand / Gottes ordnung / von wegen der beschwerung so darinnen furfelt / haben geflohen. Wie die Exempel der Atalantæ und der Cranes ausweisen / Welche darůmb Jegerin worden / und in den Wildnissen ir leben zubracht / das sie nicht haben wollen Kinder tragen / geberen / und mit sorge und mühe auffziehen / das ist nu auch nicht zu loben.

<small>Atalanta.</small>

<small>Crane.</small>

Wie aber die alten geilheit und wollust zu vermeiden / der Jagten gebraucht haben / ist aus Xenophonte fein zu sehen / da er LIB. 1. DE PÆDIA CYRI also saget / Wenn sie auff die Jagt ziehen / haben sie ir morgenbrot ein wenig mehr (wie billich) denn man sonst den Kindern pflegt zu reichen / und essen nicht / weil sie Jagen / Und wenn es die not erfordert / auff das wild lenger zu halten / oder das sie sonst die zeit wollen hinbringen / lassen sie solchs morgenbrot ihr mittag und abendmaltzeit sein / und Jagen bis an den andern tag zu

<small>Messigkeit der alten Jeger.</small>

abend / und rech-⟨*G4ʳ*⟩nen denn beide tage fur einen / weil sie nur so viel als auff einen tag sonst gebůret / verzeren / das thun sie umb der gewonheit willen / ob es etwan ein mal in Kriegsleufften von nöten sein wolt / das ihnen ein tag oder zween hunger zu dulden nicht zu schwer ankeme / Die nu etwas manlich sind / mögen was sie gefangen zur speise gebrauchen / fahen sie nichts / mögen sie einen Salat und Bronkres dafur annemen / Und ob sie wol solch gering speise niessen / und wasser dazu trincken / machet inen doch solches die arbeit und ubung (wie sonst einen hungerigen und durstigen) nur sehr wolgeschmackt ⁊c.

Ob diese messigkeit von unsern Jegern auch gehalten werde / weiset sich wol aus. Darůmb auch Gerhardus Lorichius IN SUA INSTITUTIONE nicht unrecht schreibet. Sie meinen (sagt er) die Jagten sollen inen ein artzney sein wider die wollusten und müssiggang / Und wenn sie Berg und Thal durchjagt / frost und hitze erduldet / und keine arbeit unterlassen haben / so sey damit alle wollust und geilheit vertrieben. In dem fall můste man auch sagen / das die Bawerknechte und Bawermegde die wollůste vertrieben / und nu one geilheit weren / wenn sie einen gantzen Sontag sich můde gehupfft und gesprungen hetten / an irem tantz. Nein trawen / Es ist ein ding / du brauchest dieses oder jenes zu wollust / du suchst dein begird ⟨*G4ᵛ*⟩ in einem oder im andern werck zu erfüllen / es geschehe bald oder hernach. Denn worůmb lassen es inen die Jeger eben so sawer werden / mit hetzen und rennen / denn das sie hernach bey solchem Wildprat auffs köstlichst zugericht / in fressen und sauffen ihre wollust suchen und erfüllen. Heisset denn das durch Jagen den wollusten gewehret?

Was man sonst fur zartligkeit in Jagen braucht / damit man ja nicht etwan den leibes lůsten abbreche / wird hernach an seinem ort angezeiget werden. Der grosse Keiser Carl hat es nicht wol leiden können / Derhalben da er auff ein zeit / Winters uber / in Freiaul gelegen und gesehen / das

seine Frenckische Junckern / Auslendische zarte kleider von
den Venedischen Kauffleutten umb gros gelt inen gezeugt
hetten / von Sammet und kôstlichem rauchwerck / hat er sie
unversehener sachen / da gleich regenwetter verhanden gewesen / one verzug also gekleidet und geschmuckt / bald
und risch heissen mit im auff die Jagt reitten / da die lieben
Peltzjunckern ihre zartliche kleider vom regen wol einge-
netzt / durch die Hecken und Pŭsch redlich durchzogen /
und zerrissen / Wie er nu heim komen / haben sie also nass
und besudelt bald absitzen / und auff den Saal mit zu Tische
gehen mŭssen. Dieweil es aber etwas kalt gewesen / hat
jederman der nehist bey dem Fewer und Camin sein ⟨H^r⟩
wollen / und hat er sie also wol in die nacht auffgehalten /
darnach auff den morgen in derselben kleidung wider fur in
zu kommen ernstlich befohlen / Da hat man gesehen / wie
dieselbige zerrissen / und zum teil nach der feuchtigkeit vom
fewer zusammen geschrumpfft / Dagegen er inen seinen
groben Wolffspeltz gezeiget / der noch gantz / und an der
lufft getrucknet war / und sie umb solcher Weibischen zartligkeit willen gestraffet / Aventinus lib. 4. Annalium
Boiorum.

## X.
## Jagen soll man / die schedlichen
## Thiere zu tilgen.

Dieses ist nicht die weningst ursach und eigenschafft / des
rechtmessigen Jagens. Also haben viel Helden die Lewen /
Beren / und ander Wild gejagt / nicht aus wollust / sondern
aus not / sich und die ihren fur gefahr / und schaden zu
bewaren.

Meleager hat das grosse wilde Schwein so den Bŭrgern zu *Meleager.*
Calydon am Ackerbaw / und sonst viel schaden gethan /
gejagt und gefellet / warlich nicht aus furwitz / sondern

umb Gemeines nutzes willen / seines lieben Vaterlands / Das er dasselbe von diesem gresslichen Thiere erlöset und befreiete.

<small>Hippolytus.</small> Also vertrieb Hippolytus die Wolffe / ⟨H$^v$⟩ so in der gegend Troezen in Peloponneso so mercklichen schaden theten. Joannes Herold in seiner Heiden Welt im 4. Buch von Heidnischen Göttern.

Und darzu vermanet auch der Wolgeborne Herr Hans von Schwartzenburg / in seinen Reimen / und spricht also.

    Den Leuten fah das schedlich Wild /
    Und achte nicht / obs dir nicht gilt.
    Wer Jagt nach lust / mit armer leid /
    Solchs ist von art des Teufels freud.

<small>Löbliche Jagten.</small> Plato der weise Meister / lobet und preiset selbst höchlich die jagten / so zu abschaffung schedlicher Thiere furgenomen werden. Dagegen ists gar nicht zu loben noch zu <small>Nota.</small> entschüldigen / das man an vielen orten / zu verderb der Lande / und zu unterdruckunge / und grossem schaden armer Leute / das Wild nicht tilget / sondern heget und schützet. Joannes Stumpff schreibet von Schweitzern / im 9. Buch seiner Chronick am 16. Cap. also. Das Hirschen Wildprat hat in diesen Landen nicht also viel schirms als bey den Fürsten. Sondern wird gleich auffgefangen / Wo man es schirmete wie in andern Landen / würde das Land voll / <small>Schweitzer gewonheit.</small> Und bald hernach saget er / In Helvetischen Landen werden viel wilder Schwein gefangen / und würden one zweiffel noch mehr darinnen erfunden / wo sie nicht also teglich vom gemeinen man gejagt und ge-⟨Hij$^r$⟩fangen würden. Denn wiewol auch bey den Helvetiern und dieser zeit bey den Eidgenossen / das hoch Wild verbannet (das ist geheget) und auch die wilden Schwein der Oberkeit zugehörig sind / nichts desto minder / dieweil sie den armen Leuten uberlegen / und in felden an früchten schedlich sind / werden sie dem gemeinen man vergunt zu jagen.

Und dieses ist löblich von Schweitzern und inen rhůmlich nachzusagen / das sie ire arme Leute mehr lieben / denn die unvernůnfftigen Thiere / Wolt Gott es würde unter den Deutschen Fürsten auch also gehalten / so möchte manchem sein Jagen und Herrligkeit nicht zu solcher schweren verdamnis gereichen

Es wird aber dieses von mir nicht der meinung angezogen / das man solte die Jagten den Herrn entziehen / und den Unterthanen zuwenden. Sondern das wil ich allein daraus beweisen / das die Unterthanen nach allem Natürlichen rechten macht haben / Und inen solchs die Oberherrn mit gutem gewissen nicht wehren können / sondern vergünnen solten / das Wild von iren Eckern / Garten / Wiesen / von früchten und der Saat zu scheuchen und abzujagen / auff wasserley weise sie vermögen / damit sie inen nicht zertremmen / verwüsten und abfretzen / davon sie sich sampt den ihren armen Weib und Kinder erhalten sollen.

⟨*Hij$^v$*⟩

Ich schreibe ja nichts unbillichs / und mag leiden / das auch des ergesten Tyrannen gewissen hie richte / Ob es nicht die billigkeit erfodere / wenn die armen Unterthanen iren Tribut / Schoss / Zinse / renth und andere gebür geben / darzu ire Hoffdienste und fröne / offt mehr denn sie ertragen mögen / leisten müssen und sollen / Das man sie auch bey irer narung schütze / und ihre sawre arbeit / daran sie iren schweis und blut hengen / nicht durch die unnützen schendlichen wilden Thiere verwüsten lasse. Und sie noch darzu / warlich nicht viel anders / denn Tyrannischer weise wider Gottes willen / und alle natürliche Rechte und billigkeit zwingen und dringen / Stum und als mit gebundenen henden zuzusehen / das inen das ihre fur den augen zu schanden gemachet werde. Welchs warlich eine solche greuliche Unmenschliche Sünde ist / das mans mit worten nicht erreichen kan.

Billigkeit.

## XI.

### Jagen mag man / die Kůchen zu versehen.

Das mag nu auch gleich / wie das folgende Stůcke / fur eine ursache furgewand werden / rechtmessige Jagten zu fůhren / das man das Wild nicht mit ander Leute ⟨*Hiij*ʳ⟩ schaden zur wollust und pracht hege / Sondern fahe und felle / das mans zur Speise brauche. Also hat Romulus Hirsche und ander Wild gejagt / nicht aus furwitz / sondern sich und die seinen davon zu settigen / Und daher saget auch Euripides / das es der Jagten nutz und ende sey / den Tisch desser besser zu bestellen.

*Romulus.*

## XII.

### Jagen mag man / andere davon zu verehren.

Dieses were noch lőblich / wenn nur die Jagten one schaden der armen angestellet wůrden. Die alten haben was sie auff den Jagten gefangen / nie fur sich selbst allein behalten / sondern auch davon etwas ihren Freunden / Nachbarn oder Gesindlin uberschickt / und verehret / und wustens fein auszutheilen / weme sie disses oder ein ander teil schencken wolten / Und hierinnen beweiseten sie ire miltigkeit.

Keiser Hadrianus hat sein gejagtes wildprat allzeit mit seinen freunden und bekandten geteilet / schreibt Aelius Spartianus. Und diese gewonheit sol noch sehr im brauche sein / bey den Scricfinnen und Finmarchen in Mitnachtigen Lendern. Wie Olaus Magnus beweret / LIB. 4. CAP. 12. ⟨*Hiij*ᵛ⟩

*Keiser Hadrianus.*

*Scricfinnen.*

Aber wie es in gemein jtzt bey den unsern zugehet / zeiget Gerhardus Lorichius an / mit diesen worten / Unser Hoffleut haben ihren sonderlichen pracht und wollust / mit ihrem Wildprat / Wenn mans inen zu tisch tregt / wil ein jeder gesehen sein / als kŏndte ers am besten zerlegen / auff ein sonderliche weise / die Hirsch und Rehekeulen / auff ein andere den Zemmel / Aber auff ein ander die fŭrblat ꝛc. Ja sie lassen sich dŭncken / es sey so kŏstlich ding umb ihr Wildprat / das sie gleich die nasen drŭber rŭmpffen / wenn sie sehen einen gemeinen Man oder Bawren davon nur ein wenig essen / und liessen sich dŭncken / wenn sie nicht stets Wildprat auff irem tisch hetten / ihnen geschehe gros unrecht. Wie viel sind wol grosser Herrn / die es dafur achten / sie hetten ein Bawren mahl gehalten / wenn der Tisch nicht mit viel trachten Wildprat beschweret gewesen. Man lissets nicht von inen / ist auch jtziger zeit der gewaltigen Jeger keiner / der darŭmb Jaget / das er seinen armen Unterthanen damit behŭlfflich sey / oder arme Leute davon speise. Es wird auch von inen nicht viel Wildprats in die Spittal / Siechenheuser / oder sonst zu den Krancken geschicket / Sondern sie legens bey seit in ihre Gewelbe / und machens ein / ihr gefres und pracht damit zu treiben. Rede ich aber dieses (sagt Gerhardus) derer meinung / das ⟨H4ʳ⟩ man eben alles mŭste fur Almosen hinweg geben? Nein trawen. Ich weis wol das S. Ambrosius in der miltigkeit leret mass halten. Aber das habe ich (so wol als er gethan) beweisen wollen / das das Jagen mehr zu pracht und wollust / denn zu hŭlffe der dŭrfftigen und armen gebraucht werde.

Von Hertzog Wilhelmen zu Braunschweig / Hertzog Erichen / und Hertzog Heinrichen Vater / ist von alten gerhŭmet worden. Wenn er etwan gejagt / das er seine stedte bedacht / die am nehisten gelegen gewesen / und ein oder mehr stŭck unter die Gemeine zu theilen / dahin gesandt / Welches bey den Alten Chŭr und Fŭrsten zu Sachssen / auch etwan gebreuchlich gewesen.

*Nota.*

*Wilhelm Hertzog zu Braunschweig.*

Aber das sey auff dismal genung von dem rechtmessigen / zugelassenen / treglichen Jagen / damit unser lieber GOTT wenn man oberzelte stücke dabey hielte / wol köndte zu frieden sein. Ich befürchte aber / das solcher gestalt jtzt keine / oder doch gar wenig Jagten gehalten werden. Nu köndte man jhe wol sich darzu gewenen / wenn man nur Gottfürchtig / und nicht so gar eigennützig / und unbarmhertzig sein wolte. ⟨H4ᵛ⟩

Es haben von solchen zimlichen Jagten hübsche Büchlein geschrieben / Xenophon und einer Gratius genant / ein berümpter Poet / bey Keiser Augusti zeitten. Wie denn auch Ovidius desselben gedencket / Elegia ulti. de ponto. Oppianus hat 4. Bücher davon geschrieben.

Der selige und heilige Man Gottes / D. Martinus Luther schreibt uber das 25. Capittel des ersten Buchs Mose. Es haben viel Disputirt / ob Jagen recht und billich sey. Darauff sag ich / das Jagen an im selbest nicht böse ist / und kan wol Göttlich und recht geübet werden. Wie wir des ein Exempel sehen / an dem Durchleuchtigsten Fürsten / Hertzog Fridrichen Chürfürsten zu Sachssen / der Jagte also / das er niemand schedlich war / sondern vielen Leuten nutz schaffete / Vermarckt er / das jemandes auch gleich ein geringer schade geschehen war / er zalet es duppel / Theilet auch offtmals etlich scheffel getreide aus / unter die Bawren / damit das Wild etwas zu fressen hette. Solches stehet einem fromen und löblichen Fürsten wol an. Wir wollen auch den Fürsten ihre Regalia und Herrligkeitten nicht nemen / Wie sich solchs die Bawren in der auffrhur Anno 1525. unterstanden / Darnach sollen aber die Jagten darümb geübet werden / auff das die schedlichen und greulichen Bestien / als Wolffe / ⟨Iʳ⟩ Beren / Wildschweine ꝛc. gescheucht werden / damit die Menschen sampt irem Vihe sicher sein mögen. Also sol es umbs Jagen geschaffen sein / das dadurch die Schafe und andere geheime / unschedliche Thiere / geschützt werden / Denn das ist ein Fürst vermöge seines ampts schůldig / das er nach dem Spruch des Poetens / die zwey dinge thu / Parcere subiectis & debellare superbos, Schone der Demůtigen / und bestreitte die stoltzen. Uber das ist jagen ein ehrlich kurtzweil und lust / denen erleubet und vergůnnet (qui sine iniuria & pernicie subditorum) die ir one gewaldsam und unrechte vergreiffunge an iren Unterthanen / und auch one schaden und verderb derselben gebrauchen / Wo es aber anders gehet / da ist Jagen der aller ergeste und schedlichst handel. Hæc Lutherus Tomo 3. in Genesin.

## Von Gottlosen / Unchristlichen / und unbillichen Jagten / so leider jtziger zeit in aller Welt breuchlich sind / und billich solten abgeschaffet oder doch geendert werden.

Es wird one zweiffel vielen grossen Herren und Junckern nicht ubel gefallen / was ich bisher von rechtmessigen Jagten geschrieben habe / und werden ungeachtet angezeigeter umbstende hart darauff pochen ⟨$I^v$⟩ und sagen / Nota. Wir haben dennoch die herrligkeit und Privilegium zu Jagen und zu Hetzen / Das mussen die Theologen selbst bekennen / faren aber darnach zu / und misbrauchen solchs vorzugs auffs aller greulichst / mit Gottes unehre / bősem gewissen / und armer Leute schaden und verderb / nicht allein damit / das sie alle umbstende so zu rechtmessigen Jagten gehören / und ich auch kurtz hievor erzelet / unterlassen / Sondern das sie auch solche sůnde / gewald und unrecht darinne uben / das ir jagten nicht allein Gottlos und unrecht / sondern inen auch verdamlich werden. Worinnen nu solchs geschehe / und worůmb dieselben Gottlosen unbillichen Jagten entweder gentzlich solten unterlassen / und von der Obrigkeit abgeschaffet / oder doch zum wenigsten geendert und gebessert werden / wil ich nu folgends auch anzeigen.

Es sol aber dieser bericht nicht dahin gedeutet werden / als wolt man damit die Unterthanen reitzen / sich thetlich / und mit gewalt wider solche unbilliche und Ungöttliche beschwerung irer Oberherrn zu setzen / Denn was Christen sind / sollen in irer sachen nicht selbst Richter sein / Sondern da man mit bit und gůtte nichts erhalten kan / mit gedult leiden / und die sachen Gott befehlen / der wird unrechten gewalt zu seiner zeit wol finden. Aber weil die Oberhern ⟨Iij$^r$⟩ sich auch fur Christen ausgeben / und doch in diesem stůcke stracks wider Christliche liebe / und wider ir aufferlegtes Ampt handeln / Wil es die hohe notdurfft und unser der Prediger Ampt erfodern / inen zur warnung anzuzeigen / worůmb ire Jagten und Wildbanen / wie sie die jtziger zeit haben und fůren / nicht allein ihrem tragenden Ampt zu wider / und den Unterthanen schedlich / sondern auch inen selbst an ehren und gut nachteilig / und an leib und Seele verdamlich sein / Auff das sie aus nachfolgenden ursachen beweget / sich solcher beschwerlichen Unchristlichen sachen entschlagen / oder doch auff die wege richten / das sie es fur Gott / welcher gar ernste und schwinde rechenschafft von irem Ampt / one zweiffel fodern wird / verantworten mögen.

### Ursachen worůmb die Gottlosen Jagten abzustellen oder zu endern.

#### I.

### Gottes ernstlichs Gebot.

GOtt der Almechtige / der one unterscheid ein HErr ist / uber alle Menschen / spricht nicht allein zu den armen

Unterthanen / sondern eben so wol zu den grossen
Her⟨*Iij^v*⟩ren / Was ir wollet / das euch die Menschen thun
sollen / das thut ir inen auch. Nu ist warlich kein Herr so
gros und reich / der im von vielen Huffen landes gerne liesse
einen halben Acker zutremmen / abfretzen / oder sonst zu-
nicht machen / Wie kőnnen und wollen sie denn so gantz
und gar / aller Christlichen und Menschlichen liebe / und
(das ichs gar heraus sage) ihres von Gott befohlen Ampts
vergessen / das sie iren gehuldeten / zugeschworenen / und
verwandten Unterthanen / einen Acker oder zween /
weniger oder mehr (daran den armen Leuten alle ire narung
gelegen) so schendlich von den Unvernűnfftigen / scheus-
lichen / und schedlichen wilden Thieren lassen mutwillig
verderben / und solchs zu wehren verbieten. Auch noch
darűber / wenn der schade albereid geschehen / und die armen
Leute solchs klagen / ihrer noch darzu lachen / bőse wort
geben / ubel abweisen / und nichts desser weniger iren
Zehenden / Schos / Zinss / ungelt und andere bisweilen
auch gar Ungőttliche schatzung / mit Tűrckischer / uner-
hőrter ungűte / gewalt / zwang / drang / kummer / und aufferlegtem gehorsam / durch ire Amptleute und Schősser /
fordern und erzwingen / den vielfaltigen schaden / durchs
Wild verursacht / hierinnen auch im geringsten nicht bedacht / viel weniger abgerechnet / erstattet / oder verglichen /
Wel-⟨*Iiij^r*⟩ches je keinem Christlichen hertzen eigenet /
noch gebűret / auch keine frucht noch warzeichen eines
rechten Christen ist / wes sich auch gleich der mund rhűme.
Und es kan auch hie die vernunfft urteilen / das grosse
Kőnige / Fűrsten / Graffen und Herrn jhe nicht solten ire
arme Unterthanen umb des heillosen Wildes willen / also
jammerlich in verderben / und mit Weib und Kind in un-
widerbringliche beschwerung fűhren / oder da sie je ihre lust
haben und fűhren wolten / dieselbige doch also anzustellen /
das es one der armen / und zuvor mehr denn billich / unter-
druckten Unterthanen / gentzlichen untergang / und also

*Regel der Liebe.*

*Nota. Gros unbilligkeit.*

geschehen möchte / das nicht solche zehern vergossen werden / die Gott aufflieset / und zu seiner zeit schwerlich pflegt zu rechen.

Haben doch die Heiden fur recht erkand / das einer einem andern das nicht soll thun / was er selbst nicht gern haben wolte / Wie Cleobulus Lyndius gesagt / Quod oderis alteri ne feceris.

## II.
### Greuliche und unerhorte Gotteslesterung.

Wie leichtfertig die Hoffeleute sind / one not bey Gottes marter / wunden / leiden / Sacrament / Creutz und Cron zu fluchen und ⟨*Iiij^v*⟩ zu schweren / weis leider jederman / Daraus wol abzunemen / wie sie in Jagten werden des Namen Gottes misbrauchen / und auffs greulichste fluchen / wenn inen das Wild entwird / die Garn nicht recht gestellet sind / die Bawren nicht recht stehen / die Pferde straucheln / die Hunde nicht ires gefallens sich halten / das abschiessen misreth / oder anders dergleichen sich zutregt. Daher auch Doctor Luther sagt / uber das 25. Capittel Genesis / Und wenn sich gleich ein Jeger von andern Sünden und lastern enthelt / so sündiget er doch offt mit ungedult und greulichem fluchen / wenn es im auff der Jagt nicht aller dinge nach seinem sinne gehet.

Man hörets zwar auch wol / wenn sie auff den Jagten gewesen / und gefragt werden / wie es geschlaunet / das sie mit wunder grosser Gotteslesterung antworten / und (Gott verzeihe es mir / das ichs inen nachrede) etwan sagen / Hörstu wir hetten / oder der Teufel führe mich hinweg / sümmer Gotts Wunden / schöne Stücke fur dem Garen / und lies sich so marter leiden wol an / wenn die Hergotts Sacrament schand Bawren sich recht hetten drein schicken wollen / das sie die hand Gottes růre / aller Elements Bôsewicht hinnein 2c. Behůte allmechtiger Gott / wie wenig wird die ernste bedrewung geachtet. Da Gott sel-⟨*14ʳ*⟩ber spricht / Der HErr wird den nicht unschuldig halten / der den Namen Gottes unnůtzlich fůhret. Was wird denn denen begegenen / die denselben auff so vielfaltige weise grewlichen lestern und schenden / Und umb dieser einigen ursach willen / solt man allein einsehen haben / das die Jagten auff andere wege angestellet / und nicht mit armer Leute schaden gesteigert / und gemehret wůrden / dieweil sie ohne grewliche Gotteslesterung nicht gehalten werden / Und ist gros wunder / das Gott der HERR nicht offt umb solcher lesterung willen / Herrn und Knecht / Wild und Wildhetzer mit dem Donder oder Fewer / vom Himmel in abgrund der Hellen schleget. Aber was hie geborget wird / wird sich dort / wo man nicht Busse thut / wol finden / Denn die wort haben etwas auff sich / Der Herr wird den nicht unschůldig halten etc.

### III.
### Unterdruckung und Beschwerung armer Leute / sonderlich der Unterthanen.

Was schaden / leides und jammer / unterdruckung und verderb den armen Untertha-⟨*14ᵛ*⟩nen / durch das verfluchte Jagen zugerichtet wird / ist nicht auszusagen / So ist auch so gar keine Barmhertzigkeit bey den Oberherrn / das sie es nicht gleuben / noch sichs annemen. Das wild zertremmet / frisset / und machet inen erstlich zu schanden / was sie an frůchten geseet und gepflantzt / ehe es recht herfur komen kan / und weil es wechsset und stehet / das můssen sie leiden / und důrffens nicht wehren / So werden inen darnach beide vom Wilde / und auch von der Herrn und Junckern

Jagthunden / ir Viehe / Kelber / Ziegen / Schaff / Gensse / und Hůnner / bisweilen auch ir Haus und Hoffhunde / und offt darzu ihre Kinder und Gesinde zerrissen und beschediget / daran wird inen nichts erstattet. Uber das můssen sie / wenn man Jagen wil / alles ligen und stehen lassen / das ire verseumen / und leib und leben in gefar setzen. Darzu jagt und rennet man inen umb eines Hasens oder zweier Hůner / oder anders Wildes halben durch ihre Ecker / Wiesen und Garten / und schonet hierinnen auch der Weinberge nicht / da werden die zeune hernider gerissen / die Frůchte zertretten / das getreidig Geschleifft / die jungen reiser zu nicht gemacht / pfele und weinstöck umbgestossen / und allenthalben grosser schaden den armen Leuten zugefůgt. Wie kónnen dann dabey die Unterthanen zu letzt bleiben oder zur narung komen? Und wenn ihnen ⟨K^r⟩ denn alles verderbt wird / wo von sollen sie denn der Herschafft geben und dienen? hat auch je jemand solche unbilligkeit unter den Heiden erfahren?

Esau.     Lutherus schreibt uber das 25. Capittel Genesis / Esau gab sich gentzlich auff Jagen und reitten / Welche stůcke er one Sůnde nicht hat uben kónnen / er hat můssen uberschreitten / sonderlich im Jagen.

    Gleich wie auch unsere Fůrsten nicht allein darinnen sůndigen / das sie viel unterlassen / welchs sie billich thun solten / sondern sůndigen auch schwerlich / das sie auff iren Nota.   Jagten thun / das sie billich solten lassen. Sie verwůsten den armen Bawren ire saat und Ecker / und důrffen die armen leute das Wild aus den gerten und von Eckern nicht scheuchen / sondern můssen leiden / das inen dieselbigen zu nicht machen und abfressen / was sie mit grosser arbeit erbawet haben / Und also unterlassen nicht allein die Herrn schůldige hůlff und schutz / sondern beschedigen und beleidigen noch darzu die / so sie billich schůtzen und handhaben solten etc. Das sage ich darůmb / das man wisse / wie die jtzigen Jagten nicht one grosse Sůnde verbracht werden.

Und warlich solche beschwerung und unterdruckung ist nicht der geringsten Sůnden eine / wie aus Herrn Hansen zu schwartzenburg Reimen zu sehen / da er sagt. ⟨K^v⟩

  Wer Jagt nach lust / mit armer leid
  Das ist von art des Teufels frewd.

Da denck selbst / wiewol es Gott dem Herrn gefallen můge / wenn man wider sein verbot / mit betrůbnis und hertzleid derer Leute / die sein lieber Son Christus Jesus durch sein blut so tewer erkaufft hat / dem Teufel lust und freude machen darff / und in dem fall (wie man sagt)

  Der Teufel manchen Ritter hat
  Der dort mus leiden ewig not.

 Anno 1542. Als die Deutschen Fůrsten zu Regenspurg auff dem Reichstag viel zeit und gelt vergeblich verzereten / ward ein Brieff gedruckt / unter der Hirsche Namen / darinnen sie ihre Herrn anheim zun Jagten berieffen / Da auch unter anderen angezeigt wird / was die armen Unterthanen fur nutz von dem gehegten Wildprat haben / denn unter andern diese wort drinnen stehen. Nach dem wir euch denn gern widerůmb anheims wissen wolten / uns auch bedůncken lassen / es solte wol an ewrem guten willen von Regenspurg abzureisen / nicht grosser mangel sein / euch auch auff die reise zu fordern / die schweren geltkasten nu mehr nicht gros hindern. So haben wir bedacht / weil die zeit herbey ist / das wir unsere Zemmel / durch ewer armer Leute schaden / denen wir ihren Weitzen / Korn / Gersten / haffern und andere frůchte ⟨Kij^r⟩ abgefretzet / gantz dicke und feist gemacht haben / euch zu vermanen / das ihr zum forderlichsten abreisen / und zu uns auff die Welde on lengern verzug kommen woltet etc.

*Der Hirsche schreiben an die Fůrsten.*

 Also gehet es uber die Armen / mit denen man doch billich mitleiden haben solte / wie Cornelius Agrippa schreibt. Die so andern mit gedult solten gute Exempel geben / suchen teglich das sie uberwinden und fahen. Daher es kōmpt / das die Thiere / so nach natůrlichem Recht gemein / und nach andern rechten des sind / der sie fehet / nu allein die Herrn und Junckern Tyrannischer weise / mit freveln geboten / unter sich reissen / Denn da nimpt man den Bawren ire Gůtter und Ecker / můssen sich ihrer gründe und boden verzeihen / man verbeut Wald und Weide den Hirten / das nur das Wild desser mehr abzufretzen habe / und sich denselben Junckern zur wollust mesten mōge / Denn sie allein achten sich fur wirdig davon zu essen / solt ein Bawer oder gemeiner man nur etwas davon kosten / das hielten sie fur eine Todsůnde / ja es můste ein solcher so wol als das Wild selbst dem Jeger zu teil werden und heim fallen / Das sind Agrippe wort.

Es schreien aber der armen Leute trenen gen himel / und hōren nicht auff / bis Gott darein sehe / Darůber es denn solchen Fůr-⟨Kij*v*⟩sten und Herrn nimermehr wolgehen kan / Wie sie es auch anfahen und furnemen / so ist doch ihr verderb inen fur der thůr / Wie Herr Hans von Schwartzenburg reimet.

> Wer land und Leut durch unrecht drengt
> Ob dem das Schwerd am faden hengt.

Sie verderben und zertremmen uber dem Jagen / den armen Witwen und Waisen das liebe brot / so sich an der saat auff dem Acker ereuget hat / Werdens aber tewer genug bezalen můssen / an dem ort / da sie selbst die aller ermesten sein werden / sagt der Author MARGARITHÆ PHILOSOPHICÆ LIB. 12. CAP. 12.

<sub>Gottes verbot.</sub> Solche verderbliche und schedliche jagten / verbeut Gott der HErr allenthalben in der heiligen Schrifft / wo dieselbige zur brůderlichen liebe vermanet / Und stimmen auch die Geistlichen rechte mit solchem verbot uberein / 6. DIST: CAP. NON EST PECCATUM §. HIS ITAQUE.

Paulus I. Thessa. 4. saget / Das ist der wille Gottes / das niemand zu weit greiffe / noch verforteile seinen Bruder im handel / Denn der Herr ist der Recher / uber das alles ꝛc. Das aber ein Fůrst und Herr als dann zu weit greiffe / wenn er seine arme Unterthanen / uber ir gebůrliche pflicht beschweret / und nur umb wollust willen / das ihre durch die wůsten Thiere zu nicht machen lesset / darff keins beweisens. Darůmb auch die rache und straffe Gottes nicht ausblei-⟨Kiij^r⟩ben wird / es hette denn Gott selbst / sampt Paulo gelogen / welchs unmůglich ist. O ir Fůrsten und Herrn / wie lange wollet ihr alle Gőttliche warnung und drawunge verachten? Were es nicht schier zeit / das man auffhőrete Gottes zorn und straffe zu heuffen? Lasset es gnung sein / legt ab ewren stoltzen muth / und hőret auff ewre arme Unterthanen / hiemit zu unterdrucken / denn Gott wird es euch nicht schencken / noch alle zeit gut sein lassen.

*Zu weit greiffen.*

Hie kan und soll ich auch / aus grossen schmertzen und mitleiden nicht umbgehen zu gedencken / des schendlichen und sehr schedlichen SCHEFFERteufels / der jtzt von grossen Herrn nur weidlich geheget und auffgehalten wird / dadurch dem armut so viel schadens zugefůgt wird / das es nicht gnug auszusprechen / Und ist eben derselbige des Jagteufels Knecht und Geselle / denn wo jener nicht hinkommen kan / das irgend den armen Bawren etwas uberbleibt / das nimpt dieser uber der Erden hinweg. Da besitzt er etwan einen Herrn selbest / oder seine Amptleute / Schősser und Rethe / die den danck verdienen wollen / das sie ihrem Herrn wolgedienet haben / das man newe Furwerck und Schefereien angibet und bawet / und die nur mit grossen mengen Viehes ubersetzt / Wenn denn dieselbigen zu erhalten der Herrn trifften und ⟨Kiij^v⟩ weide zu wenig sind / so můssen der armen Gemeinen Flecken / Stedten und Dőrffer trifften / ecker / gehőltze / grůnde und wiesen herhalten / die schlecht man entweder gantz und gar zu solchen

*Scheffer-Teufel.*

*Nota.*

Furwegen und Schefereien / und entzeuchts also den Gemeinen / davon sie doch ihr Viehe zuvor viel lange zeit erhalten haben / und ihre Hoffedienste leisten müssen / oder aber man gebeut / das der gemeinen Viehe nicht ehe mus ausgetrieben werden / es sey denn zuvor der Herrschafft Viehe ein stunde oder lenger zuvor hinaus / welches alda auff den gemeinen Trifften liget / und alles zuvor hinweg fretzet / das der Gemeinen Viehe also hungerig aus und wider eingehet / und mancher darüber sein Viehe verkauffen mus / und dawider hilfft kein bitten / suppliciern noch flehen.

Darnach fehret dieser Teufel auch in die Schefer und Hirten / führet und treibet sie mit ihrer Herde und Viehe auff der armen Leute Saat / da ligen sie den gantzen Winter / es sey hart oder weich / und wenn ers gnedig machet / so lesset er den Bawren kaum so viel / das sie den ausgeseeten Samen wider kriegen / und da viel uberbleibet / dem Herrn und Junckern die Zinse geben können. Wollen sie die brötung haben / mögen sie anderswo her kauffen. Und daher kömpt es auch / und ist nicht die geringste ⟨K4ʳ⟩ ursach darzu / das die Leute also verarmen / und einer nach dem andern verkeuffen mus / und der jenige / so gekaufft / darnach auch nicht bezalen kan / sondern entleufft / und komen also dadurch die güter in verwüstung / die Leute werden zu betlern / müssen stelen oder hunger sterben.

Ob man nu wol fur zeitten einen solchen Beschediger hette pfenden und dahin bringen mögen / das er den schaden gelten müssen / so wird inen doch jtzt so viel mutwillen nachgelassen / und sie darzu gestercktt / das sie alles mit gewalt thun / wil man sie angreiffen / und inen wehren / oder pfand von inen haben / so sind sie bald mit der gegenwehr da / und halten einem die Zündbüchssen unter die nasen / klaget man es dann / so ist keine straff noch hülffe da / und wird der arme Man noch sawer darzu angesehen.

Lieber Gott / wo gedenckt ir Herrn und ir vom Adel zuletzt hin? Oder was wolt ir doch der mal eins dem höchsten

Richter am Jůngsten tage fur solche und dergleichen gewaldsame thaten / geitz und unrecht fur antwort geben? Oder meint ir / das gleich wie ir das bôse ungestrafft lasset / er im auch solchs werde gefallen lassen? Habt ir ewer Seelen und gewissen so gantz vergessen? Es solt noch wol war / und unter euch gebreuchlich sein / wie ewer einer fur wenig jaren gesagt / Ein Herr und ein Edelman ⟨K4ᵛ⟩ solt fur sechtzig jharen nicht wissen / das er eine Seele und gewissen habe / sonst kônne er nicht reich werden / Wie wenn dich der Teufel weg holete / ehe du solche sechtzig jar erreichtest / hettestu denn nicht ein statlichen gewinst getrieben.

*Ein unbesunnen rede.*

Warlich wann im Bapsthumb einer vom Adel hette sollen uber einen beseeten Acker reitten / oder durch das getreide und Weinberge Jagen / er hette im ein gros gewissen drůber gemacht / Aber jtzt kônnen sie nirgend anders / denn im getreidig reitten / es sey gleich Herr oder Knecht / gar selten findestu einen / der auff dem wege bleibet / und der lieben frůchte so Gott gnediglich verliehen hat verschonet. Das hat sie warlich das Evangelium nicht geheissen noch geleret.

*Im Getreidig reitten.*

So halten sie auch in dem Jagen keine masse / Jagen Winter und Sommer / bedencken nicht ob das Wild trechtig sey / und das es seine zeit zu setzen haben mûsse. Item das das getreidig noch im felde stehet / und der wein an stôcken hanget.

Herr Hug von Landenberg / Bischoff zu Costnitz / reit auff ein zeit mit seinen Hoffleuten / den Bawren im kletgow durch das getreidig / da schlug der Donder unter sie vom Himel / ein Ross zu tod / und sonst irer 8. zu boden (Schreibt Joannes Stumpff LIB. 5. CAP. 37.) Solte denn im Gott den frevel gefallen lassen / der jtziger zeit mit reitten ⟨Lʳ⟩ und jagen am lieben getreidig geůbt wird? das denck nur keiner nicht.

*Bischoff von Costnitz.*

Ich besorg furwar / wo sie nicht Busse thun / sie werden Gottes zorn dermassen auff sich laden / das er ein mal ein Wetter uber sie wird kommen lassen / das es ihnen wird alzuschwer werden / denn Gott die lenge das elende und jammerliche geschrey / und weheklagen nicht wird also vergeblich lassen furůber gehen / Wiewol irer der grossen Herrn brauch ist / das sie keinen armen Menschen fur sich lassen / niemands hőren / lassen arme Widwen und Waisen nicht allein durch Jeger und Schefer underdrucken / sondern faren auch zu / und dringen ihre arme Leute mit gewalt von iren Veterlichen gůttern / umb ihres geitzes und wollusts willen / da sie doch wol wissen / das es wider Recht / vernunfft und alle billigkeit ist / auch offentlich wider Gottes Wortt / und die heilige Schrifft / wie an Naboths Weinberg zu sehen / im ersten buch der Kőnige am 21. Capitel.

Nota.

## IIII.
## Verseůmnis der Predigt und anderer Gottesdienst.

Verseumnis der Gottesdienste.

Jegermessen.

Das ist zumal ein grosser tadel / an unsern Jegern / das sie umb ires Jagens wil-⟨L^v⟩len / vielmals fur ir eigen Person / die Predigten / gemein gebet / lob und dancksagung Gottes / und dergleichen Gottesdienste verseumen / und auch andere davon abziehen / und verhindern / Schonen auch des Sontags und der Christlichen Feste nicht / ziehen also eine kleine zeitliche wollust / dem gehőr des Gőttlichen Worts fůr / daran inen doch sonst all ir Seelen seligkeit gelegen. Etliche die darneben auch ein wenig fur andechtig und Geistlich wollen gesehen sein / die hőren wol zuvor eine Predigte / und důrffen begeren / ja sie wollens also haben / das man etwas viel frůer dann sonst gewonheit / inen eine Predigt mache / und allein das Evangelion sage / oder doch darůber gar eine kurtze vermanung thue / und dieweil ander gebreuchlich Gesenge ubergehe / und anstehen lasse / und alles kurtz uberlauffe / wie man denn solchs schnapper wesen im

Bapsthumb Jegermessen genennet hat / Wie dabey die andacht sey / ist wol zu erachten / denn sie doch mit gedancken allbereit im holtz und felde sind / Solche weise ist ein grosse anzeigung / das man vom mündlichen Wort der Predigt nicht gros helt. Wie spricht aber Christus? Wer aus Gott ist / der höret Gottes Wort / Darůmb höret ihr nicht / denn ihr seid nicht von Gott / Joan. 8.

Etliche Jagen zuvor auff die Feiertage / ⟨*Lij<sup>r</sup>*⟩ und denen mus man zu gefallen das Ampt und die Predigt auffziehen / und müssen zuhörer und Communicanten warten / bis sie fertig werden / und von der Jagt heimkomen / welchs auch weder recht noch billich ist / denn es heisset / Du solt den Feiertag heiligen. Das ist / mit heiligen gedancken / worten und wercken zubringen. Aeneas Sylvius am 13. Capittel seiner Behemischen Chronick / schreibet von Suatocopio / dem letzten König in Mehererland / das er auff einen Heiligen tag ein mal auff die Jagt geritten sey / und dem Ertzbischoff Methodio befohlen / mit dem ampt der Messe / bis auff seine widerkunfft zu verziehen / Da er aber bis auff den hohen Mittag ausblieben / hat Methodius das ampt angefangen / und nicht unterlassen wollen. Als nu der König kömpt / deutet er solchs dahin / es sey ime zur verachtung geschehen / und fellet auff den unsin / das er mit den Hunden in die Kirche hinnein bis zum Altar Jaget / und die hörner auffblasen lesset / den Bischoff mit harten worten anfehret / und sich kaum enthelt / das er sich nicht auch mit der faust an im vergriffen. An diesem magstu leichtlich lernen / wie unsere Jeger gegen Gottes wort / und die Prediger desselben gesinnet sein / wenn mans nicht allemal nach irem willen machet / ob sie gleich sich bisweilen stellen / als sey inen auch etwas an der Predigt gelegen. ⟨*Lij<sup>v</sup>*⟩

Etliche ligen lange zeit auff den Jagten / also das sie und die arme Leute / so darzu gebotten werden / offt in acht oder 14. tagen / auch wol in drey oder 4. wochen / oder lenger in keine Kirche komen / noch irgend eine Predigt hören /

*Kőnig Suatepock.*

*Methodio Bischoff.*

*Epicurische Sewe.*

achtens auch nicht / fragen wenig darnach / vermeinen sie können dennoch auch leben / ob sie gleich nicht predigt hören. Diese gar frevel verechter / werden iren lon zu seiner zeit redlich bekomen / wie denn die erfahrung mitbringet / das eben solche Gesellen / gar zu Gottlosen Epicurischen sewen werden / und zu letzt in Gottes straff verderben und untergehen / one Gottes wort und Sacrament / welchs sie verachtet / und das Wild mehr geliebt haben / dem sie auch an ihrem ende gleich müssen werden. Daher Hans Sachs in seinem gedicht der Sabbathbrecher genant / also spricht.

*Mißbrauch des Sabaths.*

Betracht nu selbst in deinem muth
Ob Gott nicht auch thue billich rechen
Das wir so freventlichen brechen
Die Sontag mit laster und Sünden
Das es doch nicht ist zu ergründen
Einer ob seiner arbeit leiret
Darnach er auff den Montag feiret
Der ander mit seinr Factorey
Der drit mit seiner Kramerey
Der vierd mit fechten / schiessen / ringen
Der fünfft mit jagen / paissen / springen ⁊c.
    Und hernacher. ⟨*Liij*ʳ⟩
Die Obrigkeit mus rechnung geben
Von solchem Unchristlichen leben
Wo sie mit straff nicht sicht darein
So den Sontag bricht ir Gemein.

So wird es Gott freilich inen auch nicht lassen gut sein / wenn sie selbst den Feiertag brechen und verunheiligen.

Etliche / sonderlich die noch dem Bapsthumb verwand sind / sprechen / wenn sie nüchtern an die Jagt ziehen / so leisten sie an stat des Predigt hören und Mess sehen / Gotte seinen dienst mit fasten und harter arbeit. Aber denen antwort S. Ambrosius / Sermone 33. Was hilfft solchs leibliche fasten / wenn man wollust sucht im Jagen / man enthelt sich

*S. Ambrosius.*

von speise / und fehret umb in Sůnden. Oder meinet ir lieben Brůder / das der recht fastet / der frů morgens wenn der tag anbricht / wol auffwachet / nicht in die Kirchen zu gehen / oder die stedte der heiligen Martyrer zu suchen / sondern auffzustehen / das er seine Knechte zu hauff brenge / die garn stelle / die Hunde ausführe / Welde und Hőltze ausforsche / führet das Gesinde auff die Jagt / die vieleicht lieber zur Kirchen giengen / und heuffet also seine eigen Sůnde mit andern / und dencket nicht das er an seinem eigen / und der Knechte verderb schůldig wird / ligt alda den gantzen tag auff der Jagt / jtzt ruffet und schreiet er / als wolt er sich zureissen / bald wil er das ⟨Liij$^v$⟩ man gantz still sey / und niemand sich hören lasse / Fehet er etwas / so ist unmessliche freude / entkőmpt im / das er doch noch nicht hatte / so ists grosses zorns ⁊c. Dieser gesellen losung heisset: Zu frőnen schickt euch / wenn ich jag / und schonet nicht der Feiertag.

Etliche bleiben wol auff die Feiertage daheim / gehen auch zu Kirchen / aber sie führen ihre Hunde und Vőgel mit sich / verwundern sich an denselben / und fantasieren und spielen mit inen / das sie also selbest nichts aus der Predigt mercken / noch betten / Und darzu mit der Hunde bellen / und irer Vőgel schellen / andere Leute auch am gehőre des Worts verhindern / und an guter andacht irre machen / Von denen schreibet D. Sebastianus Brand in seinem Narrenschiff.

    Wer Vőgel / Hund / in Kirchen führt
    Und ander Leut am beten irrt
    Derselb den Gouch wol streich und schmier
    Bis er dem Narn die schellen růr.
        Und abermal.
Man darff nicht fragen wer die sein
    Bey den die Hund in Kirchen schrein
    So man Mess helt / predigt und singt
    Oder bey dem der Habich schwingt

Und thut sein schellen so erklingen
Das man nicht beten kan noch singen.

Als wolt er sagen. Es darff nicht gros fragens irenthalben / man sicht wol das es Narren sind. ⟨L4ʳ⟩
Solchen misbrauch der Heiligen tage / und das Jagen auff dieselbig zeit / solten die Oberkeiten verbieten / und gar nicht gestatten / Wie es denn auch verboten gewesen / bey den alten Deutschen / als man sehen mag in den Landrechten der Alemannier / Tit. 39. und der Beiern Cap. 9. Das man auff einen Sontag / sich eusserlicher arbeit und ubung / bey schwerer straff und verlust enthalten solle / Und verkleret solchs Keiser Ludwig im ersten Buch / der Frenckischen Rechte / Cap. 75. das es in sonderheit vom Jagen und verbot desselben solle verstanden werden. NEC VENATIONES EXERCEANT. Spricht auch / es habe es sein Vater der gros Keiser Carl also verordnet.

Es ist aber dieses aller erst das ergest und schendlichste / das auch die Geistlichen selbest / die Feiertage mit Jagen zubringen / Und wie Cornelius Agrippa sagt / so ist der Bischoffe / Epte / und anderer Prelaten / grŏste andacht / das sie Jagen und hetzen / da wollen sie Ritter werden / und gesehen sein / důrffens selbst wagen / wilde Schwein und Beren zu fellen / solchs ist bisweilen ire grŏste lust / halten offt mehr Jagthunde / denn die grossen Fůrsten und Herrn / Wie denn SABELLICUS LIB. 8. EXEMPLORUM CAP. 7. schreibet / Er habe einen Bischoff kent / der umb Jagens willen / einen solchen hauffen Hunde gehalten / das man sie gleich / ⟨L4ᵛ⟩ wie das Vihe in herden teilen / und leute die ir gewartet / darůber ordenen můssen. O wie viel kŏstlicher zeit bringen die Kŏnige / Fůrsten / Graffen / Junckern und Reichen / und (welchs eine schande ist) auch die Geistlichen zu mit der unnützen můhesamen und fehrlichen kunst des jagens (MARGARITA PHILOSOPHICA LIB. 12. CAP. 12.) Solchs hat auch die alten verursachet / das sie in einem Concilio zu

---

Alt deutsch Landrecht.

Ludwig Keiser.

Concilium Aureliense.

Aurelia / oder Orlientz / in Franckreich gehalten / und in
andern mehr / den Geistlichen das Jagen verboten haben /
und im Geistlichen Recht wird verboten / das man keinen
Jeger zu Geistlichen Emptern und wirden sol auffnemen. Da
aber einer allbereit Priester were / sol er umb Jagens willen
seins ampts entsetzt werden.

Etliche unter den Geistlichen im Bapsthumb schonen wol
der Feiertage / das sie daran nicht Jagen. Doch hindern sie
mit iren Hunden und Fedderspiel / andere Leut in der
Kirchen an irem gebet / und andacht / und treiben grosse
leichtfertigkeit / Von denen schreibt Doctor Brand also.

> Ich thar von Thumbherrn nicht sagen
>> Die in den Chor ir Vögel tragen
> Und meinen es sol schaden neut
>> Weil sie sind gborn Edelleut
> So steht dem Adel gar viel zu
>> Das er billicher denn ander thu. ⟨M$^r$⟩
> Ich wůste gern was sie wolten sagen
>> Wenn der Teufel hinweg wůrd tragen
> Den Edelman der in in leit
>> Wo blieb der Thumher auff die zeit
> Ich fůrcht sein Adel schirmpt in neut
>> Doch die Natur gibt jedem ein
> Narheit wil nicht verborgen sein
>> O wie viel hetten achtung mehr
> Die Rőmer wie sie theten ehr
>> Ihrn Tempeln die doch warn gemacht
> Den Abgöttern allein volbracht
>> Das man kein bey den ehren dult
> Der sich an eim Tempel verschuld ꝛc.

Man findet auch wol unter den Evangelischen Predigern /
die hertzlich gern und willig mit ihren Herrn und Junckern
auff die Jagten ziehen / da sie viel sehen und fur ohren
můssen gehen lassen / darein inen billich zu reden gebůret /

were besser sie blieben daheim / und warten ires studierens / beten / und meditirens / und liessen die Jeger Jagen nach der Regel Christi / Las die todten ire todten begraben.

Ich mus hie auch das tadeln / und als unbillich straffen / das viel grosser Herrn / aus den Clŏstern Hundestelle machen / und ihre Hunde und Hundeknechte / mit und von den gŭttern / unterhalten und nehren / die von iren Vorfarn / oder wol von andern Leuten / zum Gottesdienst und zu erhaltung der Kirchendiener / Schŭler und armer leu-⟨$M^v$⟩te sind gestifftet worden / ob wol solchs in einen misbrauch gerathen / solt mans darŭmb nicht in einen andern misbrauch / sondern in einen rechten brauch wenden.

Etliche sind auch so ehrerbietig / gegen ire Pfarherrn und Seelsorger / das sie inen ihre Jagthunde zu Hause uber den hals schicken / das sie inen die fŭttern und herbergen / und also die Pfarherrn an etlichen ŏrten der Herrn und Junckern Hundeknechte sein mŭssen.

## V.
### Verseumung des Regiments.

Das ist unleugbar / das umb Jagens willen viel grosser Herrn ir befohlen ampt anstehen lassen / verhŏren keine sache / entschichten keine hendel / lassens alles in die lange banck komen / verschieben von einer zeit zur andern der armen unterthanen anligen / vergessen derselben auch wol zu letzt darŭber gantz und gar mit grossem verderb / schaden und beschwerung armer leute. Welchs stŭcks halben viel dem Keiser Domitiano wenig lob nachschreiben / und gedenckt Herodianus (lib. 4.) des Keisers Antonini Caracallæ / das er sich aus Welschland an die Donaw begeben

*Domitianus*
*Antoninus*
*Caracalla.*

*Jagteuffel*

habe / und sich alda geübet mit der Kůtzsche zu fahren / oder zu Ja-⟨*Mij*ʳ⟩gen / und das Wild zu fellen / Habe ja auch / aber gar selten / sachen verhöret / und ehe einer den handel recht furbracht / hat er bald seine meinung und urteil drauff
5 gefellet / wie richtig das hat müssen zugangen sein / kan man wol erachten.

 Daher schreibet Xiphilinus aus Dione Cassio / von obge-   Nota. dachtem Keiser also. Antoninus lies uns wol anzeigen / er wolte bald frůe morgens nach auffgang der Sonnen Gericht
10 halten / und die sachen / daran gemeiner nutz gelegen / fur die hand nemen / und handeln / er hielt uns aber bisweilen auff / bis zu hohem Mittag / offt auch bis gegen Abend gar spat / und dorfft sich auch wol zutragen / das er uns unter zeiten / wenn es in ankam / gar nicht ansprach / unter des
15 trieb er dieweil furwitz / fuhr auff der Kutzsche / Jagte / fechtet / zechete und soff sich voll / und wenn er solchs ausgerichtet hette / denn kam er bisweilen / und verhöret etliche sachen.

 Dieser Antoninus hat unter den Deutschen Fůrsten und
20 Herrn / viel nachkomen gelassen / die im nur redlich folgen. Das auch Doctor Luther seliger / nicht unrecht schreibet / uber das 10. Capittel Genesis / Unsere Fůrsten sind gar töricht und besessen mit der Jagtsucht / das sie auch umb Jagens willen / hohe / nötige und wichtige sachen lassen an-
25 stehen / und ist inen lieber / ⟨*Mij*ᵛ⟩ man halte sie fur ernste Jeger / denn fur weise Heger (Custodes) Schutzherrn oder Regenten. MALUNT STRENUI VENATORES, QUAM SAPIENTES GUBERNATORES ÆSTIMARI.

 Daher saget auch Cornelius Aprippa / cap. 77. DE VANI-
30 TATE SCIENTIARUM / Mit dem jagen und paissen (welchs doch beide rechte Knechtische gewerb und mühselig ubung sind) ist es also weit komen / das man hindan gesetzet alle freie Kůnste / vermeinet / wer recht Edel sein wolt / müste durch Jagen darzu komen / Und ist zwar der Könige und Fůrsten
35 lust und leben im Jagen / solchs ist ire beste Ritterschafft.

**Mithritades.**    Mitrithades der berhůmete Kőnig / lies sich die Jagtsucht so gar einemen / das er ein mal sieben gantzer jar dem jagen nachgehengt / und die selbigen zeit uber in keine Stad noch Flecken / oder sonst unter ein dach komen ist / Schreibet von im Joannes Ravisius IN OFFICINA SUA, was hat dabey kőnnen fur gut Regiment sein?

Joannes Pinitianus setzet zwey feine Verslein / welche also lautten.

QUID IUVAT OPTATUM VENATU PERDERE TEMPUS
QUERERE CUM POSSIS COMMODIORA TIBI
Die zeit die du verleurst mit Jagen
    Die wirstu zwar noch schmertzlich klagen
Ruff laut zu Gott: gar offt und viel
    Das sey dein Hund und Federspiel.

So saget Franciscus Petrarcha Cap. 32. ⟨*Miij*ʳ⟩ DE BONA FORTUNA. Unter andern worten also / GOtt hat dir zwo hende gegeben / wo sind sie? Die eine helt den zaum des Pferdes / die ander fůhret den Habich / bistu nicht ein fein muster? hastu doch keine hand. Als wolt er sagen / Die grossen Herrn solten eine hand brauchen / zu schutz der fromen / die ander zu straff der bősen / so lassen sie beides anstehen / und brauchen ihrer zur wollust und kurtzweil / ja wol zu unterdruckung der armen.

Item er saget / Sie schreien und ruffen den gantzen tag auff der Jagt / umb des Wildes willen / den hals heischer / Wenn sie aber einem armen Menschen in iren sachen (darůmb sie angesucht) nur ein wenig bescheid / und eine kurtze antwort geben sollen / da verdreusset sie es den mund auff zu thun.

## VI.
### Unmenschlichs Wůtten.

Umb des Unmenschlichen wůtens und abschewlichen wesens willen / so auff den Jagten geůbet werden / solten die

Herrn dieselbigen messigen. Franciscus Petrarcha sagt / Sie fallen des morgens mit solcher ungestůmme zu iren Heusern heraus zu holtze zu / als were es alles voller feinde / da es doch nur umb die Hasen / Hirschen und der-⟨*Miij^v*⟩gleichen
⁵ Wild zu thun ist / were vielleicht ein Feind furhanden / sie blieben wol zu hause / und důrfften derselben kůnen Helden etliche den kopff nicht zum fenster ausstecken.

    Dietherich der Gotthen Kőnig schreibet in einem brieffe /    Dietherich an den trefflichen man Maximum / also / Es ist ein abschew-   von Bern.
¹⁰ licher handel / und ein unglůckseliger kampff / das man sich an die wilden Thiere legt / da man doch wol weis / das sie uns zu starck sind / allein das man sich vermisset / man wolle mit list sie zu falle bringen / und stehet der grőste trost drauff / das man sie hinderkomen mőge / kőmpts das man
¹⁵ dem Wilde nicht entkomen kan / so mus mancher also unbegraben bleiben / offt verleuret einer seinen leib bey leben / und wird von Thieren greulich gefressen / ehe er ein Ass worden / wird gefangen / und ein speise seinem feinde / mus also leider den setigen / den er zuvor vermeinet zu
²⁰ erwůrgen.

    Wie man sich in Jagten gegen die arme Leute und Bawren verhelt / wissen unser Jůnckerlein zu guter masse selber wol / wie sie aus lautter gutdůnckel / und stinckender hoffart sich   Verachtung lassen důncken / sie sind viel besser / denn gemeine leute.   der armen.
²⁵ Darůmb sie dieselben nicht allein verachten / und irer armut / blősse / einfalt und elends spotten / sondern sie auch auffs eusserst versprechen / schelten / schmehen und lestern / und zu irem schaden ⟨*M4^r*⟩ verlachen / offtmals ubel handeln und greulich schlagen / und als wolten sie dieselbigen zu-
³⁰ reissen / wůten / und wie die wilden Thiere gebaren / auch offtmals an ihrer gesundheit verletzen / oder da sie on gefehr von einem Wild beschedigt werden / gleich ire freude daran haben / und sie also geringer achten denn die stinckenden Hunde. Důrffte sich mancher armer Bawer gegen solche
³⁵ scharhansen setzen / und sich solcher unbillichen gewalt / so

*Nota.* mit schmeissen und schlagen gegen sie geübet wird / erweren / so würd man offt den freidigen Jeger sehen / des Aesopus in seinen Fabeln gedenckt / das er zu einem Hirten komen / und in gebeten / er wolte gern das er in nachweisete / wo er etwan einen freisamen Lewen möchte antreffen. Da nu der Hirte im einen in der nehe gezeiget / hat er geantwortet / Es ist gleich gut / ich hab sein gnung. Und zog also der Eisenfresser und Berenringer seine pfeiffen ein / und traff einen andern weg nach Hause.

## VII.
## Tyrannische Greuligkeit.

Je mehr ich den Jagten jtziger zeit breuchlich nachdencke / je schrecklicher und ⟨$M4^v$⟩greulicher dinge ich darinne befinde / und möchten einem wol alle haar zu berge steigen / allein des greulichen wesens halben / davon ich jtzt sagen werde / welchs warlich Herrn und Fürsten sich eins bessern zu bedencken / und ihr Jagten auff andere wege anzustellen bewegen solte / Man rennet und leuffet durch die Saat / garten und wiesen / (sagt Gerhardus Lorichius) und schonet keiner früchte / noch gewechs / es mus alles von Hunden und Pferden zerschleiffet und vertretten werden. Ja (spricht er) also hat die Jachtsucht unser Herrn bestanden / das sie auch ihren Bawren verbieten dürffen / das Wild von iren Eckern / felden und wiesen zu scheuchen oder abzutreiben / sondern zwingen die armen Leute / das sie es müssen dulden und geschehen lassen / das inen das Wild alles auff dem felde und in gerten abfretze / und daher wird fur einen auffrurigen Buben verdampt / welcher einen Hasen in seinem Krautgarten fehet / oder eine wilde Sawe in der Saat fellet / oder der eine Hinde auff seinem stücke scheusset.

*Nota.*

*Jagtsucht.*

## Jagteuffel

Man saget das jtziger zeit etliche grosse Herrn die armen Leute umb sonderliche Summa geldes bůssen / wenn sie nur alleine nicht mehr denn die wilden Thiere von iren Eckern oder gerten hinweg scheuchen / ja sie bůssen auch die / so es etwan one gefehr gesehen / und solcher armen Untertha-⟨N^r⟩nen hohe notdurfft / das ire zu verteidigen / nicht verrathen / und als einen grossen ungehorsam / und bőse that zu Hoffe gerůget haben.  *Unbilliche Busse.*

Ein grosser Fůrst kam in erfarung / das ein Bůrger unter im gesessen / einen Hasen geschossen hette / Das lies er an einen Erbarn Rath desselben orts gelangen / welche auff ires Herrn schreiben den Thetter mit harter Gefengknis gestrafft / und nach verlaufft acht tagen / als sie inen hart furgenomen / los gelassen / darůmb haben sie dem Fůrsten 100. gůlden oder mehr můssen zur busse geben.  *Nota. Ein tewer Hase.*

An einem andern ort hat eine Stad / in solchem fall / von wegen eines geschossen Hirsches / 300. gůlden geben.

Sie gebieten auch ihren Unterthanen keine zeune noch wende umb ire gerte zu haben / oder můssen die nicht hoch machen / oder die spitzen an zaunstacken absegen / und vergleichen / das ir Wild unbeschedigt kőnne aus und einspringen / den armen Leuten das ihre abfretzen / und sich also mit derselben sauren schweis und blut mesten. Es soll ein gewaltiger Herr seinen Unterthanen geboten haben / keinen Hund zu halten / er habe im dann zuvor der hindern fůsse einen gelemet oder abgeschlagen.  *Gottlose gebot.*

Herr Hans von Schwartzenburg freyHerr / setzt seinen Reimen unter der Per-⟨N^v⟩son eines Jegers / Dergleichen stůcklein auch / und spricht.

    Das ist der will des Herren mein
      Das ich im heg / viel Hirsch und schwein
    Den Hirten ich der Hund nicht gan
    Er heng in dann gros Brůgel an

Und fur das Wild leid ich kein Zaun
  Zeuch mir die Jagthund schwartz und braun
Zu frönen schickt euch wenn ich jag
Und schonet nicht der Feiertag
Kein holtz hawt ab es sey denn sach
  Das es dem Wild kein schaden mach
Dein Rŭden schick mir an die sew
Ehe das ich dir den balg erblew
Zalt was wir bey euch han verzert
  Das euch nicht böses werd beschert.

*Nota.*

*Heiden leidlicher denn etliche Christen.*

    Es sind dieses fals die Heidnischen Tyrannen / leidlicher und treglicher gewesen / denn die haben doch iren unterthanen nicht verbotten / das Wild von ihren Eckern zu scheuchen / ja sie haben nachgeben und zugelassen / wenn es ausser der zeit des Ackerbawes gewesen ist / und das die Bawren sonst nichts zu verseumen gehabt / das sie haben mögen Jagen / Wie aus dem Poeten Virgilio zu sehen / da er spricht.

    Tunc gruibus pedicas, & retia figere cervis
    Auritosque sequi lepores, & figere damas
    Stuppea torquentem balearis verbera fundæ.

*Androdus.*

    Es müssen die armen Leute den Herrn und Junckern / grosse und beschwerliche ⟨*Nij$^r$*⟩ dienste / mit verseumnis ihrer narung / zum Jagen leisten / und hette dasselbige seinen weg / wenn man es doch sonsten darneben mit den armen Leuten auch leidlicher machete. Aber die Oberherrn halten sich wilder und undanckbarer gegen sie / denn der Lewe gegen den Androdrum / Davon Gellius eine Historia schreibt lib. 5. cap. 14. So doch grosse Herrn der Edlen tugend des Lewen / das er sich gegen die Demŭtigen freundlich und gnedig erzeiget / billich folgen solten / sonderlich gegen denen / die inen alle trewe dienste leisten.

Zumal schrecklich ists / das die grossen Herrn sich nicht schewen / ihre arme Leute umb des Wildes willen am leben zu straffen / So doch auch die Weltlichen Rechte bezeugen / das die Herrn gar schwerlich sündigen / die ire arme Leute am leibe straffen / oder sonsten beschwerliche bussen aufflegen / Darümb das sie zu der zeit / da man doch sonst zu Jagen pflegt / und offt auch aus not und armut gedrungen / sich des hungers zu wehren / etwan ein Wild gefellet haben.

<small>Schreckliche Tyranney.</small>

Und daher schleust Angelus in seiner Summa aus ASTENSI, das die Herrn nicht schlechte gemeine / sondern grosse todsünde begehen / die umb eines Hasen oder andern gefangen Wildes halben die Leute tödten oder mit abhawung eines gliedmass am ⟨Nij$^v$⟩ leibe verstumlen / sonderlich so sie das thun aus rachgirichkeit / oder aus alzu viel gunst und lust zum Wilde. Denn es solt ein Mensche nach Gottes Ebenbilde geschaffen / und durch Christi Blut erlöset / je umb eines unvernünfftigen und darzu schedlichen wilden Thiers willen / nicht also jamerlich und elend zugericht werden.

Es stimmen die rechtverstendigen auch hierinnen uberein / das sie sagen / Es sey (MERA INIURIA) gewalt und unrecht / das man den gemeinen Leuten bey kopff / hende oder fus abhawen / oder anderer glieder verstümplung / das Wild zu fahen oder zu fellen verbiete. IN D. C. NON EST.

<small>MERA INIURIA.</small>

Hievon stehet auch im Sachssenspiegel / lib. 2. Landrecht. Artic: 61. Da Gott den Menschen geschuff / da gab er im gewald uber Fisch und Vogel / und uber alle wilde Thiere / Darümb haben wir des ein urkund von Gott / das niemand seinen leib noch sein gesund / an diesen dreien verwircken mag.

Wie man aber die straffen möge / so wider der Herrn verbot in Bannforsten und gehegen / sich am Wilde one not vergriffen / findestu eben daselbst / desgleichen lib. 2. Landrecht Artic. 28. Von denen so in gehegten Wassern fischen / man dürffte darümb die leute nicht würgen und

Nota.

Fischdiebe.

umbbringen / wie es sich etwan zugetragen / das ⟨Nüj^r⟩ man umb etlicher wenig hechte / foren / krebs / oder dergleichen willen / die Leute hat erschiessen oder hencken lassen / welchs warlich zu viel ist / Wiewol auch hiemit nicht aller dinge entschůldiget sein / die wider der Oberkeit verbot / die fische aus gehegten Bechen / und behaltern heimlich hinweg nemen / und solchs so offt thun / das bisweilen der zorn grosse Herrn zu solcher grewligkeit treibet.

Aber (wie Franciscus Zoannettus sagt) Es mőchten disfals Fůrsten und Herrn dem jenigen / so sie sich zu Recht befůgt / bedůncken lassen / wol mit etwas gelindern / und doch ernsten straffen nachsetzen / also das auch ihre gůtigkeit daraus zu vermercken sein mőchte / und nicht zu schwinde faren / Secundum L. Respiciendum circa princip. ff. De pœnis.

Und sagt gedachter Zoannettus / Ich wolt aller dinge nicht / das man von wegen eines Wildes / so etwan gefangen oder gefellet / einen Menschen / der nach Gottes Bilde geschaffen / und ein glid Christi ist / solt also hintődten.

Nach sachssen Recht wird der schade bezalet / und die that so offt die geschehen / mit 3. schillingen gebůsset / lib. 2. Artic. 28. Aus den alten Frenckischen Rechten ist klar / das man weder umb Wild noch umb fischs willen jemands am leben gestrafft / sondern ⟨Nüj^v⟩ allein umb gelt gebůsset hat / L. Salica. Tit. 36. L. Ripuaria Tit. 44.

Warnung fur die Unterthanen.

Wiewol nu die Herrschafften daran nicht recht thun / das sie alles so gar eigen machen / und beide auff dem Felde und im Wasser / auch schier in der lufft / alles den armen Unterthanen abstricken / So sollen doch gleichwol die Unterthanen sich das Wild zu fahen / und in gehegten Forsten zu jagen enthalten / sonderlich wo ein ausdrůcklich verbot davon ausgangen.

L. Domitius.

Als L. Domitius Landpfleger in Sicilien war / und im ein grosse wilde Sawe furbracht ward / hat er den Hirten / der dieselbige gefellet / fur sich bringen lassen / und ihn gefraget / wie und womit er sie umbbracht. Als er nu befunden / das es mit einem Schweinspies geschehen / hat er ihn bald auffhencken lassen / Denn es hette dieser Landvoigt kurtz zuvor ein gemein Edict und befehel ausgehen lassen / das bey leibes verlust / niemands in der gantzen Insel eine mördliche wehre tragen solte. Vermeinte durch solchs verbot / die grausam Reuberey abzuschaffen / die bisher in der Insel gewesen war / dadurch sie auch beynahe gar verwůstet worden. Dieses kôndte als ein greuliche und Tyrannische that gedeutet werden / und kan mans doch Disputieren / Schreibet VALERIUS MAXIMUS LIBRO SEXTO CAPITE TERTIO, TITULO DE SEVERITATE. Und wird da-⟨N4ʳ⟩fur geachtet / man hette des Landvoigts Edict ungeachtet / das es etwas scharff / sollen halten / dieweil es ein geschrieben und verordnet Recht und satzung gewesen. L. PROSPEXIT. FF. QUI & À QUIBUS MANUMISSI LIBERTATEM NON ACCIPIUNT. Und sind die wort Ulpiani / da er sagt. QUOD QUIDEM PER QUÀM DURUM EST, SED ITA LEX SCRIPTA EST. Und sagen die Juristen. SI DOMINUS LOCI, UBI EST CUNCTIS LIBERA VENATIO, HABEAT IUS REIPUBLICÆ IBIDEM, & PROHIBEAT INDICTA PŒNA, OMNIBUS ILLIC VENARI, ERIT PROHIBITIONIS TRANSGRESSOR PUNIENDUS, LICET VETUERIT SINE CONSENSU ILLORUM QUORUM INTERFUIT. ZABARELLA CARDINALIS. SI DOMINUS. EXTRA: DE DECIMIS. Das es also sol heissen / Wenn ein Herr verbeut zu Jagen /da es doch zuvor gemein gewesen ist / so solle man solchs gebot halten / und da jemands ubertrit / soll er gestraffet werden / (verstehet doch nicht am leibe) ob er gleich in solches verbot nicht gewilligt hette. Diese Juristische Regel / kônnen die grossen Herrn und Junckern sehr wol mercken / Faren darnach uberhin / und machen derselbigen gebot und verbot / aus lauter geitz und eigennutz / mit grossen und schweren Sŭnden so viel / das die armen Gemeinen und ihre Unterthanen / von althergebrachten freiheitten / ja auch von iren eigen ererbeten / oder erkaufften gŭttern wenig behalten / Das wird Gott zu seiner zeit finden. ⟨N4ᵛ⟩

> Juristische Regel.

Es ist schier kein Juncker so geringe / er weis solche gebot den seinen auffzulegen / Welches doch viel gelerter Juristen gar nicht billichen. Als Antonius DE BUTRIO IN D. C. NON EST: DE DECIMIS, welcher An. 1408. gestorben. Item / Jason Maynus LIB. 4. CONSIL. 119. PHILIPPUS DECIUS LIB. 1. CONSIL. 197. Hieronymus Schurff LIB. 3. CONSIL. 1. & C.

Ich lasse aber dieses faren / und frage nu die Fürsten und Herrn / mit was gewissen / fug und Recht / und aus wasserley grunde / auch mit welcher billigkeit / sie den armen Leuten bey grosser straff verbieten / das sie die wilden Thiere auff iren Eckern / wiesen und in gerten / da sie inen nicht geringen schaden thun / nicht schiessen noch fellen / ja auch nicht Jagen noch hinweg scheuchen dürffen / Und da sie solchs thun / worůmb sie die armen Leute so unbarmhertziglich an leib und gut straffen? Das der Ehrlich und Gottselige man Jacobus Wimphelingus warlich nicht unrecht gered / da er gesagt / Das die Fürsten viel ernster und herter die Leut straffen / wenn sie ein Wild getödtet / denn so sie einen Menschen erwürget / oder Gott den Herrn vielfaltig gelestert hetten / O Welt / O verkeretes wesen / Denn ist es nicht war? das einer bey einem Herrn ehe zu gnaden kömpt / wenn er zween oder drey Bawren tod geschlagen / denn so er einen einigen Hirsch oder Rehe geschossen. ⟨O<sup>r</sup>⟩

*Nota.*

Hie solt man nu gedencken / wie etliche umb eines Hasens willen den Unterthanen die augen ausgestochen / hende oder füsse abgehawen / nasen und ohren abgeschnidten / und dergleichen Unmenschligkeiten an inen begangen. Aber es wolt lang werden / solchs alles zu erzelen.

*Greuliche thaten.*

Barnabas ein Vicegraffe zu Meiland / (ehe daselbst ein Hertzogthumb auffkommen) war so gantz und gar auffs Jagen ergeben / das er seine gröste freude daran hette. (Wie auch Unlangst ein deutscher Juncker soll gesagt haben / Wenn im Gott vergůnnen wolte / hie ewig zu Jagen / so wolt er im gern den Himmel lassen / und desselben nicht gros begeren.) Dieser Barnabas hette bey 2000. Jagthunde /

*Barnabas Vitzgraffe zu Meiland.*

*Ein undeutscher Juncker.*

die teilet er auff die Dörffer aus / und auch sonst unter die Leute / da muste einer hie so viel / der ander dort eine gewisse zal Hunde ernehren / und hütten / Welchs den armen Leuten zu grossem nachteil / verderb und schaden gereichete. Darneben sie auch in forcht und sorgen sitzen musten / denn er umb eines geringen versehens willen / uber alle mas greulich pflegete zu straffen / Und war auch sonst ein solcher Tyran / das er einmal einen mit alle seinem Hausgesinde und Verwanten hat hencken lassen / nur darümb / das sie ein wild Schwein gefellet / und aus dem saltz gessen hetten. PAULUS IOVIUS LIB. 2. ELO-⟨O$^v$⟩GIO-RUM TIT. 9. Und im neunden Buch von den Meilendischen Vicegraffen schreibet jtztgedachter Jovius also / Es war Graffe Barnabas in unseglichen abgunst und unwillen bey allem Volck gerathen / Denn er war uber die masse ein harter grausamer Man / unbarmhertzig / und unerweichlich / und ward je elter je erger / Und als er armut halben auch geitzig und zugriffisch ward / hies man ihn nicht allein einen Geitzhals / sondern auch einen grewlichen Wüterich. Denn uber das / das er sein arme Leute / mit einer Schatzung uber die ander beschwerete / und in armut und verderb führete / Lies er auch ein unerhört und schrecklich Gebot ausgehen / das man auskundschafften und fahen solte / all die in fünff jaren her wider sein voriges verbot / entweder selbst wilde Schwein gestochen / oder davon uber ander Leut Tische gessen hetten / Und fur also schwinde mit unbarmhertzigen urtheilen / und unabbitlichen sententz / das er mehr dann hundert armer Bawren lies hencken / Den andern nam er was sie hatten / und jagt sie zum Lande hinaus. Er hette in die Dörffer / so den jagten gelegen waren / etliche tausend Hunde unter die Bawren ausgeteilet / welche sie mit grosser unkost im erziehen und halten musten / Darüber hette er sonderliche Hundevögte verordnet / die mit ihren Hunde-⟨Oij$^r$⟩knechten im Lande herümb zogen / und die armen Leute ihres gefallens plagten / trotzten / und

*Nota.*

*Schrecklichs Edict.*

*Hundevögte.*

16 Teufelbücher V

pochten ubermůtiglich / wenn sie wolten / hetten ihre eigene Hunde Register / daraus sie die Hunde besahen / ob sie auch also waren / wie sie die uberantwortet hetten / und mochten leichtlich eine ursach finden / das sie einen armen Bawren leichtlich eine ursach finden / das sie einen armen Bawren mit schlegen strafften / oder umb gelt bůsseten. Es kondte bey inen keiner kein danck verdienen / und waren in gleicher schuld / sie hetten die Hunde fet oder mager gehalten / waren die Hunde mager / důrre und streubig / so gab man den armen Leuten schuld / sie hetten sie mutwillig ausgemergelt und wollen hungers sterben lassen / Waren sie dan fet und wol bey leibe / so sprachen sie / man hette sie zur Jagt untůchtig gemacht etc.

*Gerechet straffe Gottes.*

Aber dieser Tyran ward nach Gottes gerechten urteil zu letzt in seinem eigen schlos TRICIANA, welchs er new gebawen / bey sieben Monden in schwerer gefengnis gehalten / darinnen er auch gestorben / (wie man sagt) durch gifft getödtet.

Solche Tyranney hat GOTT dem HERRN keines weges gefallen kŏnnen / Und ich achte / das es noch ein anzeigung seines zorns sey / daran man mercken solle / das er der beschwerlichen Hundezucht nicht aller dinge vergessen habe.

*Versamlung vieler Hunde.*

Das sich ⟨$Oij^v$⟩ Anno 1541. bey zwey hundert Hunde / bey Alexandria nicht weit von Meiland gesamlet / und darnach gleich auff Meiland zugelauffen sein / und viel Leute auff dem felde hart beschediget haben. Wie Job Fincelius im ersten teil der Wunderzeichen anzeiget.

Nicht lange nach diesem Barnaba / ist Hertzog zu Meiland gewesen Joannes Maria / welcher grosse Hunde darzu gehalten / und mit Menschen fleisch gemestet hat / das er inen darnach die armen Leute / die etwas wider in gethan / auch offt unschuldige fůrgeworffen hat / und sie also zureissen lassen / welchs ein grewlich Spectackel gewesen. Es ist aber diesem Tyrannen zu lohn der kopff in der Kirchen mitten von einander gehawen / und er also umbbracht worden / Schreibt Jovius.

    Man findet noch wol / die ire arme Unterthan mit solcher Hundezucht zum hôchsten beschweren / oder die Hunde zu erhalten / sonderliche stewre und anlage auff die Unterthanen schlagen / oder doch mit abbruch und verseumung Hausarmer Leute / auff die stinckenden Jagthunde unnůtze unkost wenden. Das man auch an vielen ôrten umb der Hunde willen / den armen nicht ein tellerbrot fur die thůr gebe. Solche sind des reichen Mans gesellen / Lucæ am 16. Der auch mehr auff seine Jagthunde denn ⟨Oiij$^r$⟩ auff den armen Lazarum gewendet. Viel lôblicher ists / das Raphael Volaterranus von Bapst Felix dem fůnfften schreibt / welcher zuvor Amedeus geheissen / und ein Hertzog zu Sophoy gewesen war. Als derselbige von etlichen statlichen Legaten / die in wichtigen sachen zu im abgefertigt waren / gefragt wurden / Ob sein Bapstliche heiligkeit etwan gute hůbsche Jagthunde hette / das sie dieselbigen inen wolt zeigen lassen / hat er sie auff den andern tag wider beschieden / und inen einen grossen hauffen armer Betler gezeigt / welche er zu speisen gewonet / und gesagt / sehet das sind meine Jagthunde / die ich teglich nehre / mit welchen ich verhoffe / die Himlische gloria und herrligkeit zu erjagen. Dieser Bapst hat auch umb friedens willen das Bapsthumb fahren lassen / Anno 1447. Joan Balæus LIB. 5. PONTIFICIUM.

    Das gegenspiel treiben jtziger zeit etliche Potentaten / die nicht allein der armen wenig achten / sondern brauchen auch der Bawren an Hundes stat / das sie wie die Hunde bellen / das Wild anfallen / Jagen und hetzen můssen / und machet mans warlich seltzam.

    Es hat auch etwan ein Herr seiner Unterthanen einen (darůmb das derselb ein Schwein gefellet) zu kalter Winters zeit in Rein gejagt / darinnen er so lange stehen ⟨Oiij$^v$⟩ můssen / bis er eingefroren / welchs im sein lebenlang an seiner gesundheit geschadet.

*Randglossen:* Hundezucht. — Amedeus Hertzog zu Sophoy. — Bawren můssen hunde sein.

Sonst soll ein grosser Herr einen / umb gleicher ursach willen haben nacket anbinden / und also erfrieren lassen.

Ist auch eine sage / das man einen armen Menschen umb Wildes willen gehencket / dem hernach also hangend aus dem kopff (etliche sagen aus den augen) kolben sollen gewachssen sein / wie den Hirschen wenn sie geweihe erstlich setzen.

*Vitoldus Hertzog in Littaw.*

Hertzog Vitolt in Littaw ist ein solcher Tyrann gewesen / wenn er jemands zum tod verurteilt / so hat man denselben müssen in ein Berenhaut einnehen / und darnach mit Hunden hetzen / und also zureissen. SABELLICUS LIB. 8. CAP. 3.

*Alexander Phereus.*

EXEMPLORUM. Wie auch der Thessalisch Tyrann Alexander Phereus / des einen gebrauch gehabt / das er viel Menschen in Beren / Lewen und Wolffes heute einnehen / und also verderben lassen / oder den Hunden furgeworffen / das sie jammerlich zerrissen wurden (PLUTARCHUS IN PELOPIDA) Er hat aber auch seinen lohn / (wie einem solchen Tyrannen gebüret) bekommen / und ist in seinem Bette erstochen worden.

*Ertzbischof zu Saltzburgk.*

Es ist zwar nicht sehr lang (Anno 1557. ist mir recht) das der hochwirdige Vater / (Gott verzeihe mirs) der Ertzbischoff zu Saltzburg / einen Bawren / der Jagt hal-⟨O4ʳ⟩ ben / hat in ein Hirschenhaut vermachen und also hetzen lassen. Ist im Herbst umb Ruperti geschehen / da des marckts halben / sonst viel .frembde Leute gen Saltzburg kommen / damit solchs Bischofflichs und Geistlichs werck / ja nicht verschwiegen / sondern weit gnung im zu besonderm lob unter die Leute keme. Vielleicht ist der Forst Teufel / der Anno 1531. im Hansbürger Forst im Stifft Saltzburg gefangen worden / eine Figur gewesen / Dadurch Gott wollen zu verstehen geben / das noch so ein BawrenTeufel / und BawrenJeger Ertzbischoff zu Saltzburg werden solte. Von jtztgedachtem Wunderthier magstu lesen / in Job Fincelij / oder Conradi Lycosthenis Büchern / von Wunderzeichen.

*Bawren Jagt.*

*ForstTeufel.*

*Jagteuffel*

Man lieset auch von einem Bischoffe in Ungern / der einen fromen Evangelischen Prediger / darůmb das er geleret / Es were Fleisch essen in der heiligen Schrifft nirgend verboten / erstlich in Gefengknis geleget / darnach uber etliche wochen heraus genomen / und in mit Hasen / Gensen / und hůnern behengt / und die Hunde an in gehetzt hat / welche im solchs alles vom leibe gerissen / auch die kleider zerzerret / und in auch bisweilen mit ergnapt haben. Also hat er in durch die Stad gejagt / des haben die andern schelmen und Baalspfaffen gelachet / ⟨O4ᵛ⟩ und ihr freud darob gehabt / Hat aber mit dem Bischoff nicht lange geweret / denn er in wenig tagen hernach in kranckheit gefallen / unsinnig worden / und ein schrecklich ende genomen. IOANNES GASTIUS TOMO 2. CONVIVAL: SERM: O ihr Papistischen Prelaten / die ir ewre arme Leute mit Geistlicher und leiblicher Tyranney plaget und jaget / Wie wird ewer Jegermeister der Teufel auch ein mal eine Pfaffen Jagt mit euch halten / und in der Hell mit euch růmb wůschen / da ihr und andere unbarmhertzige Bawrenjeger gar schwere zeit haben werdet / Gott gebe das ir euch erkennet und bessert.

Dieses habe ich von der Tyrannischen grewligkeit sagen můssen / so bey und umb der Jagten willen geůbet werden / daran etliche Fůrsten / Graffen und Herrn / und viel vom Adel / kein lust noch gefallen tragen / und solchs an denen / so es uben gar nicht loben noch billichen / Und doch aber gleichwol der mehrerteil / unter den grossen Herrn sich solcher greulicheit nicht schemen / welchen es Gott aber / da sie nicht davon abstehen / gar nicht wird schencken.

*Ungrischer Bischoff.*

## VIII.
### Erfinder und Anfaher der Jagten. ⟨$P^r$⟩

Es haben auch zwar die so das Jagen zum ersten erfunden / und hernach geůbet / und getrieben / wenig lobs in der Schrifft / und ausgenommen die / so Xenophon mit Namen erzelt (die in Gottes furcht und one andere Leute schaden das Wild gejagt) wird man warlich wenig frommer Jeger finden.

Gottfridus VITERBIENSIS PARTE 2. CHRONICORUM schreibt.

IN MUNDO IADAHEL POSUIT TENTORIA PRIMUS
VENATOR PRIOR IPSE FUIT, FERITATE FERINUS.

Und Cornelius Agrippa sagt frey heraus und spricht / Lieber las uns nur alle Bůcher durchforschen / so werden wir doch furwar beide in der heiligen Schrifft / und auch in den Heidnischen Chronicken / keinen heiligen / keinen weisen noch sonst hochverstendigen Jeger finden / Denn es ist gewislich eine verfluchte kunst / ein unnůtzer vleis / ein unseliger kampff / das einer mit so grosser arbeit und viel wachen von einer mitternacht zur andern / soll mit den unvernůnfftigen bestien streiten und fechten. Ja wol ein greuliche und mőrdliche ubung / da die grőste wollust stehet / in wůrgen und blutvergiessen / Dafůr sich doch Menschliche Natur billich solt entsetzen. Hierinnen haben sich von anfang der Welt allezeit die ergesten schelck und grőbsten Sůnder am meisten geůbet / Denn die heilige Schrifft ⟨$P^v$⟩ rechnet fur starcke Jeger / den Cain / Lamech / Nimroth / Ismael / Esau ꝛc. so findet man im alten Testament nicht / das sich jemands Jagens beflissen habe / on was die Ismaeliten / und Edomiter / und ander Heiden gethan / die Gott sonst nicht recht erkand haben. Vom Jagen hat die Tyranney ihren anfang genomen / denn sie kundte auch kei-

*Jeger in der Bibel.*

nen bessern anfaher haben / denn einen solchen gesellen / der sich mit würgen und schlachten der wilden thiere / gleich als im blut / umbwaltzte / und also Gott und die Natur verachten lernete ⁊c. Dis sind on gefehr Agrippe wort / und ist auch war / eben darüber / das die Menschen ihren vleis legen auff wilde Thier / zur wollust zu würgen / entwonen sie der Menschlichen freundligkeit / werden wilde / frech und unbarmhertzig / und also gleich wie der Actæon in der wilden bestien natur verwandelt. Eusebius LIB. 1. DE PRÆPARATIONE EVANGELICA CAP. 7. schreibt / das jagen sey von den Phoeniciern / dem gantz Abgöttischen Volck erfunden worden. Andere zeigen an / es sey erstlich auffkomen bey den Thebanern / welche leute von wegen irer betriegligkeit / meineid / diebstahl / und das sie offt ir eigen blutfreunde / Vater / Mutter / Bruder / und Schwester ermordet / und mit denselben schande begangen / gar einen bösen namen bey jedermenniglich haben. Und von ihnen ⟨Pij$^r$⟩ soll diese unselige ubung an die Phrygier komen sein / welche nichts wenigers unzüchtige / leichtfertig und törichte Leute gewesen. Und darümb auch von den Atheniensern und Lacedemoniern ( die dann tapffere und Erbare Leute waren) sind verachtet worden. Und da auch hernach die Athenienser wider irer Vorfarn gebot / sich auffs Jagen begeben / und solchs als eine gemeine ubung zugelassen haben / da sind sie leichtlich von ihren Feinden uberwunden worden.

    Pyseus ein Welscher Meerrauber / hat zum ersten (wie Plinius meldet) die schweinspies erfunden / umb die zeit / als König Salomon regieret.

*Phoenicier.*

*Thebaner.*

*Phrygier.*

*Athenienser.*

*Pyseus.*

## Namhaffte und Berhümete Jeger.

    Xenophon erzelet etliche namhaffte Jeger ( in seinem Büchlein vom Jagen) und sind nemlich diese. Chiron /

Cephalus / Aesculapius / Milanion / Nestor / Theseus / Hippolytus / Palamedes / Ulysses / Menesteus / Diomedes / Castor / Pollux / Machaon / Podalirius / Antilochus / Aeneas / Achilles ꝛc. Derer sind viel gewaltige Ertzte gewesen / hohes verstandes in erkentnis der Kreutter / und der eigenschafften der Thiere / Vögel / Steine / und andere Creaturen / ⟨Pij$^v$⟩ Dagegen halt man die Jeger jtziger zeit / da wird man einen grossen unterscheid finden.

Obgedachten Jegern aber sind umb ein gut teil nachfolgende nicht zu vergleichen / die doch auch tapffer Leute gewesen / nemlich / Alexander Magnus / Mithritades / Darius / Epaminondas / Jason aus Thessalia / Pelopidas von Thebe / Gelonus des Herculis Son / Masor ein Deutscher / Viriatus ein Hispanier / Ferdinandus König zu Arragonien und dergleichen / die doch an tugenden jtziger zeit Jeger weit ubertreffen.

Sonst findet man bey den Poeten und Historienschreibern noch viel mehr Jeger / unter welchen die furnempsten sind diese / Helymus und Panopes AENEID: 5. LAUSUS des Mezentij Son / AENEID: 7. AMYCUS. AENEID 11. ET PHOLUS. ET MELANEUS & ABAS PRÆDATOR APRORUM. OVID. LIB. 12. META: CARPOPHORUS. MARTIAL. LIB. 1. EST QUOTA CARPOPHORI PORTIO FUSUS APER. ACONTEUS CUI SUETA FERAS PROSTERNERE VIRTUS. STATIUS LIB. 7. MOPSUS CRETENSIS APUD SYLLIUM ITALICUM LIB. 1. CROCUS PHILOCTETES, APUD CICERONEM LIB. 5. DE FINIBUS. PERDIX APUD CŒLIUM LIB. 16. CAP. 15. ENDYMION. GARGILIUS. HORATIUS LIB. 1. EPIST. und andere mehr / derer hernach im eilfften / 12. und 14. Artickel wird gedacht werden. Dieser etlicher sind mit grossen und schrecklichen lastern befleckt ⟨Piij$^r$⟩ gewesen. Diocletianus der Keyser ist ein SchweinJager gewesen / was er aber fur untugend darneben an sich gehabt / bringt seine Historia mit sich.

Ich mus vollend hier auch der Jegerinnen gedencken / derer namen man in schrifften findet / und sind diese /

PROCRIS des Cephali Weib / APUD OVIDIUM. ATALANTA. METAMORPH. 8. CALISTO. FAST. 2. DIANA. CRANE. FAST 5. ARETHUSA. VIRG. GEORG. 4. AMMIONE. BRITONA. HIPPE, des Chironis Hausfraw ꝛc.

Dieweil nu die anfaher der Jagten nicht gut gewesen / und wenig Jeger einen guten namen haben / solten billich unsere Jeger ire sachen dahin stellen / und die grossen unbilligkeitten abschaffen / damit sie nicht viel ein ergere nachrede inen macheten.

## IX.
## Böser name der Jagten.

Die unbillichen Jagten solten warlich darůmb vermidten / oder doch zum wenigsten auff andere wege gerichtet werden / Dieweil die heilige Schrifft / und sonst auch andere Scribenten / der Jeger selten wol gedencken.

So viel die Schrifft belangt / saget S. Hieronymus / Das wort Jeger werde dar-⟨*Püj^v*⟩innen nie in gutem verstand oder deuttung gebrauchet. Wie aus etlichen Exempeln solchs leicht ist zu sehen.

Psalmo 91. stehet / Der HErr errettet vom strick des Jegers / Das ist / des Teufels / welcher den Gleubigen heimlich stricke leget / und sie offentlich Jaget und verfolget. Der Teufel ein Jeger.

Micha. 7. Sie lauren alle auffs blut / ein jglicher Jagt den andern / das er in verderbe ꝛc. Da schreibt Doctor Luter seliger / in seiner auslegung uber diese wort also / Der Prophet straffet hie beide / die Tyranney / und den geitz der Gottlosen. Es ist umb das Jagen ein můheselig werck / da braucht man Hund zur gewald / und stricke zum list / und kein Jeger machet sich blos an die wilden Thiere / nein trawen / er nimpt Spiess / Bůchssen und schwerd zu sich. Eigennůtzige Leute den Jegern gleich.

Dis gleichnis nim nu / und halt es gegen das Hoffeleben derer Fůrsten / die ihren Unterthanen nach den gůttern und der narung stehen / Halt es auch gegen die Kauffhendel / und alle andere gewerb / dadurch man sich unterstehet reich zu werden / so wirstu wunderrencke / und grieffe finden / dadurch die Leute auff nichts anders gehen / denn das sie nur viel und ubrig zusammen krimmen und kratzen / damit sie genung haben / wenn auch gleich die andern alle solten armut leiden / und hungers sterben ꝛc. Das sind ⟨P4ʳ⟩ Lutheri wort aus dem Latein verdeutschet.

Hieremie 16. drewet Gott und spricht / Darnach wil ich viel Jeger aussenden / die sollen sie fahen / auff allen Bergen / auff allen Hůgeln / und in allen Steinritzen. Das deutet Doctor Joannes Bugenhagen Pommer / nicht auff die Aposteln / wie etliche / auch unter den Vetern gethan / sondern verstehet es von der Chaldeern und saget / Es mussen diese Fischer und Jeger / bőse Fischer und Jeger sein / Denn Gott drewet ja / das er durch sie die missethaten des Volckes wolle heimsuchen. Und bald darnach schreibet er / Sihe / wie fein eigentlich nennet er die ersten verherer des lands Fischer / die andern Jeger / denn die Fischer haben kein ander růstung / denn das sie mit Netzen die fische in stille fahen. Das geschach / Als sich Kőnig Joachim an den Kőnig von Babel ergab / und Zedekias zum Kőnig gen Jerusalem verordnet ward / 4. Reg. 24.

*Fischer.*

Die Jeger aber / schrecken / uberfallen / fahen und tődten das Wild mit grossem getůmmel und geschrey / mit Hunden / Pferden und Schweinspiessen ꝛc.

*Jeger.*

Augustinus nennet das Jagen die aller schalckhafftigste Kunst (ARTEM OMNIUM NEQUISSIMAM.)

Was aber ander Scribenten belanget / gedencken dieselben des Jagens warlich nicht sehr wol. ⟨P4ᵛ⟩

*Blondus.*

FLAVIUS BLONDUS LIB. 2. DE ROMA TRIUMPHANTE schreibt / Was kan doch ein Erbar Man fur lust am Jagen haben? Da entweder ein unvermůglicher mensch / von einem starcken wilden Thier zerrissen / oder ein fein herlich Wild mit einem scharffen Schweinspies durchstochen wird.

## Jagteuffel

Und Cassiodorus nennet das Jagen ein greulich Spiel / ein *Cassiodorus.*
blutdůrstige wollust / und ein wilde greuligkeit der menschen. Der gleichen schreibt auch Olaus Magnus lib. 18.
cap. 43.

Ich mus hie des Erasmi Roterodami wort auch her *Eramus.*
setzen / die er in seiner Moria schreibet / da er also saget /
Hieher (verstehet in das Narrenregiester) gehören auch die /
so nichts liebers thun dann Jagen / und sich rhůmen dürffen /
ihnen sey nimmer besser / wolten auch nichts lustigers
wůndschen / denn wann sie das unfletige blasen der Jagthörner / und das schendliche heulen der jagt Hunde hören. *Nota.*
Ich gleube wenn sie (mit zůchten) ein Hundesdreck riechen /
sie nemen nicht Diesam dafur.

Darnach sihe nur wunder (sagt Erasmus) was sie fur
herrligkeit haben / wenn sie etwan ein Wild zerlegen sollen /
Rinder und Hemmel mag ein jeder gemeiner Bawer schlachten / aber das Wild nicht ein jglicher / er sey denn einer vom
Erbarn Geschlecht. Da kömpt denn ein solcher / setzt⟨Q$^r$⟩
seinen hut dorthin / bůcket / kniehet / und neiget sich /
nimpt seinen Weidplotz (denn mit andern messern tůcht es
nicht) treibt seine possen / und zerlegt ein jeder stůck auff
sein sondere art und weise / mit grosser andacht. So stehen
die andern umbher / haben das maul offen / nicht anders mit
solchem verwundern / und vleissigem auffmercken / als
hetten sie all ir lebenlang dergleichen nicht mehr gesehen /
so sie doch zuvor wol hundert mal mehr dabey gewesen.
Und wenn es denn einem so gut wird / das er auch ein stůck
darvon beköm pt / Hilff Gott / da ists köstlich ding / ein
solcher lesset sich důncken / er sey noch eins so edel als vorgestern / und was soll ich sagen / wenn sie alle tage Jagen /
Wild fangen und essen / so haben sie nicht viel mehr davon /
denn das sie selbest schier zu wilden Thieren werden / und
meinen dennoch / sie haben gar herlich gelebet.

Dieses sind Erasmi wort. Ich wolt nicht gern also reden /
Es geschehe dann on gefehr ein mal oder zwey.

Ein Christlicher Graffe so nu verschieden / saget / Er wolt lieber mit einer leibskranckheit / dann mit der Jagtsucht beladen sein / da einer sein lebenlang mus ein Holtznarr bleiben / und von einem baum zum andern reitten / wie ein unsinnig Mensch.

Jagen stehet am meisten in ungewisser hoffnung / man werde etwas fahen / aber ⟨Q$^v$⟩ ehe mans fehet / kan sich wol zehenerley verhinderung drein finden. L. NATURALEM. §. ILLUD FF. DE ACQ: RER: DOM.

An. 1544. Ich bin ein mal von Wittenberg nach den Meisnischen Bergstedten gezogen / da hab ich zu Belgern in der Herberg eine solche beschreibung / derer so dem Jagen uber mas Gentivir. nachhengen / an der wand verzeichnet gefunden / GENTILVIR EST BESTIA, SEDENS SUPER BESTIAM, DUCENS BESTIAS, GERENSQUE SUPER MANUM BESTIAM, & INSEQUENS BESTIAS. Das ist / Ein Juncker (der nur dem Jagen ergeben ist) ist eine Bestia / sitzend auff einer bestia (auff einem Ross) und leitet neben sich bestien (Hunde) führet auff der hand eine bestien / (den Sperber oder Habich) und jagt die bestien (das Wild) Ist furwar ein fein muster.

Ja (sprechen die Jeger) sind doch sanct Eustachius / und Sanct Hauprecht auch Jeger gewesen / und sind doch unter die heiligen gezelet? Das lasse ich sein / wenn es war ist / Doch heisset es / UNA HIRUNDO NON FACIT VER. Und wie der Westfale saget / Umb einer Kraie willen wird nicht S. Eustachius. winter / Sanct Eustachij legende / wie die Petrus DE NATALIBUS LIB. 5. CAP. 22. beschreibt / ist einer Fabel mehr / dann der warheit ehnlich. Also das auch der abtrünnige George Mammeluck / und Papistische Fuchsschwentzer / Georg Witzel. Witzel / selbest nicht viel davon helt / und ⟨Q$ij^r$⟩ zwar Gerhardus Lorichius (der mit Witzeln wol hinleuffet) saget S. Hubertus. auch / Las unser Jeger thun / was Eustachius und Hubernatus gethan haben / las sie abstehen von ihren wollüsten / die sie sonderlich im Jagen suchen / und las sie dagegen nach weisheit trachten / wie sie Recht und Gerichte halten / der

armen Widwen sachen örtern / und den Gottesdienst
fördern mögen / so wollen wir sie auch fur Heiligen halten.
Und Herr Hans von Schwartzenburg saget.

> In aller Heiligen leben Buch
> Nicht mehr denn einen Jeger such
> Zu rechter zeit stalt er das ab
> Solchs dir fur ein Exempel hab.

Sie sagen auch wol / des Menschen lust sey sein Himmelreich / Darůmb wer lust zu Jagen habe / dem sey Jagen sein Himmelreich. Das kan ich und kein Mensch jemand wehren / das einer sein Himmelreich hie haben / und darnach ewig zum Teufel in abgrund der Helle fahre. Das weis ich aber wol / das nicht zwey Himmelreich sein / Und lesset sich jemand důncken / er habe sein Himelreich am zeitlichen und vergenglichen / so wird ers warlich am ewigen nicht haben. Und das wolt auch folgen / wenn des Menschen lust sein Himmelreich ist / das Fressen / Sauffen / Hurerey treiben / Geitzen / Stelen / Hoffart / Todschlag / ⟨Q$ij^v$⟩ und dergleichen laster / darinnen viel leute ire lust suchen / ir Himmelreich sein můste / Furwar ein schön Himmelreich / darein solch unrůgig Engel / und Heiligen gehören.

*Jagen soll ein Himmelreich sein.*

## X.
### Geilheit und Wollůste bey dem Jagen.

Es wird durch die unzimlichen Jagten / zur Geilheit und fleischlichen lůsten / und aller anderer leichtfertigkeit / gar gros ursach geben. Da jemand hierinnen der lieben Veter zeugnis nicht gleuben wil / der lese den Heidnischen Poeten Virgilium / da er der Didonis pracht beschreibet / Da gedenckt er nicht alleine ires herrlichen und Königlichen Saals /

*Dido zu Carthago.*

ires vielen Gesindes / und Seittenspiels / sondern beschreibt auch ire Jagt / und eben eine solche Jagt / die eine ursach war / das sie umb ir ehre / und umb ihr leben kam / Was ist auch das jtzige Jagen anders / denn eine schedliche wollust / und ein zunder der geilheit? Solte solches nicht Sünde sein / sonderlich wenn man darneben alles gutes unterlesset / man verseumpt umb Jagens willen den Gottesdienst / man bettet nicht / man schaffet Widwen und Waisen kein recht / one was sonst fur Gotteslesterung und ander Sünde sich uber dem Jagen zutragen. ⟨Q*iij*ʳ⟩

George Schwartz.

Georgius Nigrinus / im Büchlein wider die rechten Bachanten sagt.

Exodi 32.

    Wenn man in sagt von dem Himel
      Sprechen sie / Ja het ich hie mehl
    Drümb gehts auch wie fur zeiten zu
      Man sitzt beim Tisch in guter rhu
    Zu essen und trincken on ziel
      Und stehet wider auff zum spiel
    Darnach man leuffet / Jagt und rent
      Das ist aller sorg und werck end
    Darin sucht man die Seligkeit
      Es sey auch Gott lieb oder leid
    Verspotten gentzlich alle sag
      Vom letzten Gericht und Jüngsten tag
    Alle zeichen schlagen sie in wind
      Der man jtzt allenthalben find
    Das der Welt end gewislich sey
      Fur der thür und komen herbey / ⁊c.

Nota.

Sie haben solche wollust am Jagen / das sie auch dürffen sprechen / Wenn kein Jagen were / so were kein leben. Sie wolten essen und trincken stehen lassen / wenn sie nur stets Jagen möchten.

Einer hette ein mal gesagt / Wenn unser HErr Gott wolt mit im wechsseln lassen / so wolt ich / das er mich fur mein theil des Himelreichs hie ewig möchte Jagen lassen / Sind das nicht feine reden?

Sie kützeln sich selbst mit dem Jagen / das sie so vermessen werden / das sie einem dürffen die Haut zusagen / ehe sie den Be-⟨*Qiij*ᵛ⟩ren gestochen haben / wie jener Jeger bey dem Aesopo.

Solche vermessenheit kan Gott nicht leiden / denn er den Hoffertigen trefflich feind ist / Wie er solchs an dem stoltzen Könige Nebucadnezar beweiset / Danielis 4. Welcher wie ein unvernünfftig Thier von Leuten verstossen ward / und sieben jar lang unter den wilden Thieren im felde sein / und gras essen muste.

*Nebucadnezar.*

## XI.
## Gefehrligkeitten auff dem Jagen.

Wer köndte doch alle gefehrligkeitten erzelen / die sich auff den Jagten zutragen / darein sich die frechen Jeger mutwillig stecken / wie Mantuanus saget. QUIS SCELERUM COMPREHENDERE FORMAS. QUIS OMNIA PŒNARUM PERCURRERE NOMINA POSSIT.

Ich will etliche Exempel erzelen.

Xenephon LIB. 1. DE PÆDIA CYRI schreibet eine solche Historia. Als der König Astiages vermercket / das der junge Cyrus gros begirde und verlangen hette / auff die Jagt zu reitten / Hat er ihn mit seiner Mutter Bruder hinnaus geschickt / und im etlich gut alte / und erfarene Reutter zugeordnet / die auff ihn vleissig achtung haben solten / ⟨*Q4*ʳ⟩ das er nicht etwan der wege / oder stickeln Berge halben schaden neme / noch vom Wilde beschediget würde. Cyrus war fro / und fragte seine Mitgesellen unterwegen / an welches wild man sich am sichersten machen möchte /

*Cyrus.*

welchs widerůmb zu meiden / oder fehrlichen anzufallen. Sie antworten im / das sich viel Leuten an den Beren / und wilden Schweinen / desgleichen an Lewen und Pardeln versucht hetten / und darůber weren umbkomen / aber mit Hirschen / Rehen / Hinden / Gembsen / und Waldeseln / were es nicht so fehrlich / Sie sagten auch / man můste nichts weniger auff die gelegenheit der ōrte achtung geben / als eben auff das wild / denn mancher in der hast nach dem wilde / mit dem Gaul den hals gestůrtzt hette / Das merckete Cyrus alles mit grossem vleis. Aber in dem sihet er on gefehr eine schōne Hinde daher springen / vergas darüber was er gehōret hette / und eilends auff sie zu / und gab auff nichts dann auff die Hinde acht / das im die nur nicht aus den augen keme. Darůber schnaubet sein Pferd / sties an / und fiel auff die fōrder knie / und hette im bey nahe den hals gestůrtzt / wo er sich nicht so hart und doch kůmmerlich am Pferd gehalten hette / Doch bracht er es bald wider auff / und ereilet die Hinde fur dem Walde / da er sie auch schos und fellete. ⟨$Q4^v$⟩

Keiser Hadrian.

Vom Keiser Hadriano schreibt Xiphilinus / das er auff der jagt fallend / ein Achselbein zerbrochen habe / und ein schaden am schenckel genomen / davon er sein lebenlang gehuncken.

Alexander Magnus.

Es sol auch der gros Alexander auff der Jagt von einem Beren gebissen und zerkratzt sein worden.

Maximilianus Keiser.

Was Keiser Maximilianus fur gefahr auff Jagten ausgestanden / wird mit zierlichen Reimen im Thewrdanck beschrieben / als mit Hirschen im 13. und 30. Capittel / Da er einen pfeil nach einem Hirschen gerichtet / schier in sich selbst geschossen hette. Item / cap. 33. Da er mit dem Ross uber einen hohen Felsen abspringen mussen. Und da er auff den Hals gestůrtzt / cap. 40. Also hat er auch gefehrligkeit mit Beren ausgestanden / cap. 14. 25. 28. und mit wilden Schweinen / cap. 17. 19. 35. 38. 41. 51. 61. 68. da er gemeiniglich schier nichts gewissers denn den tod fur augen gehabt.

*Jagteuffel*

Ich kan nicht unterlassen alhie zu erzelen eine Historia / von Kōnig Maximiliano. Des jtzt regierenden Keisers Ferdinandi Sone / was demselbigen wunderbarlichs auff einer Jagt begegnet / Wie solchs Joannes Justinianus aus Creta burtig sehr schōn im Latin hat beschrieben / und helt sich darūmb also.

König Maximilianus.

Als dieser Maximilianus jtzt erwelter ⟨R<sup>r</sup>⟩ Kōnig zu Behem / von seinem Vetter Keiser Carolo / der im sein Tochter zugesaget hette / in Hispanien erfodert war / und sich auch zu wasser hinnein gemacht hatte / das er erstlich beilager hielte / und darnach auch dem Lande und den Kōnigreichen mitler zeit / weil der Keiser in Deutschlanden die sachen / so noch unrichtig waren / vollend stillete / wol furstūnde / hat sichs zugetragen / das er sich zu ergetzen bey Granata auff die Jagt gezogen / und als er auff einen Hirsch gestossen / hat er demselben eilend nachgesetzt / darūber er von seinem Gesinde in die wildnis komen ist / und nach dem er lange einen Berg auff / den andern ab / durch manchen irreweg umbgeritten / und die nacht nu hereiner gefallen / hat er sich gantz betrūbt (denn er fur den wilden Thieren sich trefflich besorget) mit grossem verlangen umbgesehen / ob er doch mōchte eins orts gewar werden / da er hin keren und die nacht sicher sein mōchte. Also hat er on gefehr weit von ferns eines Hirten hūtlein ersehen / sein Pferd angestochen / und auffs eilends sich hinzu gemachet / und den Hirten gebeten / das er ihn die nacht herbergen wolte / welches im der Wirt gūtlich zugesaget hat / und ihn heissen absteigen / und in das Heuslein gehen. Nu war der Hirt selb sechst zu haus / denn er hette einen Son von zwentzig jaren bey sich / und einen star-⟨R<sup>v</sup>⟩cken Schefferknecht / zu aller Būberey nur wol abgericht / desgleichen sein Weib / und ein kleines Tōchterlein / sampt des Sons Weib / die noch eine junge Braut und newlich heim gefūhret war. Da nu der frome Fūrst abgestiegen war / und sein Ross dem Schefferknecht demselben ein futter zu geben uberantwortet hatte /

17 Teufelbücher V

gehet er in des Hirten Haus / da im eine kurtze malzeit zugericht / und etwan ein gerichtlin von einem Lemblein oder Ziglin furgesetzt ward / und sass alda bey dem fewer on alle sorg / mitlerweil kondten der Hirt und sein gesinde nicht wissen / wer der Maximilianus sein mõcht / denn sie kandten in nicht / so het er auch niemand gesaget wer er were / Sie liessen sich aber wol důncken / dieweil er wol bekleidet / und vieleicht auch ring und edelgestein an henden gehabt / und darzu von angesicht wol und Edel geartet war. Es můste nicht ein geringer / sondern ein trefflicher / reicher / wolhabender Herr sein (wie er denn auch war.) Verhofften derhalben etwas statlichs bey im zu finden / und beschlossen also uber ihn / einen bõsen und mõrdlichen rath. Als man nu gessen hette / ward im ein Bette zugericht / in einer gar kleinen und engen Kammer / daran gar ein bõse Thůr hing / die von alter faul und zerbrochen war / und darzu nicht wol einschlos / Weil nu die andern hiemit zu schaffen het-⟨*Rij<sup>r</sup>*⟩ ten / findet sich die junge Braut zum Maximiliano / begeret er wolle sie ja nicht melden / Sondern bey seinen ehren und trewen zusagen / was sie ihm anzeigen werde / bey sich zu behalten / und da er das gethan / hat sie im alle die bõsen anschlege (so uber ihn gemacht gewesen) geoffenbaret / entweder darůmb / das sie erstlich umb dis mõrdlich furnemen gewust / und darein bewilliget hat / welchs sie hernachmals gerewet / oder (welchs gleublicher ist) das sie vieleicht nicht mit zu rath gezogen worden / und aus der andern zusammen lauffen / wincken und geberden / so viel vernommen / das sie nichts guts im sinne gehabt / und hat sie also solches zu offenbaren bewegt / das grausame mõrdliche furnemen / und das sie mit dem jungen Herrn hertzliches mitleiden gehabt. Wiewol nu der fromme Fůrste solchs furnemen leichtlich hette vorkommen mõgen / so er nur angezeiget / wer er were gewesen / so hat er doch lieber sich mit der faust zu retten versuchen wollen / denn das er den Hirten sich solt trawen / die er allbereit untrew / und in

*Mordlicher anschlag.*

solchem bösen furnemen het befunden. Demnach hat er ein hertz gefasset / und bey im beschlossen / ehe das glück zu versuchen / Denn den trewlosen Buben etwas zu vertrawen. Hierauff ist er von seinem Wirt in die Kammer / darinnen er solt ermordet ⟨*Rij^v*⟩ werden / geführet / Dahin er one wegerung gefolget / hat darnach die Thür zugemachet / und einen grossen schweren Kasten dafur geruckt / darnach sein Pirssrohr oder Büchsse / wie die geladen und gespannet gewesen / zu handen genommen / und also unerschrocken gewartet / wo es hinnaus wolte. Der Hirte hette wol gesehen / das sein Gast vom Jagen / und umbreitten sehr müde gewesen / meinet derhalben / er sey nu hart entschlaffen / gehet also gantz leise und heimlich an die Kammerthür / und versuchet dieselbige auffzumachen / hette nimmermehr gemeinet / das die inwendig also fest solt sein verwaret gewesen. Da ers aber anders befindet / denn er gehoffet / bittet er den Maximilianum / er wolle im die Thür öffnen / denn er müsse nötig / (weis nicht was für) eine decke aus dem Kasten langen. Aber Maximilianus nach dem er den handel wol gemercket / und auch weil er nicht geschlaffen / was der Hirte an der Thür versucht wol gehöret hette / hat er geantwortet / und den Wirt heissen hinweg gehen / in gestrafft / das er solchs nicht ehe zu rechter zeit bedacht hette / heraus zu nemen / was er bedürffte / Er habe sich kaum zum schlaff gerüstet / könne nicht auffstehen / und im die thür offnen. Darüber ist der Wirt ungedüldig worden / hat angefangen zu schelten / zu ruffen / und zu klagen / es ge- ⟨*Riij^r*⟩ schehe im in seinem Hause gewald / könne des seinen nicht mechtig sein / und wisse schier nicht / ob er verrathen oder verkaufft sey. Letzlich greifft er zur wehre / und unterstehet sich mit gewald in die Kamer zu kommen / Drewet auch dem Maximiliano den tod / wo er im die Kammer nicht öffne. Summa er wolle kein gemach in seinem Hause fur im verschlossen haben / und solt es ihm den hals kosten. In des hetten sich die Hirten auch herzu gemacht / und arbeiten an der Thůr / wie sie die mőchten ausheben / einer wolte zum fenster hinnein / und liessens inen gar sawr werden / denn sie wol verstunden / das ihr mőrdlicher anschlag nu nicht mehr verborgen war / und der junge Herr wol wůrde gemerckt haben / was sie im sinn hetten. Maximilianus sahe nu auch / das es an den Man gehen wolt / und auffs hőchste komen war / das ers hinnein setzen můste / darůmb richtet er die bůchsse auff die thůr / scheusset durch dieselbig / und trifft gleich den Hirten selbest / das er zu boden fellet / bald darauff růcket er den Kasten hinweg / und machet die thůr auff / und hinnaus mit blosser wehre unter die andern / und schlecht von stund an / des Wirts Sone den kopff ab / und jagt den grossen Scheffer Knecht auch hinweg. Aber damit war er noch nicht aus aller gefahr los / denn aus des Weibes geschrey und ruffen / auch von wegen des ⟨*Riij*ᵛ⟩ ungewőnlichen getůmmels / worden die andern Hirten so umb her woneten alle wach / griffen zur wehre / und kamen mit irer Růstung gelauffen / belagerten das haus / und wolten den jungen Herrn schlechts aller ding tod haben / Der gute Maximilianus hielt sich fur den Bawren als lange auff / bis inen der erste zorn zum teil vergieng / und war unerschrocken / bis das der morgen anbrach / da sahe er welch ein hauffen Bawren zusamen komen waren / denen zeigt er freudig an / wer er were / und das thet er mit solcher tapfferkeit / wie einem solchen Herren wol anstund / und sagt / Er were Stadhalter und Gubernator der Kőnigreich Hispanien / und es můste inen allen ir leib und leben gelten / wo sie seiner nicht schonen wůrden / oder sich an ime vergriffen. Da sie aber solchs jhe nicht gleuben wolten / solten sie doch nur jtzt innehalten / und die Obrigkeit uber in erkennen und urtheilen lassen. Wůrden sie das nicht thun / so geschehe im zu kůrtz / und wůrde inen auch zu gentzlichem verderb und untergang gereichen. Wiewol nun das unbendige Pőbel Volck / an des tewren Fůrsten geberden / und bestendiger rede / wol also viel spůreten / das sie gleuben musten / er

*Maximiliani freudige that.*

wůrde der sein / fur den er sich ausgab / schoneten sie seiner wol am leben. Doch fingen sie in / und bunden im die hende auff den Růcken / fůhreten in also gebunden und gefangen / des mor-⟨R4ʳ⟩gens frů / zu dem Heubtman im nehesten
Flecken. Nu waren allbereit zuvor etliche seiner Trabanten und Diener auch dahin kommen / ihn zu suchen / Als dieselben gewar wurden / das man ihren Herrn so ubel gebunden daher fůhrete / feilete es umb ein kleines / das sie nicht im zorn uber die tobenden und unsinnige Hirten weren gefallen / Aber er selbest Maximilianus / vermanet und begeret / das sie nicht Faust anlegen solten / welchs er doch kaum bey ihnen kond erhalten. Da offenbaret er inen den gantzen handel / und zeiget inen an / welche an dieser bösen that schůldig gewesen / die dann auch nach irem verdienst gestrafft wurden / Der Schefferknecht ward gerichtet / und das mördliche Haus verbrand. Die junge Braut / die in gewarnet hette / ward ehrlich und reichlich begabt / und vom Fůrsten und dem gantzen Hoffgesinde in allen ehren gehalten.

Landgraffen Ludwigen zu Důringen / dem Eisern genant / gieng es noch ein wenig besser / Denn als er auch seine kurtzweil nur im Jagen und hetzen suchete / und wenig fur den gemeinen nutz sorgete / trug sichs auff eine zeit zu / das er im Walde auff der Jagt sich von seinen Dienern verirrete / und die nacht also sich nicht wider zu recht finden kondte / da kam er in die Rula / zu einem Waldschmide / und bad in umb Herberge / ⟨R4ᵛ⟩ Der Schmid fragt wer er sey / Er antwort / Er sey des Landgraffen Jegerknecht / Der Schmid sprach / pfie des kotzen Herrn / wer seinen namen allein nennet / solt allemal seinen mund darnach waschen / und schald in zumal ubel und sagt / ich wil dich gerne herbergen / aber umb seinen willen warlich nicht / Hies ihn also sein Pferd unter die Schoppen ziehen / er aber arbeittet fur sich hin / und schmiedet schier die gantze nacht / und wenn er dann mit dem grossen hammer auff das eisen schlug / so fluchte er alle- *Landgraff Ludewig.*

mal dem Landgraffen und sprach / Ey nu werd ein mal hart du bôser unseliger Herr / was soltu deinen leuten lenger leben / und nennet dann seine Junckern / Der schatzet dir die deinen aus / der handelt mit den deinen wie er selbst wil / der thut den deinen gewald / oder beraubet sie / der wird von dem deinem reich / und du wirst zum betler ꝛc. Und zeiget alles fein an / wie es im lande zugienge / und fluchet im in die Hellen hinnein. Das muste er die nacht hôren / er nam es auch gar nahe zu gemůt / und gieng den sachen vleissiger nach / nam der Regierung besser war denn vorhin. Solt manch grosser Herr hôren / wie inen die armen Leute nachbetten / von wegen der grossen beschwerung des Wildes / und der Jagten / sie wůrden sich vielleicht einstheils eins bessern bedencken.

Der Heidnische Poet Martialis / hat ⟨S<sup>r</sup>⟩ auch bedacht / das sich allerley gefehrligkeiten auff den Jagten kônnen zutragen. Darůmb schreibt er auch an den Jeger Priscum also.

    Parcius utaris moveo rapiente veredo
        Prisce: nec in lepores tam violentus eas
    Sæpe satis fecit præde venator, & acri
        Decidit excussus nec rediturus equo. das ist.

    Prisce mein freund ich warne dich
        Bis nicht allzeit so schnelliglich
    Mit deinem Jeger Rôsslein gut
        Nach Hasen nicht stell stets dein muth
    Denn offt das Wild den Jeger frist
        Und mancher abgestůrtzet ist
    Von seinem Ross / und komen nicht
        Wider hinnauff / bin ich bericht.

Es kômpt offt das sich einer in Jagten selbst verletzt / und schaden nimpt / von seinem eigen geschoss / und sind der unfell vielerley / die Gott verhengt / sonderlich wo man so gar Gottlos ist.

## XII.
## Hinderlistige verreterey und Todschlag.

Sehr offt ists geschehen / das man unter dem schein des Jagens / etwas anders gesucht und ausgerichtet hat / und sind also die Jagten zu geschwinden practicken und ⟨S$^v$⟩ listigen anschlegen vielmals dienstlich und förderlich gewesen. Cyrus der Persen König / hette mit dem König der Armenier einen vertrag auffgerichtet / Als aber jener denselbigen nicht gehalten / hat Cyrus sich gestellet / als wolt er eine statliche Jagt halten / und hat also unversehener sache den Armenier uberfallen / und dahin gedrungen / das er dem verwilligtem vertrag nachsetzen müssen / XENOPHON LIB. 2. DE PÆDIA CYRI. Nu könd man diese that Cyri noch zum besten deuten / dieweil er solches seines furnemens gute ursache gehabt / Aber es geschicht wol hundert mal dergleichen / da mans wider fug noch recht hat. *Cyrus.*

Martha ein einige Erbnemin / der Graffeschafft Carriki in Schotland / ubete sich darümb mit Jagen im Walde / das sie den edlen Robertum Bruseum antreffen möchte / wie dann auch geschahe / und sie in uberredet / das er mit ihr auff das Haus Tuburi verreisete / und wider des Königes Alexandri willen / sich mit ir verehelichte. Darüber sie beynahe ihres Veterlichen Erbes were verlüstig worden / wo es Gott nicht sonderlich anders geschickt hette / Anno 1273. IOANNES MAIOR LIB. 4. DE GESTIS SCOTORUM CAP. 12. *Marta Grefin zu Carriki.*

In einer alten Chronick / des Closters Schlotheim / find ich / das Keiser Otto der vierde / Als er kein glück mehr hette / und al-⟨*Sij$^r$*⟩lenthalben unterlag / sich gen Cöln begeben habe / und alda sampt der Keiserin gros gut verzeret. Als nu die Summa teglich auffgelauffen / und er gesehen / das er nicht bezalen können / da schicket er die Keiserin gen Ach spatcieren / und stellete sich den andern tag / als wolt er *Keiser Otto der vierde.*

Jagen / Zoch also mit seinen Hunden / und dem Gesinde zur Stad aus / und soll noch bezalen / Anno 1215. oder 16. Solchs wird auch von im in den alten geschriebnen Dǔringischen Chronicken gedacht.

*Vonones.*

Eben der gestalt hat sich auch Vonones der Parther Kǒnig unterstanden / aus der Rǒmer verhafftung / unter dem schein des Jagens sich hinweg zu wenden / ist aber darůber ereilet / und am Wasser Pyramo erstochen worden. CORNEL: TACITUS LIB. 2. ANNALIUM.

*Thrasyllus.*

APULEIUS LIB. 8. DE ASINO AUREO schreibet von einem Leopolemus genant / dem bulete ein ander (Thrasyllus geheissen) umb sein Weib / und damit er dieselbige bekommen mǒchte / nam er im gentzlich fur / ihn mit sich auff die Jagt zu nemen / und alda zu erwůrgen / Darnach furzuwenden / es het ihn ein wildes Thier zerrissen. Leopolemus lies sich bereden / und folget jenem in Wald / So bald aber / als die Hunde eins Wildes gewar worden / und zu bellen angefangen / hat sich ein sehr grosses wil-⟨Sij^v⟩des Schwein sehen lassen / welchs von dicken Fleischmawen gantz feist und fet war / und mit strauffen haaren / auff der dicken haut / und auffgeworffen harten borsten / sich wůste streubete / die Zeene mit grissgrammen wetzete / und mit dem Munde scheumete / mit den augen wilde umb sich sehend / mit gresslichem gesichte / und vollem lauff gantz erbrempset / wie ein Wetter herein gewůscht / und hat erstlich unter den Hunden gewütet / und die freidigsten und besten / so sich am nehesten hinzu gemachet / mit den grossen Zeenen von einander gehawen / das hier einer / dort der ander / stůckweiss gelegen / Darnach die Netz und Garn zerrissen und zertremmet / sich darauff gewand / und den Leopolemum / welchen Thrasyllus mit dem Gaul unter dem Schein / als wolte er das Schwein fellen / nidergestossen hette / angriffen / und erstlich die kleider von der haut gerissen / Darnach als er auffstehen wollen / und von Thrasyllo wider das schwein hůlffe begeret / hat in

*Jagteuffel*

derselbige ins weiche gestochen / und also ihn gar alle gemacht / und jammerlich erwürget. Cajassy Haueci der Landpfleger zu Meridim / uber klein Armenien in der Türckey / hette umb das jhar 1540. eine sehr schöne Tochter / gegen dieselbige ward Belerbey / der ober Landpfleger in unordentlicher lieb ⟨Siij^r⟩ entzündet / und hette sie gern mit listen zu sich bracht / hat auch solchs durch etliche weiber practicieren lassen / aber vergebens / Derhalben er weitter auff andere wege gedacht / und eine Jagt zwischen Carachmit und Miridim angestellet / und dem Cajassy ansagen lassen / das er nach gehaltener jagt bey im zu nacht bleiben wolte / Ist auch komen / und ehrlich empfangen und tractiert worden / Da hat er sich freundlich zu der Tochter gethan / sie bey der hand genommen / und auff dem Saal hin und wider geführet / uber der malzeit hat er sie etliche mal mit tieffen seufftzen angesehen / also das der Vater sein gemüt hat wol verstehen mögen. Nach gehaltener malzeit hat er einen tantz begert / der ist im vergünnet worden / da er aber am tantz unzüchtige geberde getrieben / die dem Vater misfallen / sind bey drey hundert gewapneter in den Saal verordnet worden von Cajassy / die bey dem Camyn gewachet und befehel gehabt / wo sich der Belerbey gewalds unterstehen würde / das sie hinnein fallen / und den Cajassy schützen solten. Da der Tantz ein end genommen / hat der Belerbey zu bette begeret / und dem Cajassy angemutet / er sol im sein Tochter zulegen. Da im solchs mit demütiger antwort abgeschlagen worden / hat er dem Cajassy gedrewet und gesaget / Wiltu mir hierinnen nicht zu willen sein / so wil ich dich ⟨Siij^v⟩ zureissen und edern lassen / und den Hunden zu fressen geben / und deine Tochter zu einer Concubin oder beyschlefferin machen aller meiner gefangenen Knechte / die ich am Hoffe habe / und heisset damit die Mutter / die Tochter bald bringen. Wie nu der Cajassy solche zunötigung sihet / ergreifft er im grim seinen dolchen / und stösset in dem Belerbey in leib / das er

Belerbey.

als bald zu bodem fellet / Die andern / so auff den Belerbey gewartet / derer bey 60. gewesen / sind von des Cajassy Wache erstochen worden. Auff diese that bewaret der Cajassy die Stad Meridim / und reittet mit einem grossen reisigen Zeuge zum Sophi in Persien / erzelet im den handel / und bit umb schutz. Da im der zugesaget / ubergibt er sich mit der gantzen Landschafft an Sophi. Daher dem Tůrckischen Keiser ein grosser abfal begegnet in allen Landen ꝛc. Job Fincelius im andern teil der Wunderzeichen.

Graffe Ludewig zu Důringen.

Bey Keiser Heinrichen des vierden zeitten / sol ein Pfaltzgraff zu Sachssen im Osterland / auff der Burg Schiplitz gewonet haben / mit namen Friedrich / welches gemahl Fraw Adelheit eine geborne Marggreffin von Staden / Graffen Ludwig zu Thůringen heimlich lieb hette / und durch solche unordentliche liebe verführet ward / das sie sich einer bösen that unterwand / wie sie ires Herrn los werden / und sich an Graf-⟨S4ʳ⟩fen Ludwigen hengen möchte / beschied derhalben denselben Graffen zu sich / und machete nach vielen unterredungen mit im einen anschlag / wie er iren Herrn auffs förderlichst solt umbbringen / und darnach sie zu der Ehe nemen / und gab im die anleitung / er solle auff einen benanten tag in ires Herren gebiet / bey dem Schlos Schiplitz Jagen / so wolle sie ihren Herrn bereden / und dahin bringen / das er sich solle unterstehen / im solches mit gewald zu wehren / Alsdann möchte er sein vorteil ersehen / und in umbbringen. Das geschach also / der Graffe kam auff bestimpte zeit / erschellete sein Horn / und jagte nach gemachtem anschlage / Der Pfaltzgraffe sass im bade / welchs im sein Gemahel hette zurichten lassen. Da sie nu gewisse kundschafft hette / wie es allenthalben gelegen / leufft sie stůrmiglich zu irem Herrn und spricht / Er sitze alda / und warte des leibes wollust / lasse darüber seiner Herschafft eine freiheit nach der andern ab stricken. Sey also schier kein Bawr so geringe / er unterwinde sich etwas an sich zu bringen. Itzt sey der Graff von Důringen auch alda / und jage im freventlich auff dem seinen. Er solte je dazu nicht still schweigen / noch es nachgeben / und viel andere wort fůhrete sie mehr. Darůber der Pfaltzgraffen bewegt ward / eilete aus dem bade / und warff einen Mantel uber sich / und fiel also ⟨S4ᵛ⟩ ungerůstet und unverwaret auff seinen Hengest / und rennet Graffen Ludwigen nach / mit etlichen Reuttern / und straffet ihn mit harten worten. Der Graffe aber wendet sich zorniglich / und stach in mit seiner Glene tod. Also ward der Pfaltzgraff mit grossen trawren und klagen seiner freunde begraben zu Bőntzig im Můnster an der Saale / Davon noch diese Reimen sind.

> Hie ward erstochen Unedelich
> Der Pfaltzgraff von Sachssen herr Frederich
> Das thet Graff Ludwig mit seinem Spere
> Da er Jagen reit alhere.

Dieses wird also in etlichen alten Thůringischen Chronicken funden.

Leo des Keisers Basilij zu Constantinopel Son / ein feiner erwachssener Jůngling / Nach dem er sich in Ehestand begeben / ward er vom Vater zum Keiser erkleret. Nu hatte er ein grossen verdrus am Santabareno Theodoro / einem Mőnche / der stets umb seinen Vater war / hies denselben einen Zeuberer / Fuchsschwentzer und Leutbetrieger. Dieses verdros den Mőnch mechtig sehr / gedacht derhalben wie er sich am Leone mőcht rechnen / stellet sich freundlich gegen im / und redet in auff ein zeit also an / Ir seid Herr ein feiner junger Fůrst / und reittet offt mit dem Herrn Vater auff die Jagt / das ihr aber solchs so blos one alle ⟨Tʳ⟩ wehre thut / ist fehrlich / ir sollet einen scharffen dolchen an euch fůhren / des ir da es not sein wůrde / gegen das wild brauchen mőchtet / oder dem Herrn Vater in zureichen / da er sein benőtigt / Auch kőndtet ir euch damit an denen rechen / die etwan dem Herrn Vater nach dem leben stehen mőchten.

*Santabarenus Theodorus.*

Der junge Herr lies sich bereden / und nam wider seinen vorigen gebrauch einen dolchen zu sich / welchen er im stiffel verbarg. Hierauff findet sich der Mŏnch zum alten Keiser Basilio / und sagt / Herr / ir mŏget ewer sachen warnhemen / ewer leiblicher Son trachtet euch umbzubringen / zum warzeichen / fŭhret er auff den Jagten heimlich einen Dolchen bey sich / bald stellet der Keiser eine Jagt an / Der Son zeucht mit hinaus / und wird auffs Vaters befehl der dolch bey im gesucht / und im Stieffel funden / da gleubt von stund der alt Keiser / es sey also / wie ihm der verzweiffelt Mŏnch gesaget / Wolt derhalben kein entschŭldigung des Sons annemen / sondern ward zum hefftigsten (wiewol zu gedencken) gegen in beweget / und lies in wol verwaren / der meinung / das er im beide augen wolt ausstechen lassen. Dazu dann der Mŏnch vleissig trieb und anhielt / were auch geschehen / wo nicht der Patriarch und der gantz Rath zu Constantinopel mit demŭtiger bit bey dem alten Keiser solches hetten abgewendet / IOANNES ZONARAS TOMO 2. ⟨$T^v$⟩

Es ist auch noch ein alt Lied verhanden von der Frawen von der Weissenburg / wie sie an irem Herrn untrewe worden / mit einem andern zugehalten / und ihren Herrn jammerlich auff der Jagt hat erwŭrgen lassen / schreibet Ernst Brottauff / in der Merseburgischen Chronick. Und solcher Exempel findet man sehr viel.

Als Plutarchus in Paralelijs gedenckt des Thelamonis / der seinen Stieffbruder Phocum hinderlistig auff die Jagt beredet / und seinen alten hass alda ausgelassen / und mit einem Schweinspies erstochen hat.

Eben also hat auch Rhesus seinen stieffbruder Simulum mutwillig auff der Jagt ermordet. Es sind beide Brŭder mŏrder ins elend gejagt worden.

## XIII.
## Ehebruch und Hurerey.

Auff vorgehende erzelung / folgt billich dieser Artickel / das auff den unzimlichen / und wollustigen jagten sich offt Ehebruch / Hurerey / und andere schande zugetragen. Ja es werden bisweilen die Jagten darůmb angefangen / das Huren und Buben desser besser zusammen komen mőgen / Wie kurtz zuvor im zehenden Artickel / von der Dido aus dem Virgilio angezeigt worden.

Wer gern wil / mag das Lied und gedich-⟨*Tij*ʳ⟩te von dem Ritter aus der Steiermarck / Trinumitas genant / und andere dergleichen mehr lesen.

Ist solchs nicht also geschehen / so wird darinnen angezeiget / als Exempels weise / was sonst pflegt zu geschehen.

Es haben auch die Poeten nicht vergeblich von der Ammione / des Danai Tochter geschrieben / das sie vom Neptuno geschwecht sey / als sie in Welden dem Wilde nachgehengt und gejagt hat. Desgleichen die Philonomia vom Marte / wie Plutarchus meldet. *Ammione.*

An Hertzog Carln zu Burgundien Hoffe war ein junger und reicher Graffe / Wie derselbige auff eine zeit mit dem Hertzogen auff die Jagt geritten / und fur dem Holtz an einer schőnen Wiesen gehalten / wird er on alles gefehr gewar / das alda ein armes Megdlin / eines Bawren Tochter / gegraset / lesset sich die fleischliche lust uberwinden / und reittet stillschweigend zu dem Megdelin / und zwinget dasselbige / seines schendlichen willens zu pflegen / welchs das arme Kind / wie es zu Hauss kommen / seinem Vater mit weinenden augen geklaget. Ob nun wol der Vater solches mit grossem schmertzen vernommen / und also drůber bestůrtzt worden / das er nicht gewust / wie er im thun solle / dieweil er den Theter nicht gekandt / on allein / das im seine Tochter ⟨*Tij*ᵛ⟩ gesaget / es were einer aus des

Hertzogen Hoffe gewesen / so hat er sich doch ermannet / und ist mit seiner Tochter zum Hertzogen gangen / und hat im solchs mit beku̇mmerten gemu̇t geklagt. Der Hertzog fragte hierauff das Megdelin / ob sie den jenigen / der sie genotzu̇chtiget auch kenne? Darauff antwortet sie / Ja wenn er seine kleidung und Pferd wider hette wie dasselbige mal / so wolte sie in wol kenen.

Derwegen hat der Hertzog lassen umbblasen / das jederman solte geschicket sein / ein jglicher in seiner gewȯnlichen kleidung / den ku̇nfftigen morgen auff die Jagt zu ziehen. Wie nu der morgen kommen / das man hatte sollen auff sein / und sie alle auff den Hertzogen gewartet / Ist der Hertzog mit dem Megdelin an einem Fenster gestanden / und das gantze Hoffgesinde / Edel und Unedel (unter welchen auch der Graffe gewesen) furuber ziehen lassen / und dem Megdelin befohlen / das sie vleissig auff den theter achtung gebe / Doch das sie auch den rechten anzeige / und nicht feile.

Wie nun der Graffe furuber zeucht / spricht sie / der sey es gewesen / der sie zu unehren gebracht. Welchs der Fu̇rst hart erschrocken / und bald das Hoffgesinde wider einziehen lassen. Das Megdelein in eine Kammer verborgen / und den Graffen als bald fordern lassen / und im angezeigt / das ⟨Tüj^r⟩ im fu̇rkommen sey / wie er des vorigen tages auff der Jagt / eines armen Mannes Kind solt genotzu̇chtiget haben / Solchs hat der Graffe nicht gestanden / sondern mit unwillen geleugnet. Also befihlet der Hertzog / das man das Megdelein heisse herfu̇r kommen. So bald der Graffe dasselbige gesehen / ist er erschrocken / dem Hertzogen zu fuss gefallen / die that bekandt und umb gnade gebeten. Es ist im aber kein ander antwort worden / denn das er sich schicken sol / in wenig tagen mit des Bawren Tochter / welche er zu fall bracht / ehelichen beyzulegen. Darauff sie von dem Hertzogen mit kleidung und anderer notdurfft ist ehrlich versehen worden / und hat sie also der Graffe ehelichen müssen. Da nu jederman gemeinet / der Hertzog hette im mehr dann zu viel gethan / das er einen Graffen gezwungen / eines Bawren Tochter zu nemen / und nicht anders gedacht / er würde es bey solcher straffe bleiben lassen. So bestellet der Hertzog unversehener sachen einen gerichtstag / da er den Graffen obgedachter that halben peinlichen anklagen / und nach ergangenem urtheil mit dem Schwerd hat richten lassen / und der newen Greffin (so kurtz zuvor eine Bewrin gewesen) des verurteileten Graffen Herschafft zum leibgeding vermachet. Es hat etliche dieser handel zu schwinde bedaucht / Darümb sie ⟨Tiij$^v$⟩ den Hertzogen angesprochen / worümb er dem Graffen zweierley straffe aufferlegt / so doch nach dem gemeinem Sprichwort / Niemand solt mit zweien rutten geschlagen werden. Hat er geantwortet. Mit der ersten straffe were allein dem Weibe genung geschehen / das sie irer ehren halben zum teil ergetzung bekommen / Ihm aber als dem Richter hette der verbrechunge halben in andere wege nicht genung geschehen möge / es hette denn der Graffe seine verdienete straffe bekomen. Diese Historia findestu auch im Regenten Buch / Georgij Lauterbecks / lib. 2. cap. 15. Wolt Gott es würde jtziger zeit ein solcher ernst wider die Jungfrawschender gebraucht. Es würde manch armes Kind / und viel frome Eltern von solchen verzweiffelten / ehrlosen Bösewichtern nicht so jammerlich betrübt / und unter die Erden bracht werden.

Das aber auff Jagten offt und viel solche schanden begangen werden / zeugen auch zum teil die unverschampten und unzüchtigen Lieder / als da sind / Es reit ein Jeger Hetzen aus 2c. Item / es wolt ein Jeger jagen / Jagen fur jenem Holtz 2c. und dergleichen mehr / so eins teils noch unfletiger sind.

Unzüchtige Lieder.

## XIIII.

## Historien vieler trefflichen Leute / so uber dem Jagen sind umbkomen. ⟨T4ʳ⟩

Unzelig viel Exempel und Geschicht / findet man hin und wider in den Historien / das auff den Jagten gros und ansehenliche Leute sind umbkomen / Dadurch unser Jeger auch zum teil solten bewegt werden / und ursach nemen / etwas Gottfůrchtiger / und Christlicher sich auff den Jagten zu halten / und die beschwerung armer Leute abzustellen / umb welcher willen Gott seine straffe mus zuletzt ergehen lassen.

Ich wil aber erstlich etliche Poetische Gedicht und Fabeln erzelen / darinnen sie doch warhafftige Geschichten / etwas dunckel und verborgen haben furbilden wollen. Darnach wil ich denn aus den Historien und Chronicken etliche Exempel einfůhren.

Acteon.

Actæon ist ein statlicher Jeger gewesen / als der eins mals vom Jagen můde worden / ist er hinnab in ein tieffes Tal Gargaphia geheissen / gestiegen / denn es darinnen gar einen frischen kůlen Quelbrunnen gehabt / Wie er nu hinzu gehet / sich in seiner mattigkeit mit einem Labetrunck zu erfrischen / so sihet er die Jeger Gőttin Dianam sich gantz nackend im selben Brun baden. Welches ihr dermassen verhőnet und sie verdrossen / das sie eine hand vol wassers genomen / und im in sein angesicht gesprenget / und gesagt / Gehe nu hin / und sag es nach / ⟨T4ᵛ⟩ wenn du kanst. Als bald ist er in einen Hirsch verwandelt worden. Als solchs seine hunde gewar worden / sind sie in bald angefallen / und haben in auff einen berg gejagt / und alda zerrissen und gefressen. Dieses ist gar ein kůnstreichs gedichte / welchs Ovidius sehr herlich und meisterlich beschreibt / LIB. 3. METAM. Und schreibet Fulgentius hievon also / Anaximenes (sagt er) der von alten gemelden geschrieben / spricht im andern buch /

Actæon habe in seiner jugend gar zuviel lust und liebe zum jagen gehabt. Da er aber darnach ist zum verstendigen alter komen / hat er die mancherley gefehrligkeiten des Jagens bedacht (das heisset die Dianam nackend sehen / oder die kunst des Jagens an im selbst blos betrachten) ist er etwas forchtsam und sorghafft worden / aber ob er gleich sich nicht weiter in die gefahr des jagens einlassen wollen / hat er doch lust an Hunden gehabt / und weil er dieselben one nutz genehret / ist er drůber umb all sein narung komen / das man mŏcht sagen / Er sey von seinen Hunden auffgefressen worden / IOANNES BOCATIUS LIB. 5. DE GENEALOGIA DEORUM CAP. 14.

Und ist dieser Actæon (wie Georgius Sabinus sagt) Ein bildnis und Figur derer Fůrsten / die stets in Welden und Gehŏltzen ligen / und sich mit den wilden Thieren Jagen / und des wůrgens und blutvergiessens also gewonen / das sie gleich Menschliche ⟨U'⟩ Natur ablegen / und in der wilden Thiere art verwandelt werden / und pfleget man nach gemeinem brauch zu sagen / Die Hunde haben den Jeger gefressen / oder auffgezeret / Wenn einer der unkosten halben / so auff die Jagthunde gehen / in armut kŏmmet. Es hat Hans Sachs diese Fabel fein in Reimweise bracht / und diese deuttung drauff gemacht.

    Actæon bedeut ein Weidman
       Der dem Gejagt nur henget an
    Durch berg und thal / gestreuch und Weld
       Durch Wasser / Awen / Heck und Feld
    Nach allem Wild gros und auch klein
       Hirschen / Hasen / Beren und Schwein
    Mit lauschen / schrecken / garn und netzen
       Zu Jagen / paissen / und zu Hetzen
    Zum andern er die Gŏttin find
       Ob welcher schŏn er gar erblind

Bedeut so er sich gar ergibt
  Auff Weidwerck das im also liebt
Uber all ding und gar zu viel
  On alle ordnung / mass und ziel
Sein lust und freude sucht darin
  Und legt darauff all seine sinn
Und uberschwenglich hohen vleis
  Mit kosten gros allerley weis
Wagt all gefahr / arbeit und mühe
  Wie er sein lust ein gnügen thue
Zum dritten in mit Wasser geust
  Die Göttin das er gar verleust ⟨$U^v$⟩
Sinn und vernunfft nach Thieres art
  In lust des Jagens er verharrt
Verlest allen Menschlichen wandel
  Sein Regierung / geschefft und handel
Verwaltung pflegschafft / dienst und ampt
  Durch Jagerey er gar versaumpt
Wird nachlessig und gar wercklos
  In allen stücken klein und gros
Unfleissig und gar nichts er acht
  Allein dem Weidwerck stets nachtracht
Zum vierden so er mit der zeit
  Erkennet die gefehrligkeit
In dem Jagen mit viel gebrechen
  Durch schweinhetzen und Berenstechen
Mit Gembsen steigen / rennen / pirschen
  So wird er dann gleich einem Hirschen
Forchtsam / erschrocken und verzagt
  Das er zur Jagt sich nicht mehr wagt
Voraus wo es gefehrlich ist
  Doch frewt es in zu aller frist
Und lest von dem Weidwerck auch nicht
  Ihm ist noch allzeit wol darmit

*Jagteuffel*

```
       Zum letzten fressen in sein Hund
       Bedeut so er zu aller stund
       Helt Leithund / Winden / Růden / Bracken
       Dieselben alle von im zwacken
   5   Dergleich Falck / sperber / pferd und Jeger
       Schlagen all auff in ir Geleger
       Mus die mit grossem kost erneren          Unnůtze
       Also sie im sein gut verzeren             unkosten.
       Mit sampt ander unkost dabey
  10   Zugehörig der Jegerey ⟨Uij'⟩
       Also wird er denn on sein wissen
       Von seim eigen Waidwerck zerrissen
       Endlich in Summa zum beschlus
       So warnet hie Ovidius
  15   Durch diese Fabel all Regenten
       In hohen und in niddern stenden
       Das sie im Waidwerck halten mass
       Sich nicht darein begeben: Das
       Sie nicht darin werden geblend
  20   Unachtsam auff ir Regiment
       Sondern zu recht bequemer zeit
       Jagen zu einer Fröligkeit
       Zu erquicken trawrigen mut
       Dazu ist Jagen nůtz und gut
  25   Auff das kein schaden draus erwachs
       So spricht von Nůrnberg Hans Sachs.
```

Adon des Kőnigs Cynaræ und der Myrrhæ Son / als er   Adon.
einem wilden Schwein nachgespůret / und es antroffen hat /
ist es auff der Hunde anfallen auffgewůschet / und hat nach
felde zu gewolt / Da sich nu Adon unterstanden / im von
seitwerts einen stich zu geben / hat es im den Spies aus-
geschlagen / und als er geflohen / mit grosser furcht und
zittern / der hoffnung sich etwan zu verbergen / hat in das

grausam Schwein ereilet / und mit seinen scharffen zeenen / ins weiche gehawen / zu boden gerissen / und also sterbend ligen lassen / Ovidius lib. 10. Metamorphoseos.

Hyas. Hyas des Atlantis und der Aethræ ⟨Uij$^v$⟩ Son / ist auff der jagt von einer Lewin umbbracht worden. Ovidius lib. 5. Fastorum.

Otus. Oto und Ephialtus waren zwene Brůder / denen begegnet Ephialtus. eine Hinde / und als sie gleich zwischen inen hinlauffen wolt / scheusset ein jglicher seinen Pfeil nach ir / der meinung sie zu fellen / feileten aber der Hinden und treffen beide ein ander / das sie auff der stund tod blieben. Aristarchus und Jacobus Micyllus / uber das 47. Capittel des 10. Buchs Bocatij / De Gen: Deorum.

Cephalus erschos unwissend sein liebes und getrewes Procris. Weib die Procrin / da er ein getős im gestreuch gehőret / und anders nicht gemeinet hette / denn es were ein wild.

Orion. Orion ein furtrefflicher Jeger / als er sich zu viel auff seine stercke verlies / und rhůmete / es solt im kein wild so freisam vorkomen kőnnen / das er nicht bestehen wolte / Straffe der ward er umb solcher vermessen rede willen gestraffet / das vermessenheit. in auff der Jagt nur ein Scorpion stach / davon er sterben muste. Bocatius lib. II. de Genealogia Deorum cap. 19.

Nicias. Nicias ein berůmpter jeger / als er aus grosser lust den hunden und dem Wilde zu sehr nachgehangen / ist er uber hals in einen mieler oder angezůnd Kolgrube gefallen / darinnen er verdorben / Zeugt Joan: Ravisius an / aus Coelio.

Jeger zu Zu Stymphalia in Arcadien / hat es einen brun oder Stymphalia. Sumpff gehabt / daraus der ⟨Uiij$^r$⟩ Keiser Hadrianus das Wasser in die Stad Corinth / einen weiten weg fůhren lassen. Auff ein zeit hat sichs zugetragen / das der schlund / da dieser Brun versinckt und ableufft / verstopfft worden / also das er keinen ausgang gehabt / Darůber das Land auff zwo meil uberflőtzet worden. Nu Jagte ein Jeger einen Hirsch / und henget im so ferne nach / das sie beide in die schwemme kommen / Der Hirsch traff den Schlund / und fiel hinnein / der Jeger im hinnach / und ward also der ablauff wider geöffnet / denn sich das Wasser wunderbarlich in die erde verleuffet / und aller erst in der Argolier gegend wider heraus kömpt. Umb dieser sachen willen / ward die Diana des orts hernach mehr dann zuvor geehret. Dieses schreibet Joan: Herold / aus Lylio Giraldo / im 4. Buch von Heidnischen Göttern.

Unversehener unfall.

Carmon ward auff dem Berge Tmolo in Lydia / uber der Jagt / von einem wilden Schwein gehawen / das er starb. Plutarchus DE FLUVIJS.

Carmon.

Ancæus der Agapenoris Vater / ward uber der Jagt der Calydonischen Saw / von ir zu tod gehawen / PAUSANIAS LIB. 8.

Anceus.

Atys des Königs Crœsi Son / ist auff der Jagt umbkomen / und gieng solchs also zu / Es war ein gros wild Schwein / am Berge Olympo in Mysia / das thet den Landleuten trefflich grossen schaden / da ⟨Uiij$^v$⟩ baten und begerten die Mysier / das der König Crœsus seinen Son Atyn mit etlichen Jegern wolt zu ihnen schicken / das sie das schedlich Thier fingen / und umbbrechten. Nu hette der König einen bösen traum gehabt / wie im sein Son mit einem Spies erstochen worden. Derhalben fürchtet er seiner / und wolt in nicht schicken / Aber das die andern Jeger hinzügen / war er zu frieden. Doch lies er sich zuletzt bereden / das er im auch erleubte / und befahl in ja trewlich in acht zu haben / dem Adrasto aus Phrygien / welcher unversehens seinen Bruder erwürget hette / und umb sicherheit willen zum Könige Crœso geflohen war. Nu wolte der junge König Atys nicht fur den schlimmesten angesehen sein / eilet derhalben fur den andern / mit seinem Pferd und Hunden auff das Schwein zu / der meinung dasselbig zu fellen / da sie nu wol hinbey komen / schwencket der Adrastus sein scheffelin oder schiesspies in willens / das Schwein damit zu treffen / scheusset aber neben hin / und

Atys.

verwundet den Atyn so ubel / das er starb / Wiewol es im aber der Kőnig Crœsus / als einen unversehenen unfall / williglich verziehen / hat er sich doch so hart darůmb bekůmmert / das er sich auff des Atys begrebnis selber hat erstochen / Schreibet Herodotus lib: 1. und Olaus Magnus lib. 4. cap. 15.

*Adrastus.*

Zween Atteones / nennet Plutarchus /⟨U4ʳ⟩ derer einer aus Syrien / der ander aus Arcadien bůrtig gewesen / und allbeide von wilden Schweinen sind erwůrgt worden / Plutarchus in SERTORIO.

*Atteones.*

Als Keiser Severus gen Nisibin komen ist / hat er ein sehr gros wild schwein antroffen / welchs einen starcken Reutter vom gaul gerissen und umbbracht hat. Denn sich der selbig unterstanden / dieses schwein allein zu fellen / Doch haben sich bey dreissig Kriegsknechte drůber gemacht / die es endlich gefangen / getődtet / und fur den Keiser gebracht haben. XIPHILINUS EX DIONE.

*Keisers Severi Reutter.*

Constans Rőmischer Keiser / des grossen Constantini Son / als er sich nur aller wollust ergeben / und seinen unterthanen beschwerlich gewesen / ist er in seinem Gezelt / als er auff der Jagt můde gewesen / und geruget / im schlaff erschlagen worden. ZONA. TOM. 3.

*Keiser Constans.*

Es sind die Kőnige in Franckreich je und allwege mit der Jagtsucht beladen gewesen / wie Wilhelmus Paradinus bezeuget / CAP. 12. DE ANTIQUO STATU BURGUNDIÆ. Darůmb ir auch viel auff den jagten umbkomen.

Kőnig Dietprecht (Theodebertus) in Franckreich / richtet viel unnőtiger Kriege an / auch wider seine Bundsverwandten / und war auch in willens / den Keiser Justinianum zu bekriegen / hette albereit das krieges Volck darzu in bestallung / aber es ward im unterlauffen / Denn als er eines tages ⟨U4ᵛ⟩ auff das Gejagt fur / begegnet im ein wilder Stier / aus den Welden und Gebirgen lauffend / der sties zu tode / was im in solchem lauff begegnete. Als nu Kőnig Dietprecht den Stier sahe oben herein gegen im lauffen /

*Kőnig Dietprecht.*

*Straff eines unrugigen gemůts.*

hielt er still / und vermeinet in zu schiessen / Der Stier aber lieff ungestůmmiglich mit der stirn an einen alten brůchigen baum / und fiel ein Ast davon auff des Kőnigs heubt / schlug im eine tődliche wunden / davon er zur Erden fiel / ward kaum lebend in das haus getragen / und starb desselben tages / An. 551. Joan Stumpff lib. 3. cap. 66.

Lotharius Kőnig in Franckreich / ist an einem hitzigen tődlichen Fieber auff der jagt kranck worden / und mit grossen wehetagen gestorben / An. 564. Stumpff lib. 3. cap. 68. {Kőnig Luther.}

Hilffrich auch Kőnig in Franckreich / welcher stets ein schendlich Tyrannisch leben gefůhret / und wenn im seines gewissens halben oder sonst schwere gedancken furgefallen und zu gemůt kommen / hat er solchs mit jagen und hetzen vertreiben und vergessen wollen / ist aber durch anstifftung seines Gemahls / als er auff der jagt gewesen / den tod schlegern vermacht / und von den selben als er zu nacht heimkommen / ermordet worden / were er dasmal heim blieben / so mőchte solches unglůck sein verhůttet worden. {Kőnig hůlfreich.}

Dieses gieng aber also zu / Da er zu morgens auff die Jagt zu reitten fertig war / ging er zuvor $\langle X^r \rangle$ ehe er auffs ross sas / in der Kőnigin Schlaffkammer / und fand sie an irem Bette ligen / und rugen / schleicht stil hinderwerts hin zu / und schlug sie mit einem Steblein / so er in der hand trug / schimpfflich auff den růcken / die Kőnigin Fredegund lag stille / keret sich nicht umme / wuste auch nicht / das es der Kőnig selbst war / sondern meinet / es were Lendericus der Kőnigische Phaltz Voigt / welcher heimlich mit ir bulete. Darůmb sprach sie / Lenderich worůmb schlechstu mich? Als der Kőnig solche wort hőrete / erschrack er / und begunde Fredegunden des Ehebruchs zu verdencken / lies es doch also beruhen / und fur seinem furnemen nach / auffs gejegt sich zu bedencken / was im hierinnen weitter furzunemen. Da nu die Kőniginne vermerckt / das es der Kőnig selbst gewesen / und solche wort von ir gehőret hatte / und

| | |
|---|---|
| Untrewe einer königin. | sie mit Lenderich sich nichts gewissers / denn des todes zu befahren hette / beschicket sie in heimlich / und traffen mit einander / den obgedachten mördlichen anschlag / und bestellete Lenderich viel Todschleger / die er heimlich auff die wache verordnete / welche bald zu angehender nacht den König unversehenlich zu tod schlugen / Anno 587. Joan. Stumpff lib. 3. cap. 72. |
| König Hilderich. | Hildrich / sonst Childericus genant / der junge freche König in Frankreich / der nur ⟨$X^v$⟩ auff jagen / spielen / fressen und sauffen ergeben war / der hette einen ehrlichen ansehenlichen man (Bodilonem geheissen) umb geringer ursachen willen / an einen pfal binden / und mit rutten schlagen |
| Vergeltung angelegter schmach. | lassen. Derselbige Bodilo suchete on unterlas wege und mittel / sich an dem Könige zu rechen. Derhalben / als bemelter König eines tages mit seinem Gemahel Frawen Blüthilden / auffs Gejagt geritten / ist er von Bodilone / und des selben Helffern angerennet / und sampt der Königin / ungeacht das sie gros schwanger war / erstochen worden / Anno 679. |
| König Hasthülff. | Hasthülff der Longobarder König / hette einen vertrag mit Pipino dem König zu Franckreich auffgerichtet. Da er nu in willens war / denselben zu endern und zu verbrechen / |
| Straff des fridbruchs. | Hat in Gott gestrafft / das er in der Jagt vom Gaul gefallen / und davon also schwach worden / das er wenig tag hernach gelebet / und endlich ist gestorben / Anno 756. Conradus von Lichtenaw / Apt zu Ursperg / in seiner Chronick / Onuphrius Panvinius. |
| König Carlonus. | Ludwig der Stamlend König zu Franckreich / und erweleter Römischer Keiser / hat einen freudigen Son und Helden nach sich gelassen / unter andern seinen Kindern / Carlonum genant / der ward Anno 884. auff der Jagt von einem wilden Schweine so ⟨$Xij^r$⟩ ubel verletzt / das er des todes darüber sein muste. Stumpff lib. 3. cap. 95. |
| Keiser Basilius. | Basilius Macedo / Keiser zu Constantinopel / hette alle seine freude und lust am jagen / nu sties er ein mal auff einer |

*Jagteuffel*

Jagt auff einen ungewönlichen grossen Hirsch / welcher mit seinem auffgereckten heubt / und herlichem geweihe daher brach. Demselben setzt er nach / und kam also nahend auff in / das er sein schwerd auszog / und den Hirsch jtzt durchstechen wolte / aber da stellet sich das freidige Thier zur wehre / und brachte ein ende oder ort seines Geweihes oder gehürnes dem Keiser unter den gürtel / hub in also auff / und trug ihn in aller höhe daher / und hette der Keiser also müssen verderben / wo nicht seiner Diener einer mit blosser wehre den Gürtel zerhawen / und in also los gemacht hette / deme er es doch kleinen danck gewust / sondern an stat der belonung den kopff abhawen lassen / und darnach furgewand / er hette keine blosse wehre uber den Keiser rücken sollen / so im doch solches zum besten und aus keinem bösen fursatz war geschehen / Dafur er in billich hette ehren und reichlich begaben sollen. Doch hette der Hirsch den Keiser auch also gerüret / und die Eingeweide verrücket / das er nicht lange darnach hat leben können / sondern sterben müssen. Anno 886. ZONARAS TOM. 3. ⟨*Xij*ᵛ⟩

Heinrich Graffe zu Alttorff und Ambergew / Graffen Rudolffs Son / Ist von einem wilden Schwein auff der Jagt gehawen worden / zu Loen / zwischen Meron und Botzen / davon er auch gestorben / umbs jar 1030. AVENTINUS LIBRO SEXTO BOIARIÆ.

Von Isacio Comneno / dem Keiser zu Constantinopel / findet man zweierley bericht / wie er auff der Jagt solle umbkommen sein. Psellus ein gelerter und weitleufftiger Historicus saget / er sey dem Jagen gantz ergeben gewesen / und als er mit seinem Schweinspies unter die Beeren und Sew gestochen / habe ihn ein kalter wind in der einen seitten gerüret / davon sich ein hitziges Feber von innen entzündet / Da nu den andern tag die schmertzen grösser worden / und das stechen in der seitten zugenommen / Also das im der athem schweer worden / hat er wenig hoffnung gehabt /

*Exempel der undanckbarkeit.*

*Graff Heinrich zu Alttorff.*

*Keiser Isaac.*

lenger zu leben / Und derhalben dem Constantino Ducæ das Regiment überantwortet / und sich in Mönch orden begeben.

Aber Thracesius schreibet / als er bey der Stad Neapolis in Macedonien gejagt / da sey im ein greulich schrecklich wild schwein auffgestossen / als er nu demselben mit seinem Hengste nachgeeilet / habe sich das Schwein ins Meer gestürtzt / und sey also verschwunden / und meinen viel Leute / es ⟨Xiij^r⟩ sey ein Gespenst gewesen. Sonderlich weil gleich alsbald der Keyser mit einem hellen Glantz / gleich als mit einem Plitz / ist geschlagen worden / das er fur schrecken unter den Gaul gefallen / und alda bestürtzt auff der erden gelegen / und mit dem munde gescheumet hat / also das man in in ein Fischerschifflein legen / und gen Hoffe führen müssen. Da er nu eine zeit kranck gelegen / und wol gefürcht hat / er würde nicht wider auffkommen / hat er einen Platten machen lassen / und eine Kappe angezogen / den Constantinum Ducam an seine stat zum Keiser verordnet / und sich in ein Closter begeben / darinnen er sein leben vollendet / IOAN. ZONARAS TOMO 3. und IOAN. CUSPINIANUS. AN. 1063.

*Gespenste.*

Als König Gottfrid zu Jerusalem auff einer Jagt im Wald umbrit / ist im ein ungewönlich grosser Beer begegnet / der im zu erst sein Ross erwürget / und im selbest durch den rechten schenckel gebissen / hat darnach auffrecht auff sein hinderpfoten getretten / und den König mit den fördern tappen umbfangen / König Gottfried hat sich mit aller gewalt kümmerlich auffgehalten / das er nicht unter dem grausamen Thiere zu boden gefallen / Hat aber darneben den Beeren bey den dicken haaren auff dem Nacken ergriffen / in also wol gefasset / und hart gehalten / auch gleich von sich zurück gezogen / das im derselbige mit dem ra-⟨Xiij^v⟩chen nicht zu nahe keme / aber mit der rechten hat er sein Schwerd oder Dolchen aus gezogen / und dem Beren in die brust gestossen / und also erwürget / Hat aber

*König Gotfried.*

den Beeren bis sein lebenlang nicht verwunden. IOAN:
GASTIUS LIB. 3. CONVIVALIUM SERMONUM.
 An. 1142. Ist gestorben Joannes Comnenus / der Con- Keiser
stantinopolitanisch Keiser / der von wegen seiner gůtigkeit Joannes.
Calo Joannes (der fromme Joannes) genennet ward / Die
ursach aber seines todes war wie folgt. Als er ein Kriegs
Volck in Syrien fůhrete / wolten ihn die Bůrger zu Antiochia
nicht einlassen / Darůber ward er so hefftig erzŏrnet / das
er seinen Kriegsleuten die Vorstedte / darinnen er zur Herberge gelegen / alle preis gab / und dieselben zu plůndern
erleubte / Zog darnach auff die Grentzen des Landes Ciliciæ /
und lagerte sich in ein weites Feld / da es zu beiden seitten
zwene hohe berge hette / die man die Rabenskůppe pflag zu
nennen. Daselbst begab er sich auff eine Jagt / und sties
einem wilden Schwein den spies in die brust hinnein / und
weil zugleich das Schwein auff in drengt / ward im der arm
etwas mat / und gleich zu růck gebogen / das er damit an den
Kŏcher / den er voller gifftiger Pfeile an der seit hangen hette
sties / und denselben umbkeret / das die pfeile heraus fielen /
und der eine in gar ein wenig růrete zu eusserste an der
haut zwi-⟨X4ʳ⟩schen den kleinen fingern (oder zehen)
davon sich der gifft darnach bald geteilet / und die andern
gliedmas auch eingenomen hat / das eines nach dem andern
ist erstarret / und er kurtz hernach hat sterben můssen /
schreibet NICETAS ACOMINATUS CHONIATA LIBRO DE REBUS
GESTIS CALO IOANNIS. Und erzelet dergleichen Historia von
im auch Cuspinianus.
 Hieronymus Cardanus lib. 7 DE VARIETATE RERUM saget /
das Robertus Bruseus / Kŏnig in Schotland / sey auff einer Kŏnig
Jagt von einem wilden Stier gestossen worden / das er hat Ruprecht.
sterben můssen / umb das jhar nach Christi geburt 1331.
 Von Keiser Ludwig / dem Beiern / schreibet Joannes Keiser
Cuspinianus also. Als Fraw Joanna die Hertzogin von Oster- Ludewig.
reich aus dem Elsas iren weg wider nach haus nam / besuchte
sie zuvor den Keiser / und ward von im ehrlich und herlich

empfangen / und da sie ihren abscheid genommen hette / machete sich der Keiser zu der Burggreffin von Nörnberg (welche er lieb hette) und war uber der Malzeit sehr frölich und guter ding / aber als bald er unversehener sach befand und fühlete / das es in umb das hertze stach / hette er bald argwon / es möchte im vergeben sein / stund von stunden an auff / und versuchet / ob er den gifft von sich brechen möchte / denn er war zuvor wol ehe ⟨X4ᵛ⟩ also des giffts / so im zubracht gewesen / los worden / Als er aber kein undewen oder brechen zu wegen bringen köndte / ist er auff die Jagt geritten / der hoffnung sich durch die bewegung und arbeit zu erwermen / und so er gifft empfangen / solchs zu überwinden. In dem stösset er auff einen grossen Beeren / als er nu demselben mit gewalt zuwolt / stürtzt er vom Gaul / und erschellete mit solchem schweren fall den gantzen leib / das im alle seine sinne und krefte entgingen / Als er nu also ein weil gelegen / und wider zu sich selbst kommen / hat er seine augen gen Himmel auffgeschlagen / und Gott angeruffen / er wolt seiner armen Seelen gnedig sein / und im alle Sünde vergeben / und ist also gestorben / An. 1347. und zu München begraben / Aventinus und M. Albrecht von Strasburg gedencken keins giffts.

*Keiserin Maria.* Fraw Maria / ein Tochter Hertzog Carlen zu Burgundien / und Keiser Maximiliani Gemahl / hat grosse lust zu jagten gehabt / als sie aber schwanger gewesen / und gleichwol auff die Jagt geritten ist / und die Junckern / so ihr zugeordnet / etwas zu sehr geeilet habe / Hat sie ir Ross / welches mutwillig und geil gewesen / nicht zurück halten können / und hat sich im rennen der Sattelgurt auffgelöset / das sie mit demselben herab gefallen / und mit dem schoss auff ⟨Yʳ⟩ den Satelknopff komen ist / und ir also sehr wehe gethan / Welchs sie doch etliche zeit heimlich gehalten / bis sie fur der rechten zeit eine Misburt bracht / noch hat sie sich frisch gestellet / damit ir Herr nicht betrübt würde / aber sie hat doch zuletzt sterben müssen. Cuspinianus.

Wilhelm Graffe und Fůrst zu Hennenberg / des nehist verschieden Fůrsten Wilhelmen Grosvater / sol auch von einem wilden Schwein auff der Jagt sein verwund worden / das er sterben můssen.

Aber dieser Exempel sind auff dismal genung / darinnen man sihet / das nicht wenig grosser Leute auff den Jagten umbkomen sein. Wenn nu solchs in Gotteslesterung / und mit unterdruckung armer Leute geschehen solte / so wolten warlich die sachen solcher Herrn und Junckern fehrlich bey unserm Herr Gott stehen.

Ich gleube auch / das die Alten in iren gedichten Historien / mit seltzsamen Geschichten und Exempeln / so sie setzen / haben die Nachkommen fur solchen gefehrligkeitten wollen warnen / Denn es ist je ein jammerliche Fabel und Gedicht / so man in der Melusina lieset / wie der junge Graffe Raimund von Forst seinen lieben Herrn und vettern / Graffen Emerich von Potiers / so erbarmiglich wider sein wissen und willen umbbringet / Da er in doch von dem wil-⟨Y^v⟩den Schwein / nach dem er gestochen / vermeinete zu erretten. Durch solche und dergleichen artliche gedichte mehr / haben sie wollen zu verstehen geben / was sich auff den Jagten bôses und unglůckseliges zutragen kônne / und auch offt begeben habe. Darůmb dieselbigen wol messiglich zu halten / und mit Gottes furcht und in liebe des nehisten furzunemen.

*Fůrst Wilhelm zu Hennenberg.*

*Gedichte der Alten.*

*Graffe Emerich von Potiers.*

## XV.
## Ursach zu mancherley ubel.

Viel und mancherley unglůck / ubel und unrath haben die Jagten offt verursachet / das die Hůnnen ein grewlich bôse und blut důrstig Volck in Europam komen sind / und dasselbige teil der Welt schier gar durchstreifft und verwůstet

*Hůnnen einfall in Europam.*

haben / hat eine Jagt verursachet. Zeuget Joannes Magnus Gotthus lib. 6. cap. 25. und Sozomenus lib. 6. cap. 37.

König Ludewig zu Franckreich.

Ludwig dieses Namens der 9. (etliche zelen in den 10.) König zu Franckreich / verbot den Franckreichischen Herrn / wider alle alte hergebracht Rechte und gewonheit / das Wild zu Jagen / ausgenommen / Weme er es aus besondern gnaden erleuben würde / daraus erwuchs viel uneinigkeit / Denn die verachten Fürsten / entzogen ⟨Yij^r⟩ Ludwico das hertz / sampt dem gehorsam / fielen mehrerteils von im / vereinigten sich heimlich / irer ehren und wirden zu rathen / und entstund hieraus gros Krieg und unruge / mord und todschlag / Joannes Stumpf lib. 3. cap. 113.

Abgunst der Unterthanen.

Es machen ihnen die Fürsten mit ihren Wildbanen (die inen doch wenig frommen bringen) unverwindliche abgunst und widerwillen bey irem Adel / und auch bey allen Unterthanen / verlieren darüber das gemein Gebet / und allen guten willen / und köndte sich durch zu viel drengung und beschwerung noch allerley zutragen / das beide Herren und unterthanen zum höchsten verderb möchte gereichen /

Nota.

Denn gedult zu leiden / ist nicht jederman gegeben / so wird umb eigenes nutzes willen der unbilligkeit gar zuviel. Gott wolle unglück verhüten / und alle unrichtigkeiten noch zum besten schicken.

Uneinigkeit aus jagten.

One not ists / das ich Exempel erzele / wie offt umb Jagens willen gute Nachbarn und bekandte / ja auch freunde und brüder sind uneins worden / in einander gewachsen / und in Krieg und unruge gerathen / die man hernach nicht hat widerumb zu frieden stellen / noch versönen

Grosse thorheit.

können / und das ist ein grosse Thorheit / bey hohen Leuten / das sie alte und nutzbare Freundschafft und einigkeit / umb eines Schweins / Hirschen oder Hasens / ja umb eines Garns / ⟨Yij^v⟩ oder losen Hundes willen zerreissen / und in unversünliche Feindschafft gegen einander sich bewegen lassen.

Und hierüber tregt sichs denn offt zu / das einer von wegen eines abgefangenen Hasens oder Hirschens / den andern beleidiget / seine arme leute schlecht und wundet / seine gůtter brennet und plůndert. Sehet aber lieben Herrn / ob das ein Christlichs wesen sey. *Unchristliches wesen.*

Hie mus ich auch eines schedlichen furwitzs der Jeger und Jegersgenossen gedencken / das sie offt andern Leuten in der speise undewlichs wild fleisch / Fuchswůrste / und dergleichen zubringen / welches ob es wol nicht allen schadet / bringet es doch manchen umb seine gesundheit. *Schedlicher furwitz.*

Ich habe etliche redliche Leute gekand / die es ir lebenlang nicht verwinden kônnen / und bis in iren tod uber solche bůberey geklagt haben. Wenn es dann so ubel gerathen kan (wie es sehr offt geschicht) was ists denn anders denn ein Todschlag? Und hat warlich kein Todschleger teil oder erb am reich Gottes. Ich weis auch solchen fehrlichen furwitz von wissentlicher vergifftigung nicht weit zu unterscheiden / allein das es ein schertz sein sol / einen umb sein gesundheit / und also folgend umb leib und leben zu bringen. Was auch dieses stůck / und da man bisweilen / weis nicht wovon / andern ⟨Yiij'⟩ Leuten zu trincken gibt / fur tôdliche Feindschafft / mord / und unglůck angerichtet / ist jederman kund und unverborgen. *Nota.* *Schimpffliche vergifftung.* *Nota.*

## XVI.
## Grosse unkosten der Jagten.

Eins hat mich uber alle masse wunder / das die grossen Herrn und Junckern / die doch sonst alle ihre sinne auff den eigennutz und grossen gewin gerichtet haben / so gar nicht mercken und sehen / was inen fur untregliche unkost jerlich auff die unmessigen Jagten gehet / Da sie doch in abstellung derselbigen mercklichen vorrath schaffen möchten. Denn bedenck doch nur / was kosten wol ein jar allein die hunde? welcher sie ein unnötige zaal haben / die sie von ferns lassen herholen / oder sonst mit grossen statlichen schenckungen / und verehrung an sich bringen / das man offt einen Jagthund findet / der einem Herrn mehr denn sein bester Leibhengst gestehet / soll wol ein Hund so viel kosten / als sonst zwey oder drey geschir Pferde. Was gehet darnach auffs brot / welchs man bisweilen gar schön den Hunden backen lesset / da man wol ein Spittal voller armer Leute könd mit erhalten / die man dagegen lesset offtmals not und hun-⟨*Yüj^v*⟩ger leiden. Was wird vergebens gelds auff die zier und Schmuck der Hunde / auff sammet / seiden / gestickte und gewirckte kappen / leitriemen / halsbande und dergleichen / darzu an gülden und silbern spangen / und schellen gewand? Wie viel gehet auch wol ein jar auff zur besoldung und unterhaltung so vieler Jeger und Hundesknechte? Was meinet ir auch wol lieben Herrn / das euch ewer armen Unterthan jerlich mit geneigtem willen an früchten und auch sonst reichen und geben könten / auch gern wolten / da sie mit den jagten und dem wilde möchten unbeschweret und unbeschediget / auch an irer narung unverhindert bleiben? Und wie könd man also gar ein treffliche anzal Schaff / Ochssen / Pferde / Schweine und dergleichen Viehe / mit der Weide und den früchten jerlich zum gemeinen nutz und besserung des lands auffziehen / das doch sonst gar vergeblich / vom Wilde in Welden und im Felde / auch den armen Leuten in ihren gerten / wird abgefretzet und zu nicht gemachet.

Das nu dieses alles / und was mehr unkostes darauff gehet / und zu schaden leuffet / so gar nicht von den grossen Herrn bedacht wird / hat mich (sag noch ein mal) nicht ein wenig wunder / und ist mir ein nerrischer handel / das einer solche fahrlich und müheselige unnütze lust sol mit seinem eigen gros-⟨*Y4^r*⟩sen schaden suchen. Aber ich bin nicht der

*Jagteuffel*

erste / der hierob verwundern tregt. Höre was Doctor Sebastian Brand hievon sagt.

  Mancher viel kost auff Jagen legt
  Das im doch wenig nutz austregt
  Jagen ist auch on narrheit nit
  Viel zeit vertreibt man unnütz mit
  Wiewol es sein sol ein kurtzweil
  So darff es dennoch kostens viel
  Denn leithund / wind / rüdden und bracken
  On kosten füllen nicht ihr backen
  Desgleich Hund / Vögel / Federspiel
  Bringt alles kein nutz und kostet viel
  Kein Hasen / Rephun fehet man
  Es kömpt ein pfund den Jeger an
  Darzu darff man viel harter zeit
  Wie man im nachlauff / gang und reit
  Durchsucht all berg / thal / welde und heck
  Da man verheg / wart und versteck
  Mancher verscheucht mehr denn er Jagt
  Das schafft er hat nicht recht gehagt 2c.

 Sanct Bernhard in der Epistel von der Haussorg sagt. Hastu Jagthunde und fedderspiel / Die kosten dir mehr denn sie nutz bringen.

 Es wird solcher grosser unmessiger unkost auch dem frommen König Alphonso ubel nachgered / der doch wie zuvor einmal gedacht / im Jagen sich zimlich gehalten. Denn das war zu viel / das er ein jahr 1000. pfund goldes / auff Hunde / Vögel / ⟨*Y4ᵛ*⟩ und andere Jegerrüstung gewendet / Wie Sabellicus solchs fur eine warheit schreibet / LIB. 8. EXEMPLORUM CAP. 7.

 Es hat auch der Tartarn König Temerlin / den gefangenen Türckischen Keiser Wajazith oder Bayazeth / damit verspottet / das er im in seinem elende Hunde und Habich zugeschickt und geschenckt / anzuzeigen / er tüge besser zu

*König Alphonsus.*

19 Teufelbücher V

einem Jeger / denn zu einem Kriegsman. Denn man saget / das der Bayazeth alleine auff die Habicht 7000. personen / und auff die Hunde 6000. so derselben warten můssen / gehalten. Laonicus Chalcondyla lib. 3.

Sehr fein schicket sich hieher des Poggy Fabel / darinnen er anzeigt / wie zu Meiland ein Artzt gewesen / der sich der thőrichten und Wannsinnigen Menschen habe angenomen / und denselbigen zu helffen sich unterstanden / und war dieses sein Artzney. Er hette einen grossen tieffen stinckenden sumpff oder pfůtz in seinem Hoffe / darein setzt er die unsinnigen leut / und band sie an / an darzu bereittet pfele oder seulen / einen tieffer denn den andern / darnach ire gebrechen waren / etliche bis an die Knie / etliche bis an nabel / etliche bis an den hals / und lies sie darinnen baden und hungern / bis sie gesund worden. Nu het er einen unter den andern /mit dem es sich nach funfftzehen tagen geendert und gebessert hatte / den lies er los / ⟨Z$^r$⟩ doch das er nicht aus dem Hoffe gienge / hierinnen war im der arme Mensch gehorsam. Da er nu ein mal an der thůr stund / kőmet ongefehr einer daher geritten mit zweyen Hunden und einem Habich auff der hand / dens
er im etwas nőtigs anzuzeigen. Da er nu zu im kam / fraget er ihn / was das sey / und wie es heisse / darauff er sitze (denn in seiner unsinnigkeit war er so vergessen worden / das er nichts bey seinem rechten namen nennen kőndte) Der Reutters Man anwortet im / es sey ein pferd / welchs er zum beissen halt. Jener fragt weiter / was denn das auff der hand sey / und worzu ers brauche. Er sagt / Es sey ein Habich / da fahe er Wachteln / Raphůner und ander vőgel mit. Der arme mensch fragt uber das / wer denn die sind / die neben ime herlauffen / Das sind Hunde (spricht jener) die ich zum beissen haben mus / das sie mir die Vőgel aufftreiben. Lieber sag mir / (sprach der Thore) was sind wol die Vőgel wert / die du das gantze jar uber fehest / und darüber so viel zeit verleust / so viel můhe und arbeit darzu hast? Der Reutter

saget / Etwan ein vier / fůnff / oder auffs meist ein sechs
gůlden. Da fragt er weitter / Was kostet aber wol das Pferd /
der Habich und die Hunde? Der Reutter antwortet / sie
kosten eim auffs wenigst ein funfftzig gůlden / on was sie zu
erhalten gestehen. O (sprach der ⟨Z$^v$⟩ Thor) ich bit dich
umb Gottes willen / seume dich hie nicht lange / sondern   Nota.
reit auffs eilendst du magst / von hinnen / denn keme unser
Meister und ergriff dich hie / er setzte dich / als den grösten
Thoren in der Welt / in die Pfützen hinnein / bis uber die
ohren / und lies dich aus dem stinckenden Pful nicht / es
were dir dann zuvor dein unsinnigkeit vergangen. Solt dieser
Meister unsern Jegern allen helffen / er můste den Hoff und
den Pful viel weiter machen.

## XVII.
## Drewung Gottseliger Leute.

Wenn nu gleich jemands obgedachte sůnden / gefahr und
unkosten gar nicht achten wolte / der solt doch bedencken /
das die Drewung Gottseliger und heiliger Leute nicht wůrden aller dinge vergebens sein / Und ob sie auch dieselbigen
verachten / verlachen / und in wind schlagen wůrden / so
werden sie darůmb gedreweter straffe nicht entlauffen.
S. Augustinus sagt / Die Leute sehen die Jeger / und haben   S. Augustinus.
grosse lust / freude und gefallen dran / sie werden einmal
den Herrn sehen und trawren můssen. Und S. Hieronymus   S. Hieronimus.
spricht / Esau war ein Jeger / denn er war ein Gottloser
Sůnder / und ⟨Zij$^r$⟩ wir finden gar keinen heiligen Jeger in
der gantzen heiligen Schrifft.

Doctor Luther seliger gedechtnis / hat offt gesagt / und   D. Luther.
auch uber das 25. Capittel des ersten Buchs Mose im Latin
geschrieben. Es werde ein mal der Tůrck oder ein ander
jeger komen / und den Deutschen Fůrsten die Garn und

Wie angenem dis büchelein sein wird.

Jegerspies aus den henden schlagen / Aber es ist diese drewung des heiligen Mannes verachtet worden / Wie denn auch dieses mein schreiben (darinnen ich warlich auch nichts verhalten habe / was unsern Jegern in künfftigen zeitten begegnen werde / wo sie nicht rechtschaffen busse thun) nicht alleine wird veracht und verlacht / sondern auch geschmehet / gelestert / und auffs aller ergst gedeutet werden / das müssen wir also geschehen lassen / Es ist hewr nicht new / kömpt aber die zeit / das unser Verechter wider fur Gotte und allen Creaturen zu ewigem spotte stehen werden / dürffen sie uns alsdann solchs nicht klagen / und mögen wir uns mitler zeit mit dem Spruch trösten / Matth. 11. Wir haben euch gepfiffen / und ir woltet nicht tantzen / Wir haben euch geklaget / und ir woltet nicht weinen / Das ander wird sich wol finden.

Nota.

## XVIII.

### Greuliche schreckliche geschichte / Gesichte und Wunderwerck. ⟨Zij^v⟩

Bapst Benedict der 9.

Man lieset von Bapst Benedicto dem 9. welcher Anno 1056. vom Teufel in einem Walde ist ersticket worden / das in ein Einsiddel hernach habe gesehen / gantz rauch / und am leibe wie einen Beeren / und mit einem Eselskopff. Da er nu gefragt worden / woher im solche verenderung kome / hat er geantwortet / Wie ich gelebet habe / so bin ich jtzt / ich bin mehr den wilden Thieren denn den Menschen ehnlich gewesen / darümb habe ich billich ein solche gestalt. IOAN: BALÆUS LIB. 5. DE ROMANIS PONTIFICIBUS, PLATINA, und NAUCLERUS 2. GENERATIONE 35. Was werden wol in der verdamnis fur grewliche gestalt uberkommen / die jtziger zeit also wilde und unbarmhertziglich mit ihren armen Unterthanen umbgehen umb der unvernünfftigen wilden

Nota.

Thiere willen / grewlicher mit inen handeln / denn das Wild selbst.

Anno 1541. Hat sichs bey der Stad Patavium zugetragen / das ein Bawersman in die gedancken kommen / als sey er ein Wolff / hat viel Leute auff dem Felde feindlich angefallen / und sie umbbracht / endlich da er mit grosser můhe von den leuten ist gefangen / hat er sie noch bereden wollen / er sey ein Wolff / allein das die haut umbgekeret / und inwendig rauch sey. Darůber sind ir etliche noch nerrischer denn der arme Mensch / hawen im arm und bein ab / ⟨Ziij$^r$⟩ zu erfaren / obs so sey wie er sagt. Da sie es aber anders funden / haben sie in den Ertzten wider zu heilen uberantwortet / Aber er ist uber wenig tage gestorben. Solche dinge verhengt Gott zur warnung denen Leuten / die so gar wilde sind wie die Wolffe / das sie sich in zeit bessern sollen. FINCELIUS LIB. 2. MIRACULORUM.

*Ein Bawer zum Wolffe worden.*

Anno 1532. Ist bey Eisenach am klaren hellen tage am Himmel gesehen / ein alter Baum důrre / und zur erden gefallen / gleich als risse in jemands aus der Erden (bedeutet der Deutschen althergebrachte freiheit / so kurtz hernach solt geschwechet werden ) Darnach ist gefolget ein Reuter in einem gantzen Kůris (folgende Kriege) der einen jungen grůnen Baum gefůhret / doch mit abgehawen esten (die newen Reformationes und vertrege) darnach ein weisser Jagthund (unterdruckung armer Unterthanen) letzlich eine gestalt eines Donnerschlages / (endliche straffen Gottes) FINCELIUS LIB. I.

*Gesicht bey Isenach.*

Anno 1547. Ist an einem namhafften ort in Sachssen / ein solch gesicht gesehen worden / sechs Menner in schwartzen trawerkleidern / denen eine grosse Leiche gefolget / uber dem Sarg hat ein roth Feldzeichen gehangen / das Volck aber / so der Leiche mit grossem trawren nachgefolget / hat auff dem růcken Jegershörner getragen ɾc. Es sollen warlich unsere schwinde ⟨Ziij$^v$⟩ Jeger gedencken / das sie sterblich sein / und einmal von hinnen müssen.

*Gesicht in Sachssen.*

*Wolffe zu Constantinopel.*

Anno 1542. sind zu Constantinopel grosse hauffen Wolffe gesehen worden die den Leuten grossen schaden gethan / und die bůrger also geengstiget / das niemand sicher aus den heusern hat gehn důrffen. Darauff hat der Tůrck die Stadmawren und Pasteien bemannet / und folgends tages in eigner Person mit alle seinen Waschen / und allem volcke zu Ross und zu fuss / frůe morgens die gantze Stad umbgezogen / und endlich die Wǒlff / welcher bey anderthalbhundert gewesen / in einer ecken der Stadmaur antroffen und furgenomen / sie zu tilgen / Da das die Wǒlffe gemerckt / sind sie in einem hui uber die Stadmaur gesprungen / und ist hernach weder in der Stad noch in der gantzen Gegend keiner mehr gesehen worden. IOBUS FINCELIUS LIB. 2. MIRACULORUM.

*Versamlung vieler Hunde.*

Anno 1555. hat man zu Galga an der Polnischen Grentze viel Hunde versamlet gesehen / welche sich so grausam untereinander gebissen und zerrissen / das inen niemand hat wehren kǒnnen / FINCELIUS LIB. 1. Weil viel Menschen

*Nota.*

erger denn die wůtenden Hunde sind / was ists wunder / das Gott durch solche und dergleichen Miracula seinen zorn offenbaret / sonderlich weil man auch an etlichen ǒrten die Menschen weniger denn die Hunde achtet / auch wenn es mǔglich ⟨Z4ʳ⟩ were / gerne Hunde aus inen machen wolte.

*Teufelsjagten.*

Hieher gehören nu auch die TeufelsJagten / da der Teufel in gestalt und Person derer die etwan grausam unbarmhertzige Jeger gewesen sein / zu nacht und auch wol bey hellem tage sich sehen lesset / hetzet und Jaget / wie man davon sagt / Das etliche Fůrsten und grosse Herrn / noch

*Nota.*

heutiges tages sollen gesehen werden / das sie jagen / an den ǒrten / da sie etwan bey irem leben mit grosser beschwerung armer Leute / ihre beste lust mit Jagten und Wildbanen gehabt. Also findet man auch auff den grossen und berůmbten Welden mancherley gespenste des Teufels / das er sich jtzt in gestalt eines verstorbenen Jagers / denn eines Holtzfǒrsters / bald eines andern Bawren feindes sehen lesset / Jaget / Teutet / Hetzet / davon one not viel zu schreiben / sintemal es rǔchtbar und jederman im munde ist.

Anno 1545. hat sich der Teufel zu Rotweil im Elsas etlichmal sehen lassen in eines Hasen gestalt. Ich hab es auch offtmals gehört von vielen Leuten / was inen wunders begegnet / uber deme Hasen laussen / das der Teufel gemeiniglich viel Narrenspiel pflegt darbey zu treiben. Were derhalben (ich sag es schier tausend mal) wol not / das man etwas Gottfůrchtiger und Christlicher sich in Jagten hielte. ⟨Z4ᵛ⟩

*Hasen laussen.*

## XIX.
## Bedeuttung der Jagerrǔstung.

Stricke / Netze und Garn / haben nicht gute deutung in der heiligen Schrifft / denn Salomon saget im Prediger am 7. Ich fand das ein solches Weib / welches hertze netz und stricke ist / und ire hende bande / sind bitterer denn der tod / wer Gott gefellet / der wird ir entrinnen / aber der Sůnder wird durch sie gefangen. Aber von solchen deutungen ist zum teil mehr im neunden Articul gesagt / wird auch etwas weitters davon im folgenden letzten Articul folgen.

## XX.
## Bild / gleichnis und bedeuttung böser oder schedlicher dinge.

Es wird viel böses und schedlichs durch gleichnis von Jagten genomen / fůrgemalet und angezeigt / des wollen wir auch etliche Exempel sehen / denn alles zu erzelen ist unmöglich.

Verfolgung der fromen.

Durch Jagen und Hetzen wird furgebildet die verfolgung / so die frommen von den Gottlosen leiden müssen. Hieremias in seinem Klagliede am 3. saget / Meine feinde haben mich gehetzt wie einen Vögel / one ursach 2c. ⟨a^r⟩

Betrug.

Grosser betrug und argelist wird auch dadurch bedeutet / wie denn Herr Hans von Schwartzenburg also reimet.

> Wie offt in garn die man stelt
> Ein wild on hetz und Jagen felt
> Also manchmal ein frommer straucht
> In netzen die der Trieger braucht.

Daher haben die Aegiptier den brauch gehabt / wenn sie verborgener weise haben anzeigen wollen / das einer durch schmeicheley verführet und betrogen worden / das sie einen Hirsch gemahlet / mit einem Pfeiffer / denn der Hirsch lesset sich also locken / und fangen. ORUS APOLLO NILIACUS LIB. 2.

Undanckbarkeit.

Undanckbarkeit. Ein Jeger hette einen guten köstlichen und wolabgerichteten hund / Da derselbige aber alt und unvermögend ward / und das Wild nicht mehr erlauffen möchte / trieb in der Jeger gleichwol nichts weniger dann zuvor / und lies in ubel an mit worten und schlegen. Darüber antwort im der Hund (wie Aesopus schreibt) und sprach / O wie bald hastu meiner trewen dienste vergessen / und schlechst mich so ubel / und hilfft mich nu so gar wenig / das ich dir wol gedienet habe / weil ich nur fur alter nicht mehr kan / also und mit solcher undanckbarkeit wird vielen alten Dienern sonderlich zu Hoffe abgelonet.

Hurerey und Küpplerey.

Hurerey und kupplerey / denn man heisset die rochlosen Buben / so den unzüchtigen ⟨a^v⟩ Bestien nachlauffen und anhangen / Huren Jeger. Und schreibet Franciscus Petrarcha von einem Cardinal / der solche unart an im gehabt / das er alle nacht ein newen Schlaffgesellen haben müssen / darzu er einen meisterlichen Küppler gebraucht / der mit seinen netzen und stricken der armen heuser umbzogen / an einem ort geld / am andern ringe / und sonst allerley geschenck ausgeteilet / und dem alten Wolffe / der bey 70. jaren gewesen / viel Wildprat zugetrieben ꝛc.

Zweien Herrn dienen. Davon schreibet Doctor Brand. *Zween Herren dienen.*

Der fehet zwene Hasen auff einmal
  Wer meint zweien Herrn dienen woll
  Und richtet mehr aus denn er soll
  Doch so endschlipfft im dick der oll.

Idem.
Wer Jagen wil und auff ein stund
  Zween Hasen fahen mit einem Hund
  Dem wird etwan kaum einer wol
  Und offt wird im gar nichts zu mall.

Vergebliche arbeit. Es ist all tag Jagtag / aber nicht alle tage fahe tage. *Vergebliche arbeit.*

Straffe von wegen der vollerey und des Sauffens. Doctor Eberhard Weidensee / im Bůchlein wider das grausame und unmenschliche laster des vollsauffens / uber den Spruch Esaiæ am 5. Darůmb wird mein Volck můssen weggefůhret werden ⟨aij$^r$⟩ unversehens / schreibt also / Wenn man wilde ungehewre Thiere zemen wil / so mus man sie fahen / binden / blewen / und schlagen / das sie fein zam und kůrre werden. Dieweil denn die Leute / durchs sauffen gar zu wilden ungehewren Thieren sind worden / so saget GOTT / er můsse sie zemen / damit das sie gefangen / gebunden / weggefůhret / und wol geschlagen und geblewet werden. Als wolt er sagen / Sie sind so gar wild und ungehewer worden / das sie niemand nicht zemen kan / Darůmb mus ich Jeger uber sie schicken / welche sie bestricken / fahen / binden / wegfůhren / blewen und schlagen / und sie mores leren. Also ist auch den Juden geschehen / zuerst durch die Caldeer / darnach durch die Rŏmer / wie sie auch zuvor eben darauff verwarnet werden / Hieremie am sechzehenden *Straff des Vollsauffens.*

Capittel / da GOtt spricht / Sihe / ich wil Jeger aussenden / die sollen sie fahen / auff allen Bergen ⁊c.

Dieweil nu wir Deutschen durch unser fressen und sauffen auch unvernůnfftigen Thieren gleich worden sind / und sind frech / wilde und ungezemet / wol so bőse / als die Juden / ja wol ein zehen mal erger / und derselbige Gott noch lebet / auch eben also gesinnet ist / wie er jennes mal war / solten wir uns billich auch fůrchten / und aus der Juden beyspiel klug werden / auff ⟨aij$^v$⟩ das Gott nicht auch uber uns Jeger schicke / welche uns wie die wilden Thiere fahen / binden / und wegfůhren / wie den Juden geschehen ist / Sonderlich weil wir sehen / das solche Jeger verhanden sind / welche sonderlich geschickt sind / wilde Thiere zu fahen / das ist / wilde ungezogen Thierische Leute weg zu fůhren ⁊c. Die Tůrcken meine ich.

Ach Herr GOTT / wie haben die nu etliche hundert jhar gejaget / wie haben sie die wilden ungezogenen Christen gefangen / gebunden / weggefůhret / sie sind weit her aus Scythia kommen / und haben Armenien / Arabiam / Syriam / Aegipten / Aphricam / Asiam / Græciam / Thraciam ⁊c. durchjagt / und alle dieselbigen Vőlcker bestricket / und in ire Netze gebracht / und sind noch immer in stetiger ubung / jagen und fahen immer weitter / bis das sie auch newlich aus Hungern und Deutschen Landen / viel tausend gefangen und weggefůhret haben / und haben nu auch fast gantz Hungern erőbert / und eingenomen. Das sind die rechten Jeger / welche die losen Christen / (so wider die lere ires Herrn mit fressen und sauffen ihre hertzen beschweren / also das die Spőtter und Verechter Gottes / und aller Gőttlichen und Christlichen dinge / dazu auch wild / frech / ungezogen und unbendig werden / das sie weder nach Gott noch nach ⟨aiij$^r$⟩ den Menschen fragen / achten weder zucht noch ehre) wissen zu zemen / damit das sie die bestricken und fahen / und fůhren sie bey viel tausend weg / mit stricken und ketten gebunden / schlahen und blewen sie mit stangen und knütteln / führen sie nackend und blos auff die Merckte / und verkeuffen sie wie man Ochssen und Schaffe verkeufft / die anderen zerspiessen und zerhacken sie / das heisset denn / Mein Volck mus weggeführet werden unversehens 2c.

Dieweil wir Deutschen denn die gnadenreiche zeit / darinnen wir heimgesucht worden / nicht erkennen wollen / sondern das heilige und heilsame Wort Gottes / so trötzlichen und mutwilliglich / auch wider unser eigen gewissen / ketzern / lestern und verfolgen / so sollen wir uns (wo nicht besserung geschihet) gewislich vermuten / Gott werde mit seinem Gaul (welchen er aus Scythia heraus geritten hat bis in Hungern) uns auch uberrauschen / und lassen seinen jeger / welcher (wie gesagt) so viel Lender durchjagt hat / auch Deutschland (welchs jtzt sonderlich voll wilder Thier ist) durchjagen / und die wilden Thiere fahen / binden / hinweg führen 2c. und das unversehens. HUCUSQUE DOCTOR Weidensee.

## Beschlus vom Jagen.

Gleich wie der Herr Christus zum off-⟨*aiij$^v$*⟩termal seinen gleubigen die Weltkinder fürstellet / und vermanet / das wir solchen vleis / ernst und arbeit zum guten haben sollen / Wie wir sehen / das jene haben in bösen / betrieglichen / eigennutzigen und Sündlichen sachen / als denn unter andern das Exempel vom ungetrewen Haushalter ausweiset. Eben also thut auch der heilige Apostel S. Paulus / Er betrachtet / sihet / und weis / wie sawr es inen die Jeger auff den Jagten lassen werden / umb eines Hasen / oder andern stück Wildes willen / und nimpt daher ursach / uns Gleubigen anzureitzen / und zu vermanen / nicht weniger vleis und arbeit anzuwenden / das wir möchten die tugenden ergreiffen / und die gütter erlangen und erjagen / die uns

*Christi weise im vermanen zum guten.*

*Vermanung Pauli / zur Geistlichen Jagt.*

*Der Christen Wildprat.*

Christen zustehen und gebůren. Und schreibet derhalben an Timotheum / in der 1. Epistel am 6. cap. also. Du Gottes Mensch / Jage nach der gerechtigkeit / der Gottseligkeit / dem Glauben / der liebe / der gedult / der sanfftmuth etc. das sol unser Wildprat sein / und solches heisset eine rechte Christliche Geistliche Jagt / Davon mag / wer gern wil / weiter und mehr lesen / in meiner 33. Predigt / uber die erste Epistel zu Timotheo.

*Vermanung / Augustini zur Liebe.*

S. Augustinus SERMONE 9. IN EVANGELIUM MATTHEI, nimpt auch vom Jagen eine vermanunge zur Christlichen und Brůderlichen liebe / und spricht / Was můssen die Jeger viel leiden und dulden / von hitze ⟨a4ʳ⟩ und frost / und fur mancherley gefehrligkeiten ausstehen / der Pferde / der gruben und graben / der stickeln Berge / der wasser und auch der wilden Thiere halben / Desgleichen můssen sie leiden hunger und durst / můssen sich an einem wenig geringer und grober / auch wol abschewlicher speise genůgen lassen / und hat viel wesens / ehe sie ein Wild bekomen / und wenn sie es gleich gefangen haben / ist es wol zur speise nicht tůchtig / wiewol wenn mans gleich essen darff / so ist doch ein gefangen schwein oder Hirsch süsser und wolgeschmacker dem Jeger in seinem hertzen / darůmb das ers gefangen hat / denn dem andern im munde / dem es gebraten oder gekocht fůrgetragen wird 2c. Wer nu darzu nicht lust und liebe hat / dem kômpt es schwer an / die aber lust und liebe darzu tragen / die důncket es auch unbeschwerlich / denn es sey ein ding so schwer als es immer

*Liebe machet alles leicht.*

wolle / so machet es doch die liebe alles leicht / solt denn solchs nicht auch in Geistlichen sachen die ware und recht Christliche liebe thun 2c.

*Nachjagen den irrenden.*

Und im Bůchlein / DE UTILITATE IEIUNIJ, vermanet Augustinus / das man sich der verfůhreten und verirreten Leute / so in Ketzerey gefallen sind / annemen sol / und ihnen nachjagen / ob man sie wider fahen / und zu recht bringen môchte / und sagt / Ein Jeger umbringet den gantzen Wald / schreckt und ⟨a4ᵛ⟩ Jagt aus den Půschen / und treibt das wild allenthalben dem garn zu / und das es nicht hie oder dort hinaus lauffe / so heist es / lauff hie entgegen / weiche da / schrecke dort / das dirs nicht entkome / nicht entfliehe / so sind unser Netze das leben / so man alleine liebe darinne erhelt. Es ligt auch nicht macht dran / wie beschwerlich du hiemit einem andern seist / wenn er dir nur lieb ist / Denn was were das fur eine liebe / da man eines schonet / der doch darůber stirbt und verdirbt 2c.

Doctor Luther seliger / in der Vorrede uber die auslegung des 147. Psalms schreibet / an Hans Lőser den Erbmarschalck zu Sachssen / auch von einer geistlichen Jagt / Und zeigt an / das er vom selben Junckern mit auff die Jagt gefůhret worden / da hat er auff dem Wagen sein geistlich Gejegt gehalten / und den 147. Psalm mit seiner auslegung gefangen / welches im das aller lustigst gejegt und edelst Wild sey. Als ers nu heimbracht / und zuwirckt / habe ers nicht wollen fur sich selbst behalten / sondern im dem Erbmarschalck auch durch die Dedication und ubersendung mitteilen / und spricht gleich also / Ich schick E. G. dasselbig / so viel sein ist gantz und gar / und behalt mirs doch auch gantz und gar / Denn solch wild lesset sich wůnderlich unter Freunde teilen / das es ein jglicher gantz krieget / und dem andern nichts abgehet 2c. ⟨bʳ⟩

Und hiemit wil ich nu dieses Buch beschliessen / denn ich mich auch gleich můde gejagt habe / und achte es dafůr / es werde gar ein seltzam Wildprat sein / umb den danck / den ich mit dieser meiner arbeit werde erjagen / Doch werde ich ungunst / zorn / hass und feindschafft genung (wiewol wider meinen willen) fahen. Das mus ich dem allmechtigen Gott befehlen / der weis und kennet mein hertz / wird es auch am Jůngsten tage darthun / und offenbar werden lassen / auch denen / die mich umb dieses schreibens willens verfluchen und verdammen / das sie es klar sehen werden / wie trewlich ich es gemeinet. Ich weis sehr wol / das es dem

*Was fur danck dis Buch verdienen wird.*

> Der Jagteufel ein mal verbrent gewesen.
>
> Merck.

Teufel hefftig zuentgegen gewesen / und in trefflich verdrossen / das ich dis buch zu schreiben furgenommen / hat mich auch auff mancherley weise daran verhindert / und da ich es das erste mal gefertigt / und vollendet hatte / auff den 4. tag des Jenners dieses 1560. jars / hat er aus grimmigen zorn so viel zu wegen bracht / das unter der Abendmalzeit / in meinem Studierstůblin / von einer liechtputzen ein fewer auskomen / welchs mir alle die Bůcher / so dazumal auff demselben Tische gelegen / verbrennet und verderbet hat / und in etliche gůlden werd schaden gethan. Da er nu seinen mutwillen ausgerichtet / und mir meine arbeit zu nicht gemachet / hat durch Gottes schi-⟨$b^v$⟩ckung sich das fewer selbst von ubergrossem dampff und rauch dempffen můssen / und ist von allen Bůchern / die beschediget worden / etwas uberblieben / das man erkennen mőge / was es gewesen / Aber vom Jagteufel / wie ich denselben gestellet / und auch von den Collectaneis / wie ichs zu erst in Latin entworffen / het man doch nicht eine zeile oder einen Buchstaben funden / sondern hatte es der Teufel beides so rein auffgezeret / als were zuvor nichts da gewesen. Ich habe aber dem Teufel nicht weichen wollen / sondern was ich im sinn gehabt / wider auffs Pappir bracht / und diese arbeit von newens furgenommen / und zum andernmal vollendet. Wiewol sich Sathan auch hart dawider gesperret / Aber es ist nur gleich besser gerathen / denn das erste. Wil mich aber jemand darůmb hassen und feinden / das ich die warheit etwan zuviel geredt / der mag gleichwol auch dencken / das man in fur des Kind und Gesellen halten wird / der sich anfenglich / wie gehőret / wider dieses werck so feindlich geleget / und noch nicht leiden mag / das man das unrecht straffe. Und kőndte ich mich auch nicht entsinnen / was fur klugheit dahinden sein solte / da man mir umb dieses Bůchlins willen ungůnstig sein wolte / so doch eines jeden gewissen bekennen mus / das ich nichts unrechtes noch unbillichs hierinnen geschrieben. Derhal-⟨$bij^r$⟩ben ich auch

alle fromme Gottfůrchtige Fůrsten / Graffen / Herrn und
Junckern / demůtiglich wil umb Christi willen gebetten
haben / dieses mein schreiben gutwilliglich auffzunemen /
vleissig zu lesen / und sich daran zu bessern / und nicht zu
ergern. Da aber je jemands verstockter weise zŏrnen und
bŏse sein wil / dem kan ich es auch nicht wehren. Ich wil
aber einen solchen von mir abgeweiset haben auff die Personen / derer Namen zu fŏrderst im eingang dieses buchs
vermeldet worden / aus welcher Schrifften ich dis Buch
zusammen gezogen / also das die wenigsten wort darinnen
mein / sondern vieler anderer heiliger / oder doch sonst gelerter Leute sind / mit denen mag es ausfechten / wer lust zu
zancken hat / Ich wil es hiebey lassen wenden / und befehel
euch Gott all mit einander. Der verleyhe uns allenthalben
seinen heiligen Geist / das wir thun mŏgen / was im wolgefallen / und andern Leuten besserlich / uns selbst auch an
der Seelen seligkeit nicht hinderlich sein mŏge / umb seines
lieben Sons unsers Herrn JHESU Christi willen / Amen.

   Gedruckt zu Eisleben / bey
    Urban Gaubisch.

# Nachwort des Herausgebers

## I

*Der fünfte Band der* Teufelbücher des 16. Jahrhunderts *bringt zum Abschluß drei der wichtigsten Haupt- und Kerntexte, die nach der „Priorität ihres Erscheinens, der Auflagenhöhe und ideologisch grundsätzlichen Bedeutung" herausragend sind*[1]. *Drei andere Kerntexte sind bereits in* Teufelbücher *IV* — Hosenteufel, Fluchteufel, Eheteufel — *erschienen.*

*Neben den Modetorheiten und der Putzsucht der Zeit (cf.* Teufelbücher *II und III) schien das Wirtshausleben eine ergiebige Quelle für die Verfasser der „Teufelbücher", um so mehr als Martin Luther, das große Vorbild für die meisten Autoren, bereits einen Spezialteufel, den „Sauff" als Nationaldämon der Deutschen geschaffen hatte*[2].

*Sicherlich angeregt durch Luthers wiederholte Erwähnung dieses deutschen Lasters*[3], *schrieb Matthäus Friederich seinen* Saufteufel *1552 gegen die Trinksitten der Zeit, das erste Teufelbuch in Prosa, dem 1545 zu Wittenberg ein in Versen verfaßter* Hofteufel *von Johann Chryseus vorausgegangen war. Die Teufelliteratur begann jedoch in größe-*

---

[1] Heinrich Grimm, Die deutschen 'Teufelbücher' des 16. Jahrhunderts. Ihre Rolle im Buchwesen und ihre Bedeutung. In: Archiv für Geschichte des Buchwesens *XVI (1959), Sp. 1761f.*
[2] *Cf. WA 51,257. — S. 109,16 der Vorlage.*
[3] *Cf. WA 47,759. — S. 5,20f. der Vorlage. — Cf. auch Ulrich von Hutten, Böcking ed., I, 282.*

rem Ausmaße erst mit dem schnell einschlagenden Saufteufel, der sich noch lange am Leben halten sollte[4].

Auch das Spielen, ein oft beschriebenes Laster der Zeit, fällt unter die gleiche Thematik — Wirtshausleben und Saufen — und hiermit beschäftigt sich Eustachius Schildo in seinem Spielteufel 1557. Nach Form und Einteilung ist er sichtlich von Friederichs Saufteufel abhängig, vielleicht aber war er auch angeregt von dem Hosenteufel des Andreas Musculus (cf. Teufelbücher IV), der zwei Jahre zuvor bei dem gleichen Verleger, Johann Eichorn, erschienen war.

Wie Friederich, der, wie er angibt, „Als der ich vorzeiten auch im gedienet / und unter seinem Fenlein (aber als ich hoffe / zu seinem grossen schaden) gelegen bin"[5], versuchte, „bußfertigen hertzen zu gute"[6], auch der Kantor Schildo, seine Spielbrüder auf den rechten Weg zu bringen.

Das „beste Buch der ganzen Teufelliteratur" (nach Ansicht der Forscher), auch das zu seiner Zeit meist aufgelegte — es sind inzwischen 16 Ausgaben durch Autopsie zutage getreten[7] — war der Jagteufel 1560 des vielseitig talentierten und humanistisch eingestellten Cyriacus Spangenberg. Wie Luther und nach ihm weitere Teufelbuch-Autoren, glaubt auch er an ein „Erlebnis" mit dem Teufel, der ihn von seinem Vorhaben abhalten wollte, indem er einen Brand verursachte, wobei Spangenbergs Bücher, einschließlich des lateinischen Teufelbuch-Entwurfs, vernichtet wurden[8].

---

[4] Max Osborn, Die Teufelliteratur des XVI. Jahrhunderts. Acta Germanica III, 3. Reprogr. Nachdruck der Ausgabe Berlin 1893. Hildesheim, Olms, 1965, S. 195.
[5] Cf. S. 84,2f.
[6] Cf. S. 146,13f.
[7] Grimm, Teufelbücher, a.a.O., Sp. 1769. — Bei den früheren Erfassungen kommt Grimm, im Gegensatz zu Goedeke mit sieben, zu zehn Einzelausgaben.
[8] Siehe S. 302,7f.

*In seiner Schrift wendet Spangenberg sich gegen das Jagdunwesen, das, wie es damals betrieben wurde, die arme Bevölkerung bedrückte und beschwerte und den Ackerbau behinderte. Nur noch der ähnlich denkende Ludwig Milichius (cf.* Teufelbücher *I) wagte es einige Jahre später, sich ebenfalls mit einem sozialpolitischen „Zündstoff", seinem* Schrapteufel *1567, an Adel und Fürsten zu wenden.*

*Alle Drucke werden zum ersten Male kritisch ediert. Für die Textherstellung werden gemäß den in Band I–IV angesetzten Editionsprinzipien nur die Ausgaben herangezogen, die mit Wahrscheinlichkeit zu Lebzeiten des Autors erschienen sind. Bei Eustachius Schildo liegen allerdings keine genauen Angaben über das Todesjahr vor; auch Matthäus Friederich ist um einige Jahre früher als das Erscheinungsjahr der letzten Einzelausgabe gestorben. Der Vollständigkeit halber haben wir jedoch alle Einzelausgaben bis zum Erscheinen der Sammelbände des* Theatrum Diabolorum *aufgeführt.*

*Überlieferungsgeschichte, Bibliographie, Kommentar und Glossar werden in dem abschließenden Realien- bzw. Bibliographieband behandelt.*

*Die angewendeten Verfahren bzw. Entscheidungen werden im Rechenschaftsbericht – Abschnitt V des Nachworts – angegeben.*

*Eine ausführliche Beschreibung der Drucke, die den Texteditionen dieses Bandes zugrunde liegen, wird in der Bibliographie der Quellen geliefert. Drucke, die nicht eingesehen werden konnten, sind durch * gekennzeichnet. In früheren Bibliographien erwähnte Ausgaben, die durch Autopsie nicht ermittelt werden konnten und wahrscheinlich inzwischen verlorengegangen sind, werden an der chronologisch entsprechenden Stelle vermerkt.*

*Bei der Beschreibung der einzelnen Quellen und Sammelbände werden anstelle der längeren Originaltitel die Kurztitel* Saufteufel, Spielteufel *und* Jagteufel *verwendet.*

## II

*Zu Beginn der Ausgabe steht Matthäus Friederich, der früheste Teufelschriftsteller, und sein* Saufteufel, *der sich nicht nur im 16. Jahrhundert großer Beliebtheit erfreute, sondern auch noch Mitte des 17. Jahrhunderts ins Schwedische übersetzt wurde und bis zu Anfang des 18. Jahrhunderts eifrige Nachahmer fand; nicht nur auf literarischem Gebiet, sondern auch auf Titelillustrationen anderer Werke und sogar auf Trinkgefäßen der Zeit*[9].

*Matthäus Friederich war der Sohn eines Schlachters aus Görlitz und schon bei Luthers Tod Oberpfarrer in Schönberg, wo er 1559 gestorben ist*[10]. *Es ist anzunehmen, daß er, wie viele der andern Teufelbuch-Autoren, auch in Wittenberg studiert und Luther persönlich gekannt hat*[11]. *Jedenfalls knüpft er an häufig zitierte Aussprüche Luthers an, wo dieser von dem „Saufteufel" spricht*[12]. *Die bekannteste Stelle ist wohl Friederichs Zueignung an Erasmus von Künritz „Also hat Deutschland vor andern Ländern, sonderlich je und je den Saufteufel gehabt"*[13]. *Dieses Wort stützt sich*

---

[9] *Osborn*, Teufelliteratur, *a.a.O., S. 80, 195, 226.* – *Grimm*, Teufelbücher, *a.a.O., Sp. 1764.*
[10] *Schulte, ADB, VII, S.390.* – *Osborn*, Teufelliteratur, *a.a.O., S. 25f.* – *Gottl. Friedr. Otto*, Lexikon der seit dem fünfzehenden Jahrhundert verstorbenen und jetzt lebenden oberlausitzischen Schriftsteller und Künstler, *Görlitz, 1800, I, 367.* – *Grimm*, Teufelbücher, *a.a.O., Sp. 1764.* – *Bernhard Ohse*, Die Teufelliteratur zwischen Brant und Luther, *Diss. Freie Universität Berlin, 1961, S. 149, Fußnote 136.*
[11] *Ohse*, Teufelliteratur, *a.a.O., S. 28.*
[12] *Siehe Fußnoten Nr. 2 und 3, S. 304.*
[13] *Cf. S. 5,19f.*

20*

*auf eine Stelle in Luthers Auslegung des 101. Psalms, die Friederich gegen Ende seiner Schrift anführt*[14].

*Luther diente nicht nur als Vorbild für die Spezialteufel, auch sein Liederschaffen regte die Pastoren an, selbst Gedichte und Lieder zu verfassen, die sie des öfteren ihren Traktaten voranstellten oder folgen ließen, wie dies auch Friederich in seinem Werke tut. In der Erstausgabe steht ein Gedicht „Vermanung an die Deutschen" vor der Widmungsvorrede und in der Zweitausgabe ein anderes, „Ad Germaniam", am Ende. Beide fehlen in der Eichorn-Ausgabe von 1557, sind aber im Anschluß an den Text [mit seinen Beigaben] in unsere Ausgabe aufgenommen worden*[15].

*Wenn auch Friederichs „Gesang vom Vollsauffen" als „schlecht und recht gereimt" bezeichnet wird*[16], *so sind doch zwei Lieder von ihm, den besten Liedern der Reformation vergleichbar, schon bei Eichorn gedruckt und haben auch später noch großen Anklang gefunden*[17].

*Unserer Ausgabe – der letzten zu Lebzeiten des Autors – liegt der neu erarbeitete und kritisch revidierte Text des Eichorn-Druckes (Ausgabe E) zugrunde, der 1557 in Frankfurt/Oder herauskam und mit Sicherheit vom Verfasser selbst „verbessert und gemehret" wurde. Gleichzeitig nahm Friederich eine Buchererweiterung vor, indem er zunächst des Freiherrn von Schwarzenberg* Büchlein wider die Zutrincker, *eine der „witzigsten Schriften der Trinkliteratur"*[18], *die bereits 1512 anonym erschienen war und noch 1584 unter Schwarzenbergs vollem Namen herauskam, mit ab-*

---

[14] Cf. S. 109,15f.
[15] Siehe S. 113.f.
[16] Cf. Ohse, Teufelliteratur, a.a.O., S. 21.
[17] Grimm, Teufelbücher, a.a.O., Sp. 1763f. – Ohse, Teufelliteratur, a.a.O., S. 149f., Fußnote 137.
[18] Osborn, Teufelliteratur, a.a.O., S. 77f.

druckte, da es ihm „ungefähr vor die Hand gekommen"[19]. Er ließ das Büchlein im ganzen unverändert, strich jedoch Verse unter den Bildern und nahm, nicht zum Besten, einige unverständliche Umstellungen vor, wie z. B. den Engelbrief nach dem Teufelbrief etc. Seinen eigenen „Sendbrief an die vollen Brüder", der schon seit 1555 als selbständige Schrift bei Eichorn erschienen war, fügte er außerdem hinzu; ferner die Auslegung Martin Luthers über den 101. Psalm und zum Schluß seinen „Gesang vom Vollsauffen". Diese vier Beigaben begleiten von da an den Saufteufel bei seinem weiteren Erscheinen.

Die Offizin Eichorn stattete, wohl als erste, die 'Teufelbücher' mit Holzschnitten aus, so auch beide Ausgaben des Saufteufels von 1557 und die nächste von 1561[20]. Der unsignierte Holzschnitt, der von Johann Gansauge sein könnte, stellt eine realistisch groteske Saufszene unter Teufelsanleitung dar[21], die auch später noch in geschichtlichen Werken als belangvolle historische Dokumentation reproduziert wurde und den Mainfrankfurter Nachschneidern sicherlich manche Anregung lieferte (cf. Holzschnitt der Ausgaben L, M, N), vielleicht auch Jost Amman bei seinem Titelbild des Theatrum Diabolorum von 1569 und 1575 inspirierte[22].

Der Saufteufel ist in 12 Einzelausgaben 1552, 1554, 1557, 1561, 1562 und 1567 erschienen. Die drei ersten Ausgaben kamen bei Georg Hantzsch zu Leipzig heraus, der damit als Drucker das Verdienst hatte, die Reihe der 'Teufelbücher' überhaupt eröffnet zu haben; vielleicht mit gutem Grund, da er selbst zum „Orden der vollen Brüder" gehört haben soll[23]. Im weiteren befaßte er sich nur noch mit zwei poeti-

---

[19] Cf. S. 51,13.
[20] Grimm, Teufelbücher, a.a.O., Sp. 1779 und Sp. 1781.
[21] Siehe S. 1. — Cf. auch Grimm, Teufelbücher, a.a.O., Sp. 1781.
[22] Cf. Grimm, Teufelbücher, a.a.O., Sp. 1781 und Fußnote 80.
[23] Cf. Grimm, Teufelbücher, a.a.O., Sp. 1762.

schen 'Teufelbüchern', dem Zehnweiberteufel *1557 und dem* Hausteufel *1564 (cf.* Teufelbücher *II).*

*Die Zweitausgabe erschien ohne Ort und Drucker, ist jedoch — nach Typenvergleich — Georg Hantzsch zuzuordnen*[24]. *Der dritten Ausgabe von Hantzsch 1554 folgte noch im gleichen Jahr ein süddeutscher Nachdruck auf katholischem Gebiet bei Rueprecht Höller zu Innsbruck, der dann 1555 auch den* Hosenteufel *nachdruckte (cf.* Teufelbücher *IV, S. 277).*

*Anschließend an den großen Erfolg der ersten Eichorn-Ausgabe 1557 erschien im gleichen Jahr noch eine zweite Ausgabe bei Eichorn und nach dem Tode des Verfassers noch eine dritte im Jahre 1561. Außerdem sind in diesem Jahre noch drei Nachdrucke zu verzeichnen, einer bei Andres Schneider zu Leipzig, ein zweiter bei Nicolaus Henricus zu Ursel und schließlich eine mit neuem Holzschnitt versehene Ausgabe, die für Weygand Han von Philipp Köpffel in Worms gedruckt wurde.*

*Mit dem gleichen Holzschnitt brachten die Mainfrankfurter Verleger noch zwei Einzelausgaben heraus, eine 1562 und die letzte 1567. Der Verleger Sigmund Feyrabend nahm dann 1569 den* Saufteufel *in die erste und alle weiteren Ausgaben seines* Theatrum Diabolorum *auf.*

*Zu den bei Grimm erfaßten 12 Ausgaben ist bei der letzten Umfrage auch die von ihm erwähnte zweite Eichorn-Ausgabe von 1557 zutage getreten*[25]. *Dagegen ist die von ihm aufgeführte Hantz'sche Ausgabe von 1561 nicht belegbar, ebenso nicht eine andere Erfurter Ausgabe*[26].

---

[24] *Cf. Grimm,* Teufelbücher, *a.a.O., Sp. 1762.*
[25] *Grimm,* Teufelbücher, *a.a.O., Sp. 1763. — Siehe F-Druck, S. 326f.*
[26] *Grimm,* Teufelbücher, *a.a.O., Sp. 1763(h). — Siehe J-Druck, S. 332.*

## A-*Drucke (1552)*

**A¹**  Wider den | Sauffteuffel / Etliche wichtige vr-sachen / | Warumb alle Menschen sich fur | dem Sauffen hůten | sollen. | Jtem / Das das halb vnd gantz | Sauffen Sůnde / und in Got= | tes Wort verbo= | ten sey. | Jtem / | Etliche Einreden der | Seuffer mit jren ver= | legungen. | Durch | Matthæum Friderich von | Görlitz. | M.D.LII.[27]
G 4ʳ: Gedruckt zů Leip= | zig / Durch Georg | Hantzsch.

*Format: Quart.*
*Umfang: 7 Bogen = 28 Blätter.*
*Zählung: Bogenzählung A–G, ausgeführt bis Blatt iij.*

*Kustoden auf jeder Seite. Initialen zu Beginn der Kapitel.*

*Bräunlich gesprenkelter Pappdeckelband. Restaurierte Vor- und Nachblätter. Papier stockig, etwas verfleckt. Text sehr gut erhalten.*

*Standort: Universitätsbibliothek Göttingen.*
*Signatur: Theol. mor. 304/29.*

**A²**  *Titel, Format, Umfang und Zählung wie bei A¹.*

*Stark abgegriffener Sammelband, Pappdeckel, Pergamentrücken mit Inhaltsverzeichnis. Ecken und Kanten stark bestoßen und abgeblättert. Texte zum Teil sehr stockfleckig, doch gut leserlich. Zahlreiche unterstrichene Textstellen. Handschriftliche Eintragungen auf den Vor- und Rückblättern von Jacob Grimm.*

---

[27] *In den Titelangaben gesperrt Gedrucktes ist im Original rot. Dies gilt auch für die Titelangaben in den Beschreibungen der Sammelbände.*

*Eingeklebtes Exlibris auf vorderem Innendeckel:*
Koenigliche Universitätsbibliothek zu Berlin. Aus der Bibliothek der Brüder Jacob und Wilhelm Grimm. 1865.

*Der Sammelband enthält fünf andere 'Teufelbücher' und Texte des 16. und 17. Jahrhunderts.*

*Standort: Humboldt Universität Berlin W. 8.*
*Signatur: Ff. 13703.*

*Inhalt des Sammelbandes: s. TB IV, 282–284.*

$A^3$ *Titel, Format, Umfang und Zählung wie bei $A^1$.*

*Restaurierter Pappdeckelband. Vorderer Innendeckel alte Signatur: E 8918. Text etwas verfleckt, doch sehr gut leserlich.*
*Ex libris:* Aus der Bibliotheca Regia Berolinensis Dono K.H. De Meusebach. D. v. Nov. M.D.CCL.

*Standort: Deutsche Staatsbibliothek Berlin W. 8.*
*Signatur: Db 3102$^a$.*

$A^4$ *Titel, Format, Umfang und Zählung wie bei $A^1$.*

*Restaurierter heller Pergamentband. Papier stockig (Wassereinfluß). Texte gut erhalten.*

*Standort: Ratsbücherei Lüneburg.*
*Signatur: V 77 a.*

*Inhalt des Sammelbandes:*

1. Saufteufel
2. Vom Gotslestern. 1556. *[Holzschnitt]*
3. Vom Hosen Teuffel. *[Holzschnitt]* | Gedruckt zu Franckfurt an der Oder / | durch Johan. Eichorn / | ANNO M.D.LVI.

4. Erklerung | D. Mart. Lutheri | von der Frage / die Not= | wehr belangend. | Mit Vorreden Philippi Melanthonis | vnd Doct. Johan. Bugenhagen | Pomers / Pastors der | Kirchen zu Wit= | temberg. | Wittemberg / | Gedruckt durch Hans | Lufft. | 1547.

5. Die rechte Merckzei= | chen dobey beyde der Christ / vnd An= | tichrist eigentlich zuerkennen. | Einem jeden / der bey Christo / wider | alle jtzige anfechtung / willens zubleiben / ein | gantz nötige vnterrichtung. | Matth. v. | Jr seidt das Saltz der erden / wo nu das Saltz | tum wird / wo mit sol man saltzen? Es ist zu nichts | hinfurt nütze / denn das man es hinaus schütte / vnd | las die leute zurtreten. | Heb. iiij. | Das wort Gottes ist lebendig vnd krefftig / vnd | scherpffer denn kein zweischneitig Schwert / etc. | Petrus Arbiter. | Anno. 1552.

6.–29. kleinere theologische Schriften und Traktate des 16. Jh.

\*A⁵ *Standort: Sächs. Landesbibliothek Dresden.*
*Signatur: Theol. ev. mor. 56ᵐ.*

\*A⁶ *Standort: Oberlausitzische Bibliothek der Wissenschaften, Görlitz.*
*Signatur: –*

\*A⁷ *Standort: Forschungsbibliothek Gotha.*
*Signatur: Phil 4° 191/1.*

\*A⁸ *Standort: Univ.- u. Landesbibliothek Sachsen-Anhalt, Halle/Saale.*
*Signatur: II i 1566 QK.*

\*A⁹ *Standort: KMU Universitätsbibliothek Leipzig.*
*Signatur: Philos. 255.*

\*A¹⁰ *Standort: Thür. Landeshauptarchiv Weimar.*
*Signatur: Autogr. I, F 13.*

\*A¹¹ *Standort: Lutherhalle Wittenberg.*
*Signatur: Ag 4° 245.*

\*A¹² *Standort: Universitätsbibliothek Basel.*
*Signatur: Mer. 778.*

\*A¹³ *Standort: Königl. Bibliothek Kopenhagen.*
*Signatur: 24, − 86,4°.*

## B-Drucke (1552)

B¹ Wider den | Sauffteuffel / | Etliche wichtige vrsachen / | Warumb alle Menschen sich fur | dem Sauffen hůten | sollen. | Jtem / | Das das halb vnd gantz | Sauffen Sůnde / vnd in Got= | tes Wort verbo= | ten sey. | Jtem / | Etliche Einreden der | Seuffer / mit jren ver= | legungen / | Durch | Mattæum Friderich von | Gőrlitz. 1552.

*Neusatz der Erstausgabe, ohne Gedicht Vermanung an die Deutschen, neu hinzugekommen Ad Germaniam am Ende (cf. Texte S. 113f.).*

*Format: Quart.*
*Umfang: 7 Bogen = 28 Blätter.*
*Zählung: Bogenzählung A−G, ausgeführt bis Blatt iij.*
  *Fehler in der Zählung: Aiiij gezeichnet.*

*Kustoden auf jeder Seite. Initialen zu Beginn der Kapitel.*

*Ungebundene Broschur. Besitzervermerk auf Titelblatt. Handschriftliche Eintragungen auf der Rückseite des Titelblattes und in den Marginalien. Papier etwas stockig, Texte gut erhalten.*

*Standort: Stadt- und Universitätsbibliothek*
  *Frankfurt/Main.*
*Signatur: Slg. Fr. VI, 13b.*

**B²**  Titel, Format, Umfang und Zählung wie bei B¹.

Bräunlich marmorierter Pappdeckelband, restauriert, Text stockig, doch gut leserlich.

Standort: Bayerische Staatsbibliothek München.
Signatur: Mor. 193.

**B³**  Titel, Format, Umfang und Zählung wie bei B¹.

Alter graugrüner Pergamentband mit durchgezogenem Pergamentriemen, Handschrift auf Innenseite des Pergaments. Erhabene Bünde. Handschriftliche Eintragungen in den Texten; diese gut erhalten.

Das Exemplar ist zusammengebunden mit fünf anderen 'Teufelbüchern' und Texten des 16. Jahrhunderts.

Standort: Bibliothek des Predigerseminars Braunschweig.
Signatur: F 119b.

Inhalt des Sammelbandes: s. TB IV, 285–286.

**B⁴**  Titel, Format, Umfang und Zählung wie bei B¹.

Abgegriffener heller Lederband der Zeit, ins Leder gepreßte Ornamente, umgebogene Kanten, erhabene Bünde. Handschriftliche Eintragungen auf den Innendeckeln, Rücken und Buchblock, alte Sign.(?): Sammelband Che 250.

Das Exemplar ist zusammengebunden mit vier anderen 'Teufelbüchern' und einem Text des 16. Jahrhunderts.

Standort: Universitäts- und Landesbibliothek Sachsen-Anhalt, Halle/Saale.
Signatur: JG 5942.

Inhalt des Sammelbandes: s. TB IV, 329–330.

**B⁵**   *Titel, Format, Umfang und Zählung wie bei B¹.*

*Heller Pergamentband der Zeit mit umgebogenen Kanten, Handschrift auf Rücken. Papier teilweise stockig und inmitten des Bandes etwas zerfressen, Texte jedoch gut erhalten.*

*Das Exemplar ist zusammengebunden mit vier anderen 'Teufelbüchern' und kleineren Schriften und Gebeten.*

*Standort: Universitätsbibliothek Jena.*
   *Signatur: Th. XXXVIII, q.3.*

*Inhalt des Sammelbandes: s. TB IV, 280–281.*

**B⁶**   *Titel, Format, Umfang und Zählung zum Teil wie B¹.*

*Heller Lederband der Zeit mit eingestanzten Motiven, erhabene Bünde, Vor- und Rückdeckel zu ³/₄ mit liturgischem Text bespannt. Texte gut erhalten. Exemplar hat Titelblatt der Erstausgabe, der Text ist aus beiden Ausgaben zusammengestellt, hat* Ad Germaniam *am Ende.*

*Das Exemplar ist Nr. 7 in einem umfangreichen Sammelband mit 33 anderen Texten des 16. Jahrhunderts.*

*Standort: Herzog August Bibliothek Wolfenbüttel.*
   *Signatur: 375.17 Theol. (7).*

*Inhalt des Sammelbandes:*

1. An die Herrē Teutsch | ordēs / daß sy falsch keüschait | myden / vnnd zur rechten | Ehelichen keüschayt | greiffen / erma= | nung. | Martinus. Luther | Wittenberg. An. M. D. XXiiij.

2. Ein Schrifft D. Jo= | hann Bugenhagen | Pomerani / Pastoris der Kir= | chen zu Witteberg / An | andere Pastorn vnd | Predigern / | Von der jtzigen Kriegß= | růstung. | Witteberg. | Anno M. D. xlvj.

3. Christliche verma= | nung des Ehrwir= | digen Herrn Doctor Johann | Bugenhagen Pomerani / | Pastors der Kirch= | en zu Witte= | berg / | An die löbliche Na= | chbarschafft / Behemen / | Slesier vnd Lu= | satier. | Witteberg | Gedruckt durch Hans Lufft. | 1546.

4. Eine Schrift / wie | die Pfarherrn an den örtern / da | man die Papisterey widerumb | auffricht / die Euangelisch | lehr / welche sie Lutherisch | nennen / verloben vnd ver= | schweren müssen. | − − Anno. M. D. Xlviij.

5. Entschüldigung | Justi Menij / | Auff die vnwarhafftige ver= leumb= | dung / darinnen jm auffgeleget wird / | als solt er von der reinen Lere | des Euangelij abge= | fallen sein. | Psalm. 119. | Vtinam confundantur Superbi, qui mendacio | deprimunt, Ego autem dissero de | mandatis tuis. | 1555.

6. Warhaftige Historia | von einem Doctor in | Italia welchen die feind des | heligen Euangelij gezwůngen die | erkandte warheit zuuer= | leugnen. | Ezechielis am | XVIII. | So war als ich lebe / spricht der | HERR / Hab ich nicht gefallen | an dem Todt des sterbenden / | sondern viel mehr das er | sich bekere von seinē | wesen vnd lebe. | 1549.
E iij$^v$: Gedruckt zu Witten= | berg durch Joseph | Klug. | Anno. | 1549.

7. Saufteufel

8.−33. Kleinere theologische Texte.

\*B⁷   Standort: *Evang. Predigerseminar Wittenberg*
        *Signatur: Hb. STh. 3016.*

\*B⁸   Standort: *Libr. of Congress, Washington, D. C.*
        *Signatur: HV 5033. F 7.*

\*B⁹   Standort: *Österr. Nationalbibliothek Wien.*
        *Signatur: 20. Dd. 1546.*

## C-Drucke (1554)

C¹  Wider den | Saufft euffel / | Etliche wichtige vr-sachen / | Warumb alle Menschen sich fur | dem Sauffen hůten | sollen. | Jtem / | Das das halb vnd gantz | Sauffen Sůnde / vnd in Got= | tes Wort verbo= | ten sey. | Jtem / | Etliche einreden der | Seuffer / mit jren ver= | legungen. | Durch | Matthæum Friderich von | Gőrlitz. | M. D. LIIII.
G 4ʳ: Gedruckt zu Leip= | zig / Durch Georg | Hantzsch.

*Neusatz der Erstausgabe, textlich keine Änderungen, jedoch kleinere orthographische Unterschiede. Hat Gedicht* Vermanung, *aber nicht* Ad Germaniam.

*Format: Quart.*
*Umfang: 7 Bogen = 28 Blätter.*
*Zählung: Bogenzählung A–G, ausgeführt bis Blatt iij.*

*Kustoden auf jeder Seite. Initialen am Anfang der Kapitel.*

*Neuerer dunkler Pappdeckelband (cf. Vermerk auf hinterem Innendeckel). Inhaltsverzeichnis in Golddruck auf dem Rücken. Das Titelblatt des ersten Textes hat handschriftliche Eintragung rechts unten:* Sum Ioan: Graus. Mansfeld. *und ist restauriert.*

*Das Exemplar ist zusammengebunden mit drei anderen 'Teufelbüchern'.*

*Standort: Universitätsbibliothek Rostock.*
*Signatur: Fm–1222⁴.*

*Inhalt des Sammelbandes:*

1. Der Jagteuffel / | Bestendiger vnd Wolgegründ= | ter bericht / wie fern die Jagten rechtmes= | sig / vnd zugelassen. Vnd widerumb wörin= | nen sie jtziger zeit des mehrertheils | Gottlos / gewaltsam / vnrecht / | vnd verdamlich sein / Vnd | derhalben billich vnter= | lassen / oder doch ge= | endert wer= | den sol= | ten | Durch | M. Cyria. Spangenberg. | ANNO 1. 5. 60. *b iij$^v$:* Gedruckt zu Eisleben / bey | Vrban Gau= | bisch.

2. Faul Teufel / | Wider das Laster des Müssig= | ganges / Christlicher wahrhafftiger vnter= | richt / vnd warnung / aus grundt der heili= | gen Schrifft / vnd den alten Christli= | chen Lerern / Auch ander Weisen | Sprüchen / mit vleis zu= | sammen bracht / | Durch | Joachimum West= | phalum Jslebiensem / Kir= | chendiener zu Sanger= | hausen. | M. D. LXIII.
[G iij letztes Blatt – unvollständig]

3. *Saufteufel*

4. Von den Zehen Teu= | feln oder Lastern / damit die bösen vn= | artigen Weiber besessen sind / Auch von zehen | Tügenden / damit die frommen vnnd ver= | nünfftigen Weiber gezieret vnnd be= | gabet sind / in Reimweis ge= | stelt / Durch Niclaus | Schmidt. | Jhesus Syrach am xxv. Cap. | Es ist kein kopff so listig als der Schlangen | kopff / vnd ist kein zorn so bitter / als der frawen | zorn / Jch wolt lieber bey Lewen vnd Trachen | wonen / denn bey einem bösen Weib / etc. | Vnd am xxvj. Cap. | Ein tugentsam Weib / ist ein edel gabe / vnd | wird dem gegeben / der Gott fürchtet / er sey | reich oder arm / so ists jm ein Trost / vnd macht | jn allzeit frölich. | M. D. LVII.

\*C²   Standort: *Forschungsbibliothek Gotha.*
      Signatur: *Theol. 4° 1019–1020 (17).*

\*C³   Standort: *Hauptbibl. d. Franckeschen Stiftungen Halle/Saale.*
      Signatur: *132 F 2.*

\*C⁴   Standort: *Königl. Bibliothek Kopenhagen.*
      Signatur: *24,–86,4°.*

## D-Drucke (1554)

**D¹** Wider den | Sauffenteüffel / | Etliche wichtige vrsachen / | Warumb alle Menschē | sich vor dem Sauffen | hüeten sollen / | Jtem / | Dz das halb / vnd gantz | Sauffen Sünde / vnnd in | Gottes wort verbotē sey. | Jtem / | Etliche Einredē 8 Seüffer / mit jren verlegungē. | Durch | Matheum Friderich von Gŏrlitz.
G 4ʳ: Gedruckt in der Fürstlichen Stat zu Ynß= | prugg / durch Rueprechten Hŏller | in der Hoffgassen.

*Datum der Vorrede 1554. Augsburger Holzschnitt um 1520[28].*
*Süddeutscher Nachdruck der Hantz'schen Ausgaben.*
*Dialektische Änderungen.*
*Unikum als Druck eines 'Teufelbuchs' auf katholischem Gebiet.*

*Format: Quart.*
*Umfang: 7 Bogen = 28 Blätter.*
*Zählung: Bogenzählung A–G, ausgeführt bis Blatt iij.*

*Kustoden auf jeder Seite. Initialen am Anfang der Kapitel.*

*Neuerer grauer Leinenband. Texte stockig, doch gut erhalten. Auf dem Titelblatt:* Collegij Societatis Jesu Monachij. 1507, à D: franz.

*Das Exemplar ist zusammengebunden mit einem anderen 'Teufelbuch' und einem Text des 16. Jahrhunderts.*

*Standort: Bayerische Staatsbibliothek München.*
*Signatur: Mor. 192.*

---

[28] *Cf.* Grimm, Teufelbücher, *a.a.O., Sp. 1762(d) und Sp. 1781.*

*Inhalt des Bandes:*

*1. Saufteufel*

2. Vonn dem grewlichen laster | der trunckenheit / so in disen letsten zeiten erst | schier mit dē Frantzosen auff komen / Was füllerey / sauffen vñ zůtrin= | cken / für jamer vnd vnrath / schaden der seel vñ des leibs / auch armůt | vnd schedlich not anricht / vnd mit sich bringt. Vnd wie dem | vbel zů raten wer / gruntlicher bericht vnd rathschlag / | auß gőtlicher geschrifft. Sebastian Franck. | [Holzschnitt] | Hůt euch das ewer hertz nit beschwert werd mit fressen vñ sauffen / | vnd sorg der narung / vnd kom diser tag schnell vber euch. Luv. 2.

*3. Hosenteufel [ohne Titelblatt]*

\*D² Standort: *British Museum, London.*
Signatur: *717. e. 36.*

### E-Drucke (1557)

E¹ Widder den Sauffteuf= | fel / gebessert / vnd an vielen | őrtern gemehret. | Jtem / Ein Sendbrieff des Hellischen | Sathans / an die Zutrincker / vor 45. | Jaren zuuor aus gegangen. | Jtem / Ein Sendbrieff Matthæi Friderichs / an die Follen Brůder in Deutschem Lande. | [Holzschnitt] | M. D. LVII. S 4ʳ: Gedrůckt zu Franckfurt an der Oder / | durch Johan. Eichorn / | Anno / | M. D. LVII.

*Unsignierter Titelholzschnitt (vielleicht Johann Gansauge)*²⁹ *stellt eine grotesk-realistische, von grinsenden Teufeln geleitete Saufszene dar; ein geflügeltes, gehörntes Ungeheuer flößt dem einen Zecher einen Trunk ein, während der andere unter den Tisch speit. Bei den Zuschauern im Hintergrund vier dämonische*

---

[29] Grimm. Teufelbücher, *a.a.O., Sp. 1781.*

*Wesen, von denen einer ein Buch, vielleicht das Sündenregister des Säufers, emporhält.*

*Anfangsgedicht der Erstausgabe und Schlußgedicht* Ad Germaniam *fehlen*[30]. *Vier Beigaben zum ersten Mal hinzugefügt:*
1. *Schwarzenbergs* Büchlein wider die Zutrincker.
2. Sendbrief an die vollen Brüder.
3. Auslegung Martin Luthers über den 101. Psalm.
4. Gesang vom Vollsauffen.

*Format: Quart.*
*Umfang: 18 Bogen = 72 Blätter.*
*Zählung: Bogenzählung A—S, ausgeführt bis Blatt iij.*

*Kustoden auf jeder Seite. Initialen am Anfang der Kapitel.*

*Stark verfleckter, nachgedunkelter Lederband der Zeit auf Holzdeckeln. Schließen verloren, erhabene Bünde. Blindgepreßte biblische Motive und Ornamente auf Vorder- und Rückendeckel. Handschriftliches Inhaltsverzeichnis auf vorderem Innendeckel und alte Signatur(?) 5609 X, 4. Handschriftliche Marginalien und unterstrichene Textstellen. Papier etwas stockig, Texte gut erhalten.*

*Das Exemplar ist zusammengebunden mit vier anderen 'Teufelbüchern' und vier Texten des 16. Jahrhunderts.*

*Standort: Landesbibliothek Coburg.*
   *Signatur: Cas. A 513.*

*Inhalt des Sammelbandes: s. TB IV, 314—316.*

---

[30] *Cf. S. 113f.*

E² Titel, Format, Umfang und Zählung wie bei E¹.

Gepreßter heller Lederband der Zeit auf Holzdeckeln mit ins Leder gestanzten Köpfen. Vorderdeckel fehlt zu 2/3, Rückendeckel nur 1/3 mit Leder bezogen.

Das Exemplar ist mit vier anderen 'Teufelbüchern' und fünf Texten des 16. Jahrhunderts zusammengebunden.

Standort: Herzog August Bibliothek Wolfenbüttel.
Signatur: 125.43 Q.

Inhalt des Sammelbandes: s. TB IV, 301–303.

E³ Titel, Format, Umfang und Zählung wie bei E¹.

Heller Lederband der Zeit mit blindgepreßten Porträts und Motiven. Umgebogene Kanten, erhabene Bünde, Schließen verloren. Inhaltsverzeichnis handschriftlich auf vorderem Buchblock, darunter: G 99. Texte sehr gut erhalten. Auf Vorderdeckel oben: H I A unten: 1558.

Das Exemplar ist zusammengebunden mit zwei anderen 'Teufelbüchern' und einem Text des 16. Jahrhunderts.

Standort: Universitätsbibliothek Rostock.
Signatur: Fm – 1054.

Inhalt des Bandes: s. TB IV, 303–304.

E⁴ Format, Umfang und Zählung wie bei E¹.

Stark abgegriffener nachgedunkelter zeitgenössischer Lederband, auf Holzdeckeln, umgebogene Kanten, gesprenkelter Buchblock, erhabene Bünde. Rücken beschädigt, hs. Inhaltsverzeichnis auf oberem Rücken, *kaum lesbar. Metallschließen verloren. Blindprägung: Porträts und Ornamente der Zeit. Holzdeckel teilweise freigelegt. Handschriftliche Eintragungen auf vorderem Innendeckel. Hs. Nummern der einzelnen Texte mehrmals geändert, wohl aus anderen Bänden zusammengestellt. Papier teilweise recht stockig, doch Texte gut lesbar.*

*Das Exemplar ist zusammengebunden mit acht anderen Texten des 16. Jahrhunderts.*

*Standort: Bibliothek des Predigerseminars
 Braunschweig.
 Signatur: S 70.*

*Inhalt des Sammelbandes:*

1. *[ohne Titelblatt]* Vieler schönen | Trostsprüche / ... Ppiij$^v$: Gedruckt zu Wittemberg durch | Lorentz Schwenck. | 1558.

2. Der LVIII psalm | Dauids. Kůrtzlich ausgelegt | zu trost allen fromen verfolgeten | Christen / vnd wider alle Feinde der Heyligen | Christlichen Kirchen / als da sein Tyrannen | vnd Ketzer vnd jhre anhenger so jre bösen | sachen vnd falsche Lehre / mit dem | kopffe gedencken zu vortedi= | gen vnd außzufuhren. | Durch Johan Winnistede Pfarher inn | der alten Stadt Quedelinburgk. | 1. Johannis 5. | Alles Was von Gott geboren ist vberwindet die welt / vnd vnser | Glaube ist der Sieg / der die welt vberwunden hat. | Gegeben zu einem Seligen vnnd frölichen | newen jar am tage Circumcisionis Christi. | 1556.

3. Kurtze anzeigung | aus der heiligen Schrifft / vnd aus den | Bůchern der Veter / wider die Sacrilegos, | das ist / wider die Kirchendiebe | der jtzigen zeit / | Durch Johañ Winnistede / Diener des heiligen | Euangelij Jhesu Christi zu Quedlinburg / | vnd jtzt im 1559. Jar. Erstlich in den | Druck gegeben mit | zweien Vor= | reden. | Doctoris Joachimi Mörlin / Superintendenten | zu Braunschweig. Vnd Ern Autoris Campa= | dij / Licentiaten vnd Predicanten | zu Halberstat. | PSALMO 62. | Verlasset euch nicht auff vnrecht vnd freuel / | Haltet euch

nicht zu solchem / das nicht ist. | ROM. 2. | Dir grewelt für den Götzen / vnd raubest | Gott was sein ist.
*K 1ᵛ:* Gedruckt zu Jena / durch | Thomam Rebart. | ANNO M. D. LX.

4. Eine Predigte / zu | Heldrungen auff dem Schloss ge= | than / zur zeit des Kindtauffs / dadurch des | wolgebornen / vnd Edlen Herrn / Herrn Han= | sen Ernsten / Graffen zu Mansfelt / vnd Ed= | lem Herrn zu Heldrungen / erstes Töch= | terlein / vnd Frewlein / Anna Doro= | thea / in das Reich Christi / ist | auffgenomen worden. | Durch | Erasmum Sarcerium | geprediget. | Gedruckt zu Eisleben / durch | Vrbann Kaubisch. | 1559.

5. Ein Sermon oder | Predigt auff den dritten Sontag | des Aduents / vber das Euan= | gelion Matthei am | eilfften. | Bistu der da komen sol / Oder sol | len wir eines andern warten? etc. | Allen so noch in den Clöstern | gefangen sein / zu einer Lere vnd | trost geschrieben | Sonderlich aber denen / so in den bei | den Stifften / Magdeburg vnd Halberstad | sein / jr Heuchlisch leben zuuerlas= | sen / vnd Christo allein nach= | zu folgen. | Durch Johannem Winistedt | Pfarherr in der alten Stad Quedlin= | burgk / in der Kirchen zu | S. Blasij, | M. D. LVIII.
*F 4ʳ:* Gedruckt zu Eis= | leben / durch Vrbanum | Kaubisch. | A 2. stehet futation / lis funtation.

6. Das die Propositio | (Gute werck sind zur Seligkeit | schedlich) ein rechte ware Christ= | liche Propositio sey / durch die | heiligen Paulum vnd Lu= | therum gelert vnd | gepredi= | get. | Niclas von Amssdorff. | PSALM: XIIII. | Omne declinauerunt simul inutiles facti sund, non | est faciens bonum, nec unus quidem. | M. D. LIX.

7. *Saufteufel [ohne Titelblatt]*

8. Zwo Sermon oder | Predig / Wider den leidigen Geitz Teuffel / | So die Kirchen Güter zu sich reist / vnd | mit dem abtrünnigen Juliano vnser | Schulen vnd Kirchen erberm= | lich verstört vnd einfrist. | Geprediget durch Johannem Winustede / | jetzund Pfarherr in der alten Stadt | Quedelburg / zu S. Blasius. | Psalmo LXXXiij. | DIE da sagen / Wir wollen die Heuser | Gottes einnemen / Gott mache sie wie einen wir= | bel / wie Stopffel für dem Winde / Wie ein few= | er den Waldt verbrennet / Vnd wie eine Flamme die | Berge anzündet / Also ver-

folgte sie mit deinem weter / | Vnd erschrecke sie mit deinem vngewitter etc. | Gegeben inn der alten Stadt Quedelburg / | Zu einem Glůckseligen vnd frölichem New= | en Jar / am tage Circumcisionis | Christi / Anno M. D. Lvij.
*E 4': Gedruckt zu Schleusingen / durch | Herman Hamsing.*

9. Eins Erbarn Radts | vnd Regiments der Alten Stadt | Hildesheim / Auch der Pre= | dicanten daselbst | Antwort | Auff M. Tilomanni Cragij | vnwarhafftige / vnchristliche | verleumbdung. Prouer. XIX. | Ein falscher zeuge bleibt nicht vngestrafft / | vnd wer lůgen frech redet / wird vmbkomen. | M. D. LVIII.

\*E⁵  *Standort: Württemb. Landesbibliothek Stuttgart.*
*Signatur: Theol. 4° 2488.*

\*E⁶  *Signatur: Theol. 4° 2488ᵃ.*

\*E⁷  *Standort: Forschungsbibliothek Gotha.*
*Signatur: Theol. 4° 1019−1020 (18).*

\*E⁸  *Standort: British Museum, London.*
*Signatur: 8435. bbb. 6.*

\*E⁹  *Standort: Königl. Bibliothek Kopenhagen.*
*Signatur: 24, −87, 4°.*

\*E¹⁰ *Standort: Zentralbibliothek Zürich.*
*Signatur: 1.201.*

## F-Drucke (1557)

F¹  Wider den Sauffteüf= | fel / gebessert / vnnd an vilen | örthern gemehret. | Jtem / Ein Sendbrieff des Hellischen | Sathans / an die Zůtrincker / vor 45. | Jaren zůuor auß gegangen. | Jtem / Ein Send-

brieff Matthei Friderichs / | an die Vollen Brůder in Deütschem Landt. *[Holzschnitt]* | M. D. Lvij.
S 4ʳ: Gedruckt zu Franckfurt an der Oder / | durch Johan. Eichorn / | Anno / M. D. Lvij.

*Neusatz der ersten Eichorn-Ausgabe, keine wesentlichen textlichen Unterschiede, stark sächsischer Dialekt. Der gleiche Holzschnitt wie die E-Ausgabe.*
*Format: Quart.*
*Umfang: 18 Bogen = 72 Blätter.*
*Zählung: Bogenzählung A–S, ausgeführt bis Blatt iij.*
*Kustoden auf jeder Seite. Initialen am Anfang der Kapitel.*
*Heller Lederband der Zeit (Leder nur bis Mitte der Holzdeckel), scheinbar aus Jesuitenbesitz. Vorderer Holzdeckel nur teilweise vorhanden. Lederschließen verloren. Auf der Innenseite der Vorder- und Rückendeckel mit Stücken einer lateinischen Handschrift beklebt. Erhabene Bünde. Handschriftliche Eintragungen auf Rücken, Vor- und Rückblättern. In der gleichen Hand Zeichnung auf zweitem Vorblatt. In fast allen Texten handschriftliche Anmerkungen. Texte gut erhalten, wenn auch Blätter zum Teil beschädigt.*

*Das Exemplar ist zusammengebunden mit drei anderen 'Teufelbüchern' und Texten des 16. Jahrhunderts.*
*Standort: Bayerische Staatsbibliothek München.*
*Signatur: Asc. 1203 [alte Sign. th. Pol. 1571].*
*Inhalt des Sammelbandes: s. TB IV, 291–292.*

F²    *Titel, Format, Umfang und Zählung wie bei F¹.*

*Bräunlich marmorierter Pappdeckelband. Inhaltsverzeichnis handschriftlich auf dem Rücken. Text stockig, doch sehr gut lesbar.*

Standort: Bayerische Staatsbibliothek München.
Signatur: Mor. 194.

F³ Titel, Format, Umfang und Zählung wie bei F¹.

Vergilbter Pappdeckelband. Text sehr gut erhalten.

Standort: Stadt- und Universitätsbibliothek
Frankfurt/Main.
Signatur: Slg. Fr. VI, 13.

F⁴ Titel, Format, Umfang und Zählung wie bei F¹.

*Zeitgenössischer verfleckter Lederband auf Holzdeckeln, ins Leder gestanzte Ornamente mit Goldeinlage; auf Vorderdeckel Initialen: I.S. darunter Jahreszahl 1573. Zwei Schließen verloren. Inhaltsverzeichnis auf Rücken, alte Signatur auf vorderem und hinterem Innendeckel: Z 8795, darunter ex libris Meusebach.*

Standort: Deutsche Staatsbibliothek Berlin W. 8.
Signatur: Db 3104ᵃ.

Inhalt des Bandes:
1. Saufteufel
2. Spilteüfel. | Ein gemein Ausschrei= | ben von der Spiler Brůderschafft | vnd Orden / sampt jren Stifftern / | gůtten Wercken vnnd | Ablaß: | Mit einer kurtzen angehengter | erklärung: nützlich vnnd | lustig zu lesen. | Gedruckt zů Franck= | furt an der Oder / durch Jo= | hann Eychorn / Anno | M. D. Lvij.

## G-Drucke (1561)

G¹ Widder den Sauffteuf= | fel / gebessert / vnd an vielen | örtern gemehret. | Jtem / Ein Sendbrieff

des Hellischen | Sathans / an die Zutrincker / vor 45. | Jaren zuuor aus gegangen. | Jtem / Ein Sendbrieff Matthæi Friderichs / | an die Follen Brůder in Deutschem Landt. | *[Holzschnitt]* | M. D. LXI.
S 4ʳ: Gedruckt zu Franckfurt an der Oder / | durch Johan. Eichorn / | Anno / | M. D. LXI.

*Neusatz von E, eng an Vorlage gehalten, auch der gleiche Holzschnitt.*

*Format: Quart.*
*Umfang: 18 Bogen = 72 Blätter.*
*Zählung: Bogenzählung A–S, ausgeführt bis Blatt iij.*

*Kustoden auf jeder Seite. Initialen am Anfang der Kapitel.*

*Zeitgenössischer heller Lederband (Holzdeckel), erhabene Bünde, ins Leder gestanzte Ornamente und Bibelmotive. Texte stockig, teilweise zerfressen. Handschriftliche Eintragungen auf Innendeckel und im Text. 1963 restauriert lt. Notiz auf hinterem Innendeckel. Theol. 57 auf vorderem Innendeckel.*

*Das Exemplar ist zusammengebunden mit fünf anderen 'Teufelbüchern' und einem Musculus-Traktat.*

*Standort: Sächsische Landesbibliothek Dresden.*
  *Signatur: Theol. ev. mor. 70.*

*Inhalt des Sammelbandes: s. TB IV, 298–299.*

G²    *Titel, Format, Umfang und Zählung wie bei G¹.*

*Heller Schweinslederband der Zeit, zwei Schließen, eine defekt. Rücken und Vorblatt zerfressen, auch sonst abgegriffen und verfleckt. Ins Leder gepreßte biblische Ornamente und Motive. Handschriftliches Inhaltsver-*

zeichnis auf dem Rücken. 1027 auf vorderem Innendeckel, auch Besitzervermerk: Thomas Ludovicus Rupmensis possessor.

Das Exemplar ist zusammengebunden mit drei anderen 'Teufelbüchern' und einem Text.

Standort: Universitätsbibliothek Rostock.
Signatur: Fm — 1182.

Inhalt des Sammelbandes: s. TB IV, 331—332.

$G^3$ Titel, Format, Umfang und Zählung wie bei $G^1$.

Rötlich marmorierter Pappband, etwas defekt, Druckort am Schluß abgerissen, aber zweifellos Eichorn. Auf vorderem und hinteren Innendeckel: Z 4891; auf hinterem Innendeckel außerdem: Theol. moral. II. sing. arg. A. amt. evang. p. 360.

Standort: Deutsche Staatsbibliothek Berlin W. 8.
Signatur: Db 3107.

$G^4$ Titel, Format, Umfang und Zählung wie bei $G^1$.

Abgegriffener brauner Lederband der Zeit, erhabene Bünde, abgestoßene Kanten. 1561 auf Rücken. Schließen verloren. Ins Leder gestanzte Ornamente und biblische Motive. Papier zum Teil stockig, Texte gut erhalten.

Das Exemplar ist zusammengebunden mit drei anderen 'Teufelbüchern'.

Standort: Deutsche Staatsbibliothek der Stiftung Preuss. Kulturbesitz, Berlin-Dahlem.
Signatur: Db 3001 R. [alte Sign.: Z. 4899].

Inhalt des Bandes: s. TB IV, 331.

G⁵ *Titel, Format, Umfang und Zählung wie bei G¹.*

*Stark beschädigte Broschur, auf Leder geklebt und mit Bändern versehen. Papier vergilbt und teilweise zerfressen, Texte jedoch gut erhalten.*

*Das Exemplar ist zusammengebunden mit vier anderen 'Teufelbüchern'.*

*Standort: Staatliche Bibliothek Regensburg.
Signatur: Asc. 26.*

*Inhalt des Sammelbandes: s. TB IV, 300.*

\*G⁶ *Standort: Sammlung Adam, Goslar.
Signatur: Nr. 1434.*

\*G⁷ *Standort: Hauptbibliothek der Franckeschen Stiftungen Halle/Salle.
Signatur: 86 E 10.*

\*G⁸ *Standort: British Museum, London.
Signatur: 3908. ccc. 59.*

\*G⁹ *Standort: Universitätsbibliothek Budapest.
Signatur: Antiqua 3454.*

\*G¹⁰ *Standort: Königl. Bibliothek Kopenhagen.
Signatur: 24, −87, 4°.*

### H-Druck (1561)

*Nach Grimm[31] existierte noch ein Leipziger Druck bei Hantzsch im Quartformat, der auch in einer älteren Erfassung erwähnt wird.*

---

[31] Grimm, Teufelbücher, a.a.O., Sp. 1763(h).

*Diese Ausgabe ist bei der Umfrage nicht zutage getreten.*

## J-Druck (1561)

**J** Wider den Sauffteuffel / | Gebessert / vnd an | vielen örtern gemeh= | ret. | Jtem / Ein Sendbrieff des Hellischen | Sathans / an die Zutrincker / | vor 45. Jaren zuuor ausgegan= | gen. | Jtem / Ein Sendbrieff Matthei Fri= | derichs / an die vollen Brůder | inn Deudtschem | Lande. | 1561.
O 3ʳ: Gedruckt zu Leiptzig / durch An= | dres Schneider. | M. D. LXI.

*Format: Quart.*
*Umfang: 14 Bogen = 56 Blätter.*
*Zählung: Bogenzählung A—O, ausgeführt bis Blatt iij.*
  *Fehler in der Zählung: Aiij statt Biij.*

*Kustoden auf jeder Seite. Initialen am Anfang der Kapitel.*

*Broschur mit rot-schwarzem liturgischen Deckblatt. Handschriftliche Eintragungen am Rand. Text etwas stockig, doch sehr gut lesbar.*

*Standort: Sammlung Adam, Goslar.*
  *Signatur: Nr. 3426.*

## K-Drucke (1561)

**K[1]** Wider den | Sauffteufel / | Mit allem Vleiss gebessert / | vnd an vielen Orten | gemehret. | Jtem / Ein Sendbrieff | des Hellischen Sathans / an | die Zutrincker / vor 45. Ja= | ren zuuor ausgangen. | Jtem / Ein Sendbrieff | Matthei Friderichs / an die |

*Nachwort*

follen Brůder in Deud= | schem Lande. | Anno 1561. O 7ʳ: Gedruckt zu Vrsel / durch Ni= | colaum Henricum. | 1561.

O 7ᵛ: *[Druckersignet: Sanct Ursula mit Pfeil, im Gewand der Zeit; im Hintergrund die Stadtmauern von Ursel].*

*Nachdruck der Eichorn-Ausgabe mit drei Beigaben, ohne Gesang vom Vollsauffen, ohne Holzschnitt.*

*Format: Oktav.*
*Umfang: 14 Bogen = 112 Blätter.*
*Zählung: Bogenzählung A−O, ausgeführt bis Blatt v.*
  *Fehler in der Zählung: K 2 statt K 3.*

*Kustoden auf jeder Seite. Initialen am Anfang der Kapitel.*

*Alter abgegriffner Pergamentband, schwarz-rote Handschrift auf Vorder- und Rückendeckel, zum Teil losgelöst. Handschriftliche Inhaltsbeschreibung auf Rücken. Abgerissene Lederschließen. Innenblätter auf Pergament geklebt. Hs. Eintragungen auf Titelblatt.*

*Das Exemplar ist zusammengebunden mit drei anderen ʿTeufelbüchernʾ.*

*Standort: Bayerische Staatsbibliothek München.*
  *Signatur: Mor. 378 [alte Sign. Th. Thet. 2609].*

*Inhalt des Bandes: s. TB IV, 338−339.*

K² *Titel, Format, Umfang und Zählung wie bei K¹.*

*Braunschwarz marmorierter Pappdeckelband. Handschriftlich auf Vorblatt, durchgestrichen:* Theol. N 33. Bibl. Metzler. *Texte stockig, doch gut lesbar.*

*Das Exemplar ist zusammengebunden mit drei anderen 'Teufelbüchern'.*

*Standort: Bayerische Staatsbibliothek München.
Signatur: Asc. 4313.*

*Inhalt des Sammelbandes: s. TB IV, 342.*

K³   *Titel, Format, Umfang und Zählung wie bei K¹.*

*Restaurierter Band; Rücken und ein Deckeldrittel Schweinsleder, das andere Drittel marmorierter Pappdeckel, darauf in Gold gestanzter Adler, 'R' auf Brust, mit Krone. Auf Leder neuere Inhaltsangabe auf dem Rücken. Vorblätter erneuert. Gebeizter Buchblock.*

*Das Exemplar ist zusammengebunden mit fünf anderen 'Teufelbüchern'.*

*Standort: Deutsche Staatsbibliothek der Stiftung Preuß. Kulturbesitz, Berlin-Dahlem.
Signatur: Db 3015 R.*

*Inhalt des Sammelbandes: s. TB IV, 341.*

\*K⁴   *Standort: Sammlung Adam, Goslar.
Signatur: Nr. 1433.*

\*K⁵   *Standort: Fürstl. Bibliothek Schloß Harburg.
Signatur: XIII, 6, 8°, 793 (Suffix).*

### L-Drucke (1561)

L¹   Wider dē Sauff= | teüfel / gebessert / vnd an vi= | len örtern gemehret. | Jtem / Ein Sendbrieff des Hellischen Sa= | thans / an die Zutrinker / vor 45. Ja= | ren zuuor außgegangen. | Jtem / Ein Send-

brieff Matthei Friderichs / | an die Vollen Brůder in Deüd= | schem Lande. | *[Holzschnitt]* | Anno M. D. LXI.
*N 4ᵛ:* Getruckt zu Wormbs / | bey Philips Kȯpffel in ver= | legung Weygand Han / | Anno M. D. LXI.

*Wormser Nachdruck, hat Eichorn-Ausgabe zur Vorlage, die gleiche Einteilung der Paragraphen.*

*Der auch von den Mainfrankfurter Verlegern weiterhin benutzte Holzschnitt stellt zwei Trinker dar, die an einem runden Steintisch mitten in der Landschaft sitzen; der eine im Narrengewand, der zweite mit Hornauswuchs; beide lassen sich aus großen Gefäßen Wein in die Gurgel laufen; zwischen ihnen steht als Schenk ein Mann mit Ochsenkopf.*

*Format: Oktav.*
*Umfang: 14 Bogen = 112 Blätter.*
*Zählung: Bogenzählung C 1 – C 4; A–N, ausgeführt bis Blatt v.*
  *Fehler in der Zählung: Dij, Ev, Miiij ungezeichnet.*

*Kustoden auf jeder Seite. Initialen am Anfang der Kapitel.*

*Abgegriffener brauner Lederband, erhabene Bünde. Handschriftliches Inhaltsverzeichnis auf vorderem Innenblatt. Exlibris auf vorderem Innendeckel: L. G. F. D. (Wappen).*

*Das Exemplar ist zusammengebunden mit drei anderen 'Teufelbüchern'.*

*Standort: Universitätsbibliothek Tübingen.*
  *Signatur: Gf 551.*

*Inhalt des Bandes: s. TB IV, 339–340.*

*L²   *Standort: British Museum, London.*
     *Signatur: C. 125. a. 17.*

*L³   *Standort: Österr. Nationalbibliothek Wien.*
     *Signatur: 22. 492—A.*

## M-*Drucke (1562)*

**M¹**  Wider dē Sauff | teuffel / gebessert / vnd an vi= | len örtern gemehret. | Jtem / Ein Sendtbrieff deß Hellischen Sa= | thans / an die Zůtrincker / vor 45. Jaren | zůvor außgegangen. | Jtem / Ein Sendtbrieff Matthei Fride= | richs / an die vollen Brůder in Teutschem Land. *[Holzschnitt]* | Anno / 1562.
N 6ᵛ: Getruckt zů Franckfurt | am Mayn / bey Weygand | Han vnd Georg | Raben.

*Neusatz aufgrund des Wormser Drucks, auch gleicher Holzschnitt.*

*Format: Oktav.*
*Umfang: 12½ Bogen = 100 Blätter.*
*Zählung: Bogenzählung A—Nijᵛ; Nᵛ—N 6ᵛ, ausgeführt bis Blatt v.*

*Kustoden auf jeder Seite. Initialen am Anfang der Kapitel.*

*Alter Pergamenteinband, Heftung auf Lederbünde, durchgezogen. Zeitgenössischer handschriftlicher Rükkentitel. Exlibris von Paumgartner.*

*Das Exemplar ist zusammengebunden mit sechs anderen 'Teufelbüchern'.*

*Standort: Stadtbibliothek Nürnberg.
Signatur: Theol. 479.8°*

*Inhalt des Sammelbandes:*

1. Vom Juncker Geytz vnd | Wucherteüfel: | So jetzt inn der Welt in | allen Stenden gewaltig= | lich regieret. | An alle Stende des | Deüdschen Reychs | geschriben / | Durch | Albertum von Blan= | ckenberg. | Getruckt zu Franck= furt | am Mayn / durch Georg Raben / | vnd Weygand Hanen Erben / | Anno M. D. LXIII.

2. Fluchteuffel. | Wider das vn= | christliche / erschröck= liche / vñ | grausame fluchen vnd Gottesleste= | ren / treuwe vnd wolmeinende | vermanung vnd war= | nung. *[Holzschnitt]* | Getruckt zu Franckfurt am Mayn / | M. D. LXIIII.
   *Fiiij$^v$:* Gedruckt zu Franckfurt | am Mayn / durch Georg | Raben / vnd Weygand | Hanen Erben.

3. *Saufteufel*

4. Spielteuffel. | Ein gemein auß | schreiben von der Spie= ler | Brůderschafft vnnd Orden / sampt jren | Stifftern / guten Wercken | vnnd Ablaß. | Mit einer kurtzen angehenckten erklå= | rung / nützlich vnd lustig zůlesen. *[Holzschnitt]* | Anno / 1562.
   *F 3$^r$:* Getruckt zů Franckfurt | am Mayn / bey Weygand | Han vnd Georg | Raben.

5. Hofteuffel. | Das Sechßte | Capitell Danielis / Den | Gottförchtigen zu trost / den Gott= | losen zur warnung / Spilweiß | gestellet / vnd in Reimen | verfasset. | Durch Jo= hannem | Chryseum. | Gedruckt zu Franckfurt / | M. D. LXIIII.

6. Jagteüffel. | Bestendiger vnd Wolge= | gründter bericht / wie ferrn die | Jagten rechtmessig / vñ zugelassen. Vnd | widerumb / warinn sie jetziger zeyt deß mehrertheils | Gott= loß / gewaltsam / vnrecht / vnnd verdamlich | seind / Vnd derhalben billich vnderlassen / oder | doch geendert werden solten. | Durch M. Cyria. Spangenberg. | *[Holzschnitt]* | Anno M. D. LXII.
   *R 4$^r$:* Getruckt zů Franckfurt | am Mayn / bey Weygand | Han vnd Georg | Raben.

7. Hosenteüfel. | Vō zuluderten / | zucht vnd ehrer-
wegnen / plu | derichten Hosenteüfel / verma= | nung vnd
warnung. | *[Holzschnitt]* | Getruckt zu Franckfurt | am
Mayn / durch Georg Raben / vnd | Weygand Hans Erben / |
Anno M. D. LXIII.

\*M²   Standort: Sächs. Landesbibliothek Dresden.
Signatur: Theol. ev. mor. 439.

\*M³   Standort: Evang. Predigerseminar Wittenberg.
Signatur: LC 840.

\*M⁴   Standort: Biblioteca Apostolica Vaticana, Vaticano.
Signatur: Palat. V. 1257.

\*M⁵   Standort: Zentralbibliothek Zürich.
Signatur: XVIII 1785.

## N-*Drucke (1567)*

N¹   Wider de Sauff | teuffel gebessert / vnd an
vie= | len ŏrtern gemehret. | Jtem / Ein Sendbrieff
deß Hellischen | Sathans / an die Zutrincker / vor
45. Jaren | zuvor außgegangen. | Jtem / Ein Sendt-
brieff Matthei Fride= | richs / an die vollen Brŭder
in Teut= | schem Land. *[Holzschnitt]* | Anno
M. D. LXVII.
P 7ᵛ: Getruckt zu Franckfurt am | Mayn / Durch
Weygand | Hanen Erben | 1567.

*Gleicher Holzschnitt wie Ausgabe L und M.*

*Format: Oktav.*
*Umfang: 16 Bogen = 128 Blätter.*
*Zählung: Bogenzählung A–P, ausgeführt bis Blatt v.*

*Kustoden auf jeder Seite. Initialen am Anfang der Kapitel.*

*Stark abgegriffener heller Lederband der Zeit auf Holzdeckeln, Schließen verloren. Umgebogene Kanten, ins Leder gepreßte Ornamente. Inhaltsangabe auf Rücken und Innenblatt. Papier fleckig und stockig, Texte jedoch gut erhalten. Alte Signatur (durchgestrichen) auf vorderem Innendeckel: G 1697; außerdem LXXXIII.*

*Das Exemplar ist zusammengebunden mit acht anderen 'Teufelbüchern'.*

*Standort: Universitätsbibliothek Tübingen.*
   *Signatur: Gg 514.*

*Inhalt des Sammelbandes: s. TB IV, 371−373.*

\*N² *Standort: Württemberg. Landesbibliothek Stuttgart.*
   *Signatur: Theol. 8° 5557.*

\*N³ *Standort: Universitäts- u. Landesbibliothek Halle/ Saale.*
   *Signatur: LB 155228.*

\*N⁴ *Standort: Königl. Bibliothek Stockholm.*
   *Signatur: Teol. Moralt.*

\*N⁵ *Standort: Universitätsbibliothek Wrocław.*
   *Signatur: 373137 / 8 N 1950, 2.*

## O-Druck (1569)

*Der* Saufteufel *steht als Nr. X, f. CCCXVI^r − CCCXXXIX^v im* Theatrum Diabolorum *von 1569*

*(Inhalt und Beschreibung, siehe* Teufelbücher *I, S. 464—469) sowie in den weiteren Ausgaben von 1575 und 1587/88.*

## III

*Es ist sicher kein Zufall, daß der Verleger Eichorn die Erstausgabe des* Spielteufels *1557 im gleichen Jahr wie die fünfte Ausgabe des neu ausgestatteten* Saufteufels *(mit Holzschnitt und Beigaben) herausbrachte und sich von den Spielern und Trinkern als „Brüdern" einen Doppelerfolg versprach; nach dem Motto von Schildo „Ede, bibe, lude, post mortem nulla voluptas"*[32].

*Für Eichorn war der* Spielteufel *von 1557 der vierte seiner fünf 'Originalteufel' (cf.* Teufelbücher *IV) und Frankfurt an der Oder inzwischen zum drittgrößten Verlagsort Deutschlands geworden*[33]. *Der Erfolg des* Spielteufels *ist, wie beim* Saufteufel, *durch seine Nachwirkung auf andere Werke bis ins späte 17. Jahrhundert bezeugt*[34].

*Daß Eustachius Schildo in seinem Traktat nicht nur in der Form sondern auch im Inhalt vom* Saufteufel *beeinflußt und angeregt wurde, ist unverkennbar und schon des öfteren vermerkt worden. Die Form des satirischen „Sendbriefes" war schon längst vor Schwarzenbergs Büchlein beliebt*[35], *nur läßt hier im* Spielteufel, *anstelle des Teufels, der Spielerorden ein Ausschreiben ausgehn*[36].

---

[32] *Cf. S. 124,8f.*
[33] *Cf.* Grimm, Teufelbücher, *a.a.O., Sp. 1785.*
[34] *Cf.* Grimm, Teufelbücher, *a.a.O., Sp. 1769. –* Osborn, Teufelliteratur, *a.a.O., S. 226.*
[35] *Grimm,* Teufelbücher, *a.a.O., Sp. 1768(f).*
[36] *Cf. S. 127,11.*

*Schildos Sünder spielen, wie er sagt, um sich des Saufens zu enthalten, während Friederichs Saufbrüder saufen, um das Spielen zu vermeiden*[37]. *Aber nicht nur gegen das Kartenspiel wettert der aufgebrachte Kantor, auch die Kartenmaler*[38] *macht er für das Laster verantwortlich, wobei schon die Farben der Karten als Warnung dienen sollten*[39].

*Jedenfalls sind beide Autoren mit ihrem Spezialteufel und seinen Gepflogenheiten recht vertraut*[40] *und glauben, ihr „epikurischer" Teufel habe Legionen anderer Teufel im Gefolge und sei die „Mutter aller Sünd"*[41].

*Über das Leben des lutherischen Kantors Schildo ist nicht allzu viel bekannt. Er war zunächst in Kirchhain in der Niederlausitz und später in Luckau ansässig, wo er am Martinstage 1557 die Vorrede zu seinem Spielteufel datierte*[42]. *Er stammte aus Liebenwerda und wurde am 19. Mai 1545 in Wittenberg immatrikuliert*[43]. *Wie zu erwarten, ist auch bei Schildo ein deutlicher Einfluß Luthers in Sprache und Ausdruck zu verspüren, jedoch hält er sich, im Gegensatz zu Andreas Musculus (cf.* Teufelbücher *IV), vom Grobianischen meist fern*[44].

*Als Liederdichter, wie Friederich und Spangenberg, hat er sich anscheinend nicht hervorgetan, obwohl sein Interesse an Musik in seinem Werk doch zum Ausdruck kommt, wenn er sich über die allgemeine amusische Einstellung seiner Zeit beklagt „vorzeiten hat die löbliche Musica in collatien vnd*

---

[37] *Cf. S. 127,13 f.*
[38] *Cf. S. 154,2 f.*
[39] *Cf. S. 146,17 f.*
[40] *Cf. S. 305, Fußnoten 5 und 6.*
[41] *Cf. S. 131,11 f. und 113,27.* – Ohse, Teufelliteratur, *a.a.O., S. 62 f.*
[42] *Roethe,* ADB, *XXXI, S. 209.*
[43] *ADB, XXXVI, S. 790.*
[44] *Grimm,* Teufelbücher, *a.a.O., Sp. 1768.*

*bey andern fröligkeiten / preis vnd den vortrit gehabt / ..."*[45].

*Der* Spielteufel *ist in acht Einzelausgaben 1557, 1561, 1562, 1564 und 1568 erschienen. Unserer Ausgabe liegt der neu erarbeitete und kritisch revidierte Text der Editio princeps zugrunde, da spätere Ausgaben keine wesentlichen Änderungen und „Mehrungen" aufweisen.*

*Die beiden ersten Ausgaben kamen bei Johann Eichorn zu Frankfurt an der Oder heraus, und schon 1561 folgten, wie beim* Saufteufel, *die Nachdrucker Nicolaus Henricus und Andres Schneider*[46]. *Eine dritte Ausgabe des gleichen Jahres ist ohne Ort und Drucker, jedoch ist sie, nach Typenvergleich und Titelholzschnitt*[47] *— der gleiche wie auf dem Titelblatt von Musculus'* Teufels Tyranney *1561 — dem Drucker Köpffel in Worms zuzuweisen*[48]. *Die Mainfrankfurter Verleger benutzten den gleichen Holzschnitt für ihre beiden Ausgaben von 1562 und 1564, nur die letzte Einzelausgabe von 1568 brachte einen ganz neuen Holzschnitt — Mensch und Teufel am Spieltisch*[49].

*Ab 1569 nahm der Verleger Feyrabend dann den* Spielteufel *in seine Sammelbände des* Theatrum Diabolorum *auf.*

*Zu den bei Grimm erwähnten Ausgaben ist bei der letzten Umfrage noch eine zweite Ausgabe von Eichorn, im gleichen Jahr der Erstausgabe 1557, zutage gekommen, dagegen ist eine von Grimm erwähnte Ausgabe von 1561, ohne Ort und Drucker, aber Eichorn zugehörig, nicht belegbar*[50].

---

[45] *Cf. S. 139,30f.* — *Ohse,* Teufelliteratur, *a.a.O., S. 22.*
[46] *Siehe S. 353 und S. 353f., C- und D-Drucke.*
[47] *Siehe E-Druck, S. 355f.*
[48] *Siehe auch Grimm,* Teufelbücher, *a.a.O., Sp. 1768.*
[49] *Siehe I-Druck, S. 362f.*
[50] *Grimm,* Teufelbücher, *a.a.O., Sp. 1768(b).*

*Neu erfaßt ist auch eine bei Grimm nicht verzeichnete Ausgabe von Andres Schneider zu Leipzig 1561*[51]. *Ein von Grimm verzeichneter Erfurter Nachdruck von Georg Bawman 1563 konnte dagegen nicht ermittelt werden*[52].

## A-Drucke (1557)

A[1]   Spilteufel | Ein gemein Ausschrei= | ben von der Spiler Brůderschafft | vnd Orden / sampt jren Stifftern / | guten wercken vnd | Ablas / | Mit einer kurtzen angehengter | erklerung / nůtzlich vnd | lůstig zu lesen. | Gedruckt zu Franck= | furt an der Oder / durch Johann | Eichorn / Anno / | M. D. LVII.

*Format: Quart.*
*Umfang: 9 Bogen = 36 Blätter.*
*Zählung: Bogenzählung A–J, ausgeführt bis Blatt iij.*
*Fehler in der Zählung: Bij ungezeichnet.*

*Kustoden auf jeder Seite. Initialen am Anfang der Kapitel.*

*Das Exemplar ist Nr. 5 in einem Sammelband mit fünf anderen 'Teufelbüchern' und Texten des 16. Jahrhunderts.*

*Beschreibung und Inhalt des Bandes, siehe* **Saufteufel** *B³, S. 315.*

*Standort: Bibliothek des Predigerseminars Braunschweig.*
*Signatur: F 119b.*

---

[51] *Siehe C-Druck, S. 353.*
[52] *Siehe G-Druck, S. 359.* – Grimm, Teufelbücher, a.a.O., Sp. 1768(f).

**A²**  Titel, Format, Umfang und Zählung wie bei A¹.

Das Exemplar ist Nr. 4 in einem Sammelband mit vier anderen 'Teufelbüchern' und vier Texten des 16. Jahrhunderts.

Beschreibung und Inhalt des Bandes, siehe Saufteufel E¹, S. 321f.

Standort: Landesbibliothek Coburg.
Signatur: Cas. A 513.

**A³**  Titel, Format, Umfang und Zählung wie bei A¹.

Grünmarmorierter Pappdeckelband. Text stockig, doch gut lesbar.

Standort: Bayerische Staatsbibliothek München.
Signatur: Mor. 488ᵐ.

**A⁴**  Titel, Format, Umfang und Zählung wie bei A¹.

Zeitgenöss. abgegriffener heller Lederband auf Holzdeckeln, ins Leder gestanzte biblische Motive und Ornamente, zwei Metallschließen verloren. Erhabene Bünde. Handschriftliche Eintragungen in den meisten Texten und Marginalien. Papier stockig, z. T. zerfressen, Texte gut erhalten. Auf Titelblatt: Collegii Societ. Jesu Monaci, j. Alte Signatur auf vorderem Innenblatt: Th. Thet. 1176.

Das Exemplar ist zusammengebunden mit einem anderen 'Teufelbuch' und sechs Texten des 16. Jahrhunderts.

Standort: Bayerische Staatsbibliothek München.
Signatur: Exeg. 32.

Inhalt des Bandes: s. TB IV, 385–386.

A⁵  *Titel, Format, Umfang und Zählung wie bei A¹.*

*Ziemlich abgegriffener, verfleckter Lederband der Zeit, auf Holzdeckeln, umgebogene Kanten, erhabene Bünde, zwei Metallschließen. Handschriftliche Eintragungen und Kritzeleien auf innerem Vor- und Rückendeckel. Papier sehr stockig, doch Texte gut erhalten.*

*Das Exemplar ist zusammengebunden mit dem „Sendbrief an die vollen Brüder" und 18 anderen Texten des 16. Jahrhunderts.*

*Standort: Herzog August Bibliothek Wolfenbüttel. Signatur: 202. 93 Quodl. (3)*

*Inhalt des Sammelbandes:*

1. Antwort auff diese | Frag: | Ob auch die rechte vnd ware Christen | sein / vnnd der ewigen Seeligkeit inn gewieser | hoffnung sich trösten vnd versichern können / welche sich von der Communion eussern / | deß offtern gebrauchs deß Sacra= | ments deß Leibs vnnd Bluts | Christi enthalten / etlich Jar | anstehn / oder auch wol | gar nach bleiben | lassen: | Andreas Musculus | Doctor. | Gedruckt zu Franckfurt an der | Oder / Durch Johann | Eichorn. | Anno M. D. LIX.
R 3ʳ: Gedrückt | zu Franckfurt an | der Oder / | durch | Johan Eichorn. | Jm Jar | M. D. LIX.

2. Ein Sendbrieff | An die vollen Brüder / | in Deudschem Lande / | geschrieben / | Durch | Mattheum Friderich / | von Görlitz. | ANNO | 1555.

3. *Spielteufel*

4. Eine freidige ver= | manung / zu klarem vnd öffentli= | chem bekentnis Jhesu Christi / | wider die Adiaphoristische / Da= | uidianische / vnd Epicurische klug | heit / des heuchelns vnd meuch= | elns / sehr nützlich zu lesen. | Gestelt durch Ciuilium einen Italiener. | Verdeudscht auss dem welschen. | Matthei.x. | Wer mich bekennet für den Menschen / | den wil ich bekennen für meinem himlischen | Vater. Wer mich aber verleugnet für den | Menschen / den wil ich auch wider verleugnen | für meinem himlischen Vater. | 1550.

5. APOLOGIA | Auff die vermeinte wi= | derlegung des Osiandrischen | Schwermers in Preussen / | M. Vogels | Sampt gründlichem kurtzen be= | richt / Was der Haubtstreit vnd die Lere | Osiandri gewesen sey / Allen Christen | nützlich zu lesen / sich für | dem Grewel zu | hüten. | Joachimus Mörlin D. | Prouerb: XVII. | Wer den Gottlosen recht spricht / vnd den Gerechten verdampt / Die sind beide dem | HERREN ein Grewel. | Ieremiae XV. | Kanstu das köstliche vom schnöden schei= | den / Soltu wie mein mundt sein.

6. Trewliche war= | nung vnd trost | an die Kirchen | in Preussen. | Joachimus Mörlin D. | Roma. XII. | Nemet euch der heiligen nodturfft an. | Gedruckt zu Magdeburg durch | Michael Lotther. | 1555.

7. Ein Erschreckliche vnd | Warhafftige Geschicht / Von dreyen Spie= | lern / Welcher einer mit Namen Vlrich | Schröter / Vom Teuffel sichtbarlich hin= | weg gefürt. Der ander ist von den Leu= | sen ertödtet vnd gefressen worden. | Der drit ist mit dem Schwert | Gerichtet worden / | Jnn der Stat | Willisow.
*A 3ᵛ:* Jn Druck gegeben durch Henrich Wirri / | Burger zu Soloturn / Jm Jar 1554.

8. Wider den spöttischen | Lügner vnd vnuerschempten ver= | leumbder M. Isslebium | Agricolam. | Nötige verantwortung / vnd Ernstliche warnung / | Wider das Jnterim. | APOLOGIA | M. CASPARIS A= | QVILAE | Bischoff zu Salfeld. | M. D. XLVIII.

9. Die Vorrede Philippi | vber das Regēspurgische Jnterim / | mit einer erklerung Anthonij Othonis / Pfarhers | zu Northausen / sehr lustig vnd nütz= | lich zu lesen. | Roma. I. | Sie sind in jhrem tichten eitel worden / vnd jhr | vnuerstendiges hertz ist verfinstert / Da sie sich für | weise hielten / sind sie zu Narren worden.

10. Vnterschreibung des | Herrn Niclas Amsdorffs der | Sechsischen kirchen Censurn vnd mei= | nung / wider Doctor Georg Maiors An= | tichristische lere von guten wercken als | zur seligkeit nötig. | Rom. I. | Sie sind in jhrem tichten eitel worden / vnd jhr | vnuerstendiges hertz ist verfinstert / da sie sich für weise | hielten / sind sie zu narren worden. | 1553.
*B 2ʳ:* Gedruckt zu Magdeburg / bey | Christian Rödinger. Anno. 1553.

11. Ein korter Dialogus / | geuunden tho Ro= | ma vor Pasquillus / vp | de Tydt wo ym | ende. | M. D. XLVII.

12. Vom Abscheid des | Colloquij oder Gesprechs zu | Wormbs / Bericht der | Theologen vnd Ge=| lerten der Auspur= | gischen Confes= | sion zuge= | than. | M. D. LVII.
A 4ʳ: Gedruckt zu Wittemberg / | durch Lorentz Schwencken / | 1558.

13. Ordenung vnd Man= | dat Keiser Caroli V. vernewert im | April Anno 1550. Zu aussrotten vnd zu ver= | tilgen / die Secten vnd spaltung / Welche entstanden | sind /˙widder vnsern heiligen Christlichen glauben / | Vnd wider die ordenung vnser Mutter der heiligen | Christlichen Kirchen. Jtem ein Register der ver= | worffenen vnd verbottenen Bůchern / Auch von gu= | ten Bůchern / welche man inn der Schulen lesen | mag. Item eine vermanung des Rectors der | Vniuersitet zu Lŏuen. Jtem ein ander | Keisers Mandat / von dem selbigen | handel im 40. jar aus= | gangen. | Transferit aus einem gedruckten Brabendi= | schen Exemplar. | Apoca. 17. | Vnd ich sahe das Weib sitzen auff einem rosinfarben Thier / | das war vol namen der Lesterung / vnd hatte zehen Hŏrner. Vnd | das Weib war bekleidet mit scharlacken vnd rosinfarb / vnd vber | gůldet mit gold vnd edlen steinen vnnd perlen / Vnnd hatte einen | gůlden Becher in der hand / vol greuels vnnd vnsauberkeit jhrer | Hurerey. Vnnd an jhrer stirn geschrieben den Namen / Das ge= | heimnis / die grosse Babylon / die Mutter der hurerey / vnnd aller | Grewel auff erden. Vnnd ich sahe das Weib truncken von dem | blut der Heiligen / vnd von dem blut der zeugen Jhesu.

14. Bedeutung vnd Offen= | barung wahrer Himlischer Jnfluxion / | Nemblich der Finsternissen / so die folgenden Sieben | Jhar nacheinander geschehen / Auch von der grossen Coniunction Saturni vnd Jouis im 1563. Jhar | Coniunction Saturni vnd Jouis im 1563. | Jhar zukůnfftig / darinn grosse vorenderung | der Reich vñ anderer ding angezeigt wer= | den / Vom 1559. Jhar / bis | jns 1565. Jar werende / | Gestellet durch | Nicolaum Caesareum | Leucopetraeum. | 1558. *[Holzschnitte]*

15. Außlegung der verbor | genen Weissagung D. Johan. Cari | onis / von veranderung vnd zůfelligem glůck der hŏch | sten Potentaten deß Rŏmischen Reichs. | Sampt anderen D. Carionis prognosticationen / | biß auffs LX. Jar sich erstreckent. Darbei | auch ein christliche ermanung an K. M. vnd alle andere christliche Obergkaiten. | Zůletst folgt M. Salomonis Practica / vnnd

die | Offenbarung Raimundi / von grossen straffen. | *[Holzschnitt]* Getruckt zu Straßburg beim J. Cammerlander.
H 4ʳ: Getruckt zů Straßburck inn M. Jacobs Cam= | mer Landers druckerey. | Anno. M. D. xlviij. Jar.

16. PRONOSTICATIO. | Etliche seltzame Pro= | pheceiung / geweissaget von dem al= | ten M. Wilhelmo Friesen / von Mastrich / wel= | cher newlich gestorben / die bey jm gefunden nach | seinem tode / Vom 1558. bis ins 63. jar sich er= | streckende / in denen seer seltzame vnd | grewliche verenderung geweissa= | get werden. *[Holzschnitt]* | Matthei 6. Luce jj. Acto 2j. | Dein wille geschehe / wie im Himel also | auch auff Erden. | Gedruckt zu Nůrnberg durch Georg Kreydla.

17. Abdruck | Der Verwarung / So | von wegen Rŏmischer zu Hungern | vnd Behem Kŏniglicher May. Vnd | des Churfůrsten zu Sachssen etc. | Marggraff Albrechten dem Jůn= | gern zu Brandenburg etc. zugeschickt | Dorynnen mit der kurtz die vrsachen angezeiget | werden / Welcher halb jre Kŏn. May. Vnnd | Churf. Gna. Nicht haben vmbgehen kŏnnen / | zu beschůtzung derer eignen Lant / Leut / Schutz ./ | vnd Einungs Vorwandte / vnd dan in gemein | zu verhůtung ferner Vnruhe / Beschedigung | vnnd Vorderbens anderer Stende / im | heiligen Reich Deutscher Nation / sich | wider gedachten Marggraff Albrecht / | dem Landfrieden vnd aller billigkeit | gemes / in gegen Kriegsrůstung | einzulassen. | Anno. M. D. LIII.

18. Grůndtlicher Be= | richt / des Magdeburgischenn | Kriegs / Schlacht / Belage= | rung / vnd fůrnemsten Scharmůtzeln / Vnd alles | was sich von beyden teylen / Jnnen vnd ausser= | halb der Stadt / Vom anfang bis zum ende / zu= | getragen hat. Auffs kůrtzste / warhaffti= | ger verfasset / denn zuuor mit vnfleiss | Jm Druck zu Basell / | ausgangen ist. | Durch Sebastian Bessel= | meyer Burger zu Magdeburg / so in solchen | hendeln bey vnd mit gewesen.

19. Warhafftige | Zeitungen / aus dem | Feldtlager / bey Gengen / Vom funfftzehenden / | biss inn den zwentzigsten tag | Octobris. | Anno XLVI.

20. Vom Christlichen ab= | schied aus diesm tŏdlichen leben | Der Durchlauchtigen Fůrstin vnd Frawen / Fraw | Sibyllen / geborne Hertzogin zu Jůlich ꝛc. Des gebor= | nen Churfůrsten Johans Fridrichs Hertzogen | zu Sachssen ꝛc. Ehegemahl. | Daneben auch / Des Durchlauchtigsten Hoch= | bornen Fůrsten vnd

Herrn / Herrn Johanssen | Fridrichs Hertzogen zu Sachssen | Churfürsten ꝛc. abschiedt. | 1554. *[Holzschnitt]*

A⁶ *Titel, Format, Umfang und Zählung wie bei A¹.*

*Gesprenkelter gelblicher Pappdeckelband, restauriert, hs. Seitenzahlen. Ex libris:* KHG de Meusebach. *Alte Signatur auf vorderem Innendeckel:* E 8881, *hinterer Deckel:* Theologia Moral. 296. *Text gut erhalten.*

*Standort: Deutsche Staatsbibliothek Berlin W. 8.*
*Signatur: Db 3171.*

A⁷ *Titel, Format, Umfang und Zählung wie bei A¹.*

*Braunschwarz marmorierter Pappdeckelband, restauriert. Goldgepreßte Krone mit Adler auf Vorderdeckel. Auf vorderem Innendeckel:* Z 4898; *hinterem Deckel:* Theologia.x. ascetiva. *Text etwas stockig, doch gut leserlich.*

*Standort: Deutsche Staatsbibliothek Berlin W. 8.*
*Signatur: Db 3171ᵃ.*

A⁸ *Titel, Format, Umfang und Zählung wie bei A¹.*

*Beschädigter Pappdeckelband. Auf beiden Innendeckeln:* Z 4897, *auf hinterem:* Theolog Ascet. Eccles. Evang. I. 309. *Text stockig, doch leserlich.*

*Standort: Deutsche Staatsbibliothek Berlin W. 8.*
*Signatur: Db 3171ᵇ.*

*Inhalt des Bandes:*

1. *Spielteufel*
2. Philosophischer | Sauff=Mantel / | Darinn sich der Wollüstige Sauff=Teuffel | verkappet und verkleidet / | Daß Jhn die rohen und sichern Weltkinder in seiner | heßlichen und greßlichen

Mord=Gestalt nicht alsbald er= | kennen und scheuen / sondern für einen Engel des | Liechts halten und anbeten / | Darauß zu ersehen / | Was von der Philosophischen Distincti= | on, inter Ebriosum & Ebrium, vel inter habitum & | actum, zu halten sey / und wie fern dieselbe vor GOtt gelte oder | nicht / Jtem ob Paulus in den Worten / 1. Cor. 6. v. 10. Kein | Trunckenbold wird das Reich GOttes ererben / | auff solche Distinction ein Absehen gehabt | oder nicht / | Auß sonderbahren erheblichen Vhrsachen / der ietzigen | letzten Sauff=Welt zur treuhertzigen Warnung be= | schrieben und auffgesetzet | Von M. HEINRICO Ammersbach / Pastore zu S. Pauli | in Halberstadt. | Zum andernmahl Gedruckt zu Quedlinburg / | bey Johann Ockelln / Jm Jahr | 1665.

A⁹ *Titel, Format, Umfang und Zählung wie bei A¹.*

*Das Exemplar ist Nr. 3 in einem Sammelband mit vier anderen 'Teufelbüchern' und kleineren Schriften und Gebeten.*

*Beschreibung und Inhalt des Bandes, siehe* Saufteufel B⁵, *S. 316.*
*Standort: Universitätsbibliothek Jena.*
   *Signatur: Th. XXXVIII, q. 3.*

\*A¹⁰ *Standort: Universitätsbibliothek Göttingen.*
   *Signatur: 8° H.E.S. 134/80:7.*

\*A¹¹ *Standort: Sammlung Adam, Goslar.*
   *Signatur: Nr. 1739.*

\*A¹² *Standort: Württemberg. Landesbibliothek Stuttgart.*
   *Signatur: HBK 338.*

\*A¹³ *Standort: Universitätsbibliothek Rostock.*
   *Signatur: FM – 1102.*

\*A¹⁴ *Standort: Universitätsbibliothek Innsbruck.*
   *Signatur: 221. 303 / Adl. 5.*

\*A¹⁵ *Standort: Königl. Bibliothek Kopenhagen.*
   *Signatur: 24, −87, 4°.*

\*A¹⁶ *Standort: Bibliothèque Nationale et Universitaire Straßburg.*
   *Signatur: E 152 543.*

### B-*Drucke (1557)*

B¹  Spilteüfel. | Ein gemein Ausschrei= | ben von der Spiler Brůderschafft | vnd Orden / sampt jren Stifftern / | gůtten Wercken vnnd | Ablaß: | Mit einer kurtzen angehengter | erklårung: nützlich vnnd | lustig zu lesen. | Gedruckt zů Franck= | furt an der Oder / durch Jo= | hann Eychorn / Anno | M. D. Lvij.

*Neusatz der Erstausgabe, kleinere Wortveränderungen und andere orthographische Gepflogenheiten.*

*Format: Quart.*
*Umfang: 9 Bogen = 36 Blätter.*
*Zählung: Bogenzählung A−J, ausgeführt bis Blatt iij.*

*Kustoden auf jeder Seite. Initialen am Anfang der Kapitel.*

*Stark abgegriffener, teilweise losgelöster Pergamentband, handschriftlich auf dem Rücken: 1557. Text stockfleckig. Auf dem Vorblatt handschriftliche Widmung.*

*Das Exemplar ist zusammengebunden mit einem anderen 'Teufelbuch' des 16. Jahrhunderts.*

*Standort: Universitätsbibliothek München.*
   *Signatur: 4° 160 Poet. Germ. 9.*

*Inhalt des Bandes:*

*1. Spielteufel*

*2.* Schrap Teufel. | Was man den Herr= | schafften schuldig sey / Womit das | Volck beschwert werde / Was solche Beschwe= | runge für Schaden bringen / Was die | Schrifft darwider zeuge / Wie sie Gott straffe / Vnd mit welchen | Sünden sie das Volck | verdiene. | Alles auss Heiliger Schrifft mit | allem vleiss tractirt. | Durch | Ludouicum Milichium. | Anno 1567.

**B²**   *Titel, Format, Umfang und Zählung wie bei B¹.*

*Das Exemplar ist Nr. 3 in einem Sammelband mit drei anderen 'Teufelbüchern' und Texten des 16. Jahrhunderts.*

*Beschreibung und Inhalt des Bandes, siehe* Saufteufel *F¹, S. 326f.*

*Standort: Bayerische Staatsbibliothek München.*
   *Signatur: Asc. 1203 [alte Sign. th. pol. 1571].*

**B³**   *Titel, Format, Umfang und Zählung wie bei B¹.*

*Ungebundene Broschur, scheinbar aus Sammelband, Nummer 2 rechts oben.*

*Standort: Stadt- u. Universitätsbibliothek Frankfurt/Main.*
   *Signatur: Slg. Fr. VI, 14.*

**B⁴**   *Titel, Format, Umfang und Zählung wie bei B¹.*

*Das Exemplar ist Nr. 2 in einem andern Band. Beschreibung und Inhalt, siehe* Saufteufel *F⁴, S. 328.*

*Standort: Deutsche Staatsbibliothek Berlin W. 8.*
   *Signatur: Db 3104ᵃ.*

\*B⁵  Standort: *British Museum, London.*
     *Signatur: 8605. cc. 4.*

\*B⁶  Standort: *Bibliothèque Nationale et Universitaire
     Straßburg.*
     *Signatur: E 152 544.*

### C-Druck (1561)

C  Spielteuffel. Ein gemein Ausschrei= | ben von der Spieler Brůderschafft vnd | Orden / sampt jren Stifftern / | guten wercken vnd | Ablas / | Mit einer kurtzen angehengter er= | klerung / nützlich vnd | lustig zu le= | sen. | Leiptzig / | Gedruckt durch | Andres Schneider / | Anno / | M. D. LXI.

*Format: Quart.*
*Umfang: 7 Bogen = 28 Blätter.*
*Zählung: Bogenzählung A–G, ausgeführt bis Blatt iij.*

*Das Exemplar ist Nr. 4 in einem Sammelband mit vier anderen 'Teufelbüchern' und einem Text des 16. Jahrhunderts.*
*Beschreibung und Inhalt des Bandes, siehe* Saufteufel B⁴, *S. 315.*

Standort: *Universitäts- u. Landesbibliothek Sachsen-Anhalt, Halle/Saale.*
Signatur: *JG 5942.*

### D-Drucke (1561)

D¹  Spielteufel. | Ein Gemein | Ausschreiben / von der | Spieler Brůderschafft vnd | Orden / sampt jren Stiff | tern / guten Wercken / vnd Ablas. | Mit einer

kurtzen ange= | hengter Erklerunge / | nützlich vnd lustig | zu lesen. | Anno 1561.
G 3ᵛ: Gedruckt zu Vrsel / durch | Nicolaum Henricum.

*Muß A zur Vorlage haben, da die gleichen Fehler, die bereits in B verbessert sind, übernommen wurden.*

*Das Exemplar ist Nr. 4 in einem Sammelband mit drei anderen 'Teufelbüchern'.*
*Beschreibung und Inhalt des Bandes, siehe* Saufteufel $K^1$, *S. 332f.*

*Standort: Bayerische Staatsbibliothek München.*
 *Signatur: Mor. 378 [alte Sign. Th. Thet. 2609].*

$D^2$  *Titel, Format, Umfang und Zählung wie bei $D^1$.*

*Das Exemplar ist Nr. 2 in einem Sammelband mit drei anderen 'Teufelbüchern'.*
*Beschreibung und Inhalt des Bandes, siehe* Saufteufel $K^2$, *S. 333f.*

*Standort: Bayerische Staatsbibliothek München.*
 *Signatur: Asc. 4313.*

$D^3$  *Titel, Format, Umfang und Zählung wie bei $D^1$.*

*Das Exemplar ist Nr. 5 in einem Sammelband mit fünf anderen 'Teufelbüchern'.*

*Beschreibung und Inhalt des Bandes, siehe* Saufteufel $K^3$, *S. 334.*

*Standort: Deutsche Staatsbibliothek der Stiftung Preuß. Kulturbesitz, Berlin-Dahlem.*
 *Signatur: Db 3015 R.*

D⁴ *Titel, Format, Umfang und Zählung wie bei D¹.*

*Das Exemplar ist Nr. 9 in einem Sammelband mit acht anderen 'Teufelbüchern'.*

*Beschreibung und Inhalt des Bandes, siehe* Saufteufel *N¹, S. 338f.*

Standort: Universitätsbibliothek Tübingen.
Signatur: Gg 514.

\*D⁵ *Standort: Fürstl. Bibliothek Schloß Harburg.*
*Signatur: XIII, 6, 8°, 793 (Suffix).*

## E-Drucke (1561)

E¹ Spielteüfel. | Ein gmein Auß | schreyben von der Spieler | Bruderschaft vñ Orden / sampt jren | Stifftern / guten Wercken | vnd Ablaß. | Mit einer kurtzen angehenckten erklerung / | nutzlich vnd lustig zulesen. | *[Holzschnitt]* | Anno M. D. LXI.

*Die Ausgabe hat den gleichen Titelholzschnitt „Teufel mit zweitem Gesicht" wie die Wormser Ausgabe von* Musculus *Teufels Tyranney (cf. Teufelbücher IV) von 1561 und die Mainfrankfurter Ausgabe von 1563. Auch die Typen weisen nach Worms.*[53] *Daher ist sie wohl dem Drucker Köpffel im Auftrage des Verlegers Han zuzuschreiben, um so mehr, da die nachfolgenden Mainfrankfurter Ausgaben auch den gleichen Titelholzschnitt benutzen:*

*„Mit ihren großen Krallen an den Füßen und Händen, den Schuppen an den Beinen, den Schwimmhäuten an*

---

[53] Grimm, Teutelbücher, a.a.O., Sp. 1768(c).

den Armen, den Wolfs- und Hundeohren, dem scharfen Schnabel und den stechenden Augen, vor allem aber dem sogenannten „zweiten Gesicht", das den ganzen Leib einnimmt und durch die aus dem Munde heraustretenden, aufwärts gebogenen Hauer, erhält die Figur ein besonders fratzenhaftes Aussehen. Diese auf einem Thron sitzende Figur mit einer Fülle von Schlingen in den Händen und züngelnden Flammen auf dem Haupt ist die extremste Darstellung des Dämonischen, die die Titel der Teufelliteratur aufweisen."[54]

*Format:* Oktav.
*Umfang:* 5 Bogen = 20 Blätter.
*Zählung: Bogenzählung Vorrede ·1—8; A—E, ausgeführt bis Blatt 5.*

*Kustoden auf jeder Seite. Initialen am Anfang der Kapitel.*

*Lederband der Zeit, auf Holzdeckeln, erhabene Bünde, ins Leder gestanzte Ornamente und biblische Motive. Auf Vorderdeckel gestanzt:* Jagteufel. *Zwei Metallschließen. Papier stockig, Texte gut erhalten. Auf vorderem Innendeckel: D. 8. 32.*

*Das Exemplar ist zusammengebunden mit drei anderen 'Teufelbüchern'.*

*Standort: Thür. Landeshauptarchiv Weimar.*
      *Signatur: 4, 6: 32.*

*Inhalt des Sammelbandes: s. TB IV, 344.*

\*E²   *Standort: Württemberg. Landesbibliothek Stuttgart.*
      *Signatur: Theol. 8° 15729.*

[54] Cf. Ohse, Teufelliteratur, a.a.O., S. 101 und S. 196, Fußnoten 826—829.

\*E³   Standort: *Königl. Bibliothek Kopenhagen.*
       *Signatur: 92, −174, 8°.*

\*E⁴   Standort: *Österr. Nationalbibliothek Wien.*
       *Signatur: 22. 493−A.*

### F-Drucke (1562)

F¹   Spielteuffel. | Ein gemein auß | schreiben von der Spieler | Brůderschafft vnnd Orden / sampt jren | Stifftern / guten Wercken | vnnd Ablaß. | Mit einer kurtzen angehenckten erklå= | rung / nützlich vnd lustig zůlesen. | [Holzschnitt] | Anno / 1562.
*F 3ʳ:* Getruckt zů Franckfurt | am Mayn / bey Weygand | Han vnd Georg | Raben.

*Diese Mainfrankfurter Ausgabe scheint Ausgabe A zur Vorlage zu haben, da Einteilung genau eingehalten, sprachlich die zu erwartenden dialektischen Abweichungen.*
*Gleicher Holzschnitt wie E-Ausgabe.*
*Format: Oktav.*
*Umfang: 6 Bogen = 48 Blätter.*
*Zählung: Bogenzählung A−F, ausgeführt bis Blatt v.*

*Kustoden auf jeder Seite. Initialen am Anfang der Kapitel.*

*Stark beschädigter alter Lederband der Zeit, helles Leder auf Holzdeckeln, erhabene Bünde. Zerfetzte Inhaltsangabe auf Rücken. Papier stockig und zerfressen. Handschriftliche Eintragungen auf den Innenblättern und zwischen den Texten.*

*Das Exemplar ist zusammengebunden mit sechs anderen ʻTeufelbüchernʼ.*

*Standort: Universitätsbibliothek Erlangen.
Signatur: Thl. V, 242ª.*

*Inhalt des Sammelbandes: s. TB IV, 320—321.*

F²    *Titel, Format, Umfang und Zählung wie bei F¹.*

*Braun und blau marmorierter Pappdeckelband, teilweise restauriert. Handschriftliche Eintragungen und rot unterstrichene Stellen bei einigen Texten.*

*Das Exemplar ist zusammengebunden mit vier anderen 'Teufelbüchern'.*

*Standort: Universitätsbibliothek Heidelberg.
Signatur: G 5612.*

*Inhalt des Sammelbandes: s. TB IV, 350.*

\*F³    *Standort: Sammlung Adam, Goslar.
Signatur: Nr. 1435.*

\*F⁴    *Standort: Stadtbibliothek Nürnberg.
Signatur: Theol. 479. 8°.*

\*F⁵    *Standort: Universitäts- u. Landesbibliothek Sachsen-Anhalt, Halle/Saale.
Signatur: Pon II i 1533.*

\*F⁶    *Standort: British Museum, London.
Signatur: 3906. aa. 60.*

\*F⁷    *Standort: Universitätsbibliothek Wrocław.
Signatur: 8 K 2126, 4.*

\*F⁸    *Standort: Zentralbibliothek Zürich.
Signatur: XVIII 1786.*

## G-Druck (1563)

Nach Grimm[55] war in der Marienkirchbücherei, Frankfurt/Oder, im Jahre 1940 ein Originaldruck aus dem Jahre 1563 im Oktavformat vorhanden, der ihm bei Sichtung der dortigen Bestände vorgelegen hat:

> Spielteufel
> Gedruckt zu Erffurdt durch
> Georgium Bawman. 1563. 8°

Es ist anzunehmen, daß dieses Exemplar auch beim Brande der Marienkirche 1945 vernichtet wurde.

## H-Drucke (1564)

H[1] Spielteuffel. | Ein gemein auß | schreiben / von der Spieler | Brůderschafft vnd Orden / sampt | jren Stifftern / guten Wercken | vnd Ablaß. | Mit einer kurtzen angehenckten erklå= | rung / nützlich vnd lustig zu lesen. | [Holzschnitt] | Anno / 1564. F 3ʳ: Gedruckt zu Franckfurt | am Mayn / durch Georg | Raben / vnd Weygand | Hanen Erben.

Titelholzschnitt der gleiche wie die vorhergehenden Mainfrankfurter Ausgaben.

Format: Oktav.
Umfang: 6 Bogen = 40 Blätter.
Zählung: Bogenzählung A–F, ausgeführt bis Blatt iij.

Kustoden auf jeder Seite. Initialen am Anfang der Kapitel.

---

[55] *Grimm*, Teufelbücher, a. a. O., Sp. 1768 (f).

*Bräunlicher neuerer Pappdeckelband, stark abgegriffen, bestoßene Ecken und Kanten. Rücken eingerissen. Papier stockig, jedoch alle Texte gut erhalten.*

*Das Exemplar ist zusammengebunden mit sechs anderen 'Teufelbüchern'.*

*Standort: Bayerische Staatsbibliothek München.*
        *Signatur: Mor. 947.*

*Inhalt des Sammelbandes: s. TB IV, 351–353.*

**H²**  *Titel, Format, Umfang und Zählung wie bei H¹.*

*Ausgezeichnet erhaltener, sehr sauberer heller Lederband auf Holzdeckeln, umgebogene Kanten, erhabene Bünde. Anscheinend neu eingebunden und restauriert lt. Notiz 1956 auf hinterem Innendeckel. Auf Rücken Spielteuffel.*

*Das Exemplar ist zusammengebunden mit sieben anderen 'Teufelbüchern'.*

*Standort: Bayerische Staatsbibliothek München.*
        *Signatur: Mor. 947ᶜ.*

*Inhalt des Sammelbandes: s. TB IV, 378–379.*

**H³**  *Titel, Format, Umfang und Zählung wie bei H¹.*

*Alter brauner Lederband auf Holzdeckeln. Abgestoßene Ecken und Kanten, Rücken leicht defekt, Leder abgeblättert. Papier braun und fleckig, jedoch im Ganzen gut erhalten. Inhaltsangabe in Goldschrift auf dem Rücken. Vereinzelte handschriftliche Eintragungen und unterstrichene Textstellen.*

*Das Exemplar ist zusammengebunden mit fünf anderen 'Teufelbüchern'.*

Standort: Deutsche Staatsbibliothek Berlin W. 8.
Signatur: Db 3011 R.
Inhalt des Sammelbandes: s. TB IV, 348–349.

H⁴ Titel, Format, Umfang und Zählung wie bei H¹.

*Stark abgenutzter verfärbter Lederband, bespannte Holzdeckel, erhabene Bünde, Metallschließen. Eingestanzte Bruststücke und Ornamente. Ecken bestoßen. Inhaltsangabe auf dem Rücken abgerieben. Text stockfleckig, sonst gut erhalten. Unterstrichene Textstellen und handschriftliche Randbemerkungen.*

*Das Exemplar ist zusammengebunden mit andern 'Teufelbüchern' und einem Text des 16. Jahrhunderts.*

Standort: Universitäts- und Landesbibliothek Sachsen-Anhalt, Halle/Saale.
Signatur: Jm 171ᵗ [alte Sign. Ch 8b, alter Stempel: Gymnasium zu Quedlinburg].

Inhalt des Sammelbandes: s. TB I, 455–456.

H⁵ Titel, Format, Umfang und Zählung wie bei H¹.

*Heller, gut erhaltener Pergamentband. Umgebogene Kanten. Inhaltsangabe handschriftlich auf dem Rücken. Handschriftliche Eintragungen auf der Innenseite des Vorderdeckels. Texte sehr gut erhalten. Das Exemplar ist zusammengebunden mit anderen 'Teufelbüchern' des 16. Jahrhunderts, jeder 'Einzelteufel' rot markiert.*

Standort: Universitätsbibliothek Salzburg.
Signatur: 90 709 I
[alte Sign.: Mj. ZIZ. III T.3. C. 175/(7)].

Inhalt des Sammelbandes: s. TB I, 459–460.

\*H⁶ *Standort: Fürstl. Bibliothek Schloß Harburg.*
*Signatur: XIII, 6, 8°, 795 (Suffix).*

\*H⁷ *Standort: Badische Landesbibliothek Karlsruhe.*
*Signatur: 65 A 2528.*

\*H⁸ *Standort: Stadt- u. Universitätsbibliothek Bern.*
*Signatur: Rar. 99.*

\*H⁹ *Standort: La Biblioteca Apostolica Vaticana, Vaticano.*
*Signatur: Palat. V. 635.*

\*H¹⁰ *Standort: Österr. Nationalbibliothek Wien.*
*Signatur: 1314 – A.*

## I-*Drucke (1568)*

I¹ Spielteuffel: | Ein gemein auß | schreiben / von der Spieler Brů= | derschafft vnd Orden / sampt jhren | Stifftern / Guten Wercken | vnd Ablaß. | Mit einer kurtzen angehenckten Erklå= | rung / nůtzlich vnd lůstig zulesen. | [Holzschnitt] | Anno / 1568.
G 3ʳ: Gedruckt zu Franckfurt am | Mayn / bey Martin Lechler / in | verlegung Weygand Ha= | nen Erben. M. D. Lxviij.

*Diese letzte Mainfrankfurter Ausgabe hat einen anderen Holzschnitt als die vorhergehenden: zwei Spielgesellen um den Spieltisch, worauf Würfel und Spielkarten zu sehen sind; der eine Spieler ist bärtig, mit Narrenkappe und Kolben, der zweite geflügelt und struppig, mit grinsendem listigen Wolfs- oder Fuchsgesicht, eine Hahnenfeder auf dem Jagdhut; selbst der Tisch hat krallenartige Beine.*

*Format:* Oktav.
*Umfang: 6 $^1/_2$ Bogen = 52 Blätter.*
*Zählung: Bogenzählung A – G, ausgeführt bis Blatt v.*

*Kustoden auf jeder Seite. Initialen zu Anfang der Kapitel.*

*Stark abgegriffener Lederband, eingestanzte Ornamente und Bruststücke. Defekter Rücken, eingerissen. Schließen verloren, Kanten bestoßen.*

*Das Exemplar ist zusammengebunden mit sieben anderen ʻTeufelbüchern'.*

*Standort: Bibliothek des Predigerseminars Braunschweig.*
 *Signatur: F 119e.*

*Inhalt des Sammelbandes: s. TB I, 463 – 464.*

\*I² *Standort: Württemb. Landesbibliothek Stuttgart.*
 *Signatur: Theol. 8° 5557.*

### K-Druck (1569)

*Der* Spielteufel *steht als Nr. XVIII, f. CCCCVI – CCCCCXV'' im* Theatrum Diabolorum *von 1569 (Inhalt und Beschreibung, siehe* Teufelbücher *I, S. 464 – 469) sowie in den weiteren Ausgaben von 1575 und 1587/88.*

### IV

*Noch erfolgreicher als Johann Eichorn war sein Schüler, der Eislebener Verleger Urban Gaubisch, ursprünglich Augustiner, der 1560 mit seinem ersten ʻOriginalteufel', dem*

Jagteufel *von Cyriacus Spangenberg, seine Teufel-Produktion von sechs 'Erstteufeln' mit fünf Autoren aus dem Mansfelder Kreis um Spangenberg begann und 1581 abschloß. Zweitdrucke brachte er kaum heraus*[56]*, und, im Gegensatz zu Eichorn, hat er nur einmal einen Originalholzschnitt für seine 'Teufel' verwandt und zwar im Buchinnern bei der Erstausgabe des* Jagteufels. *Den gleichen Holzschnitt benutzte er auch für seine weiteren* Jagteufel-*Ausgaben (1560 und 1561), und so kam dieser Holzschnitt auch zur Verwendung bei den Mainfrankfurter Nachschneidern*[57].

*Das große Erfolgsjahr für den* Jagteufel *war 1561, wo er allein elfmal in Ost und West, mit und ohne Druckerangaben, herausgebracht wurde. Eine direkte Nachwirkung in späterer Zeit ist nicht bekannt, wohl aber regte Spangenbergs zweites Teufelswerk* Wider die böse Sieben / ins Teufels Karnöffelspiel, *das eigentlich zu den theologischen Streitschriften gehört, noch im 17. Jahrhundert zur Nachahmung an*[58].

*In seinem groß angelegten Traktat polemisiert der sozial denkende Spangenberg gegen die Mißstände und Auswüchse des Jagens und den Übermut der großen Herren, die mit ihren Untertanen so „türkisch" umgehn. Mutig stellt er sich auf die Seite des gemeinen Volkes gegen Adel und Fürsten, unter Anführung vieler historischer Quellen und Zitate zur Unterstützung seiner Darlegungen.*

*Das Wirkungsfeld Spangenbergs um Mansfeld war, im Hinblick auf die Druckorte, damals das geographische Zentrum der Teufelliteratur*[59], *und Spangenberg selbst stand im*

---

[56] *Cf.* Grimm, Teufelbücher, *a.a.O., Sp. 1778.*
[57] *Siehe N-Druck, S. 397f.; O-Druck, S. 398f.; P-Druck, S. 401f.; Q-Druck, S. 405f.*
[58] Osborn, Teufelliteratur, *a.a.O., S. 131 und S. 219.*
[59] Ohse, Teufelliteratur, *a.a.O., S. 114.*

*Mittelpunkt des geistigen Lebens der 60er Jahre*[60]. *Kirchlich und literarisch war er eine hochangesehene Persönlichkeit, der die andern Pfarrer seiner Umgebung mit Nachdruck ermutigte, die Teufel zu bekämpfen. Öfters schrieb er ihnen Vorreden und Beigaben zu ihren Traktaten, wie bei Hoppenrods* Hurenteufel *und Dauls* Tanzteufel *(cf.* Teufelbücher II) *und Fabricius'* Heyligem Klugen und Gelehrten Teufel. *Seinem Schwager Joachim Westphal verfaßte er sogar zu seinem* Hoffartsteufel *ein eigenes Traktat über „Frau Hoffart" (cf.* Teufelbücher III). *Dies verhinderte allerdings nicht, daß sich die Pastoren seines Kreises später im Synergistenstreit und andern theologischen Fehden gegen ihn wandten (Hoppenrod, Fabricius und Porta)*[61].

*Spangenberg wirkte auch beispielhaft mit seiner neuen „philologischen" Schreibart, indem er in seinem vorangestellten Skribentenverzeichnis seine Quellen aus Antike, Mittelalter und Neuzeit systematisch angab. Dies zeugte nicht nur von seiner humanistischen Ausbildung, sondern diente ihm auch zum Schutze*[62]. *Die gleiche Methode (Zettelkasten) wurde auch von den andern mitteldeutschen Teufelbuch-Autoren, die im Mansfelder Seengebiet dicht aufeinander saßen, wie Westphal, Milichius, Hocker u. a. benutzt*[63].

*Über Spangenbergs Leben sind wir gut unterrichtet. Er wurde 1528 in Nordhausen geboren, wo sein Vater Johann, später Superintendent zu Eisleben, sich schon durch seine Kirchenlieder einen Namen gemacht hatte*[64]. *Cyriacus selbst wurde schon mit 14 Jahren in Wittenberg bei Luther und Melanchthon, persönlichen Freunden seines Vaters, ausgebildet und war mit 19 Jahren Magister.*

---

[60] *Edward Schröder, ADB, XXXV, S. 38.*
[61] *Cf. Osborn, Teufelliteratur, a.a.O., S. 65, 123, 126.*
[62] *Siehe S. 303,6f.*
[63] *Ohse, Teufelliteratur, a.a.O., S. 203.*
[64] *Osborn, Teufelliteratur, a.a.O., S. 31.*

*Als Flacianer in heftige literarische und polemische Fehden verwickelt, verbrachte er ein ruheloses Leben, das ihn von Sangerhausen über Schlitz in Oberhessen und Vacha a. d. Werra bis ins Exil nach Straßburg führte, wo er 1604 gestorben ist*[65].

*In seinem vielseitigen Wirken war er nicht nur kirchlicher Lyriker, Dichter geistlicher Spiele, Historiker und Theoretiker des Meistersangs, sondern auch den Künsten zugetan, wie der „hochlöblichen Frau Musica", und als Liederdichter ist er in noch größerem Maße als Friederich hervorgetreten und hat in der Art seiner Lieder sicher Luther am nächsten gestanden*[66].

*Der Jagteufel ist in 16 Einzelausgaben 1560, 1561, 1562 und 1566 erschienen, wobei allein 11 Nachdrucke, vier mit und sieben ohne Ort und Drucker, 1561 herauskamen.*

*Unserer Ausgabe liegt der neu erarbeitete und kritisch revidierte Text der Zweitausgabe zugrunde, da dieser Druck — im gleichen Erscheinungsjahr wie die Erstausgabe — bereits vom Autor, unter Aufnahme der Errata, verbessert wurde*[67]. *Die beiden ersten Ausgaben kamen bei Urban Gaubisch heraus, eine dritte, ohne Ort und Drucker, aber mit dem gleichen Holzschnitt, könnte ein Nachdruck von Georg Bawman zu Erfurt sein*[68].

*Wie zu erwarten, herrscht bei den 11 Ausgaben des gleichen Jahres — 1561 — die größte bibliographische Verwirrung, da die Stücke ohne Druckerangaben schwer zu bestimmen sind, denn die verschiedenen Druckereien, die von*

---

[65] Schröder, ADB, XXXV, S. 40.
[66] Grimm, Teufelbücher, a.a.O., Sp. 1771. — Osborn, Teufelliteratur, a.a.O., S. 33f. — Ohse, Teufelliteratur, a.a.O., S. 22.
[67] Für das Faksimile des Titelblattes wurde die Erstausgabe benutzt.
[68] Cf. Grimm, Teufelbücher, a.a.O., Sp. 1770(b).

den Verlegern Teufeldruck-Aufträge bekamen, benutzten häufig gleichartiges Typenmaterial. Wir haben daher zunächst die vier Ausgaben im Quartformat (D, E, F, G,) und mit *Holzschnitt* aufgeführt; dann die vier Oktavausgaben, ohne Ort und Drucker und ohne Holzschnitt (H, I, K, L). Als nächste kommen die Mainfrankfurter Ausgaben (M, N, O, P, Q), an der Spitze eine Folio-Ausgabe ohne Holzschnitt (M) bei Weygand Han, die er mit Georg Raben herausbrachte (der erste Teufeldruck für die Mainfrankfurter); dann folgt eine Oktavausgabe (N), ohne Ort und Drucker (sicher bei Köpffel/Worms im Auftrag von Weygand Han)[69] mit spiegelverkehrtem, verkleinertem Holzschnitt (nach A, B, C, D, E). Dann folgt eine zweite Oktavausgabe (O), diesmal mit *Druckervermerk* von Köpffel und andersartigem Holzschnitt, der dann von den Mainfrankfurter Verlegern bei der Oktavausgabe (P) von 1562 und der letzten Einzelausgabe (Q) von 1566 benutzt wurde. Ab 1569 nahm der Verleger Feyrabend auch den *Jagteufel in* seine Sammelbände des *Theatrum Diabolorum auf.*

*Bei den Einzelausgaben ergibt sich folgendes Bild. Die „gemehrten" Ausgaben sind B, D, E, F, G und M; die „ungemehrten" A, C, H, K, O, P und Q. Nach Vergleich mit den anderen Befunden ist anzunehmen, daß auch die Ausgaben I, L und N zu den „ungemehrten" Ausgaben gehören.*

*Zu den bei Grimm erfaßten Ausgaben sind durch unsere letzte Umfrage noch sechs weitere Drucke zutage gekommen, wovon einer, Druck L, nur noch in einem einzigen Exemplar zu existieren scheint*[70].

---

[69] *Cf. Grimm,* Teufelbücher, *a.a.O., Sp. 1777f. und Sp. 1770(d).*
[70] *Cf. Grimm,* Teufelbücher, *a.a.O., Sp. 1770f. Siehe Druck L, S. 393.*

## A-Drucke (1560)

A¹ Der Jagteuffel / | Bestendiger vnd Wolgegründ= | ter bericht / wie fern die Jagten rechtmes= | sig / vnd zugelassen. Vnd widerumb worin= | nen sie jtziger zeit des mehrertheils | Gottlos / gewaltsam / vnrecht / | vnd verdamlich sein / Vnd | derhalben billich vnter= | lassen / oder doch ge= | endert wer= | den sol= | ten. | *[Lindenblatt]* | Durch | M. Cyria. Spangenberg. | ANNO 1. 5. 60.
*b iij$^v$:* Gedruckt zu Eisleben / bey Vrban Gau= | bisch.

*Auf A 4$^v$ Holzschnitt „Teufel auf der Hetzjagd", ein Teufel geht mit Hund und Dreizack gegen ein Fangnetz vor, hinter dem sich ein Hirsch befindet; im Hintergrund burgähnliches Gebäude, davor ein geflügelter, Jagdsignal blasender, reitender Teufel; der vordere Teufel auch geflügelt, zottelig, vogelnasig mit Hahnenkamm und Klaufüßen.*

*Format: Quart.*
*Umfang: 25 Bogen = 98 Blätter.*
*Zählung: Bogenzählung A–Z; a–aij; b–b4, ausgeführt bis Blatt iij.*
   *Fehler in der Zählung: Eiij, Hij, Vij ungez.*

*Kustoden, Marginalien und Initialen.*

*Vergilbter Pappdeckelband (Wasserschaden). Papier stockig, Text gut erhalten. Bogen A und B am Rand zerfressen.*

*Standort: Stadt- u. Universitätsbibliothek Frankfurt/ Main.*
   *Signatur: Slg. Fr. VI, 23.*

A²    *Titel, Format, Umfang und Zählung wie bei A¹.*

*Heller zeitgenössischer Lederband, in Leder gepreßte biblische Motive und Ornamente, erhabene Bünde. Inhaltsverzeichnis handschriftlich auf dem Rücken. Hs. Eintragungen auf dem Innendeckel. Papier recht stockig, Texte gut erhalten.*

*Standort: Herzog August Bibliothek Wolfenbüttel.*
*Signatur: Ts 96.*

*Inhalt des Bandes:*

1. Ein Dialogus / oder | Gespråch etlicher Personen | vom Interim. | Jtem / Vom krieg des Antychrists | zů Rom / Bapst Pauli des dritten / mit hulff Kei= | ser Caroli des Fünfftē / wider Hertzog Johañ Friderichen | Churfürsten zu Sachssen ⁊c. vnd seine mit verwandten: | Dariñ vrsach angezeygt wirt / das es nit wol möglich gwe | sen sey (Menschlicher hilff nach daruon zureden) das der | löbliche Churfürst zů Sachssen ⁊c. disen obgemeltē seinen | Feinden / hab obsigen kůnden / von wegen so grosser Ver= | råtherey vnnd vntrew / die jme von seinen ey= | gnen Råthen vnd Hauptleüten be= | gegnet ist: Anno 1546. | vnnd 1547. | Jtem / Von den Zeychen des | Jüngsten tags. | Apocalyps. 17. | Vnd einer von den syben Engeln sprach | zů mir: Kom / ich will dir zeigē die grosse Hůr (nåm= | lich den Antychrist vnd Bapst zů Rom) mit welcher | gehůret haben die Keiser vnd Kőnig der erden / Vnd | die da wohnen auff erden / vnnd truncken worden | seynd von dem wein jrer Hůrerey. | 1548.

2. Chronica. | Des Durchleuchtigen / | Hochgebornen Fůrsten vnd Herrn / | Herrn Friderichen / Landgraffen in Důringen / | Marggraffen zu Meychssen ⁊c. Dieses namens | des ersten / ehrliche Geschicht vnd thaten. | Durch Johann Gerson von Bono= | nien / der Ertzney Doctor im La= | tein beschriben / vnnd volgendt | verdeutscht / vnnd inn | zwey Bůcher ab= | getheylet. | Darauß zu lehrnen ist / was eim freydigen | Kriegßman / vnd guten Obersten zu- stehe. Wie / | vnd an welchem ort er nach vortheyl das Leger | schlahen / Die Schlachtordnung machen / Die | Stet mit Stůrmen anlauffen / vnd mit | auffgerichtem Fenlein mit den | Feinden schlagen soll. | Nůrnberg. M. D. XLVI.

*Q 3ʳ:* Gedruckt zu Nůrnberg/ | durch Johann | Daubman. | M. D. L.

3. *Jagteufel*

A³ *Titel, Format, Umfang und Zählung wie bei A¹.*

*Zeitgenössischer heller Lederband auf Holzdeckeln, umgebogene Kanten, zwei Metallschließen, erhabene Bünde, gebeizter Buchblock, ins Leder gepreßte biblische Motive und Ornamente. Auf Vorderdeckel:* C. R. | 1560. *Hs. Eintragungen in den Marginalien und unterstrichene Textstellen. Texte stockig, doch gut lesbar.*

*Das Exemplar ist zusammengebunden mit elf anderen Texten des 16. Jahrhunderts.*

*Standort: Herzog August Bibliothek Wolfenbüttel. Signatur: 350. 4 Th (10).*

*Inhalt des Sammelbandes:*

1. Eine Predigt bey | dem Begrebnis der durchlauch= | ten hochgebornen Fůrstin vnd Frawen / | Frawen Dorothea / geborne Hertzo= | gin aus Pomern etc. Greffin / | vnd Fraw zu Mansfelt / | den siebenden | Junij. | ANNO | 1558. | Jhesus Syrach VII. | Was du thust / so bedenke das | ende / So wirstu nimmermehr | ubels thun. | Michael Celius.
*E 4ʳ:* Gedruckt zu Eisleben / durch | Vrbanum Kaubisch.

2. Eine Predigt / vber | der Leiche / des Wolgebornen | vnd Edlen Frewleins | Margaretha / gebor= | nen Rhew= | sin. | Gethan zu Glauchaw / | Durch M. Bartholomeum Wage= | nerum / den fůnff vnd zwen= | tzigsten Septembris / | das Jhars / | 1554.
*E 4ʳ:* Gedruckt zu Eisleben / durch | Vrbanum Kaubisch. | M. D. LV.

3. Leichpredigt aus | dem CXXVI. Psalm zur Erinnerung | Was des gebornen Kurfůrsten zu Sach= | sen etc. Johans Friderichs / gottseliger | vnd hochlöblicher Gedechtnis / Land= | schafft vnd vnterthanen / an S. K. F. G. | bey leben derselbigen / gutes ge-

habt / | vnd durch Jr absterben nachmals | verloren haben / | sampt einer vermanung zur Danck | sagung / zur Buss / vnd zum Gebet / | durch Justum Menium. | I. Corinth. XV. | DEr Tod ist verschlungen in dem Sieg. | Tod / Wo ist dein Stachel? Helle / Wo ist dein | Sieg? Aber der Stachel des Tods ist die sůnde / | Die Krafft aber der sůnde / ist das Gesetz. GOTT | aber sey danck / der vns den Sieg gegeben hat / | durch vnsern HErrn Jhesum Christum. | V. Martij. M. D. LIIII. 
G 1$^v$: Gedruckt zu Jhena / durch | Christian Rödinger. | 1554.

4. Wåchterstimme / | Nic. Galli. | Wo vnd in was Stü= | cken / vnter dem Name Lutheri / der | Augspurgischen Confession vnd H. Schrift / | Wider Lutherum / wider die Augspur. Conf. | vnd H. Schrifft jtzo gelehret wird / | Den Christen zur | warnung. | Johan. xv. | Wenn ich nicht kommen were / vnd hette es jhnen | gesagt / so hetten sie keine Sůnde / Nu aber können sie | nichts fürwenden / jre Sůnde zuentschuldigen. | ij. Thessa. ij. | Dafür / Das sie die liebe zur warheit haben faren | lassen / das sie selig würden / Darumb wird jnen Gott | krefftige Jrthume senden / das sie gleuben der Lügen / | Auff das gerichtet werden alle / die der warheit nicht | gleuben / sondern haben lust an der vngerechtigkeit. | Gedruckt zu Regenspurg / durch | Heinrichen Geißler.

5. Kurtzer Bericht / was | sich für ein kleglich Schawspiel ver= | flossens ein vnd zwentzigsten tags May / dieses LIX. | Jars / mit etlichen frommen Christen inn Hispa= | nien zu Valladolid zugetragen. | Darinnen / wieuiel vnd was für per= | sonen vmb des Lutherischen vnd Christlichen glaubens wil= | len / durch die Bäpstliche Jnquisition daselbst zum teil | verbrent / zum teil mit sonst anderen straffen jåm= | merlichen gepeiniget worden / mit warem | grund erzelt vnd angezeiget wird. | Matth. 5. | Selig sind die umb gerechtigkeit willens | verfolgt werden / Denn das Hi= | melreich ist jr / etc.

6. Auff die newe subti= | le verfelschung des Euangelij Chri | sti / in Doctor Maiors Comment / | vber seine Antichristische Proposition / | damit er leret / Das / vnnd wie gute | werck / zur seligkeit nötig | sein sollen. | Erklerung vnd antwort | Nicolai Galli. | Gala. vj. | Ein jtzlicher prüfe sein selbst werck / vnnd als denn | wird er an jm selber rhum haben / vnnd nicht an einem an= | dern / Denn ein jtzlicher wird seine last tragen. Also | wenn Maior oder wir / gleich könten die gantze welt an vns hengen/ iedoch wer vnrecht leret vnd handelt vber der

Lere / der mus doch zu | letzt drůber zu schanden werden / fůr Gott vnd in seinem gewissen / es | sey Maior oder Minor.

7. Ein Sermon / des | Ehrwirdigen Herrn D. Martin | Luthers zu Wittenberg / Anno 1518. gethan | De virtute Excomunicationis, von krafft vnd ei= | gentschafft / der absŏnderung / von der Gemeine | Gottes / den BANN genant / Mit einer kleinen | Vorrede des Herrn Doctor Luthers / sebst | seliger gedechtnis. Vnd ist solcher Ser= | mon 1545. des jars vor seinem ab= | sterben / zuuor bekrefftiget / aus | dem Lateinischen Ersten | Tomo seiner Bůcher | ins Deudtsch | bracht. | Denn 25. Februarij Anno 1559. | Hierzu ist weiter gethan / eine ver= | manunge / auch Doctor Luthers seli= | ger / wie man die Prediger / so Laster | straffen / mit geduld ver= | tragen soll.
*C iij$^v$:* Gedruckt zu Eisleben / Jn der al= | ten vnd lŏblichen Graffschafft Mans= | felt/ Durch Vrbanum | Kaubisch. | M. D. LIX.

8. Ein schrifft Philippi | Melanthonis an ein | erbare Stadt / von anrich= | tung der Latinischen | Schuel / Nützlich | zu lesen. | Wittemberg.
*C 2$^r$:* Gedruckt zu Wittemberg / | Durch Veit Creutzer. | Anno | M. D. XLIII.

9. Wider die falschen | Brůder vnd Feinde des Bluts | Jhesu Christi / warhafftige Lēre | vnd Bekentnis / vom | Gesetz. | Euangelio. | Sacrament. | Newem Leben. | Durch Tilomannum | Cragen / vnuerhŏrter vnd vner= | kandter sachen / verdampten Su= | perintendenten des Gemei= | ne Gottes zu Hil= | desheim. | Rom. I. | Ich scheme mich des Euangelij nicht / denn | es ist eine krafft Gottes / die da selig machet al= | le die daran gleuben. | 1558.
*a 4$^r$:* Gedruckt zu Eisle= | ben / Durch Vrban | Kaubisch. | 1558.

10. *Jagteufel*

11. EPITHALAMION | SCRIPTVMIN | NVPTIIS INTEGERRI= | MI VIRI DOCTRINA ET VIR= | TVTE PRAESTANTIS MICHAELIS | Langi, Et pudicae virginis Ma= | riae Risenerin à | CASPARO SCHVTZ FRATRE. | ANNO | M. D. LX.

12. EIDYLLION | IN NVPTIIS CLARIS= | SIMI VIRI GEORGII LANGII | IVRIS VTRIVSQVE DOCTORIS, ᴂ pudicissimae virginis Barbarae | Nachtenhouers Hal= | lensis, Scrip= |

tum | à | CASPARO SCHVTZ FRATRE. | EXCVDIT VRBANVS | GVBISIVS. | ANNO | M D LX.

A⁴ *Titel, Format, Umfang und Zählung wie bei A¹.*

*Verbeulter, verfleckter alter Schweinslederband, zerfressene Vorblätter mit Exlibris: Wappen, darüber L. G. F. D. Text gut erhalten.*
*Standort: Universitätsbibliothek Tübingen.*
*Signatur: Gi 839 Gp.*

A⁵ *Titel, Format, Umfang und Zählung wie bei A¹.*

*Das Exemplar ist Nr. 5 in einem Sammelband mit vier anderen 'Teufelbüchern' und einem Text des 16. Jahrhunderts.*

*Beschreibung und Inhalt des Bandes, siehe* Saufteufel *B⁴, S. 315.*
*Standort: Universitäts- und Landesbibliothek Sachsen-Anhalt, Halle/Saale.*
*Signatur: JG 5942.*

A⁶ *Titel, Format, Umfang und Zählung wie bei A¹.*

*Das Exemplar ist Nr. 3 in einem Sammelband mit fünf anderen 'Teufelbüchern' und vier Texten des 16. und 17. Jahrhunderts.*

*Beschreibung und Inhalt des Bandes, siehe* Saufteufel *A², S. 311f.*
*Standort: Humboldt Universität Berlin W. 8.*
*Signatur: Ff. 13703.*

A⁷ *Titel, Format, Umfang und Zählung wie bei A¹.*

*Das Exemplar ist Nr. 1 in einem Sammelband mit drei anderen 'Teufelbüchern'.*

Beschreibung und Inhalt des Bandes, siehe Saufteufel $C^1$, S. 318f.

Standort: Universitätsbibliothek Rostock.
Signatur: Fm − 1222.

*A[8]   Standort: Staats- und Stadtbibliothek Augsburg.
Signatur: 4° Th H.

*A[9]   Standort: Universitätsbibliothek Heidelberg.
Signatur: J 3358.

*A[10]  Standort: Ratsbücherei Lüneburg.
Signatur: V 220a.

*A[11]  Standort: Württemberg. Landesbibliothek Stuttgart.
Signatur: Theol. 4° 2488.

*A[12]  Standort: Forschungsbibliothek Gotha.
Signatur: Theol. 4° 249/1.

*A[13]  Standort: KMU Universitätsbibliothek Leipzig.
Signatur: Ock u. Techn. 359.

*A[14]  Signatur: BST 4° 136.

*A[15]  Standort: Universitätsbibliothek Rostock.
Signatur: Fm − 1102.

*A[16]  Standort: Königl. Bibliothek Kopenhagen.
Signatur: 23, −314, 4°.

*A[17]  Standort: Universitätsbibliothek Oslo.
Signatur: Lb 8401.

\*A¹⁸ *Standort: Bibliothèque Nationale et Universitaire*
*Straßburg.*
*Signatur: R 100 363.*

### B-*Drucke (1560)*

B¹ Der Jagteuffel / | Bestendiger vnd Wolgegründ= | ter bericht / wie fern die Jagten rechtmes= | sig vnd zugelassen. Vnd widerůmb worin | nen sie jtziger zeit des mehrertheils | Gottlos / gewaltsam / vnrecht / | vnd verdamlich sein / Vnd | derhalben billich vnter= | lassen / oder doch | geendert wer= | den sol= | ten. | *[Lindenblatt]* | Durch | M. Cyria. Spangenberg. | Auffs newe vbersehen vnd | gebessert. | ANNO | 1. 5. 60.
*b 2ʳ:* Gedruckt zu Eisleben / bey | Vrban Gaubisch.

*Auf A 4ᵛ der gleiche Holzschnitt wie in der Erstausgabe. Verbesserter Neusatz der Erstausgabe.*

*Format:   Quart.*
*Umfang:   24½ Bogen = 98 Blätter.*
*Zählung:  Bogenzählung A–Z; a–b 2ʳ, ausgeführt bis Blatt iij.*
*Fehler in der Zählung: Eiij, Zij ungez.*

*Kustoden, Marginalien, Initialen.*

*Stahlgrauer, restaurierter Pappdeckelband. Text sehr gut erhalten.*

*Standort: Herzog August Bibliothek Wolfenbüttel.*
*Signatur: Oe 602.*

**B²**  Titel, Format, Umfang und Zählung wie bei B¹.

Das Exemplar ist Nr. 4 in einem Sammelband mit drei anderen 'Teufelbüchern' und zwei Texten des 16. Jahrhunderts.

Beschreibung und Inhalt des Bandes, siehe Saufteufel F¹, S. 326f.

Standort: Bayerische Staatsbibliothek München.
   Signatur: Asc. 1203 [alte Sign. Th. Pol. 1571].

**B³**  Titel, Format, Umfang und Zählung wie bei B¹.

Verbeulter beschädigter alter Pergamentband, abgerissene Lederschlaufen. Text stockig, doch gut leserlich.

Standort: Lipp. Landesbibliothek Detmold.
   Signatur: Wb 41.

**B⁴**  Titel, Format, Umfang und Zählung wie bei B¹.

Das Exemplar ist Nr. 5 in einem Sammelband mit vier anderen 'Teufelbüchern' und kleineren Schriften und Gebeten.

Beschreibung und Inhalt des Bandes, siehe Saufteufel B⁵, S. 316.

Standort: Universitätsbibliothek Jena.
   Signatur: Th. XXXVIII, q. 3.

\***B⁵**  Standort: Hauptbibliothek der Franckeschen Stiftungen, Halle/Saale.
   Signatur: 86 E 10.

*B⁶ *Standort: Stadt- u. Universitätsbibliothek Bern.*
*Signatur: Theol. 4261.*

*B⁷ *Standort: Universitätsbibliothek Prag.*
*Signatur: 25 F 35.*

*B⁸ *Standort: Universitätsbibliothek Wrocław.*
*Signatur: 543298 / 4 n E 391.*

## C-Drucke (1560)

C¹ Der Jagteüffel. | Bestendiger vnnd Wolgegründter be | richt / wie fern die Jagten rechtmessig / | vnd zugelassen. Vnd widerumb wo= | rinnen sie jetziger zeyt des mehrerteils | Gottlos / gewaltsam / vnrecht / | vnd verdamlich sein / Vnd | derhalben billich vnter | lassen / oder doch ge | endert werden | solten. | *[Lindenblatt]* | Durch M. Cyria. Spangenberg. | ANNO | 1.5.6.0.

*Nachdruck der Erstausgabe, keine "Mehrungen", Errata noch am Ende beibehalten, Grimm vermutet Nachdruck von Georg Bawman, Erfurt.*[71]

*Der gleiche Holzschnitt wie A und B, auf A 4ᵛ.*

*Format: Quart.*
*Umfang: 24¹/₂ Bogen = 98 Blätter.*
*Zählung: Bogenzählung A−Z; a−aij; b−b4, ausgeführt bis Blatt iij.*
*Fehler in der Zählung: Vij ungez.*

*Kustoden, Marginalien, Initialen.*

*Verfleckter heller Pergamentband mit Lederriemen.*

---

[71] Grimm, Teufelbücher, a.a.O., Sp. 1770(b).

*Standort: Bayerische Staatsbibliothek München.*
*Signatur: Mor. 481.*

C² *Titel, Format, Umfang und Zählung wie bei C¹.*

*Restaurierter Sammelband, neuer brauner Lederrücken, neue Holzdeckel, ¹/₃ bespannt, neue Vor- und Rückblätter.*

*Hs. Eintragung:* Collegij Societatis Jesu Monachij 1607 *auf dem ersten Titelblatt sowie auf dem Vorblatt.*

*Standort: Bayerische Staatsbibliothek München.*
*Signatur: Polem. 135.*

*Inhalt des Bandes:*

1. Bericht | Von der Einigkeit vnd | Vneinigkeit der Christlichen Aug= | spurgischen Confessions Verwandten | Theologen / ƶc. | Wider | Den langen Laßzedel / der one Namē zů Schmach | der Christlichen Euangelischen Stendē auff | Jüngst zů Augspurg Anno Domini | M.D.LIX. gehaltnem Reichs= | tag offentlich auffgeschlagen | vñ außgebreittet. | Durch | Jacobum Andreæ / Doctor vnnd | Pfarherrn zů Göppingen. | Getruckt zů Tüwingen / im | Jar / M.D.LX.

2. *Jagteufel*

3. Agend Bůchlein / | Fůr die Pfarrherrn | auff dem Land. | Durch Vitum Dietrich. | Getruckt zu Franckfůrdt am | Mayn / durch Herman | Gůlfferichen. | M.D. XLvj.

4. Beschreybung | Der Röm. Kaiser= | lichen Mayestat / Kaiser Carls / | vnsers aller Gnedigsten Her= | ren / Hochlöblichster ge= | dechtnus / besengk= | nuß.
B 3ᵛ: Gedruckt zů Dilingen / durch | Sebaldum Mayer.

5. Werbung / | So von wegen Bapst Pij | des vierdten / an die versamlung der Chur | vnd Fůrsten / zur Naumburg in Tůringen / am | fünfften tage des Hornungs / im Jar | nach Christi geburt 1561. | geschehen. | Jtem / | Derselbigen Chur vñ Fůr= | sten antwort / welche sie auff der Bǎp= | stischen Gesandten gethane werbung / | am sybenden tage des Hor= | nungs gegeben. | Auß dem Latein ins Teůtsch | gebracht. | Anno M.D. LXj.

*C³ *Standort: German. Nationalmuseum Nürnberg.
Signatur: 8° V. 259.*

*C⁴ *Standort: Stadtbibliothek Nürnberg.
Signatur: Var. 58.4°.*

*C⁵ *Standort: British Museum, London.
Signatur: 8405.ee.33.*

### D-Drucke (1561)

D¹ Der Jagteufel | Bestendiger vnd wolgegründter | bericht / wie fern das Jagen recht oder vnrecht sey / | *[Holzschnitt]* | Durch M. Cyriac. Spangenb. | auffs newe in Druck verfertigt. | 1561.
*b 4ʳ*: Gedruckt zu Eisleben / in der | alten vnd löblichen Graffschafft Mans= | feld / durch Vrban Gaubisch / | wonhafftig auff dem | Graben. | 1561.

*Neusatz, muß jedoch B-Ausgabe zur Vorlage haben, da Abschnitte und Seitenspiegel fast ganz gleich, nur kleine orthographische Veränderungen.*

*Der gleiche Holzschnitt wie A, B, C, jedoch auf dem Titelblatt.*

*Format:  Quart.
Umfang: 25 Bogen = 100 Blätter.
Zählung: Bogenzählung A–Z; a–b, ausgeführt bis
         Blatt iij.
         Fehler in der Zählung: T anstatt V.*

*Kustoden, Marginalien, Initialen.*

*Dunkelbrauner Lederband der Zeit, auf Holzdeckeln, stark abgegriffen, Schließen verloren, Rücken beschädigt. Erhabene Bünde, gesprenkelter Buchblock, Ecken und Kanten abgestoßen. Blindprägung: bibl. Motive. Mitte: Tafel (mit Jesuskind), darüber: G R, darunter: 1562. Hs. Eintragungen auf vorderem und hinterem Innenblatt. Papier stockig, Texte gut lesbar. Auf dem ersten Titelblatt unten: eigenhändige Widmung Spangenbergs; oben: Besitzervermerk, 1637.*

*Standort: Ehem. Universitätsbibliothek Helmstedt.
Signatur: G 542.*

*Inhalt des Bandes:*

   1. Wider die böse Sieben / | ins Teufels Karnöffelspiel. | *[Holzschnitt]* | M. Cyriacus Spangenberg.
$Ee^v$: Gedruckt zu Eisleben / durch | Vrban Gaubisch. | 1562.

   2. *Jagteufel*

**D²**    *Titel, Format, Umfang und Zählung wie bei D¹.*

*Das Exemplar ist Nr. 1 in einem Sammelband mit drei anderen 'Teufelbüchern'.
Beschreibung und Inhalt des Bandes, siehe* Saufteufel $G^4$, *S. 330.*

*Standort: Deutsche Staatsbibliothek der Stiftung
Preuß. Kulturbesitz, Berlin-Dahlem.
Signatur: Db 3001 R. [alte Sign.: Z 4899].*

\***D³**   *Standort: Hess. Landesbibliothek Fulda.
Signatur: Techn B 8/5.*

\***D⁴**   *Standort: Königl. Bibliothek Kopenhagen.
Signatur: 23, −314, 4°.*

### E-Drucke (1561)

E¹ Der Jagteüfel | Bestendiger vnd | wolgegründter bericht / | wie fern die Jagten recht= | messig / vnd zuge= | lassen. | Vnd widerumb / worinnen sie | jtziger zeit des mehrertheils Gottlos / | gewaltsam / vnrecht / vnd verdamlich | sein / Vnd derhalben billich vn= | terlassen / oder doch | geendert wer= | den sol= | ten. | Durch | M. Cyriac. Spangenbergk. | Auffs newe vbersehen / corregiert | vnd gebessert.
*b 4ʳ*: Gedruckt zu Eisleben / in der | alten vnd löblichen Graff= | schafft Mansfeldt / durch | Vrban Gaubisch / won | hafftig auff dem | Graben | 1561.

*Neusatz, der gleiche Holzschnitt, aber wieder auf Innenseite Aᵛ, wie bei den vorhergehenden Ausgaben.*

*Format:* Quart.
*Umfang:* 25 Bogen = 100 Blätter.
*Zählung:* Bogenzählung A–z; a–b, ausgeführt bis Blatt iij.
*Fehler in der Zählung: D ungez.*

*Kustoden, Marginalien, Initialen.*

*Das Exemplar ist Nr. 10 in einem Sammelband mit fünf anderen 'Teufelbüchern' und Texten des 16. Jahrhunderts.*

*Beschreibung und Inhalt des Bandes, siehe* Saufteufel B³, S. 315.

*Standort:* Bibliothek des Predigerseminars Braunschweig.
*Signatur:* F 119 b.

\*E² *Standort:* Staatsbibliothek Bamberg.
*Signatur:* M.v.O. Nat. q. 26.

\*E³  Standort: *Fürstl. Bibliothek Schloß Harburg.*
*Signatur: XIII,6,4°, 321.*

\*E⁴  Standort: *Bibliothek der Hansestadt Lübeck.*
*Signatur: Agric 4° 4063.*

\*E⁵  Standort: *Universitäts- u. Landesbibliothek Sachsen-Anhalt, Halle/Saale.*
*Signatur: Pon Vg 1501.*

\*E⁶  Standort: *Hauptbibliothek d. Franckeschen Stiftungen, Halle/Saale.*
*Signatur: 47 C 12.*

\*E⁷  *Signatur: 58 F 11.*

### F-Drucke (1561)

F¹  Der Jagteüffel | Bestendiger vnnd wolgegründter be= | richt / wie fern die Jagten rechtmessig / vnd zugelassen. | Vnd widerůmb worinnen sie jtziger zeit des mehrer= | theils Gottlos / gewaltsam / vnrecht / vnd verdamlich | sein / Vnd derhalben billich vnterlassen / oder | doch geendert werden solten. | *[Holzschnitt]* | Auffs new widerumb Corrigirt. | Durch | M. Cyriacum Spangenberg. | D.M.LXI.

*Neusatz mit orthographischen Veränderungen und neuen Druckfehlern, zum Teil gleiche Fehler und Eigenarten wie die B-Ausgabe, aber auch einiges gemeinsam mit D (Neudruck). – Jahreszahl verdruckt.*

*Mit dem Bogen N beginnend, weisen einige Exemplare Abänderungen im Satz und in der Zählung auf, auch mit oder ohne Schmuckleiste auf dem Schluß-blatt.*

*Diese und die folgende Ausgabe (G) haben einen neuen Titelholzschnitt:*

*In der Mitte, zu Pferd, vogelnasiger Teufel mit Klauenfüßen, der mit ausgelegter Lanze einen fliehenden Hirsch gegen das Fangnetz treibt. Hinten ein Jagdhorn blasender, vorne ein zottiger Teufel mit Spieß und Jagdhunden.*

*Nach Grimm die beste Gestaltung des Jagdmotivs.*[72]

*Format: Quart.*
*Umfang: 19 Bogen + 1 Blatt = 77 Blätter.*
*Zählung: Bogenzählung A–T; U$^r$ u. U$^v$, ausgeführt bis Blatt iij.*
    *Fehler in der Zählung: Diij, Tiij ungez.*

*Kustoden, Marginalien, Initialen.*

*Das Exemplar ist Nr. 4 in einem Sammelband mit drei anderen 'Teufelbüchern' und einem Text.*
*Beschreibung und Inhalt des Bandes, siehe* Saufteufel G², *S. 329f.*

*Standort: Universitätsbibliothek Rostock.*
    *Signatur: Fm – 1182.*

F² *Titel, Format, Umfang und Zählung wie bei F¹.*

*Restaurierter, bräunlich marmorierter Pappdeckelband, Rücken Leder mit Goldschrift, erhabene Bünde. Text etwas stockig, sonst gut leserlich.*

*Standort: Deutsche Staatsbibliothek Berlin W. 8.*
    *Signatur: Db 3192.*

---

[72] *Grimm,* Teufelbücher, *a.a.O., Sp. 1780.*

F³  *Titel und Format wie F¹; ab Bogen N anderer Satz, Schmuckleiste auf Schlußblatt, Zählung A–T. Fehler in der Zählung: Diij und Piij ungez.*

*Nachgedunkelter, restaurierter Lederband der Zeit auf Holzdeckeln, erhabene Bünde, Metallschließen, eine verloren. Biblische Motive auf beiden Deckeln. Hs. Inhaltsverzeichnis auf vorderem Innendeckel. Alter Stempel:* Bibl. Minist. Cellensis, *Signatur:* Celle 3802. *Alle Texte stockig und wurmstichig, doch sehr gut lesbar.*

*Das Exemplar ist zusammengebunden mit drei anderen Texten des 16. Jahrhunderts.*

*Standort: Deutsche Staatsbibliothek Berlin W. 8. Signatur: Db 3192ᵇ.*

*Inhalt des Bandes:*

1. *Jagteufel*
2. Von des Teuffels List | vnd Betrug / Zorn / Grim vnd Mord / | vnd der waren Christen Trost / | Wehr vnd Waffen / | eine Predigt | Iohannis Gigantis | Northusani. | 1. Petri 5. | Seid nůchtern vnd wachet / Denn ewer Widersacher der | Teuffel gehet vmbher wie ein brůllender Lewe / vnd suchet wel= | chen er verschlinge / Dem widerstehet fest im Glauben. | Gedruckt zu Franckfurt an der Oder / | durch Johann Eichorn / 1568.
3. BEKENTNIS | Vom Freien | Willen. | So im Colloquio zu Altenburg / hat | sollen vorbracht werden / von Fůrstlichen | Sechsischen Theologen. | Gedruckt zu Jhena / | Anno 1570.
4. Drey Leichpredigten | Bey der Christlichen Begrebnis / des | Wolgebornen vnd Edlen Herrn / Herrn Han= | sen / Graffen vnd Herrn zu Mans= | felt etc. |
Die Erste / Da die Leiche mit Geseng vnd Christli= | chen Ceremonien / in die Schloskirche zu Mansfelt wurd | getragen / daselbst gepredigt / Donnerstag den 6. Mar= | tij 1567. vom Spruch Luc. 11. Selig sind die | das Wort Gottes hőren vnd be= | waren. Durch | M. Cyria: Spangenberg. | Die Ander / Beim Begrebnis folgendes Freitags | in der Thalkirch

Mansfelt / vom Spruch | Matth. 11. Kompt her zu mir etc. | Durch | M. Hierony: Mencelium / der Graffschafft | Mansfelt Superintendentem. | Die Dritte / Vom Spruch Matth. 6. Suchet zum | ersten das Reich Gottes etc. an stat des Tricesimi | Sontags Letare / Durch S. G. | Beichtvater. | Andream Strophium. | Neben gründlichem bericht jrer G. vnd | derselben jungen Herrlins Graffen Al= | brechts etc. Christlichen | abschieds. | M.D. Lxvij.

N 2ʳ: Gedruckt zu Eisle= | ben / in der alten vnd löblichen Graff= | schafft Mansfeldt / durch Vrban | Gaubisch / wonhafftig auff | dem Graben. | 1567.

F⁴  Titel, Format, Umfang und Zählung wie bei F³.

In Pergament gehefteter stark abgegriffener Band. Hs. Eintragungen auf Vorblatt und letzter Seite. Auf Innendeckel: Gs. 1128 12.118 und (Vgl. 5961). Texte stockig und verfleckt, doch gut lesbar.

Standort: German. Nationalmuseum Nürnberg.
  Signatur: V. 260.

Inhalt des Bandes:

1. Jagteufel
2. Wider den Ehteuffel. | [Holzschnitt] | Gedruckt zu Franckfurt an der Oder / | durch Johann. Eichorn / | Anno / | M.D.LXI.

*F⁵  Standort: Staats- und Stadtbibliothek Augsburg.
  Signatur: 4° Th H.

*F⁶  Standort: Universitätsbibliothek Jena.
  Signatur: 4. Bud. Th. 225(37).

*F⁷  Standort: British Museum, London.
  Signatur: 8405.bb.35.

*F⁸  Standort: Universitätsbibliothek Wrocław.
  Signatur: 403791.

## G-Drucke (1561)

**G¹** Der Jagteüffel | Bestendiger vnnd wolgegründter be= | richt / wie fern die Jagten rechtmessig / vnd zugelassen. | Vnd widerůmb worinnen sie jtziger zeit des mehrer= | theils Gottlos / gewaltsam / vnrecht / vnd verdamlich | sein / Vnd derhalben billich vnterlassen / oder | doch geendert werden sollten. | *[Holzschnitt]* | Auffs new widerumb Corrigirt. | Durch | M. Cyriacum Spangenberg. | M.D.LXI.

*Der gleiche Holzschnitt wie die F-Ausgabe.*
*Jahreszahl verbessert:* M.D.LXI, *sonst wie F.*

*Format: Quart.*
*Umfang: 19 Bogen = 76 Blätter.*
*Zählung: Bogenzählung A—T, ausgeführt bis Blatt iij.*
  *Fehler in der Zählung: Diij, Piij ungez.*

*Kustoden, Marginalien, Initialen.*

*Das Exemplar ist Nr. 1 in einem Sammelband mit fünf anderen 'Teufelbüchern' und einem Musculus-Traktat.*

*Beschreibung und Inhalt des Bandes, siehe* Sauteufel *G¹, S. 328 f.*

*Standort: Sächsische Landesbibliothek Dresden.*
  *Signatur: Theol. ev. mor. 70.*

**G²** *Titel, Format, Umfang und Zählung wie bei G¹.*

*Kartonierter grauer Band. Text gut erhalten.*

*Standort: Bayerische Staatsbibliothek München.*
  *Signatur: Mor. 580/25.*

G³  *Titel, Format, Umfang und Zählung wie bei G¹.*

*Zeitgenössischer Pergamentband, 2 Schlaufen, eingestanztes Ornament, bibl. Motiv auf beiden Deckeln, auf Rücken: 383, auf vorderem Innendeckel: Kc. V. 72 und hs. 1152. Texte sehr gut lesbar.*
*Standort: Universitätsbibliothek Erlangen.*
*Signatur: Thl. XX, 34.*

*Inhalt des Bandes:*

1. Notwendige Errinnerung. | V o n n  d e s  S a t h a n s | letzten | Z o r n s t u r m / | Vnd | Was es auff sich habe vnd bedeute / das nu zu | dieser zeit so viel Menschen an Leib vnd Seel | vom Teuffel besessen werden. | Durch | A n d r e a m  C e l i c h i u m | Meckelnburgischen Super- | intendenten. | *[Holzschnitt]* Mit Chur vnd Fürstlichen Begnadungen / | G e d r u c k t  zu Wittenberg durch Zacharias Lehman / | Anno M.D. XCIIII.

2. H o f f a r t s  W o l s t a n d. | Nach der geblendeten Welt- kinder art zu reden: | Aber nach widergeborner Christen Sprache / die jhre Au= | gen mit Augensalbe / wie Johannes Apoc. 3. schreibet / gesalbet / vnd derhal= | ben / wie die Hoffart / anders ansehen / also nach besagung Gottes Wor- | tes / auch anders / vnd zwar dergestalt von derselbigen reden / | Nemlich / das sie sie nennen: | H o f f a r t s  g r e w e l  v n d  v b e l s t a n d : | Sintemal / was diese hiebey gedruckte Mißgeburt im Dorf= | fe Jeben / zur Soldwedelischen Superintendentz gehörig / von einer todten Mutter ge= | boren / vor vnsern Augen / für ein Muster vnd Ahnblick gibt: Das thut die stin= | ckende Hoffart / nach der heiligen Schrifft Zeugnis / einem Menschen | vor vnserm lieben Gotte auch. | Zum Vnterricht / Warnung vnd Vermanung / Durch | M. Iohannem Cunonem, gewiesen. | *[Holzschnitt]* | ANNO | Ach thvt Christliche obrigkeitn nun hierzv. | Wolt Ihr andrs bravchn eine selige ruh. | G e d r u c k t  z u  M a g d e b u r g / b e y  Paul Donat / Jn vorlegung | Ambrosij Kirchners.
Q 4ʳ: Gedruckt zu Magdeburg / bey Paul | Donat / in verlegung Ambrosij Kirchners. | Jm Jahr 1594.

3. Geistliche Fechtkunst / | Darinnen gewiesen: | WJe sich ein Christ= | licher Ritter / nach der Lehr S. Pauli / | zun Ephes: am 6 / im Geistlichen kampff / welchen der | Satan allen rechten Christen anbeut vnd ankündi= | get / verhalten solle. | Erkläret durch | M. Iohannem Cunonem | zu Soltwedel. | Jn der bestetigung des Erbarn vnd Wolgeach= | ten Johann Schubarths / seligen / etc. | Wittemberg / | Gedruckt durch Christoph: Axin. | Anno (I). I). XCIII.

4. *Jagteufel*

**G⁴** *Titel und Format wie G¹; ab Bogen N anderer Satz, ohne Schmuckleiste auf Schlußblatt, Zählung A–Uᵛ, Fehler in der Zählung: Diij, Tüj ungez.*

*Abgegriffener heller Lederband der Zeit, erhabene Bünde, ins Leder gestanzte biblische Motive, zwei Metallschließen verloren. Hs. Eintragungen auf Innendeckel und erstem Titel. Texte stockig, doch gut lesbar.*

*Standort: Universitätsbibliothek Erlangen.*
*Signatur: Thl. V, 133.*

*Inhalt des Bandes:*

1. Wider die böse Sieben / | ins Teufels Karnöffelspiel. *[Holzschnitt]* | M. Cyriacus Spangenberg. *[hs. 1562]* Eeᵛ: Gedruckt zu Eisleben / durch | Vrban Gaubisch. | 1562.

2. *Jagteufel*

\*G⁵ *Standort: Staatl. Bibliothek Regensburg.*
*Signatur: Asc. 53.*

\*G⁶ *Standort: Lipp. Landesbibliothek Detmold.*
*Signatur: Th 727.*

\*G⁷ *Standort: Königl. Bibliothek Kopenhagen.*
*Signatur: 1464.*

\*G⁸ *Standort: Universitätsbibliothek Wrocław.*
*Signatur: 459903.*

### H-*Drucke (1561)*

**H¹** Der Jag= | teufel / | Bestendiger vnd wolgegründ= | ter Bericht / wie fern die Jagten | rechtmessig / vnd zugelassen. Vnd | widerumb worinnen sie jtziger zeit | des mehrertheils Gottlos / gewalt= | sam / vnrecht / vnd verdamlich | sein / Vnd derhalben bil= | lich vnterlassen / oder | doch geendert | werden sol= | ten. | Durch | M. Cyria. Spangenberg. | M.D.LXI.

*Ausgabe hat keinen Holzschnitt, auch nicht die „gemehrte" Ausgabe als Vorlage, muß also Nachdruck von Ausgabe A oder C sein.*

*Format:   Oktav.*
*Umfang:  16¹/₂ Bogen = 132 Blätter.*
*Zählung: Bogenzählung A—A 4; B—S 4ʳ, ausgeführt bis Blatt v.*
*Fehler in der Zählung: Riiij statt Qiiij; S—Siiij statt Rv—R 8; Hiij, Ov, Riiij ungez.*

*Stark abgegriffener alter Pergamentband auf Holzdeckeln, umgebogene Kanten. Innenblätter beschädigt, zum Teil zerrissen. Vereinzelte handschriftliche Eintragungen. Papier stockig, Texte gut erhalten.*

*Standort: Universitätsbibliothek Bonn.*
*Signatur: Gd 389ᵃ.*

*Inhalt des Bandes:*

1. Wider den Eheteüfel | Ein sehr Nutzli= | ches büchlein / Wie man den | heimlichen liste / damit sich der leydige | Sathan wider die Ehestifftung auffleinet / auß | Gottes wort begegnen / vnnd den Ehestandt | Christlich anfahen / fridlich darinn leben / | vnd glücklich vollenden möge. | Durch Andream Musculum. D. *[Holzschnitt]* | Anno M.D.LXI. *4ᵛ: Getruckt zu Wormbs / | bey Philips Köpffel / in ver= | legung Weygand Han / | Anno M.D.LXI.

2. *Jagteufel*

\*H² *Standort: Sächsische Landesbibliothek Dresden.*
*Signatur: Theol. ev. mor. 447.*

## I-Drucke (1561)

I¹ Der Jag= | teufel / | Bestendiger vnd Wol= | gegründter bericht / wie fern | die Jagten rechtmessig / vnd zuge | lassen. Vnd widerumb worinnen | sie jtziger zeit des mehrer theils | Gottlos / gewaltsam / vn= | recht / vnd verdamlich | sein / Vnd derhalben | billich vnterlassen / | oder doch geen= | dert werden | solten. | Durch | M. Cyria. Spangenberg. | 1.5.61.

*Nach Typenvergleich vermutet Grimm, daß I-Druck ein Nachdruck von Nicolaus Henricus ist.*[73]

*Format: Oktav.*
*Umfang: 19½ Bogen = 156 Blätter.*
*Zählung: Bogenzählung A–V 3ʳ, ausgeführt bis*
  *Blatt v.*
  *Fehler in der Zählung: A 4, O 5, S 4*
  *ungez.; V 3 statt V 2.*

*Stark abgestoßener dunkler Lederband, auf Holzdeckeln, erhabene Bünde. Kreuzigung Christi eingestanzt auf Vorder- u. Rückdeckel. Jahreszahl:* 1568 *auf Vorderdeckel. Alte Signatur auf Innenseite Rückdeckel:* Theologie Moral 717; *auf vorderem Innendeckel:* S. 925. *Text gut erhalten.*

*Standort: Deutsche Staatsbibliothek Berlin W. 8.*
*Signatur: Db 3193.*

---

[73] Grimm, Teufelbücher, a.a.O., Sp. 1770(g).

I²    *Titel, Format, Umfang und Zählung wie bei I¹.*

*Das Exemplar ist Nr. 1 in einem Sammelband mit fünf anderen 'Teufelbüchern'.*

*Beschreibung und Inhalt des Bandes, siehe* Saufteufel K³, *S. 334.*

*Standort: Deutsche Staatsbibliothek der Stiftung Preuß. Kulturbesitz, Berlin-Dahlem.*
*Signatur: Db 3015 R.*

\*I³    *Standort: Württemb. Landesbibliothek Stuttgart.*
*Signatur: Theol. 8° 16798.*

## K-Drucke (1561)

K¹    Der Jagteufel. | Bestendiger / | vnd wolgegründ- ter be= | richt / Wie ferne die Jagten | recht- messig / vnd zugelassen / | Vnd widerumb worinnen sie | jtziger zeit des mehrer theils | Gottlos / Gewalt- sam / Vn= | recht / vnd verdamlich sein / | Vnd der- halben billich | vnterlassen / oder | doch geendert | werden sol | ten. | Durch | M. Cyria. Spangen- berg. | 1561.

*Kein Holzschnitt, auch „ungemehrt", wie Ausgabe H.*

*Format: Oktav.*
*Umfang: 19 Bogen = 152 Blätter.*
*Zählung: Bogenzählung A–T, ausgeführt bis Blatt v.*
          *Fehler in der Zählung: G 5 statt G 3,*
          *H 2 statt H 5, A 4 statt L 4.*

*Neuerer Lederband, goldgepreßter Titel auf Rücken, etwas abgegriffen.*

*Standort: Sammlung Adam, Goslar.*
*Signatur: Nr. 1449.*

**K²** *Titel, Format, Umfang und Zählung wie bei K¹.*

*Pappdeckelband mit Lederrücken und Ecken. Goldgestanzter Titel auf Rücken, roter Buchblock. Exlibris auf linkem Innendeckel:* Andreae Felicis Oefely. Monacensis. *Wappen, darüber Inschrift:* Honos erit huic quoque luto. *Text stockig, doch gut leserlich.*

*Standort: Bayerische Staatsbibliothek München.*
*Signatur: Asc. 4607.*

*Inhalt des Bandes:*

1. Jagteufel.
2. Hoffteuffel. | Das sechste Capitel | Danielis / den Gott= | fürchtigen zu trost / | den Gottlosen zur | warnung / Spielweis | gestellet / vnd in Rheim | verfasset / Durch Johan. | Chryseum. | Gedruckt zu Wittemberg / | bey Veit Creutzer. | Anno (1553) *[handschriftlich]*

**K³** *Titel, Format, Umfang und Zählung wie bei K¹.*

*Das Exemplar ist Nr. 4 in einem Sammelband mit drei anderen 'Teufelbüchern'.*

*Beschreibung und Inhalt des Bandes, siehe* Saufteufel *K², S. 333f.*

*Standort: Bayerische Staatsbibliothek München.*
*Signatur: Asc. 4313.*

\***K⁴** *Standort: Studienbibliothek Dillingen.*
*Signatur: XVI 1461.*

\***K⁵** *Standort: Fürstl. Bibliothek Schloß Harburg.*
*Signatur: XIII, 6, 8°, 793.*

## L-Druck (1561)

L  Jagteüffel / | Bestendiger vnd Wol= | gegründter bericht / wie fern die Jagtē | rechtmessig / vnd zůgelassen. Vnd widerumb | warinnen sie jetziger zeit des mehrer theils | Gottloß / gewaltsam / vnrecht / vnd ver= | damlich sein / Vnd derhalben billich | vnterlassen / oder doch geån= | dert werden solten. | Durch M. Cyriacum Span= | genberg. | Sampt einem Register am end dises | bůchlins / nach dem Alphabet ordenlich ge= | stellet / Alles was hierinnen begriffen / bald | zů finden. Auch deren gelerten leüt Namen / | auß welcher Schrifften dieses Bůch | zůsamen gezogen. | 1561.

*Kein Holzschnitt, auch „ungemehrt".*

*Nach Typenvergleich könnte die Ausgabe bei Köpffel in Worms gedruckt sein.*

*Einziges Exemplar dieser Ausgabe.*

*Format: Oktav.*
*Umfang: 14 Bogen = 112 Blätter.*
*Zählung: Bogenzählung A–O, ausgeführt bis Blatt v;*
  *Blattzählung 1–203.*

*Braun marmorierter Pappdeckelband, Titelblatt und Vorblätter restauriert, Text leicht stockig, doch gut erhalten.*

*Standort: KMU-Bibliothek Leipzig.*
  *Signatur: 67–5302.*

## M-*Drucke (1561)*

**M¹**  Bestendiger vn wolgegründ= | ter Bericht / wie ferrn die Jagten rechtmeßig vn̄ | zůgelassen. Vnd widerumb / warinnen sie jetziger zeyt deß | mehrerteils Gottloß / gewaltsam / vnrecht / vnd ver= | damlich seyn / Vnd derhalben billich vn= | derlassen / oder doch geendert | werden sollen. | Durch | M. Cyriacum Spangenberg. | Auffs neüw widerumb Corrigiert. | Getruckt zu Franckfurt am Mayn. | M. D. LXI.
O 6ʳ: Getruckt zů Franckfurt am | Mayn / durch Weygand Han / | vnd Georg Raben.

*Diese Folioausgabe erschien als dritter Teil des von Noa Meurer colligierten Werkes* Von Forstlicher Oberherrligkeit vnd Gerechtigkeit *– Mit Röm. Kais. Mt. Freyheit / in sechß jaren | nicht nachzůdrucken. M. D. LXI. Das Wort „Jagteufel" erscheint nicht.*

*Format: Folio.*
*Umfang: 84 Blätter (14 Bogen zu 6 Blättern).*
*Zählung: Bogenzählung A–O, ausgeführt bis Blatt iiij.*

*Ungebundene Broschur. Handschriftliche Eintragungen am Rand. Papier etwas stockig, Text gut erhalten.*

*Standort: Stadt- u. Universitätsbibliothek Frankfurt/ Main.*
*Signatur: Ffm Q 1/77.*

**M²**  *Titel, Format, Umfang und Zählung wie bei M¹.*

*Blindgepreßter heller Lederband der Zeit, zur Hälfte auf Holz, vordere Hälfte lateinische Pergament-Hs., Lederschließen, erhabene Bünde. Eingestanzte biblische Motive und Ornamente, Inhaltsverzeichnis hs. auf Rücken. Auf Vorsatzblatt hs.:* Cognitio Vsum & Vsús cognitionem perficit.

*Papier etwas stockig, Texte sehr gut erhalten.*
*Standort: Herzog August Bibliothek.*
*Signatur: 65.1 Jur. fol.*

Inhalt des Bandes:

1. BARTOLE= | MAEI BLARE- | RI IVRISCONS. | IN L. DIFFAMARI. C. DE | INGENV. MANV. COMMENTATIO | SEV REPETITIO: AMPLISSIMVM AC VERVM EIVS Vsum, & in Imperiali Camerae iudicio, ac passim in foro dilucidè proponens. | In qua plura loca utriusq̃ Iuris explicata: Libelli item pro hodierna fori con | suetudine uarij, ac obseruationes multae, uniuersum Iuris proces- | sum singulariter spectantes, utiliter exhi- | bentur: adiuncto Indice. *[Holzschnitt griech. Zeile]* | Cum priuilegio Imper. Maiestatis in annos X. | BASILEAE APUD NICO- | laum Episcopium F. M. D. LXIII. O 6': BASILEAE, EX OFFICINA | NICOLAI EPISCOPII F. ANNO SA- | LVTIS HVMANAE M. D. LXIII. | Mense Augusto.

2. Von Forstlicher Ober= | herrligkeit vnd Gerechtigkeit / was | die Recht / der Gebrauch / vnd die Billigkeit | deßhalben vermög. | Jtem: Von dem waren oder gerechten Rechten / der Teüt= | schen Gerechtigkeit / Aequitate oder Billigkeit / wie vnd wenn | die von einem jeden gerechten vnd nit zů strengem Richter / nach gestalt | vnd gelegenheit fürfallender vngleicher Fåll vñ Sachen zůhalten / vnd | darnach zů vrteilen sey. Alles beschriben durch den Hochgelehrten Noe | Meürer / der Rechten Doctorn / Churfürstlicher Pfaltz | Rath. Zůvor in Truck nie | außgangen. | Auch | Vom rechtmessigen Jagen / vnd vom mißbrauch | desselbigen / bestendiger Bericht / durch | M. Cyriacum Span= | genberg. | Mit Röm. Kais. Mt. Freyheit / in sechß jaren | nicht nachzůdrucken. | M. D. LXI.

3. Von dem waren oder gerech= | ten Rechten der Teütschē Gerechtigkeit / AEQVI- | TATE oder Billigkeit / wie vnd wann die von einem jeden | gerechten vnd nicht zůstrengem Richter nach gestalt vnd | gelegenheit fürfallender vngleicher fell oder sachen / zůhalt= | ten / vnd darnach zůvrtheilen seye. Durch den Hochgelehr= | ten Noe Meürern / der Rechten Doctorn / der Churfürst= | lichen Pfalz Rath / beschriben / vnd zů sonderm al= | ler Vnderngericht vnd Parthey= | en nutz in Truck |

geben. | IESVS SYRACH. | Reche nicht zů genauw alle misse-
that / vnd kůl dein mŭtlin nicht | wann du straffen wilt. |
Getruckt zů Franckfurt am Mayn / | M. D. LXI.

    *4. [Jagteufel]*

\*M³    *Standort: Bayerische Staatsbibliothek München.*
       *Signatur: J. publ. G. 264.*

\*M⁴    *Standort: Staatsbibliothek Bamberg.*
       *Signatur: M.v.O. Jus. f. 12.*

\*M⁵    *Standort: Fürstl. Fürstenberg. Hofbibliothek Donau-*
      *eschingen.*
       *Signatur: MES 31.*

\*M⁶    *Standort: Niedersächs. Staats- u. Universitätsbiblio-*
      *thek Göttingen.*
       *Signatur: Jus. Germ. V 4063.*

\*M⁷    *Standort: Universitätsbibliothek Heidelberg.*
       *Signatur: J 3358.*

\*M⁸    *Standort: Universitätsbibliothek Tübingen.*
       *Signatur: Ek 2 fol.*

\*M⁹    *Standort: Deutsche Staatsbibliothek Berlin W. 8.*
       *Signatur: Gm 10162.*

\*M¹⁰    *Signatur: Gm 10300.*

\*M¹¹    *Signatur: Fa 4891.*

\*M¹²  *Standort: Forschungsbibliothek Gotha.*
       *Signatur: Jur 2° 65/4.*

\*M¹³ *Standort: Universitäts- u. Landesbibliothek Sachsen-Anhalt, Halle/Saale.*
*Signatur: Ki 760.*

\*M¹⁴ *Standort: KMU-Bibliothek Leipzig.*
*Signatur: Tr. jur. civ. 31.*

\*M¹⁵ *Standort: La Biblioteca Apostolica Vaticana, Vaticano.*
*Signatur: Palat. IV. 1197.*

## N-Drucke (1561)

N¹ Der Jagteüffel / | Bestendiger vnnd Wolge= | gründter bericht / wie fern die Jagten | rechtmessig / vnd zůgelassen. Vnd widerumb worin= | nen sie jetziger zeit des mehrertheils Gotloß / gewalt= | sam / vnrecht / vnd verdamlich sein / Vnd derhal= | ben billich vndterlassen / oder doch geen= | dert werden solten. Durch | M. Cyria. Spangenberg. | *[Holzschnitt]* | M. D. LXI.

*Holzschnitt spiegelverkehrt und verkleinert nach den Ausgaben A, B, C, D, E.*

*Format: Oktav.*
*Umfang: 13 Bogen = 104 Blätter.*
*Zählung: Bogenzählung A—M; ausgeführt bis Blatt v.*
*M6—M8 fehlen.*
*Außerdem fehlen: F1, F8, M1, Miij*
*Cij, Eiij ungezeichnet.*

*Gehefteter Pappdeckelband aus dem 18. Jh.; Goldranken mit Vögeln und Tigern auf Außen- und Innendeckeln. Auf vorderem Innendeckel: S.C.M. Auf Vorblatt: 4125. Besitzername: J. C. Schemel auf Vorblatt. Schloßbibl. Ansbach Signaturen. Text stockig, doch gut lesbar.*

*Standort: Universitätsbibliothek Erlangen.
Signatur: Thl. V, 242.*

\*N² *Standort: Zentralbibliothek Zürich.
Signatur: VII, 339.*

## O-Drucke (1561)

O¹  Der Jagteüfel. | Bestendiger vnnd Wolge= | gründter bericht / wie fern die Jagten | rechtmessig / vnd zugelassen. Vnnd widerumb / | warinn sie jetziger zeit des mehrertheils Gott= | loß / gewaltsam / vnrecht / vnd verdamlich | seind / Vnnd derhalben billich vn= | derlassen / oder doch geende= | ret werden solten. | Durch M. Cyria. Spangenberg. | *[Holzschnitt]* | Anno M. D. LXI.
Q iij^v: Getruckt zu Wormbs / | bey Philips Köpffel / in ver= | legung Weygand Han / | Anno M. D. LXI.

*Ungemehrte Ausgabe, nach Vergleich vielleicht Ausgabe C als Vorlage, fast alle Errata aufgenommen.*

*Neuer Holzschnitt, der dann weiter von den Mainfrankfurter Druckern benutzt wurde:*

*In der Mitte ein von Hunden gegen das Netz gehetzter Hirsch, rechts und links vorn je ein Teufel zu Fuß mit Sauspieß; der eine bläst ein Jagdhorn.*

Format:  Oktav.
Umfang: 16 Bogen = 128 Blätter.
Zählung: Bogenzählung C−C4; A−Q, ausgeführt bis
          Blatt v.
          Fehler in der Zählung: Aiiij statt Biiij.

Kustoden, Marginalien, Initialen.

*Stark abgegriffener heller Lederband der Zeit auf Holzdeckeln, ins Leder gepreßte Ornamente, biblisches Motiv auf Vorder- u. Rückendeckel. Metallschließen, umgebogene Kanten, rotgebeizter Buchblock. Alte Signatur auf vorderem Innendeckel: C. 377. \*. Titelblatt beschädigt, Texte teilweise wurmstichig und zerfressen, doch gut lesbar.*

*Standort: Ehem. Universitätsbibliothek Helmstedt. Signatur: J 686.*

*Inhalt des Bandes:*

1. Das kleine | Corpus Doctrinae | Das ist / | Die Heuptstů= | cke vnd Summa Christ= | licher Lere / für die Kinder in Schu= | len vnd Heusern / Fragweis auffs einfel= | tigst gestellet / vnd allenthalben auff | den Catechismum gegründet / | MATTHEVM IVDICEM. | Sampt den kurtzen Christlichen | Fragstůcken D.M.L. | Psalm 119. | Wie wirdt ein Jüngling seinen Weg | vnstrefflich gehen? | Antwort | Wenn er sich helt nach deinem Wort. | 1576.

2. Etliche Chri= | stliche Fragstůck / mit jren | Antworten / Für die / so zum | Sacrament gehen wöllen / auffs | einfeltigste / der Kirchen | Christi / zu Kemberg | erstlich zugestellet | Durch | D. Mart. Luther.

3. Historia der Passion vn= | sers lieben HErrn Jesu | Christi. | Aus den vier | Euangelisten zusamen ge= | zogen / vnd in neun theil getheilet / | Auch wie ein jedes theil Christlich vnd | fruchtbarlich zu betrachten sey / | Jn teutsche Reime ver= | fasset. | Durch Gregorium Mar= | bachium Roßwensem / Pfar= | herr zu Süplingburg. | Gedruckt zu Halberstadt / durch | Georg Koten. | Anno | M. D. LXXXII.
G 7ᵛ: Gedruckt zu | Halberstadt / durch | Georg Koten. | M. D. LXXII.

4. *Jagteufel*

O² *Titel, Format, Umfang und Zählung wie bei O¹.*

*Das Exemplar ist Nr. 1 in einem Sammelband mit drei anderen 'Teufelbüchern'.*

*Beschreibung und Inhalt des Bandes, siehe* Spielteufel *E¹, S. 355f.*

*Standort: Thür. Landeshauptarchiv Weimar.*
*Signatur: 4, 6:32.*

O³   *Titel, Format, Umfang und Zählung wie bei O¹.*

*Beschädigtes Exemplar: Q1 und Q2 fehlen.*

*Heller Lederband der Zeit auf Holzdeckeln, 2 Metallschließen, erhabene Bünde, ins Leder gepreßte Motive und Ornamente, umgebogene Kanten. Hs. Eintragungen auf vorderem Innendeckel. Alte Signatur: S. 857. 1149. Papier zum Teil stockig und fleckig, Texte gut erhalten.*

*Standort: Herzog August Bibliothek Wolfenbüttel.*
*Signatur: P 1149 Helmst. 8°.*

*Inhalt des Bandes:*

    1. Sprichwörter / | Schöne / . Weise Klůgredenn. | Darinnen Teutscher vñ anderer Spraach= | en Höfflicheit / Zier / Höhste Vernunfft vñ Klůgheit / | Was auch zu Ewiger vnd zeitlicher Weißheit / Tu= | gent / Kunst vnd Wesen dient / gespůrt vñ begriffen. | Von Alten vnd jetzigen im brauch gehabt vnd | beschrieben / Jn etlich Tausent zu= | samen bracht. | *[Holzschnitt] Cum Priuilegio, Franck. Bei Chr. Egen. Erben.*

    2. Jagteufel

\*O⁴   *Standort: Stadtbibliothek Worms.*
*Signatur: W Dr 29.*

\*O⁵   *Standort: Deutsche Staatsbibliothek Berlin W. 8.*
*Signatur: Db 3193.*

\*O⁶   *Standort: Sächs. Landesbibliothek Dresden.*
*Signatur: Theol. ev. mor. 448.*

\*O⁷ Standort: *Universitätsbibliothek Basel.*
   Signatur: *E W X 25 Nr. 3.*

\*O⁸ Standort: *British Museum, London.*
   Signatur: *8408. b. 41.*

\*O⁹ Standort: *Österr. Nationalbibliothek Wien.*
   Signatur: *22. 495 – A.*

## P-Drucke (1562)

P¹ Jagteüffel. | Bestendiger vnd Wolge= | gründter bericht / wie ferrn die | Jagten rechtmessig / vn̄ zugelassen. Vnd | widerumb / warinn sie jetziger zeyt deß mehrerteils | Gottloß / gewaltsam / vnrecht / vnnd verdamlich | seind / Vnd derhalben billich vnderlassen / oder | doch geendert werden solten. | Durch M. Cyria. Spangenberg. | *[Holzschnitt]* | Anno M. D. LXII.
R 4ʳ: Getruckt zů Franckfurt | am Mayn / bey Weygand | Han vnd Georg | Raben.

*Ungemehrte Ausgabe mit dem gleichen Holzschnitt wie die Wormser Ausgabe O.*

*Format: Oktav.*
*Umfang: 16½ Bogen = 132 Blätter.*
*Zählung: Bogenzählung A – R4, ausgeführt bis Blatt v, und Seitenzählung 1 – 132.*

*Kustoden, Marginalien, Initialen.*

*Das Exemplar ist Nr. 1 in einem Sammelband mit sechs anderen 'Teufelbüchern'.*
*Beschreibung und Inhalt des Bandes, siehe* Spielteufel *F¹, S. 357f.*

*Standort: Universitätsbibliothek Erlangen.*
*Signatur: Thl. V, 242$^a$.*

P²     *Titel, Format, Umfang und Zählung wie bei P¹.*

Das Exemplar ist Nr. 2 in einem Sammelband mit vier anderen 'Teufelbüchern'.
Beschreibung und Inhalt des Bandes, siehe Spielteufel F², S. 358.

*Standort: Universitätsbibliothek Heidelberg.*
*Signatur: G 5612.*

P³     *Titel, Format, Umfang und Zählung wie bei P¹.*

Das Exemplar ist Nr. 3 in einem Sammelband mit sieben anderen 'Teufelbüchern'.
Beschreibung und Inhalt des Bandes, siehe Spielteufel H⁵, S. 361.

*Standort: Universitätsbibliothek Salzburg.*
*Signatur: 90 709 I.*

P⁴     *Titel, Format, Umfang und Zählung wie bei P¹.*

In zerfetzte, schwarz-rot liturgische Schrift gebundene Texte. Alte Signatur: Th. Thet. 2667 *auf vorderem Innenblatt. Text sehr gut erhalten.*

*Standort: Bayerische Staatsbibliothek München.*
*Signatur: Mor. 940.*

*Inhalt des Bandes:*

1. *Jagteufel*
2. Vom Hoffleben / | Ein Kurtzer | bericht / auß welchem sich | einer so sich an Fŭrsten / Grauen | oder Herren Hŏffen / fŭr einen Rath o= | der Diener wil gebrauchen lassen / zu er= | sehen / vnd zu lernen hat / Wie er sich in | allem

seinem thůn vnd wesen der= | massen verhalten soll / daß | er daruon Ehr vnnd | Rhům haben | möge. | Durch | Georgium Lauterbecken | geschrieben / vnnd jetzt gebes= | sert / vnd wider in Druck | gegeben. | Gedruckt zů Franckfurt am Mayn. | M. D. LXIIII.

*E 7ᵥ:* Getruckt zu Franckfurt | am Mayn / bey Johann Lechler / | In verlegung Sigmund Feyerabendt / | vnd Simon Hůter / Jm Jar nach | Christi geburt / Tausent / fůnff | hundert / vier vnd | sechtzig. | *[Druckersignet:* SIGMVND FEIRABENT. SIMON HVTTER.*]*

3. Von dem ver= |damlichen laster der | Truncken heit. | Ein kurtze lehr / auß was vrsa= | chen wir die selbige fliehen sollē / ver | faßt vnd zůsamen gezogen / Durch | M. Gazabar Brunmylleum. | *[Holzschnitt]* | Ephes. 5. | Sauffen euch nicht voller Weins / Dar= | auß ein vnordenlich wesen folget / sonder wer= | den vil mehr voll deß heiligen Geists / ʀc. | Zů Straßburg by Augustin Frieß.

**P⁵** *Titel, Format, Umfang und Zählung wie bei P¹.*

*Blindgepreßter heller Lederband der Zeit, erhabene Bünde, 2 Metallschließen verloren. Hs. Inhaltsverzeichnis auf dem Rücken. Exlibris:* Ex Bibliotheca I. D. Post. V. I. D.

*Das Exemplar ist zusammengebunden mit vier anderen 'Teufelbüchern'.*

*Standort: Niedersächs. Landesbibliothek Hannover. Signatur: Lh 5218.*

*Inhalt des Bandes:*

1. *Jagteufel*
2. Hofteuffel. | Das Sechßte | Capitell Danielis / Den | Gottförchtigen zu trost / den Gott= | losen zur warnung / Spilweiß | gestellet / vnd in Reimen | verfasset. | Durch Johannem | Chryseum. | Gedruckt zu Franckfurt / | M. D. LXIIII.

3. Gesind Teufel | Darin acht stůck gehan= | delt werden / von des Gesindes | vntrew / welche im nachfolgenden blat | verzeichnet. Von | M. Peter Glaser Pre= | diger zu Dreßden / gestellet | vnd zusammen gezogen. | *[Holzschnitt]* | Leipzig.
*J 2ʳ:* Leipzig | Bey M. Ernesto Vōgelin. | M. D. LXIIII.

4. Faul Teuffel / | Wider das La | ster des Müssigganges / | Christlicher warhafftiger vnder= | richt vnd warnung / auß grund der heyli= | gen Schrifft / vnnd den alten Christli= | chen Lerern / Auch ander Wei= | sen Sprůchen / mit fleiß | zusamen bracht / | Durch | Joachimum Westphalum Jßle= | biensem / Kirchendiener zu San= | gerhausen. | Getruckt zu Franckfurt am Mayn. | M. D. LXIII.
*F 8ᵛ:* Getruckt zu Franckfurt | am Mayn / durch Johann Lech= | ler / Jn verlegung Sigmundt | Feyerabent vnd Simon | Hůter. *[Druckersignet von Feyrabent: Fama mit der Posaune.]* 1563.

5. Wider den Eheteuffel. | Ein sehr nůtzli= | ches bůchlin / wie man den | heimlichen listen / damit sich der leydige | Sathan wider die Ehestifftung aufflehnet / auß Got= | tes wort begegnen / vnd den Ehestandt Christlich | anfahen / friedlich darinn leben / vnd | glůcklich vollenden | můge. | Durch Andream Musculum. D. | *[Holzschnitt]* | Anno / 1562.
*F 7ᵛ:* Getruckt zů Franckfurt | am Mayn / bey Weygand | Han vnd Georg | Raben.

\*P⁶   *Standort: Stadtbibliothek Nürnberg.*
       *Signatur: Theol. 479. 8°.*

\*P⁷   *Standort: lt. s'Gravenhage: in Amsterdam UB.*

\*P⁸   *Standort: La Biblioteca Vaticana, Vaticano.*
       *Signatur: Palat. V. 1257.*

\*P⁹   *Standort: Zentralbibliothek Zürich.*
       *Signatur: XVIII 1783.*

## Q-Drucke (1566)

**Q¹** Jagteuffel. | Bestendiger vnd Wolge= | gründter bericht / wie ferrn die | Jagten rechtmessig / vnd zugelassen. Vnd | widerumb / warinn sie jetziger zeit deß mehrerntheils | Gottloß / gewaltsam / vnrecht / vnd verdamlich | seind / Vnd derhalben billich vnderlassen / oder | doch geendert werden solten. | Durch M. Cyria. Spangenberg. | *[Holzschnitt]* | Anno M. D. LXVI.
*R 4ʳ:* Getruckt zu Franckfurt | am Mayn / bey Georg Ra= | ben vnd Weygand Ha= | nen Erben.

*Nachdruck der P-Ausgabe mit dem gleichen Holzschnitt.*

*Format: Oktav.*
*Umfang: $16^{1}/_{2}$ Bogen = 132 Blätter.*
*Zählung: Bogenzählung A–R4, ausgeführt bis Blatt v.*
  *Seitenzählung 1–132.*

*Kustoden, Marginalien, Initialen.*

*Alter heller Pergamentband mit umgebogenen Kanten, Rücken geheftet, rötlich gebeizter Buchblock. Alte Signatur: R. 466. 0.377. Papier etwas stockig, Texte gut erhalten.*

*Standort: Herzog August Bibliothek Wolfenbüttel.*
  *Signatur: O 371 8° Helmst.*

*Inhalt des Bandes:*

1. Fürsten Spiegel. | Christliche vnd | notwendige vermanunung / | An alle Euangelische Chur vnd Für= | sten / Stedt vnd Stende der Augspur= | gischen Confession / Was die furnem= | lich in jhrem Regiment teglich be= | trachten vnd volbrin= | gen sollen. | Beschrieben durch Thomam | Rorarium / Pfarherr zu | Reinhartshofen. | 1566. | Mit einer

Vorrede M. | Ciriac. Spangenb. | Syrach / cap. 10. | Ein weiser Regent ist streng / Vnd wo ein | verstendige Oberkeit ist / da gehet es ordentlich | zu. Wie der Regent ist / so sind auch seine | Amptleut. Wie der Rath ist / so sind auch die | Bürger. Ein wůster Kőnig verderbet Land | vnd leut / Wenn aber die Gewaltigen klug | sind / so gedeyet die Stadt.
*J 4ᵛ:* Gedruckt zu Schmalkal= | den / bey Michel Schmuck.

2. *Jagteufel*

3. Tantzteuffel: | Das ist / wider | den leichtfertigen / vnuer= | schempten Welt tantz / vnd son= | derlich wider die Gotts zucht | vnd ehrvergessene | Nachttentze. | Gestellet durch Florianum | Daulen von Fůrstenberg / Pfarrherrn die | zeit zu Schnellewalde. *[Holzschnitt]* Franckfurt am Mayn / Anno 1567.
*P 8ʳ:* Getruckt zu | Franckfurt am Mayn / | bey Martin Lechler / in | verlegung Sigmund Feyr= | abends vnd Simon Hůters. *[Druckersignet:* SIGMVND FEIRABENT / SIMON HUTTER*]* | Anno M. D. LXVII.

Q² *Titel, Format, Umfang und Zählung wie bei Q¹.*

*Das Exemplar ist Nr. 1 in einem Sammelband mit acht anderen 'Teufelbüchern'.*

*Beschreibung und Inhalt des Bandes, siehe* Saufteufel N¹, S. 338f.

*Standort: Universitätsbibliothek Tübingen.
Signatur: Gg 514.*

Q³ *Titel, Format, Umfang und Zählung wie bei Q¹.*

*Gehefteter grauer Pergamentband. Auf vorderem und hinterem Innendeckel alte Signatur:* Z 8786; Theolog. Moral. 346. *Exlibris auf vorderem Innendeckel:* Ex Bibliotheca Kar. Hartw. Gregorii de Meusebach. *Text fleckig doch gut leserlich.*

*Standort: Deutsche Staatsbibliothek Berlin W. 8.
Signatur: Db 3196.*

Q⁴  Format, Umfang und Zählung wie bei Q¹, ohne Titelblatt.

Das Exemplar ist Nr. 1 in einem Sammelband mit sieben anderen 'Teufelbüchern'.

Beschreibung und Inhalt, siehe Spielteufel I¹, S. 362f.

Standort: Bibliothek des Predigerseminars Braunschweig.
Signatur: F 119e.

\*Q⁵  Standort: Stadtbibliothek Mannheim.
Signatur: Wk 1853.

\*Q⁶  Standort: Sächs. Landesbibliothek Dresden.
Signatur: Theol. ev. mor. 448$^b$.

\*Q⁷  Standort: Universitätsbibliothek Wrocław.
Signatur: 8 N 1950, 1.

**R-Druck (1569)**

*Der Jagteufel steht als Nr. IX, f. CCLXXXVI$^v$ – CCCXVI$^r$ im* Theatrum Diabolorum *von 1569 (Inhalt und Beschreibung, siehe* Teufelbücher I, *S. 464–469) sowie in den weiteren Ausgaben von 1575 und 1587/88.*

**V**

1. *Die in* Teufelbücher I *im Nachwort unter IV, Punkt 2. 3. 4. und 6 (S. 488–493), in* Teufelbücher II *unter VII (S. 453–456), in* Teufelbücher III *unter III (S. 437–445) und in* Teufelbücher IV *unter VIII (S. 404–407) gegebenen allgemeinen Hinweise gelten auch für Band V.*

*Da die meisten Traktate dieses Bandes bis zu sechzehn Einzelausgaben aufweisen, war es aus Umfangsgründen auch hier nicht möglich, Variantenverzeichnisse zu liefern. Im übrigen sind die wesentlichen Unterschiede zwischen den ost- und westdeutschen Druckzentren bereits aus den Variantenverzeichnissen der* Teufelbücher *I—III und auch aus* Teufelbücher *IV ersichtlich.*

*Beim Vergleich der Erstausgaben mit den nachfolgenden Ausgaben ergaben sich kleinere Abweichungen und auch einige größere Auslassungen oder „Mehrungen" (wie vom Verfasser im Titelblatt angedeutet) beim* Saufteufel *und* Jagteufel; *der* Spielteufel *hat keine erweiterten Ausgaben:*

### SAUFTEUFEL

5   6   glückseligen *EGHLMN*; seligen *ABCD*.
    7   zuvor *EGHLMN*; Amen *ABCD*.
    8   Heuptman / großgünstiger lieber Herr *EFGH*; Heuptman / — — *ABCDLMN*.

16  13  gibt *EGHLMN*; nimpt *ABCD*.

25  32  böse bleiche farbe *EGHLMN*; fehlt *A*.

26   7   krantz *EFGHLMN*; Kron *ABCD*.
    9   als er vier große kandeln mit wein außgesoffen *EGHLMN*; fehlt *A*.
   11  Er hat sich auch / wie Plutarchus schreibt / ein und viertzig mal erbrochen / und damit den Geist auffgeben. *EGHLMN*; fehlt *A*.

27   8   mit dem — *EGHLMN*; mit dem meinen *A*.
   23  Und gehet / wie jener sagte / Wehre liebe Else wehre / das wir nicht reich werden / Brich du krüge / so breche ich töpffe. *EGHLMN*; fehlt *A*.

33  10  Zum vierdten / Ists ja auch gewiß / — — gottes wort nicht verbotten sey? *EGHLMN*; fehlt *A*.
   16  halb und gantze *EA*; gantz und halb *GH*.

| | | |
|---|---|---|
| 35 | 9 | wider diß und — andere laster *EGHLN*; wider dis unnd alle andere laster *A*. |
| 37 | 2 | wie man vor zeiten (nicht inn Gottes namen) vorgab *EFGHLMN*; wie man vor zeiten / ins Teuffels namen vorgab *A*. |
| | 20 | Antwort. So mus Gott unrecht sein / *EGHLMN*; — So mus Gott unrecht sein / *A*. |
| 38 | 28 | Ich gedöchte — meiden. *EGHLMN*; *fehlt A*. |
| 40 | 15 | Ich halte / es sey nicht so grosse Sůnde — geachtet werden. *EGHLMN*; *fehlt A*. |
| 41 | 26 | Ich sehe / das mancher wol so truncken / — entschuldigen können. *EGHLMN*; *fehlt A*. |
| 42 | 9 | Antwort. Das hilfft nicht. Denn ob jhenes wol grösser Sůnde ist / so einer den anden zum Sauffen zwinget / so ist doch diß gleichwol auch Sůnd / und wider Gott / wenn du halbe und gantze bescheid zu thun annimpst / ob du auch gleich niemandt zwingest. *EGHLMN*; Das hilfft nicht / wird doch nicht davon gehandelt / ob du ein andern zwingen solt oder nicht / sondern davon / das du nicht zu halben oder gantzen sauffen solt. *A*. |
| 43 | 11 | Ich hab gehört — zu bedencken ist. *EGHLMN*; *fehlt A*. |
| 45 | 21 | truncken trincken. — *fehlt EGHLMN*; truncken trincken. Zu dem / so folgt auch nicht / das es alles můst recht sein / was jene auff der Hochzeit zu Cana gethan haben. *A*. |
| 46 | 26 | Ich bin nun alt — in der Gedult. *EGHLMN*; *fehlt A*. |
| 47 | 22 | Wie thue ich im aber? — biß ans ende. *EGHLMN*; *fehlt A*. |
| 48 | 23 | Sehe ich doch *EGHLMN*; Ich sehe das *A*. |
| | 25 | Antwort. Ob es etliche *EGHLMN*; — Obs etliche *A*. |
| 49 | 3 | Antwort. Das ist war. *EGHLMN*; — Das ist war. *A*. |

## JAGTEUFEL

235 16 An einem andern ort − geben. *BDEFGM; fehlt ACHKOPQ.*

242 27 anzeiget / Etlich schreiben der hunde sey nur 20. gewesen *2c*. *ACHKOPQ;* anzeiget. − *fehlt BDEFGM.*
    28 Nicht lange − Jovius. *BDEFGM; fehlt ACHKOPQ.*

243 9 Solche − gewendet. *BDEFGM; fehlt ACHKOPQ.*

244 3 Ist auch eine Sage *BDEFGM;* Es ist eine Sage *ACHKOPQ.*

252 1 Ein Christlicher Graffe − Mensch. *BDEFGKM; fehlt ACHOPQ.*

268 26 Als − gejagt worden. *BDEFGM; fehlt ACHKOPQ.*

269 18 Desgleichen − meldet. *BDEFGM; fehlt ACHKOPQ.*

289 21 Sanct Bernhard − nutz bringen. *BDEFGM; fehlt ACHKOPQ.*

296 27 sonderlich zu Hoffe. *BDEFGM; fehlt ACHKOPQ.*

301 10 Doctor Luther − abgehet. *BDEFGKM; fehlt ACHOPQ.*

303 18 Amen. Hiob 19. | Ich weis / das mein Erlöser lebet. *A;* Amen. − *fehlt B.*

2. *Der Text des* Saufteufels *folgt der Eichorn-Ausgabe von 1557 (Druck E, S. 321 f.)*[74]. *Beim* Spielteufel *haben wir die Erstausgabe (Druck A, S. 343 f.) und beim* Jagteufel *die vom Autor verbesserte Zweitausgabe (Druck B, S. 375 f.)*[75] *benutzt.*

---

[74] *Cf. auch S. 308 f.*
[75] *Cf. auch S. 366.*

*Die Bogen-, Blatt- oder Seitenzählung erscheint im laufenden Text vor Beginn jeder Seite.*

*Die Faksimilia aller Titelblätter sind ungefähr in Originalgröße, etwas verkleinert, wiedergegeben*[76].

3. *Die Abbreviaturen deutscher und lateinischer Wörter haben wir unter Beachtung der vorhandenen Belege oder der üblichen grammatischen Form aufgelöst.*

*In den Texten dieser Ausgabe ist zu den bereits in Band I (S. 489f., 3d), Band II (S. 454, 3) und Band III (S. 438, 3) angegebenen Abbreviaturen nur noch die folgende hinzugekommen:*

ꝰ = -us

4. *Der Text der Vorlage wurde im Rahmen des vorgelegten Prinzips ausgeglichen und fast alle Eingriffe durch die nachfolgenden Drucke abgesichert.*

*Allgemein ausgeglichen wurden dan >dann, den >denn, denn >den, dem Sinn entsprechend; ferner wen >wenn.*

*An folgenden Stellen ist in die Texte eingegriffen worden:*

### SAUFTEUFEL

**15,1** erstickte] ersteckte *EGM*; erstickte *ABCDH*. **29,5** Warumb] Waraumb *E*; Warumb *FG*. **30,19** Bůchsen] Bůschen *E*; Bůchsen *FG*. **52,4** Pfarrherrn] Parrherrn *E*; Pfarrherrn *FGH*. **68,1** kůne] kőne *EF*; kůne *GH*. **74,15** kůne] kőne *EF*; kůne *GH*. **81,31** Teuffels] Teffels *E*; Teuffels *AFGH*. **90,3** gnugsam] gnusam *E*; gnugsam *FGH*. **111,20** Krieger] Kieger *E*; Krieger *FG*.

---

[76] *Cf. Fußnote 67, S. 366.*

## SPIELTEUFEL

**122,15** ersticken] erstecken *A*; ersticken *CFH*. **124,19** gehabt] gehat *A*; gehabt *BFH*. **133,24** onmechtigen] amechtigen *ACFH*; onmechtigen *B*. **135,19** hin⟨*ter sich scherren die Hŭner /*⟩ *BCFHJ*; hin− *fehlt A*. **135,22** erfahren] erfaran *A*; erfahren *BCFH*. **144,11** ader] oder *AC*; zucht *B*; Ader *FHJ*. **144,21** Krŭge] Krŭse *A*; Krŭge *CFHJ*. **149,28** maus] maŭs *A*; maus *BJ*. **158,8** Ausschreiben] Asschreiben *A*; Ausschreiben *BCFHJ*. **158,10** nacheinander] nocheinander *A*; nacheinander *BCFHJ*. **163,14** wer] wehr *A*; wer *BCFHJ*.

## JAGTEUFEL

**170,22** Euripides] Euripedes *B*; Euripides *EFGM*. **171,20** Micyllus] Licyllus *B*; Micyllus *FGM*. **174,7** Xenophon] Xenephon *B*; Xenophon *FGM*. **177,6** durffte] dŭrffte *B*; durffte *FGM*. **177,24** gewehnet] gewhenet *B*; gewehnet *FGM*. **178,14** einem] einen *B*; einem *FGM*. **183,11** meinung] meinug *B*; meinung *FGM*. **185,7** ernehret] ernheret *B*; ernehret *DEFGM*. **186,11** Hirschen] Hitzen *B*; Hirschen *DEFGM*. **186,22** genennt] genent *B*; genendt *C*; genennt *M*. **189,16** wurden] wŭrden *B*; wurden *CFGM*. **194,9** zerrissen] zerreissen *BDE*; zerrissen *CMO*. **200,31** schiessen] schissen *B*; schiessen *DFGM*. **201,6** mŭssiggangs] mŭssiggans *B*; mŭssiggangs *DEM*. **203,17** mŭde] mŭhe *B*; mŭde *CDEFGM*. **205,10** keuscheit] keuschet *B*; keuscheit *DEFGM*; keŭschheit *C*. **206,11** wolgeschmackt] wolgeschmack *BDOPQ*; wolgeschmackt *EFGM*. **206,28** kŏstlichst] kŏstlichs *BDE*; kŏstlichst *FGM*. **210,11** Euripides] Eurepedes *B*; Euripides *FGM*. **211,7** den] denn *BC*; den *DEFGM*. **222,16** kriegen] kreigen *B*; kriegen *FGM*. **225,33** gebotten] verbotten *BC*; gebotten *FGM*. **225,34** in keine] keine die *B*; in keine *DEFGM*. **229,18** wŭste] wŭstd *B*; wŭste *MO*. **232,15** Petrarcha] Petracha *B*; Petrarcha *DEFGM*. **236,7** Rŭden] Rudden *B*; Rŭdden *FG*; Rŭden *M*. **242,10** ausgemergelt] ausgemerglt *B*; ausgemergelt *CDEFGM*. **242,21** solle] sollen *B*; solle *M*. **244,22** Saltzburg] Satzburg *B*; Saltzburg *CDEFGM*. **246,8** warlich] werlich *B*; warlich *CDEFGM*. **252,11** Belgern] Belgeln *B*; Belgern *CDEFGM*. **254,24** Gericht] Gricht *B*; Gericht *CDEFGM*. **258,23** mŏrdlich] mŏrdliech *B*; mŏrdlich *CEFGM*. **260,13** Scheffer] Schffer *B*; Scheffer *CDEFGM*. **273,10** Er] Es *B*; *Er CDEFGM*. **277,33** schwencket] schwancket *B*; *schwencket M*. **280,6** schlugen] schlugend *B*; schlugen *DEFGM*. **281,17** Eingeweide] Eingewiede

*B*; Eingeweide *DEFGM*.    **283,28** Varietate] Variate *B*; Varietate *FGM*.    **283,30** worden] wurden *B*; worden *CDFGMO*.    **287,10** manchen] machen *B*; manchen *DEFGM*.    **293,24** weisser] weiser *B*; weisser *DFGM*.    **294,8** anderthalb-] anderthalb *B*; anderthalb *DEFGM*.    **295,21** im] in *B*; im *DEFGM*.    **296,20** der] den *B*; der *DFGM*.    **298,33** noch] nach *B*; noch *DEFGM*.

## VI

*Den Bibliotheken und Archiven in Ost und West, die wertvolle Bände zur Verfügung stellten und durch ihre Auskünfte diese Ausgabe unterstützt haben, gilt mein herzlicher Dank.*

*Für die Hilfe beim Lesen der Korrekturen bin ich Frau Anke Roloff zu Dank verpflichtet, für seine steten Anregungen dem Herausgeber, Herrn Professor Hans-Gert Roloff.*

*Für finanzielle Unterstützung habe ich dem Research Council der Universität von North Carolina und für ein großzügiges Stipendium dem American Council of Learned Societies zu danken.*

*Vor allem aber möchte ich meiner verständnisvollen Mutter gedenken, die mir zehn Jahre lang während meiner deutschen Forschungsreisen unermüdlich hilfsbereit zur Seite stand.*

*Chapel Hill, N.C., im Frühjahr 1980*      Ria Stambaugh

## Inhalt des fünften Bandes

SAUFTEUFEL . . . . . . . . . . . . . . . . . . 1–114

SPIELTEUFEL . . . . . . . . . . . . . . . . . 115–163

JAGTEUFEL . . . . . . . . . . . . . . . . . . . 164–303

Nachwort des Herausgebers . . . . . . . . . . . 304–414

# Walter de Gruyter
# Berlin · New York

Ausgaben Deutscher Literatur
des XV. bis XVIII. Jahrhunderts
Unter Mitwirkung von Käthe Kahlenberg
herausgegeben von Hans-Gert Roloff

A D L

*Alle Bände sind in Leinen gebunden*

1 Georg Wickram, Sämtliche Werke · Band 1: Ritter Galmy. Hrsg. v. Hans-Gert Roloff. Mit 1 Taf. u. Abb. VI, 338 S. 1967.

2 Georg Wickram, Sämtliche Werke · Band 2: Gabriotto und Reinhart. Hrsg. v. Hans-Gert Roloff. VI, 297 S. 1967.

3 Johann Rist, Sämtliche Werke · Band 1: Dramatische Dichtungen. Unter Mitw. v. Helga Mannack hrsg. v. Eberhard Mannack. IV, 289 S. 1967.

4 Georg Wickram, Sämtliche Werke · Band 3: Knaben-Spiegel. Dialog vom ungeratnen Sohn. Hrsg. v. Hans-Gert Roloff. IV, 208 S. Mit Abb. 1968.

5 Georg Wickram, Sämtliche Werke · Band 5: Der Goldtfaden. Hrsg. v. Hans-Gert Roloff. IV, 294 S. 1968.

6 Johann Christoph Gottsched, Ausgewählte Werke · Band 1: Gedichte und Gedichtübertragungen. Hrsg. v. Joachim Birke. VI, 533 S. 1968.

7 Johann Christoph Gottsched, Ausgewählte Werke · Band 4: Reineke der Fuchs. Hrsg. v. Joachim Birke. IV, 481 S. Mit Abb. 1968.

8 Sebastian Brant, Tugent Spyl · Nach der Ausgabe des Magister Johann Winckel von Straßburg (1554) hrsg. v. Hans-Gert Roloff. IV, 165 S. Mit 1 Bildn. 1968. (Reihe Drama I)

# Ausgaben Deutscher Literatur des XV. bis XVIII. Jahrhunderts

9   Georg Wickram, Sämtliche Werke · Band 12: Apostelspiel. Knaben Spiegel. Hrsg. v. Hans-Gert Roloff. VI, 281 S. Mit Abb. 1968.

10   Georg Wickram, Sämtliche Werke · Band 4: Von Guten und bösen Nachbaurn. Hrsg. v. Hans-Gert Roloff. IV, 207 S. Mit Abb. 1969.

11   Alexander Seitz, Sämtliche Schriften · Band 3: Tragedi vom Großen Abentmal. Hrsg. v. Peter Ukena. IV, 132 S. 1969.

12   Sixt Birk, Sämtliche Dramen · Band 1. Hrsg. v. Manfred Brauneck. VI, 307 S. 1969.

13   Der Patriot · Nach der Originalausgabe Hamburg 1724 – 1726 in drei Textbänden und einem Kommentarband kritisch hrsg. v. Wolfgang Martens. Band 1: Jahrgang 1724, Stück 1–52. VI, 446 S. Mit 1 Taf. 1969.

14   Johannes Kerckmeister, Codrus · Ein neulateinisches Drama aus dem Jahre 1485. Hrsg. v. Lothar Mundt. IV, 185 S. Mit 2 Faks. 1969. (Reihe Drama III)

15   Das Künzelsauer Fronleichnamspiel · Hrsg. v. Peter Klaus Liebenow. Gr.-Okt. VI, 296 S. Mit 7 Kunstdrucktaf. 1969. (Reihe Drama II)

16   Johann Christoph Gottsched, Ausgewählte Werke · Band 2: Sämtliche Dramen. Hrsg. v. Joachim Birke. IV, 481 S. 1970.

17   Johann Christoph Gottsched, Ausgewählte Werke · Band 3: Sämtliche Dramenübertragungen. Hrsg. v. Joachim Birke. VI, 393 S. 1970.

18   Alexander Seitz, Sämtliche Schriften · Band 1: Medizinische Schriften. Hrsg. v. Peter Ukena. IV, 299 S. 1970.

19   Spieltexte der Wanderbühne · Band 1: Engelische Comedien und Tragedien. Hrsg. v. Manfred Brauneck. VIII, 692 S. 1970.

## Ausgaben Deutscher Literatur des XV. bis XVIII. Jahrhunderts

20  Spieltexte der Wanderbühne · Band 3: Schau-Bühne englischer und frantzösischer Comödianten. Hrsg. v. Manfred Brauneck. VI, 605 S. 1970.

21  Der Patriot · Nach der Originalausgabe Hamburg 1724–1726 in drei Textbänden und einem Kommentarband kritisch hrsg. v. Wolfgang Martens.
Band 2: Jahrgang 1725, Stück 53–104. IV, 428 S. 1970.

22  Der Patriot · Nach der Originalausgabe Hamburg 1724–1726 in drei Textbänden und einem Kommentarband kritisch hrsg. v. Wolfgang Martens. Band 3: Jahrgang 1726, Stück 105–156. Register. IV, 460 S. 1970.

23  Teufelbücher in Auswahl · Band 1: Ludwig Milichius: Zauberteufel · Schrapteufel. Hrsg. v. Ria Stambaugh. IV, 495 S. 1970.

24  Philipp von Zesen, Sämtliche Werke · Band 8: Simson. Bearb. v. Volker Meid. VI, 677 S. Mit 1 Taf. 1970.

25  Philipp von Zesen, Sämtliche Werke · Band 9: Deutscher Helikon (1641). Bearb. v. Ulrich Maché. VI, 601 S. 1971.

26  Georg Wickram, Sämtliche Werke · Band 11: Der verlorene Sohn. Tobias. Hrsg. v. Hans-Gert Roloff. IV, 375 S. 1971.

27  Christian Weise, Sämtliche Werke · Band 1: Historische Dramen I. Hrsg. v. John D. Lindberg. IV, 629 S. Mit 8 Faks. 1971.

28  Christian Weise, Sämtliche Werke · Band 3: Historische Dramen III. Hrsg. v. John D. Lindberg. IV, 433 S. Mit 2 Faks. 1971.

29  Wolfhart Spangenberg, Sämtliche Werke · Band 1: Von der Musica. Singschul. Hrsg. v. András Vizkelety. 173 S. Mit 1 Faks. 1971.

## Ausgaben Deutscher Literatur des XV. bis XVIII. Jahrhunderts

30/31 Johannes Agricola, Die Sprichwörtersammlungen · Hrsg. v. Sander L. Gilman. 2 Bände. Band 1: IV, 555 S. Mit 1 Faks. Band 2: IV, 434 S. 1971.

32 Georg Wickram, Sämtliche Werke · Band 8: Die sieben Hauptlaster. Hrsg. v. Hans-Gert Roloff. IV, 241 S. 1972.

33 Teufelbücher in Auswahl · Band 2: Johannes Strauss, Kleiderteufel · Florian Daul, Tanzteufel · Andreas Hoppenrod, Hurenteufel · Adam Schubart, Hausteufel · Nicolaus Schmidt, Zehn Teufel. Hrsg. v. Ria Stambaugh. IV, 457 S. Mit Faks. 1972.

34 Spieltexte der Wanderbühne · Band 4: Schau-Bühne englischer und frantzösischer Comoedianten (1670). Hrsg. v. Manfred Brauneck. VIII, 619 S. 1972.

35 Johann Rist, Sämtliche Werke · Band 2: Dramatische Dichtungen (Das Friedewünschende Teutschland. Das Friedejauchtzende Teutschland). Unter Mitw. v. Helga Mannack u. Klaus Reichelt hrsg. v. Eberhard Mannack. IV, 465 S. Mit Faks.-Taf. 1972.

36 Georg Wickram, Sämtliche Werke · Band 6: Der irr reitende Pilger. Hrsg. v. Hans-Gert Roloff. IV, 205 S. 1972.

37 Johann Rist, Sämtliche Werke · Band 4: Epische Dichtungen (Das alleredelste Nass, Das alleredelste Leben). Unter Mitw. v. Helga Mannack u. Klaus Reichelt hrsg. v. Eberhard Mannack. IV, 313 S. 1972.

38 Wilhelm Ehrenfried Neugebauer. Der Teutsche Don Quichotte oder die Begebenheiten des Marggraf von Bellamonte. Komisch und satyrisch beschrieben. Mit einem Anhang der Fabeln und Totengespräche hrsg. v. Lieselotte E. Kurth u. Harold Jantz. IV, 418 S. 1972. (Reihe Roman I)

39 Johann Christoph Gottsched, Ausgewählte Werke · Band 6, 1. Teil: Versuch einer Critischen Dichtkunst: Erster Allgemeiner Theil. Hrsg. v. Joachim Birke † u. Brigitte Birke. IV, 496 S. 1973.

## Ausgaben Deutscher Literatur des XV. bis XVIII. Jahrhunderts

40  Johann Christoph Gottsched, Ausgewählte Werke · Band 6, 2. Teil: Versuch einer Critischen Dichtkunst: Anderer Besonderer Theil. Hrsg. v. Joachim Birke † u. Brigitte Birke. IV, 819 S. 1973.

41  Teufelbücher in Auswahl · Band 3: Joachim Westphal, Hoffartsteufel. Hrsg. v. Ria Stambaugh. IV, 446 S. 1973.

42  Christian Weise, Sämtliche Werke · Band 4: Biblische Dramen I. Hrsg. v. John D. Lindberg. IV, 440 S. 1973.

43  Christian Weise, Sämtliche Werke · Band 5: Biblische Dramen II. Hrsg. v. John D. Lindberg. IV, 486 S. 1973.

44  Philipp von Zesen, Sämtliche Werke · Band 6: Die afrikanische Sofonisbe. Bearb. v. Volker Meid. IV, 765 S. 1972.

45  Johann Christoph Gottsched, Ausgewählte Werke · Band 6, 3. Teil: Versuch einer Critischen Dichtkunst: Variantenverzeichnis. Hrsg. v. Joachim Birke † u. Brigitte Birke. IV, 187 S. Mit 1 Bildn. 1973.

46  Georg Wickram, Sämtliche Werke · Band 7: Das Rollwagenbüchlein. Hrsg. v. Hans-Gert Roloff. IV, 330 S. 1973.

47  Philipp von Zesen, Sämtliche Werke · Band 11: Spraach-Übung, Rosen-Mand, Helikonische Hechel, Sendeschreiben an den Kreutztragenden. Bearb. v. Ulrich Maché. IV, 464 S. 1973.

48  Wolfgang Caspar Printz, Ausgewählte Werke · Band 1: Die Musikerromane. Hrsg. v. Helmut K. Krausse. IV, 540 S. Mit 6 Faks. 1974.

49  Jos Murer, Sämtliche Dramen · Hrsg. v. Hans-Joachim Adomatis, Manfred Escherig, Inge Hoppe, Gerhard Knoll, Helmut Krause, Hans-Gert Roloff, Klaus P. Schmidt. 2 Teile. Gr.-Okt. IV, 940 S. 1974. (Reihe Drama IV)

50  Thomas Naogeorg, Sämtliche Werke · Band 1: Tragoedia nova Pammachius, mit der deutschen Übersetzung des Johann Tyrolff. Hrsg. v. Hans-Gert Roloff. IV, 627 S. 1975.

# Ausgaben Deutscher Literatur des XV. bis XVIII. Jahrhunderts

51 Johann Rist, Sämtliche Werke · Band 5: Epische Dichtungen (Die alleredelste Torheit, die alleredelste Belustigung). Unter Mitw. v. Helga Mannack u. Klaus Reichelt hrsg. v. Eberhard Mannack. IV, 418 S. 1974.

52 Johannes Adelphus, Ausgewählte Schriften · Band 1: Barbarossa. Hrsg. v. Bodo Gotzkowsky. IV, 372 S. 1974.

53 Johann Christoph Gottsched, Ausgewählte Werke · Band 7: Ausführliche Redekunst. Hrsg. v. P. M. Mitchell. 1. Teil: Erster Allgemeiner Theil. Bearb. v. Rosemary Scholl. IV, 445 S. 1975.

54 Johann Christoph Gottsched, Ausgewählte Werke · Band 7: Ausführliche Redekunst. Hrsg. v. P. M. Mitchell. 2. Teil: Besonderer Theil. Bearb. v. Rosemary Scholl. IV, 329 S. 1975.

55 Alexander Seitz, Sämtliche Schriften · Band 2: Politische und theologische Schriften. Monuculeus Aureus. Briefe. Hrsg. v. Peter Ukena. IV, 481 S. u. 7 S. Kunstdr. 1975.

56 Johann Christian Hallmann, Sämtliche Werke · Band 1: Trauerspiele I: Theodoricus Veronensis. Mariamne. Hrsg. v. Gerhard Spellerberg. IV, 398 S. 1975.

57 Spieltexte der Wanderbühne · Band 2: Liebeskampff (1630). Unter Mitw. v. Hildegard Brauneck hrsg. v. Manfred Brauneck. IV, 665 S. 1975.

58 Christian Weise, Sämtliche Werke · Band 8: Biblische Dramen I. Hrsg. v. John D. Lindberg. IV, 456 S. u. 8 S. Kunstdr. 1976.

59 Wolfhart Spangenberg, Sämtliche Werke · Band 2: Salomon. Bearb. v. Martin Bircher. Glückswechsel – Wie gewunnen so zerrunnen – Mammons Sold – Saul. Bearb. v. András Vizkelety. IV, 420 S. 1975.

60 Johann Christoph Gottsched, Ausgewählte Werke · Band 7: Ausführliche Redekunst. Hrsg. v. P. M. Mitchell. 3. Teil: Anhang, Variantenverzeichnis, Nachwort. Bearb. v. Rosemary Scholl. IV, 257 S. 1965.

## Ausgaben Deutscher Literatur des XV. bis XVIII. Jahrhunderts

61 Lateinische Osterfeiern und Osterspiele. Hrsg. von Walther Lipphardt. Teil I: XIV, 215 S. 1975. (Reihe Drama V, 1)
62 Lateinische Osterfeiern und Osterspiele. Hrsg. von Walther Lipphardt. Teil II: XVI, S. 217–702. 1976. (Reihe Drama V, 2)
63 Lateinische Osterfeiern und Osterspiele. Hrsg. von Walther Lipphardt. Teil III: X, S. 703–1090. 1976. (Reihe Drama V, 3)
64 Lateinische Osterfeiern und Osterspiele. Hrsg. von Walther Lipphardt. Teil IV: XII, S. 1091–1452. 1976. (Reihe Drama V, 4)
65 Lateinische Osterfeiern und Osterspiele. Hrsg. von Walther Lipphardt. Teil V: VIII, S. 1453–1721. 1976. (Reihe Drama V, 5)
66 Johann Rist, Sämtliche Werke · Band 6: Epische Dichtungen (Die alleredelste Erfindung, die alleredelste Zeitverkürzung). Hrsg. von Eberhard Mannack. IV, 453 S. 1976.
67 Sixt Birck, Sämtliche Dramen · Band 2: Die deutschen Stücke. Bearb. von Manfred Brauneck. Die lateinischen Stücke. Bearb. von Manfred Wacht. VI, 527 S. 1976.
68 Christian Weise, Sämtliche Werke · Band 11: Lustspiele II. Hrsg. von John D. Lindberg. IV, 412 S. 1976.
69 Johann Christoph Gottsched, Ausgewählte Werke · Band 9: Gesammelte Reden. Bearb. von Rosemary Scholl. Teil 1: VI, 366 S. 1976.
70 Johann Christoph Gottsched, Ausgewählte Werke · Band 9: Gesammelte Reden. Bearb. von Rosemary Scholl. Teil 2: IV, S. 367–633. 1976.
71 Philipp von Zesen, Sämtliche Werke · Band X: Bearb. von Ulrich Maché. Teil 1: IV, 372 S. 1977.
72 Philipp von Zesen, Sämtliche Werke · Band X: Bearb. von Ulrich Maché. Teil 2: IV, S. 373–788. 1977.
73 Wolfhart Spangenberg, Sämtliche Werke · Band 3: Bearb. von András Vizkelety. Teil 1: IV, 289 S. 1977.

## Ausgaben Deutscher Literatur des XV. bis XVIII. Jahrhunderts

74 Philipp von Zesen, Sämtliche Werke · Band V: Hrsg. von Volker Meid. Teil 1: IV, 630 Seiten. 1977.

75 Philipp von Zesen, Sämtliche Werke · Band V: Hrsg. von Volker Meid. Teil 2: IV, S. 631–1331. 1977.

76 Christian Weise, Sämtliche Werke · Band 21: Gedichte II. Hrsg. von John D. Lindberg. IV, 623 S. u. 2 S. Kunstdr. 1978.

77 Teufelbücher in Auswahl · Band 4: Andreas Musculus, Hosenteufel · Fluchteufel · Eheteufel · Himmel und Helle · Teufels Tyranney. Hrsg. v. Ria Stambaugh. VI, 409 S. 1978.

78 Johann Christoph Gottsched, Ausgewählte Werke · Band 6, 4. Teil: Versuch einer Critischen Dichtkunst. Kommentar. Hrsg. v. P. M. Mitchell. IV, 391 S. 1978.

79 Wolfhart Spangenberg, Sämtliche Werke · Band 3: Bearb. von András Vizkelety. Teil 2: IV, 327 S. 1978.

80 Johann Christoph Gottsched, Ausgewählte Werke · Band 8, 1. Teil: Deutsche Sprachkunst. Hrsg. v. P. M. Mitchell, bearb. v. Herbert Penzl. IV, 453 S. 1978.

81 Johann Christoph Gottsched, Ausgewählte Werke · Band 8, 2. Teil: Deutsche Sprachkunst. Hrsg. v. P. M. Mitchell, bearb. v. Herbert Penzl. IV, S. 455–838. 1978.

82 Lateinische Ordensdramen des XVI. Jahrhunderts. Mit deutschen Übersetzungen. Hrsg. v. Fidel Rädle. IV, 602 S. 1979.

83 Johannes Riemer, Werke · Band 1: Romane. Hrsg. v. Helmut Krause. IV, 515 S. 1979.

84 Wolfgang Caspar Printz, Ausgewählte Werke · Band 2: Satirische Schriften und historische Beschreibung der edelen Sing- und Kling-Kunst. Hrsg. v. Helmut K. Krausse. IV, 509 S. 1979.

# Ausgaben Deutscher Literatur des XV. bis XVIII. Jahrhunderts

85 Wolfhart Spangenberg, Sämtliche Werke · Band 7: Dramenübersetzungen. Hrsg. v. András Vizkelety, bearb. v. Andor Tarnai. IV, 633 S. 1979.

86 Johannes Adelphus, Ausgewählte Schriften · Band 2: Historia von Rhodis. Die Türckisch Chronica. Hrsg. v. Bodo Gotzkowsky. IV, 545 S. 1980.

87 Johannes Adelphus, Ausgewählte Schriften · Band 3: Das Buch des Lebens. Hrsg. v. Bodo Gotzkowsky. IV, 414 S. 1980.

88 Teufelbücher in Auswahl · Band 5: Matthäus Friedrich, Saufteufel · Eustachius Schildo, Spielteufel · Cyriacus Spangenberg, Jagteufel. Hrsg. v. Ria Stambaugh. IV, 414 S. 1980.

89 Johann Christian Hallmann, Sämtliche Werke · Band 2: Trauerspiele II: Sophia. Catharina. Liberata. Hrsg. v. Gerhard Spellerberg. VI, 409 S. 1980.